自由自在問題集

中学入試 国語

受験研究社

この本の特長と使い方

本書は，『小学高学年 国語 自由自在』に準拠《じゅんきょ》しています。
おもに小学５・６年の学習内容を網羅《もうら》し，なおかつ基本から
発展レベルの問題まで収載《しゅうさい》した万能型の問題集です。

ステップ1 まとめノート

『自由自在』に準拠した“まとめノート”です。基本レベルの空所補充《ほじゅう》問題で，
まずは各単元の学習内容を理解しましょう。

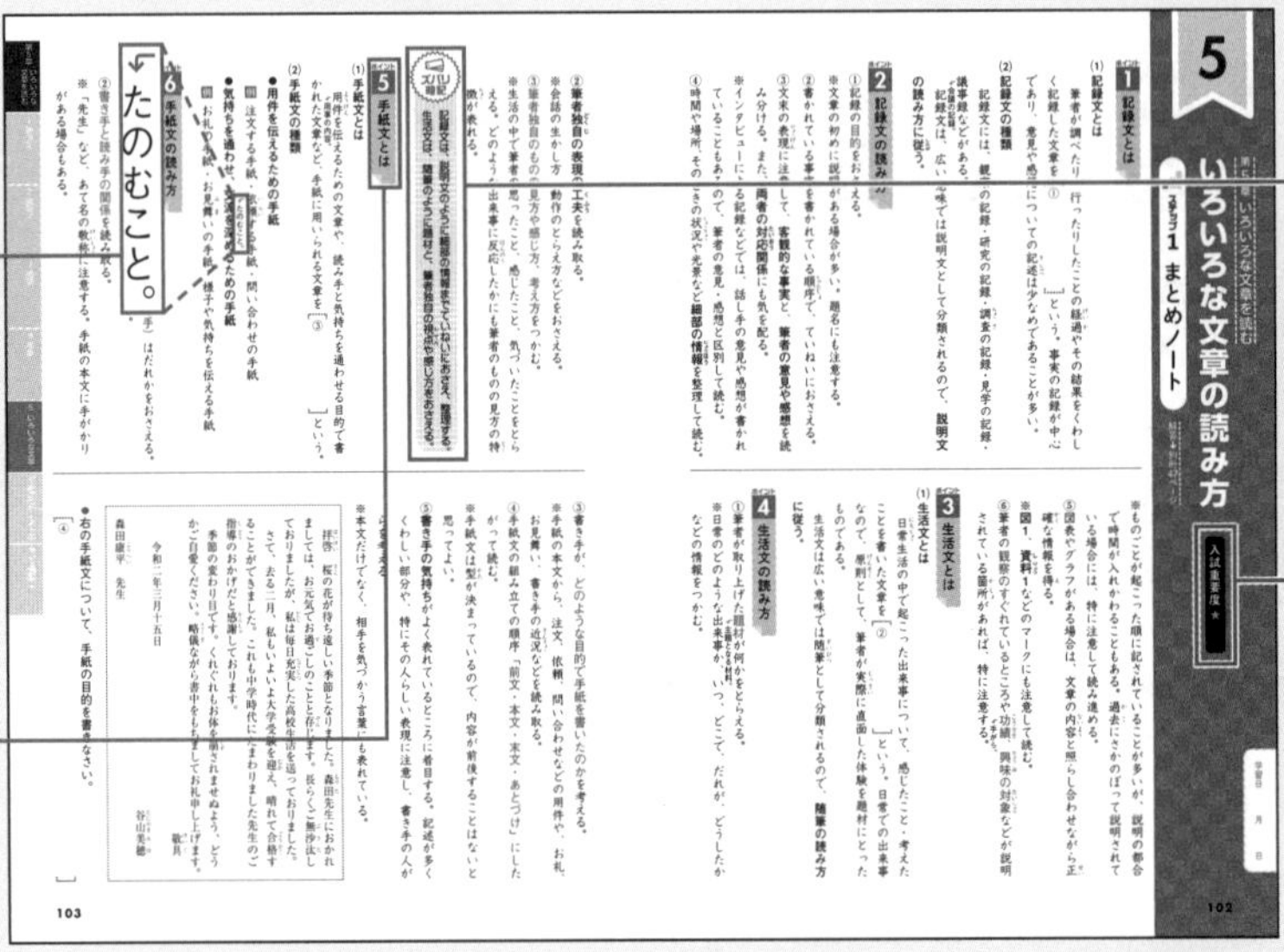

補足説明が必要な語句に対しては，簡潔な解説を入れました。

ズバリ暗記
試験によく出る暗記すべき重要事項《じこう》をまとめました。

入試重要度★★
入試重要度を示しています（★３つが最重要）。

ポイント 5
重要事項や実戦に役立つポイントを簡潔にまとめています。

ステップ3 発展問題

標準〜発展レベルの問題で構成しました。実際の入試問題を解いて実力をグンと高め，難問を解くための応用力をつけましょう。

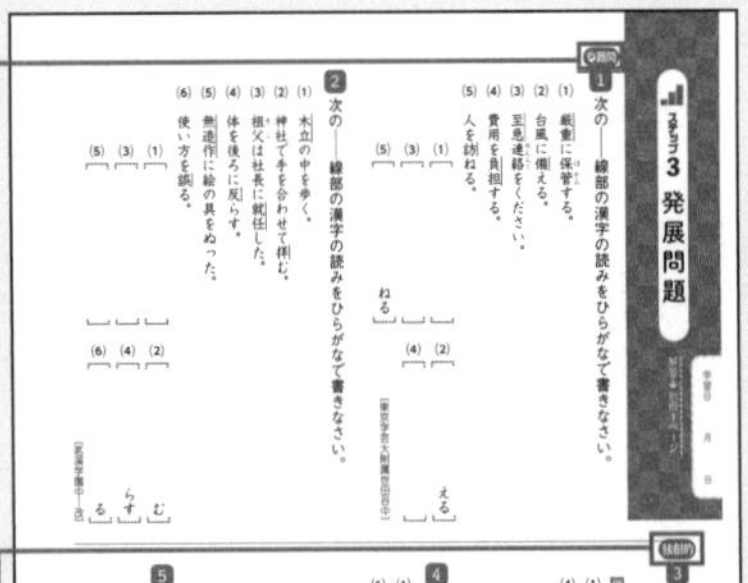

難問
特に難易度が高い問題を示しています。

独創的
きわめて類題が少なく，独創的な問題を示しています。

ステップ2 実力問題

基本〜標準レベルの問題で構成しました。確実に解けるように実力をつけましょう。

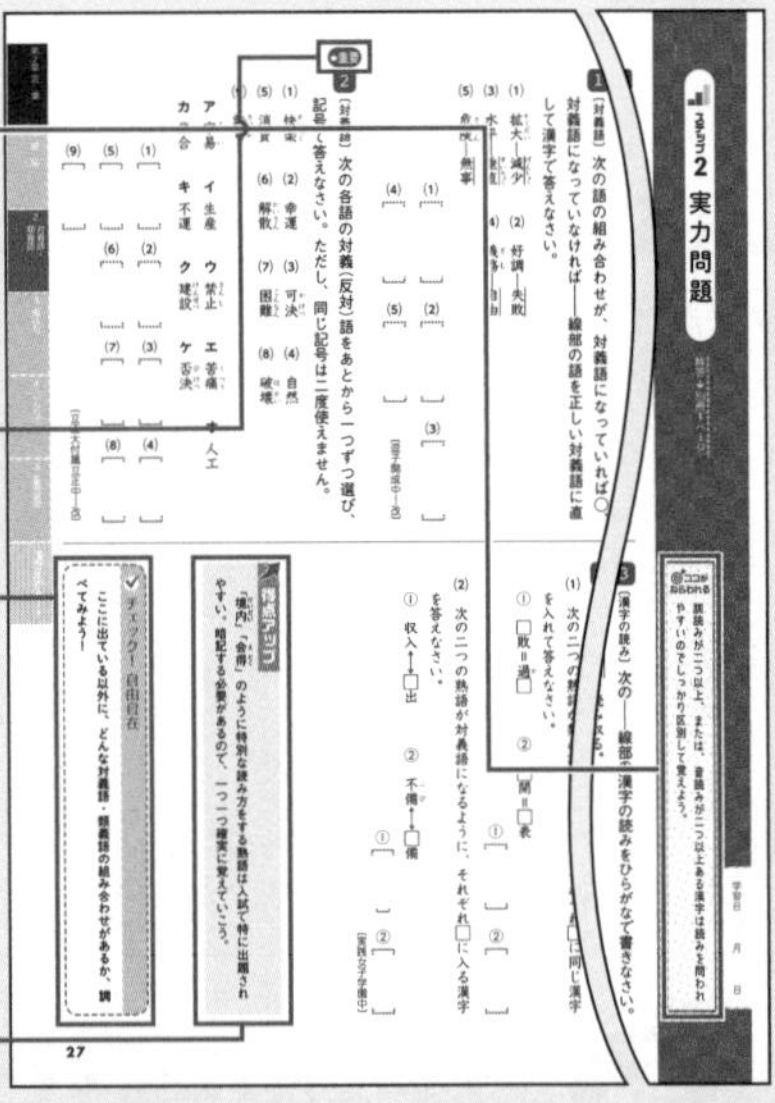

ココがねらわれる
入試でねらわれやすいポイントを示しています。

重要
入試頻出《ひんしゅつ》の重要な問題を示しています。

チェック！自由自在
問題との関連事項を『自由自在』で調べる“調べ学習”のコーナーです。

得点アップ
問題のヒントや参考事項・注意事項です。

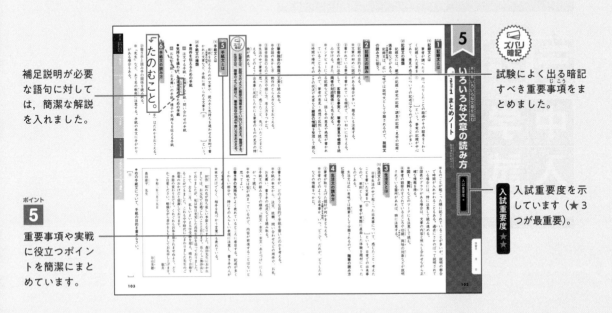

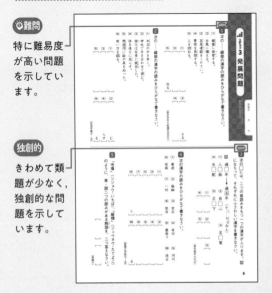

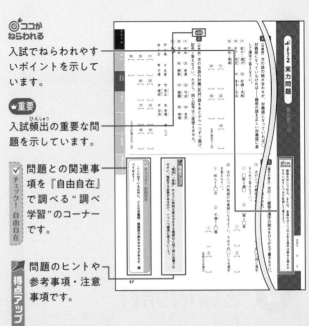

中学入試予想問題

問題中に配点を載《の》せないなど，入試の構成を再現しました（配点は解答編にあります）。

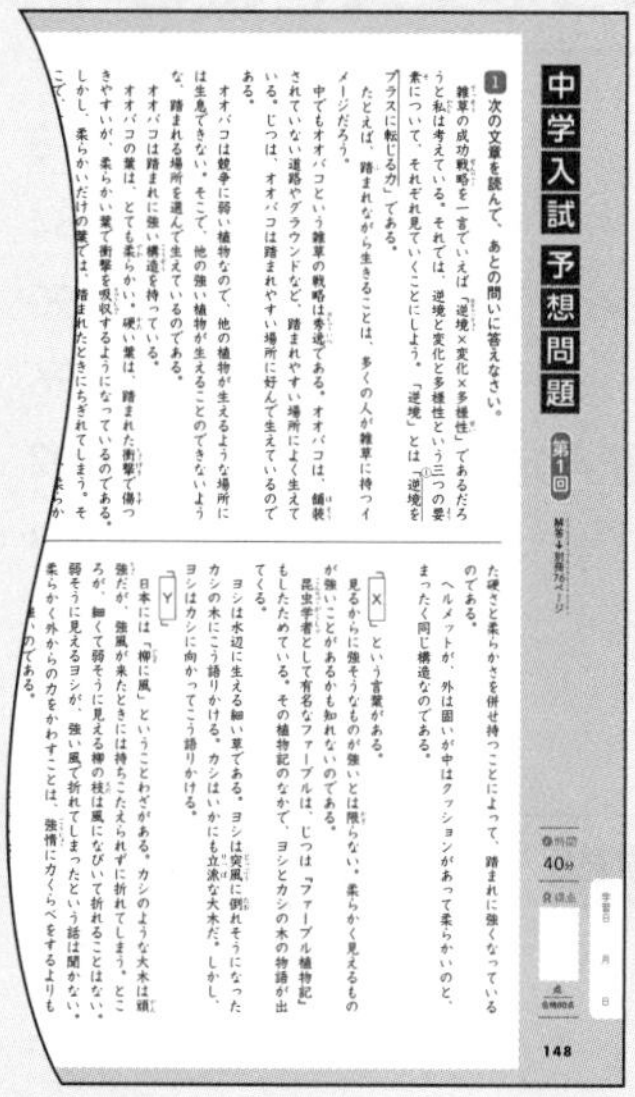

公立中高一貫校　適性検査対策問題

さまざまな問題に対応できるよう，傾向《けいこう》と対策，問題の考え方を示しました。

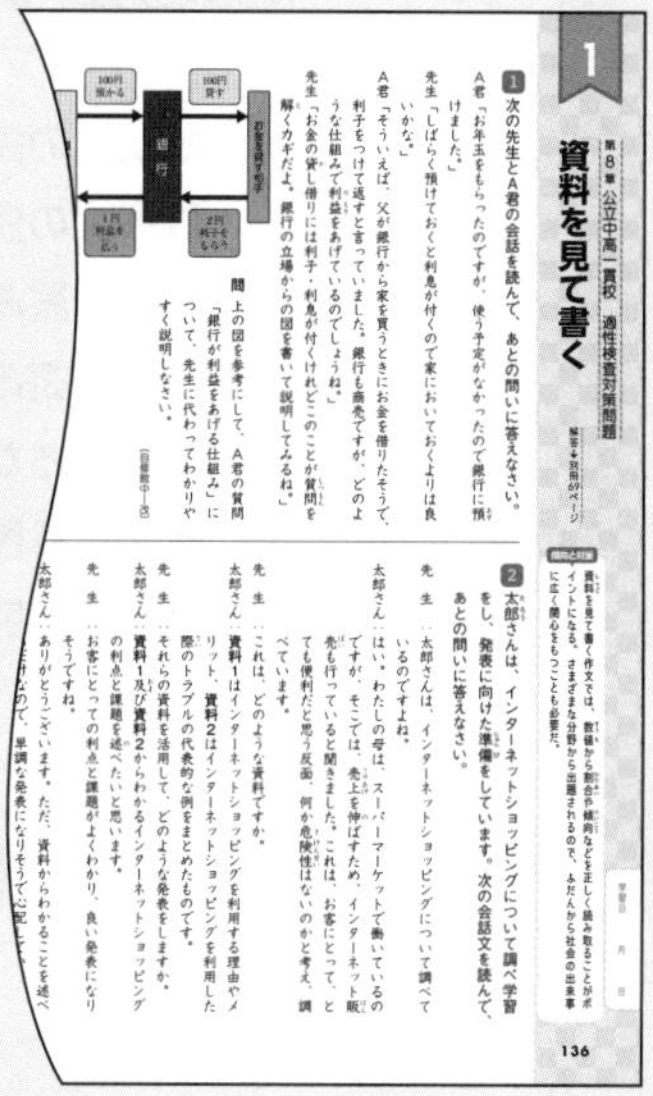

理解度診断テスト

数単元ごとに設けられたテストで，標準～発展レベルの問題で構成しました。

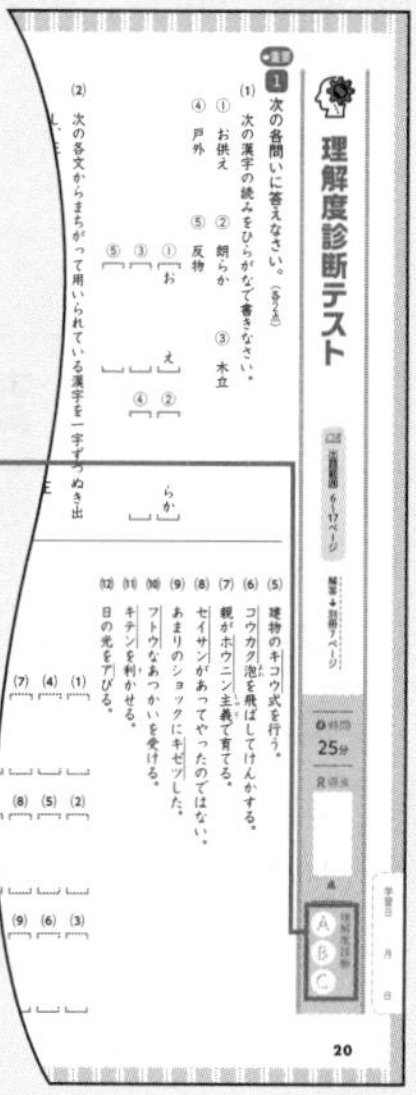

診断基準点は解答編に設けました。

A…よく理解できている
B…Aを目指して再チャレンジ
C…ステップ1から復習しよう

解答編

問題の考え方，解答のコツがわかるように，詳《くわ》しく丁寧《ていねい》な解説をつけました。
読解問題の解答については，本文を再掲載し，視覚的に読解のポイントがわかるように工夫しました。

読解のポイント　意識した読解ができるよう，着目するべきポイントをまとめています。

注意！ココに注意　特に注意すべきポイントを簡潔にまとめています。

ココをおさえる ポイントチェック　おさえておきたい確認事項を示しています。

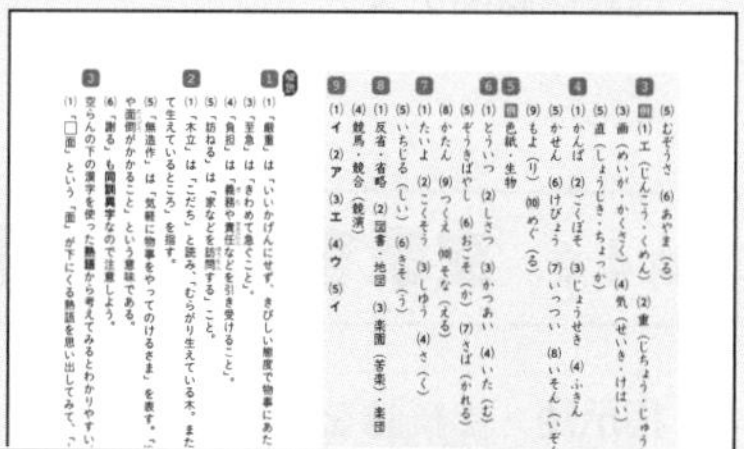

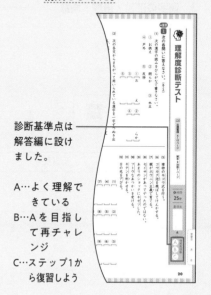

中学入試
自由自在問題集
国語

もくじ

第1章 文　字

1 漢字の読み …… 6
2 漢字の書き …… 10
3 漢字の部首・筆順・画数 …… 14
4 ローマ字 …… 18
理解度診断テスト …… 20

第2章 言　葉

1 熟　語 …… 22
2 対義語・類義語 …… 26
3 慣用句 …… 28
4 ことわざ …… 30
5 故事成語 …… 32
理解度診断テスト …… 34

第3章 言葉のきまり

1 文の組み立て …… 36
2 言葉の種類とはたらき …… 40
3 敬　語 …… 44
理解度診断テスト …… 46

第4章 文章を読み取る基本

1 指示語・接続語をとらえる …… 50
2 話題・段落の要点をとらえる …… 54
3 必要な細部の読み取り方 …… 58
4 心情・場面・情景の読み取り方 …… 62
5 主題・要旨の読み取りと要約のしかた …… 66
6 表やグラフと関連づけて読む …… 70
理解度診断テスト …… 74

第5章 いろいろな文章を読む

1 説明文の読み方 …… 78
2 論説文の読み方 …… 84
3 物語の読み方 …… 90
4 随筆の読み方 …… 96
5 いろいろな文章の読み方 …… 102
理解度診断テスト① …… 108
理解度診断テスト② …… 112

第6章 詩・短歌・俳句を読む

1 詩 …… 116
2 短歌・俳句 …… 122
理解度診断テスト …… 128

第7章 書くこと

1 作　文 …… 130

第8章 公立中高一貫校 適性検査対策問題

1 資料を見て書く …… 136
2 課題文を読んで書く …… 140
3 課題テーマについて書く …… 144

中学入試 予想問題

第1回 …… 148
第2回 …… 152
第3回 …… 156

本書に関する最新情報は，当社ホームページにある**本書の「サポート情報」**をご覧ください。（開設していない場合もございます。）

中学入試 自由自在問題集 国語

第1章 文　字

1 漢字の読み …… 6
2 漢字の書き …… 10
3 漢字の部首・筆順・画数 …… 14
4 ローマ字 …… 18
理解度診断テスト …… 20

第2章 言　葉

1 熟　語 …… 22
2 対義語・類義語 …… 26
3 慣用句 …… 28
4 ことわざ …… 30
5 故事成語 …… 32
理解度診断テスト …… 34

第3章 言葉のきまり

1 文の組み立て …… 36
2 言葉の種類とはたらき …… 40
3 敬　語 …… 44
理解度診断テスト …… 46

漢字の読み

ステップ1 まとめノート

入試重要度★★

解答↓別冊1ページ

ポイント1 音読みと訓読み

(1) 音読みと訓読み

● **音読み**…**中国語**の発音をもとにした読み方。主にかたかなで表す。（↳辞書のさく引などの場合。）

● **訓読み**…漢字の意味に**日本の言葉**をあてはめた読み方。主にひらがなで表す。

● 一字で読むと意味がわかりにくいものは[①]読み、送りがながつき、一字で読んでもわかりやすいものは[②]読み。

● 音読みが二つ以上ある漢字や、訓読みが二つ以上ある漢字もあれば、音読みだけ、訓読みだけの漢字もある。

例 冷→**冷**《つめ》たい・**冷**《さ》める　皿→**皿**《さら》のみ

ポイント2 熟語《じゅくご》の読み方

(1) 音読み＋音読み…上下とも音読み。例 学校《ガッコウ》・登場《トウジョウ》・絵画《カイガ》

(2) 訓読み＋訓読み…上下とも訓読み。例 広場《ひろば》・花火《はなび》・空色《そらいろ》

(3) 重箱《ジュウばこ》読み…音読み＋訓読み。例 台所《ダイどころ》・新芽《シンめ》・素顔《スがお》

(4) 湯桶《ゆトウ》読み…訓読み＋音読み。例 布地《ぬのジ》・合図《あいズ》・身分《みブン》

ズバリ暗記
意味がわかりにくいものは音読み、意味がわかりやすいものは訓読み。重箱読みは「音＋訓」の順、湯桶読みは「訓＋音」の順で読む。

● 次の熟語はどの読み方ですか。あとから選び、記号で答えなさい。

③ 雨具　④ 裏山　⑤ 陸上　⑥ 試合

ア 音＋音　**イ** 訓＋訓　**ウ** 重箱読み　**エ** 湯桶読み

[③]　[④]　[⑤]　[⑥]

ポイント3 特別な読み方

(1) 読み方が二つ以上ある熟語

例 下手（へた・したて・しもて）・大事（ダイジ・おおごと）
（↳「川の下流」「客席から見て舞台《ぶたい》の左側」の意味。）

(2) 特別な読み方をする漢字

昔からの習慣《しゅうかん》で、ある熟語のときだけ決まった読み方をするもの。

例 問屋（とんや）・支度（シタク）

(3) 熟字訓

熟語全体で特別な読み方をするものを熟字訓という。

例 太刀（たち）・梅雨（つゆ）・大和（やまと）・七夕（たなばた）

ズバリ暗記
熟字訓など特別な読み方をするものは、漢字のもともとの読みとは異《こと》なるので、熟語ごとに暗記する。

● 次の漢字の読みをひらがなで書きなさい。

⑦ 行方　⑧ 眼鏡　⑨ 景色　⑩ 迷子

[⑦]　[⑧]
[⑨]　[⑩]

学習日　月　日

ステップ2 実力問題

解答→別冊1ページ

1 〔漢字の読み〕次の――線部の漢字の読みをひらがなで書きなさい。

(1) 雨垂れの音がする。
(2) 資源《しげん》が豊富だ。
(3) 荒《あ》れた土地を耕す。
(4) 茶道《さどう》の作法を学ぶ。
(5) 思い出を胸《むね》に刻む。
(6) 祖父母《そふぼ》を敬う。
(7) 貴重な経験《けいけん》をした。
(8) そんなのは言語道断だ。
(9) 風の便りに聞く。
(10) 紅白に分かれて試合する。

(1) [　　]れ　(2) [　　]
(3) [　　]す　(4) [　　]
(5) [　　]む　(6) [　　]う
(7) [　　]　(8) [　　]
(9) [　　]り　(10) [　　]

〔若溪学園中―改〕

2 〔漢字の読み〕次の――線部の漢字の読みをひらがなで書きなさい。

(1) 武者ぶるい
(2) 得手不得手
(3) うそも方便
(4) 春の装い
(5) 商い

(1) [　　]　(2) [　　]
(3) [　　]　(4) [　　]い
(5) [　　]い

〔サレジオ学院中〕

ココがねらわれる

訓読みが二つ以上、または、音読みが二つ以上ある漢字は読みを問われやすいのでしっかり区別して覚えよう。

3 〔漢字の読み〕次の――線部の漢字の読みをひらがなで書きなさい。

(1) 筆者の意図を読み取る。
(2) 使い勝手がよくて重宝する。
(3) 社へお参りに行く。
(4) 自ら行動を起こす。
(5) 勢いよく飛びだす。

(1) [　　]　(2) [　　]
(3) [　　]　(4) [　　]ら
(5) [　　]い

〔鎌倉学園中〕

重要 **4** 〔漢字の読み〕次の――線部の漢字の読みをひらがなで書きなさい。

(1) 兄と二人で事業を企てる。
(2) 運動会で我《わ》が組は隣《となり》の組に惜敗した。
(3) やむを得ず会長に直訴する。
(4) 使用したコップは煮沸して消毒しておく。
(5) 彼《かれ》とは十年来の知己である。

(1) [　　]てる　(2) [　　]
(3) [　　]　(4) [　　]
(5) [　　]

〔攻玉社中〕

得点アップ

「境内《けいだい》」「会得《えとく》」のように特別な読み方をする熟語は入試で特に出題されやすい。暗記する必要があるので、一つ一つ確実に覚えていこう。

学習日　月　日

ステップ3 発展問題

学習日　月　日

解答→別冊1ページ

1 次の——線部の漢字の読みをひらがなで書きなさい。

(1) 厳重に保管《ほかん》する。
(2) 台風に備える。
(3) 至急連絡《れんらく》をください。
(4) 費用を負担する。
(5) 人を訪ねる。

(1)［　　］ (2)［　　える］
(3)［　　］ (4)［　　］
(5)［　　ねる］

〔東京学芸大附属世田谷中〕

2 次の——線部の漢字の読みをひらがなで書きなさい。

(1) 木立の中を歩く。
(2) 神社で手を合わせて拝む。
(3) 祖父《そふ》は社長に就任した。
(4) 体を後ろに反らす。
(5) 無造作に絵の具をぬった。
(6) 使い方を誤る。

(1)［　　］ (2)［　　む］
(3)［　　］ (4)［　　らす］
(5)［　　］ (6)［　　る］

〔茗溪学園中―改〕

独創的

3 次の□には、二つの音読みをもつ一つの漢字が入ります。例にならって、それぞれにふさわしい漢字を書きなさい。

例 過□年 → 過去年（かこ・きょねん）

(1) 人□面　(2) 自□心　(3) 名□策
(4) 生□配　(5) 正□下

(1)［　　］ (2)［　　］ (3)［　　］
(4)［　　］ (5)［　　］

〔東京都市大付中〕

4 次の漢字の読みをひらがなで書きなさい。

(1) 寒波　(2) 極細　(3) 定石　(4) 布巾　(5) 河川
(6) 仮病　(7) 一対　(8) 依存　(9) 最寄り　(10) 巡る

(1)［　　］ (2)［　　］
(3)［　　］ (4)［　　］
(5)［　　］ (6)［　　］
(7)［　　］ (8)［　　］
(9)［　　り］ (10)［　　る］

〔聖園女学院中―改〕

5 「市場」（シジョウ・いちば）、「縦横」（ジュウオウ・たてよこ）のように、音・訓二つの読みがある熟語《じゅくご》を、二つ答えなさい。

［　　］［　　］

〔高輪中〕

6 次の——線部の漢字の読みをひらがなで書きなさい。

(1) 尺度《しゃくど》を統一する。
(2) 水郷《すいごう》地帯を視察する。
(3) 説明を割愛する。
(4) 果物《くだもの》が傷む。
(5) 雑木林をながめる。
(6) 厳かに式典がとり行われる。
(7) 法によって裁かれる。
(8) 悪事に荷担してはいけない。
(9) 机の上を整理する。
(10) お墓《はか》に線香《せんこう》を供える。

(1)〔　　〕 (2)〔　　〕 (3)〔　　〕 (4)〔　　〕む (5)〔　　〕 (6)〔　　〕か (7)〔　　〕かれる (8)〔　　〕 (9)〔　　〕 (10)〔　　〕える

〔聖学院中〕

7 次の——線部の漢字の読みをひらがなで書きなさい。

(1) 制服《せいふく》を貸与する。
(2) 穀倉地帯が広がる。
(3) 雌雄を決する。
(4) 練習に時間を割く。
(5) 変化が著しい。
(6) 華《はな》やかさを競う。

(1)〔　　〕 (2)〔　　〕 (3)〔　　〕 (4)〔　　〕く (5)〔　　〕しい (6)〔　　〕う

〔淑徳与野中〕

難問
8 次の漢字には異《こと》なる二つの音があります。例にならって、あとの□の中のかたかなを漢字に直して、それぞれの音を用いた熟語を作りなさい。ただし、同じものは二度使えません。

例 皇 ジ・シツ → 皇子・皇室（オウジ・コウシツ）

(1) 省　(2) 図　(3) 楽　(4) 競

ハン・カ・リャク・バ・ショ・エン・ジョ・チ・ゴウ・ク・ダン

(1)〔　・　　・　〕 (2)〔　・　　・　〕 (3)〔　・　　・　〕 (4)〔　・　　・　〕

〔和洋九段女子中—改〕

難問
9 次の熟語はどの読み方ですか。あとから選び、記号で答えなさい。

(1) 団子　(2) 街頭　(3) 手本　(4) 品物　(5) 残高

ア 音と音　イ 音と訓　ウ 訓と訓　エ 訓と音

(1)〔　　〕 (2)〔　　〕 (3)〔　　〕 (4)〔　　〕 (5)〔　　〕

〔横浜中〕

2 漢字の書き

ステップ1 まとめノート

入試重要度★★

解答→別冊3ページ

学習日　月　日

ポイント1 同訓異字《どうくんいじ》と同音異字

(1) 同訓異字

［①］とは、訓読みが同じで、意味が異《こと》なる漢字。

例 はか(る)
・解決《かいけつ》を図る。
・タイミングを計る。
・かさを量る。
↳体積や容積《ようせき》などの分量。
・長さを測る。

例 シュウセイ
・誤《あやま》りを修正する。
・ミツバチの習性。
・終生忘《わす》れない。
・写真を修整する。

(2) 同音異字

［②］とは、音読みが同じで、意味が異なる漢字。

例 コウ
・高校に行く。
・行動に移《うつ》す。
・効果がある。
・車が後退《たい》する。
・航空機に乗る。
・工作をする。

●次の――線部のかたかなを漢字で書きなさい。

③ その意見をシ持する。
④ シ示に従《したが》う。
⑤ その先生にシ事する。

［③］［④］［⑤］

ズバリ暗記

「同訓異字」や「同音異字」の問題では、漢字の意味を考えて正しく使い分けよう。

●次の――線部のかたかなを漢字で書きなさい。

⑧ キコウ文を読む。
⑨ 行政《ぎょうせい》キコウ。
⑩ おだやかなキコウ。

［⑧］［⑨］［⑩］

ポイント2 同音異義語《いぎご》

(1) 同音異義語

音読みが同じで、意味が異なる**熟語《じゅくご》**。多くの［⑥］異字があるので、それらを組み合わせた［⑦］もたくさんある。

ポイント3 送りがな

(1) 送りがなのきまり

●**動詞《どうし》・形容詞・形容動詞**…原則《げんそく》として**活用語尾《ごび》**を送る。
↳形の変わる部分。

〔例外〕次の場合は、活用語尾の前から送りがなをつける。
・「しい」で終わる［⑪］詞 例 楽しい・珍《めずら》しい
・「か」「やか」「らか」をふくむ［⑫］詞 例 静かだ
・読みまちがえやすい語 例 教わる・重なる・冷たい
↳訓読みが二つ以上ある場合に多い。

●**名詞**…原則的に送りがなはつけない。ただし、**活用のある語から転じた名詞**は、元の語の送りがなに合わせる。例 恐《おそ》れ・答え

●**副詞**…最後の音節を送る。例 少し・最も・必ず

ステップ2 実力問題

解答→別冊3ページ

ココがねらわれる
同音異義語がある熟語《じゅくご》は、「漢字の書き」を問う問題ではとてもよく出題される。同音異義語をすべてセットにして、例文ごと覚えると効果《こうか》的だ。

学習日　月　日

1
〔漢字の書き〕次の――線部のかたかなを漢字で書きなさい。

(1) 今シーズンのプロ野球がカイマクした。
(2) プラモデルのモケイ作りに熱中する。
(3) 日曜日に建物の壁《かべ》のテンケンをした。
(4) あそこにいる人は有名なハイユウだ。
(5) 緊急《きんきゅう》時には家族のアンピ確認《かくにん》が大切だ。
(6) この盆地《ぼんち》は一日のカンダンの差が激《はげ》しい。
(7) 新たな文化をソウゾウしていく。
(8) 最新機械のソウサ方法を覚える。
(9) 買って来た野菜をレイゾウ庫に入れる。
(10) センモン家の意見を聞いて参考にする。
(11) 事故《じこ》の原因《げんいん》を状況《じょうきょう》からスイソクする。
(12) ジショで意味を調べる。

(1)〔　〕 (2)〔　〕 (3)〔　〕
(4)〔　〕 (5)〔　〕 (6)〔　〕
(7)〔　〕 (8)〔　〕 (9)〔　〕
(10)〔　〕 (11)〔　〕 (12)〔　〕

〔湘南学園中―改〕

2
〔漢字の書き〕次の□に入る言葉をあとから選び、漢字で書きなさい。

(1) 大きな岩を□砕《さい》する。
(2) □私《し》を混同《こんどう》する。
(3) あの大どろぼうも□心したらしい。
(4) 米やトウモロコシ、麦などを、□物と呼《よ》ぶ。
(5) 事故を未□に防《ふせ》ぐことができた。

カイ・コウ・フン・ゼン・コク

(1)〔　〕 (2)〔　〕 (3)〔　〕
(4)〔　〕 (5)〔　〕

〔芝中〕

3
〔送りがな〕次の――線部のかたかなを漢字で書きなさい。送りがなのある場合は送りがなをひらがなで書きなさい。

(1) 学級委員をツトメル。
(2) 文章をミジカクまとめる。
(3) 祖父《そふ》のヨウショウのころの写真。
(4) ものすごいギョウソウでにらんだ。

(1)〔　〕 (2)〔　〕
(3)〔　〕 (4)〔　〕

〔開成中〕

ステップ3 発展問題

解答→別冊4ページ

独創的

1 次の各問いに答えなさい。

(1) 次の文には一字ずつまちがった漢字が使われています。それぞれ正しく直した漢字を書きなさい。

① 世界の各国が技術を競って、宇宙に人口衛星を打ち上げている。

② 湯気は目で確認することが可能なので、水の仲間であり液態だ。

③ クーラーを使用すると快的だが、地球の未来のために節電しよう。

④ ケーキを切るときは、均当に分配されるよう細心の注意が必要だ。

①[　　] ②[　　] ③[　　] ④[　　]

(2) 次の――線部の漢字の組み合わせとして正しいものをそれぞれあとから選び、記号で答えなさい。

① 広場をうめつくしたグン衆《しゅう》。

② 日本はグン隊を持ちません。

③ 期間をゲン定する。

④ 子どもの数がゲン少する。

① この絵のコウ図はすばらしい。

② コウ義《ぎ》は静かに聞きましょう。

③ ジョウ例を制定《せいてい》する。

④ ジョウ識《しき》ある行動をする。

ア 条―常　イ 講―構　ウ 群―軍　エ 群―郡

オ 現―元　カ 条―状　キ 構―講　ク 限―減

①[　　] ②[　　] ③[　　] ④[　　]

〔女子聖学院中〕

2 次の――線部のかたかなを漢字で書きなさい。

(1) A 私《わたし》はすべての責任《せきにん》をオった。
B 犯人《はんにん》のあとをオい続けた。

(2) A 文章を書きウツす。
B 場所をウツす。

(3) A 厳《きび》しい練習にネをあげる。
B 犯罪《はんざい》のネを絶《た》つ。

(4) A 台風にソナえて、水を買う。
B 花をソナえて、故人《こじん》をしのぶ。

(1) A[　　] B[　　]　(2) A[　　] B[　　]

(3) A[　　] B[　　]　(4) A[　　] B[　　]

〔横浜英和女学院中―改〕

3 次の(1)～(4)について、――線部の漢字が一つだけ異《こと》なるものがあります。それぞれ選び、記号で答えなさい。

(1) ア 必死に練習して新しい技《わざ》を習トクする。
イ 納《なっ》トクするまで説明してほしい。
ウ 彼《かれ》は昔から英語がトク意だ。
エ 道トクを守ることはなぜ正しいのだろうか。
オ 名医に出会えたことで九死に一生をエた。

(2)
ア 学校でチョ作権《けん》について学ぶ。
イ いまだに人気の高い名チョを復刻《ふっこく》する。
ウ どうやらチョ金は底をついたようだ。
エ チョ名な画家のインタビュー記事を読む。
オ 彼のチョ書は多くの若者《わかもの》の心をつかんだ。

(3)
ア 困《こま》ったことに仲間からのオウ答がない。
イ 都市の中オウには研究所が設置《せっち》された。
ウ 相手の反ノウをみて次の一手を考える。
エ そろそろオウ用問題にチャレンジしよう。
オ 新しい学校生活に適《てき》オウする。

(4)
ア サッカーの大会でジュン決勝まで進む。
イ 明日のテストのジュン備《び》はできている。
ウ 手術《しゅじゅつ》後の経過《けいか》はジュン調だ。
エ 標ジュン的なレベルの問題を解《と》く。
オ 合格《ごうかく》の水ジュンをこえることを目指す。

(1)〔　　〕 (2)〔　　〕 (3)〔　　〕 (4)〔　　〕

〔芝浦工業大柏中―改〕

4 次の――線部のかたかなを漢字で書きなさい。

(1) 苦しいキョウチュウをアかした。
(2) ゼンアクのカンネンは時代によって異《こと》なる。

(1)〔　　・　　かし〕 (2)〔　　・　　〕

〔国府台女子学院中〕

難問

5 次の各文の――線部の漢字と同じ漢字をふくむものを、それぞれ下から選び、記号で答えなさい。

(1) 意見をソンチョウする。
ア 日程《にってい》をチョウセイする。
イ 話がチョウフクする。
ウ 大地震《じしん》のゼンチョウ。
エ 山にトウチョウする。

(2) 絶好《ぜっこう》のキカイをのがす。
ア 首相《しゅしょう》とカイダンする。
イ 組織《そしき》をカイカクする。
ウ 問題のセイカイ。
エ 病気がゼンカイする。

(3) ケイキが悪化する。
ア ケイセイが不利になる。
イ 都市のケイカン。
ウ 車のモケイを作る。
エ 円のチョッケイ。

(4) 鬼《おに》をタイジする。
ア 事態《じたい》にタイオウする。
イ タイボウの新作。
ウ 食欲《しょくよく》がゲンタイする。
エ 選手のコウタイ。

(1)〔　　〕 (2)〔　　〕 (3)〔　　〕 (4)〔　　〕

〔桐光学園中〕

漢字の部首・筆順・画数

ステップ1 まとめノート

解答↓別冊4ページ

入試重要度★★

学習日 月 日

ポイント1 部首

(1) 部首とその種類

漢字を組み立てている部分のうち、漢字を区別するときの目印になる部分を[①]といい、大きく次の**七種類**に分けられる。

・へん（[②]側につく）例 木《きへん》・扌《てへん》・氵《さんずい》・亻《にんべん》
・つくり（[③]側につく）例 刂《りっとう》・阝《おおざと》・頁《おおがい》
・かんむり（上につく）例 艹《くさかんむり》・宀《うかんむり》・⺮《たけかんむり》・⻗《あめかんむり》
・たれ（上から左に垂《た》れている）例 厂《がんだれ》・广《まだれ》・疒《やまいだれ》
・にょう（左から下につく）例 辶《しんにょ(ゆ)う》・廴《えんにょう》・走《そうにょう》
・かまえ（外側を囲む）例 囗《くにがまえ》・門《もんがまえ》・匸《かくしがまえ》など
・あし（下につく）例 儿《ひとあし》・灬《れんが・れっか》

(2) 部首のもつ意味

部首にはそれぞれ意味があるので、漢字の意味がわからないときの手がかりになる。

例

亻《にんべん》	人の動作・状態《じょうたい》 例 休・信
彳《ぎょうにんべん》	道・行く・行う 例 径・役
月《にくづき》	体 例 脈・肺《はい》
辶《しんにょ(ゆ)う》	道を行く・進む 例 近・返
氵《さんずい》	水・液体《えきたい》 例 池・泣
忄《りっしんべん》	心・精神《せいしん》 例 性《せい》・怖《ふ》
禾《のぎへん》	米や小麦などの穀物《こくもつ》 例 秋・種
灬《れんが・れっか》	火 例 照・熱

ズバリ暗記

「へん」は左側、「つくり」は右側、「かんむり」は上、「あし」は下にそれぞれつく漢字の部分。部首のもつ意味もあわせて覚えること。

●次の漢字の部首名をひらがなで書きなさい。

④ 計　⑤ 難　⑥ 助

[④] [⑤] [⑥]

ポイント2 筆順と画数

(1) 筆順（書き順）

●画…漢字の一つ一つの点や線を[⑦]といい、一画一画の順序《じゅんじょ》を[⑧]（書き順）という。ひと続きで書くものは一画と数える。

例「フ・㇆・㇈・㇗・㇉」→一画と数える。

(2) 画数

漢字の画数は、漢字を組み立てている点や線を一画、二画…と数える。一つの字を最後まで書いたときの画数は、総画数《そうかくすう》とも呼《よ》ぶ。

●部首の画数…画数がまぎらわしいものは覚えておこう。

例 阝《こざとへん》→三画　辶《しんにょ(ゆ)う》→三画　廴《えんにょう》→三画

●次の漢字の総画数を、漢数字で書きなさい。

⑨ 発　⑩ 絵　⑪ 辺

[⑨ 画] [⑩ 画] [⑪ 画]

ステップ2 実力問題

解答→別冊4ページ

1 〔筆順〕次の漢字の太線部分は、何画目に書きますか。漢数字で答えなさい。

勢

［　　画目］

〔日本大豊山女子中〕

2 〔筆順・部首〕次の各問いに答えなさい。

(1) 次の漢字の太線部分は、何画目に書きますか。漢数字で答えなさい。

① 祝　② 発

①［　　画目］　②［　　画目］

(2) 次の漢字の部首名をひらがなで書きなさい。

① 列　② 都

①［　　］　②［　　］

〔実践女子学園中〕

3 〔筆順〕次の漢字の太線部分は、何画目に書きますか。漢数字で答えなさい。

(1) 由　(2) 出　(3) 馬　(4) 賞　(5) 衆

(1)［　　画目］　(2)［　　画目］　(3)［　　画目］

(4)［　　画目］　(5)［　　画目］

〔北鎌倉女子学園中〕

4 〔部首〕部首には**ア**へん、**イ**つくり、**ウ**かんむり、**エ**あし、**オ**かまえといった種類があります。次の漢字の部首は**ア**〜**オ**のどれに分類されますか。それぞれ記号で答えなさい。

(1) 医　(2) 考　(3) 測　(4) 光　(5) 郷

(6) 置　(7) 衛　(8) 類　(9) 地　(10) 花

(1)［　　］　(2)［　　］　(3)［　　］　(4)［　　］

(5)［　　］　(6)［　　］　(7)［　　］　(8)［　　］

(9)［　　］　(10)［　　］

〔昭和女子大附属昭和中―改〕

重要

5 〔部首〕次の漢字の部首として適切《てきせつ》なものをそれぞれあとから選び、記号で答えなさい。ただし、同じ記号は二度使えません。

(1) 情　(2) 階　(3) 庁　(4) 建

ア まだれ　**イ** えんにょう　**ウ** りっとう

エ こざとへん　**オ** りっしんべん

(1)［　　］　(2)［　　］　(3)［　　］　(4)［　　］

〔多摩大目黒中〕

6 〔部首〕次の漢字の部首が表す意味をあとから選び、記号で答えなさい。

(1) 冷・流　(2) 肥・胸　(3) 快・悲

ア 心に関すること　**イ** 人の体に関すること

ウ 力に関すること　**エ** 水や液体に関すること

オ 火に関すること　**カ** 手の動作に関すること

(1)［　　］　(2)［　　］　(3)［　　］

〔相模女子大中〕

ココがねらわれる

主な部首は、部首名だけでなく、その部首がもともともっている意味も問われることがあるので、名前と意味をあわせて覚えよう。

学習日　月　日

ステップ3 発展問題

解答↓別冊5ページ

独創的

1 次の漢字の太線部分は、何画目に書きますか。漢数字で答えなさい。

(1) 快　(2) 郵

(1)［　　］画目　(2)［　　］画目

〔中央大附属横浜中〕

2 次の中から十画の漢字を四つ選び、記号で答えなさい。

ア 夏　**イ** 強　**ウ** 教　**エ** 弱　**オ** 進

カ 経　**キ** 島　**ク** 展　**ケ** 問　**コ** 率

［　　］［　　］［　　］［　　］

〔藤嶺学園藤沢中〕

3 次の漢字と画数が同じものをあとから選び、記号で答えなさい。

(1) 席　(2) 園　(3) 尊　(4) 昼

ア 暮　**イ** 巻　**ウ** 陸

エ 家　**オ** 傷　**カ** 報

(1)［　　］(2)［　　］(3)［　　］(4)［　　］

〔星野学園中〕

4 次の漢字の部首名をあとから選び、記号で答えなさい。

(1) 刊　(2) 顔　(3) 屋　(4) 福

ア りっとう　**イ** くにがまえ

ウ にくづき　**エ** なべぶた

オ おおがい　**カ** しかばね

キ しめすへん　**ク** のぎへん

(1)［　　］(2)［　　］(3)［　　］(4)［　　］

〔千葉日本大第一中〕

難問

5 次の□に入る言葉をあとの**ア**～**エ**から選び、——線部を漢字に直したときの部首名をひらがなで書きなさい。

例 大そうじで教室の□をきれいにする。

ア ヤハン　**イ** トウバン　**ウ** コクバン　**エ** ハンチョウ

〔答え〕（記号）**ウ**　（部首名）きへん

(1) 話し合いで□をとなえる。

ア イギ　**イ** モンク　**ウ** ヒヒョウ　**エ** シツモン

(2) 観光で町の□をうながす。

ア ドウロ　**イ** モンダイ　**ウ** ハッテン　**エ** タイサク

(3) 読書感想文の□を練る。

ア シンソウ　**イ** コウソウ　**ウ** ソウゾウ　**エ** ジョウソウ

(1) 記号［　　］　部首名［　　］

(2) 記号［　　］　部首名［　　］

(3) 記号［　　］　部首名［　　］

〔横浜雙葉中―改〕

6 次の漢字の太線部分は、何画目に書きますか。漢数字で答えなさい。

(1) 慣　(2) 物　(3) 帯　(4) 希

(1)［　　］画目　(2)［　　］画目
(3)［　　］画目　(4)［　　］画目

〔雙葉中〕

7 次の漢字の部首をぬき出し、その部首名をそれぞれあとから選び、記号で答えなさい。

(1) 然　(2) 郷　(3) 脳

ア いぬ　イ つきへん　ウ れんが・れっか
エ おおざと　オ にくづき　カ こざとへん

(1) 部首［　　］部首名［　　］
(2) 部首［　　］部首名［　　］
(3) 部首［　　］部首名［　　］

〔明治大付属中野中〕

8 次の漢字について、【Aグループ】の中から部首が同じものを、【Bグループ】の中からは総画数《そうかくすう》が同じものを一つずつ選び、記号で答えなさい。

務

【Aグループ】ア 予　イ 牧　ウ 欲　エ 加
【Bグループ】ア 葉　イ 階　ウ 案　エ 健

A［　　］　B［　　］

〔日本大藤沢中―改〕

9 次の漢字の部首名をあとから選び、記号で答えなさい。

(1) 判　(2) 近　(3) 礼　(4) 頭　(5) 囲

ア てへん　イ しめすへん　ウ ころもへん
エ がんだれ　オ おおがい　カ りっとう
キ るまた　ク はこがまえ　ケ くにがまえ
コ ゆきがまえ　サ しんにょう（しんにゅう）
シ えんにょう

(1)［　　］(2)［　　］(3)［　　］
(4)［　　］(5)［　　］

〔跡見学園中―改〕

独創的
10 例にならって、次の(1)～(5)の文の――線部の言葉をそれぞれ漢字に直しなさい。ただし、それぞれの文の□には、（　）内の字を部首にもつ漢字が入るものとします。

例 雨が降《ふ》ったあとは□メンがすべりやすくなっている。（足）
〔答え〕路面

(1) 友達の忠告《ちゅうこく》で、今までの言動をハン□した。（目）
(2) 海外へ出て、ケン□を広めることにした。（耳）
(3) 悪天候によって、野菜の値段《ねだん》が高値で□イしている。（手）
(4) 午後から出かけたので、ショウ□二時間しか遊べなかった。（口）
(5) □ゴに何かの気配を感じて振《ふ》り向いたが、そこには誰《だれ》もいなかった。（肉）

(1)［　　］(2)［　　］(3)［　　］
(4)［　　］(5)［　　］

〔聖光学院中〕

解答→別冊6ページ

ポイント
1 ローマ字の表し方を理解《りかい》する

(1) ローマ字表

あ a	い i	う u	え e	お o			
か ka	き ki	く ku	け ke	こ ko	きゃ kya	きゅ kyu	きょ kyo
さ sa	し si [shi]	す su	せ se	そ so	しゃ sya [sha]	しゅ syu [shu]	しょ syo [sho]
た ta	ち ti [chi]	つ tu [tsu]	て te	と to	ちゃ tya [cha]	ちゅ tyu [chu]	ちょ tyo [cho]
な na	に ni	ぬ nu	ね ne	の no	にゃ nya	にゅ nyu	にょ nyo
は ha	ひ hi	ふ hu [fu]	へ he	ほ ho	ひゃ hya	ひゅ hyu	ひょ hyo
ま ma	み mi	む mu	め me	も mo	みゃ mya	みゅ myu	みょ myo
や ya	(い) (i)	ゆ yu	(え) (e)	よ yo			
ら ra	り ri	る ru	れ re	ろ ro	りゃ rya	りゅ ryu	りょ ryo
わ wa	(い) (i)	(う) (u)	(え) (e)	を※ (o) [wo]			
ん※ n							
が ga	ぎ gi	ぐ gu	げ ge	ご go	ぎゃ gya	ぎゅ gyu	ぎょ gyo
ざ za	じ zi [ji]	ず zu	ぜ ze	ぞ zo	じゃ zya [ja]	じゅ zyu [ju]	じょ zyo [jo]
だ da	ぢ※ (zi) [di]	づ※ (zu) [du]	で de	ど do	ぢゃ※ (zya) [dya]	ぢゅ※ (zyu) [dyu]	ぢょ※ (zyo) [dyo]
ば ba	び bi	ぶ bu	べ be	ぼ bo	びゃ bya	びゅ byu	びょ byo
ぱ pa	ぴ pi	ぷ pu	ぺ pe	ぽ po	ぴゃ pya	ぴゅ pyu	ぴょ pyo

[ ]の中の書き方も使うことができます。
( )の中の書き方は重ねて出してあるもの。

※ コンピュータに文字を入力するときは，次のように打ちます。
を→wo　ん→nn　ぢ→di
づ→du　ぢゃ→dya
ぢゅ→dyu　ぢょ→dyo

(2) ローマ字のきまり

● のばす音（**長音**）…母音《ぼいん》（a・i・u・e・o）の上に「^」をつける。

例 rôsoku（ろうそく）　otôto（弟）　kôri（氷）

● つまる音（**そく音**）…次の音のはじめの字を重ねる。
↑小さい「つ」のこと。

例 kitte（切手）　gakkô（学校）

● はねる音（**はつ音**）…**「n」と書く**。ただし，はねる音「n」の次に，「a・i・u・e・o」や「y」が続く場合は，「n」のあとに「'」をつける。
↑「ん」のこと。　5つの音を，「母音」と呼ぶ。↑

例 kan（缶《かん》）　senzai（洗剤《せんざい》）　zen'in（全員）　min'yô（民謡《みんよう》）

● **大文字で書く場合**…文の初めや人名，地名の最初の文字は**大文字**で書く。地名などはすべて大文字で書くこともある。

例 Watasi wa Tanaka-san to KÔBE e iku.
（私《わたし》は田中さんと神戸《こうべ》へ行く。）

● 次の言葉をローマ字で書きなさい。　① 北海道《ほっかいどう》　② 船員

[① ………………]　[② ………………]

ズバリ暗記
ローマ字は基本《きほん》的には五十音のならび方と同じだが，例外的な字についてはしっかり覚えておこう。パソコンなどでローマ字入力を練習しながら覚えると効果《こうか》的だ。

学習日　月　日

ステップ2 実力問題

解答→別冊7ページ

1〔ローマ字〕次のローマ字をひらがなで書きなさい。

(1) kaidan [ ]　(2) okâsan [ ]
(3) ningyô [ ]　(4) Kyôto [ ]
(5) gyûnyû [ ]　(6) happa [ ]

2〔ローマ字〕次の言葉をローマ字で書きなさい。

(1) 電話 [ ]　(2) 雑誌《ざっし》 [ ]
(3) 終点 [ ]　(4) 外国人 [ ]
(5) 工場《こうじょう》 [ ]　(6) 半円 [ ]
(7) 本番 [ ]　(8) 人間 [ ]

3〔ローマ字〕次の文を，ひらがなで書きなさい。

(1) Issyo ni gakkô e ikô.
[ ]

(2) Gen'in to kekka.
[ ]

(3) Yakusoku no zikan ni nattayo.
[ ]

4〔ローマ字〕次の文を，ローマ字で書きなさい。

(1) 宿題をする。
[ ]

(2) 郵便《ゆうびん》局で切手を買う。
[ ]

(3) これを見てください。
[ ]

(4) 東京《とうきょう》からおじさんが来た。
[ ]

ココがねらわれる
「のばす音」「つまる音」「はねる音」が正しく表記できるかが問われやすい。ローマ字のきまりをしっかりおさえよう。

学習日　月　日

理解度診断テスト

出題範囲　6〜17ページ

解答→別冊7ページ

時間　25分

得点　　点

理解度診断　A　B　C

学習日　月　日

重要

1 次の各問いに答えなさい。

(1) 次の漢字の読みをひらがなで書きなさい。（各2点）

① お供え　② 朗らか　③ 木立

④ 戸外　⑤ 反物

①［お　　え］　②［　　らか］　③［　　］　④［　　］　⑤［　　］

(2) 次の各文からまちがって用いられている漢字を一字ずつぬき出し、正しい漢字も書きなさい。

① バスの乗り越し運賃を清算する。

② 議会の決論が出された。

③ 試験の成積がよかった。

④ 日米主脳会談が行われた。

	誤	正
①	［　］	［　］
②	［　］	［　］
③	［　］	［　］
④	［　］	［　］

〔北鎌倉女子学園中—改〕

2 次の——線部のかたかなを漢字で書きなさい。（各2点）

(1) 『方丈記《ほうじょうき》』には、ムジョウ観が感じられる。

(2) ハクサイのおつけもの。

(3) ジュドウ喫煙《きつえん》が問題視《もんだいし》される。

(4) 新しい薬品をセイセイする。

(5) 建物のキコウ式を行う。

(6) コウカク泡《あわ》を飛ばしてけんかする。

(7) 親がホウニン主義《しゅぎ》で育てる。

(8) セイサンがあってやったのではない。

(9) あまりのショックにキゼツした。

(10) フトウなあつかいを受ける。

(11) キテンを利《き》かせる。

(12) 日の光をアびる。

(1)［　］　(2)［　］　(3)［　］

(4)［　］　(5)［　］　(6)［　］

(7)［　］　(8)［　］　(9)［　］

(10)［　］　(11)［　］　(12)［　　びる］

〔慶應義塾中—改〕

3 次の漢字の筆順が正しいほうの記号を答えなさい。（各2点）

(1) 層
ア 尸 尸 尸 屈 屈 層 層 層
イ 尸 尸 尸 屈 屈 層 層 層

(2) 勤
ア 艹 芇 芇 苩 茧 堇 堇 勤
イ 艹 芇 芇 苩 茧 堇 堇 勤

(1)［　］　(2)［　］

〔埼玉平成中〕

重要

4 次の――線部のかたかなを漢字で書きなさい。(各2点)

(1) ① シコウ期間を経《へ》て、発売する。
② 冷静なシコウをめぐらせる。

(2) ① これはわたしコジンの問題だ。
② コジンのめい福をいのる。

(3) ① 小学生をタイショウにした本を買う。
② コンクールでタイショウをいただいた。

(1) ①［　］②［　］
(2) ①［　］②［　］
(3) ①［　］②［　］
〔星野学園中―改〕

5 次の漢字の総画数《そうかくすう》を算用数字で書きなさい。(各2点)

(1) 勉　(2) 進　(3) 承　(4) 就

(1)［　］(2)［　］(3)［　］(4)［　］
〔藤嶺学園藤沢中〕

6 次の(1)と(2)の漢字で他と画数がちがうものをそれぞれ一つ選び、記号で答えなさい。(各3点)

(1) ア 丘　イ 以　ウ 号　エ 比　オ 永
(2) ア 回　イ 寺　ウ 各　エ 向　オ 何

(1)［　］(2)［　］
〔日本大第二中〕

難問

7 例にならって、次の［　］の中の漢字を二つ以上組み合わせて、五つの漢字を作りなさい。ただし、枠内《わくない》のすべての漢字を必ず一度だけ用いること。(各2点)

例　九＋木＋隹→雑

金	口	寺	千	言	月
日	カ	竹	広	午	

［　］［　］［　］［　］［　］
〔普連土学園中〕

8 次の――線部のかたかなを漢字で書きなさい。送りがなのある場合は送りがなをひらがなで書きなさい。(各2点)

(1) 版画《はんが》をはがきにスル。
(2) 転校した友からタヨリが届《とど》く。
(3) 受験勉強にセンネンする。
(4) 銀行にヨキンする。
(5) 不利なタイセイから立て直す。

(1)［　］(2)［　］
(3)［　］(4)［　］
(5)［　］
〔関東学院六浦中〕

熟語

ステップ1 まとめノート

入試重要度★★★

解答→別冊9ページ

学習日　月　日

ポイント1 熟語《じゅくご》の組み立て

(1) 同じ漢字を重ねたもの　例 人々《ひとびと》（人・人）・山々《やまやま》（山・山）

(2) 似《に》た意味の漢字を組み合わせたもの

例 永久《えいきゅう》・河川《かせん》・温和

(3) 意味が［①　　］や対《つい》になる漢字を組み合わせたもの

例 大小・長短・往復《おうふく》

(4) 上の漢字が下の漢字を修飾《しゅうしょく》するもの

例 国内・広報《こうほう》・海草（「○の△」「○く△する」などと読める。）

(5) 「～に」「～を」の部分が下に来るもの（下の漢字が、上の漢字の動作の目的・対象になるもの）

例 停車・給水・帰宅《きたく》（「△に○する」「△を○する」などと読める。）

(6) 上の漢字が［②　　］語、下の漢字が述語《じゅつご》になっているもの

例 町営《ちょうえい》・胃痛《いつう》・日没《にちぼつ》（「○が△する」「○が△い」などと読める。）

(7) 上の漢字が下の漢字の意味を打ち消すもの

「不」（…ない）「無」（…がない）「未」（まだ…ではない）
「非《ひ》」（…ではない、…がない）「否《ひ》」（そうではない）

例 不安・無害・未明・非力・否定

● 熟語や漢字の上について、［③　　］の意味を表す字

(8) 意味を強めたりそえたりする漢字が下につくもの

例 偶然《ぐうぜん》・効果《こうか》的・風化

● 熟語や漢字の下について、意味を強めたりそえたりする字

「然」（…のような様子）「性《せい》」（…の性質《せいしつ》をもつ、…の状態《じょうたい》）
「的」（…に関する、…についての）「化」（…にする、…になる）

(9) 長い言葉を略《りゃく》したもの

例 入試（入学試験）・国体（国民体育大会）

(10) 三字・四字の漢字でできているもの

例 （三字）衣食住・低学年　（四字）春夏秋冬・夜行列車

ズバリ暗記　熟語の組み立てを理解《りかい》することで、意味を理解しやすくなる。打ち消しなどの意味をそえる字は数が少ないので、覚えておこう。

● 次の熟語の組み立てを前の(1)～(10)から選び、番号で答えなさい。

④ 収納《しゅうのう》　⑤ 開店　　［④　　］［⑤　　］

ポイント2 四字熟語

● 四字熟語…四つの漢字から成る熟語のこと。ある決まった意味をもつものも多く、重要なものはしっかり覚える必要がある。四字熟語には漢数字がふくまれるものが多い。

● 次の空らんに共通してあてはまる漢数字を答えなさい。

□進□退《たい》　□挙□動　□喜□憂《ゆう》　　［⑥　　］

ステップ2 実力問題

解答→別冊9ページ

ココがねらわれる
四字熟語《よじじゅくご》の意味を問うものや、空らんに漢字を入れる問題などがよく出題される。代表的なものは漢字で書けるようにしておこう。

学習日 月 日

1 〔四字熟語〕次の文は四字熟語を文に直したものです。例にならって、もとの四字熟語を答えなさい（文は一部ひらがなに直してあります）。

例 わが田に水を引く。→ 我田引水《がでんいんすい》

(1) 過去《かこ》にいまだ聞かず。

(2) 口をことにし、音を同じくす。

(3) 意を用いること、周《あまね》くいたる。

(1)［　　　　］ (2)［　　　　］ (3)［　　　　］

〔雙葉中―改〕

2 〔三字・四字熟語〕次の各問いに答えなさい。

(1) 次の□に共通する漢字一字を入れ、四字熟語を完成させなさい。

① 花鳥風□・日進□歩　② □我夢中《がむちゅう》・完全□欠

①［　　］ ②［　　］

(2) 次の□には共通する漢字が入ります。最も適切《てきせつ》なものをあとから選び、記号で答えなさい。

① 文化□・後見□・自由□　② 文学□・経営《けいえい》□・開拓《かいたく》□

③ 文筆□・企業《きぎょう》□・資本《しほん》□

ア 家　イ 人　ウ 者

①［　　］ ②［　　］ ③［　　］

〔日本大第二中―改〕

重要

3 〔打ち消し〕次の□には、(1)非 (2)不 (3)無 のいずれかが入ります。(1)～(3)の字が□にあてはまるものをすべて選び、記号で答えなさい。

ア □計画　イ □用心　ウ □公式

エ □売品　オ □注意

(1)［　　］ (2)［　　］ (3)［　　］

〔湘南白百合学園中―改〕

4 〔熟語の組み立て〕次の熟語の組み立てについて説明したものをあとから選び、記号で答えなさい。

(1) 国営　(2) 再会《さいかい》　(3) 無限《むげん》

(4) 回転　(5) 天地

ア 意味の似た漢字を重ねたもの。

イ 反対の意味や対の意味の漢字を重ねたもの。

ウ 上の漢字が主語、下の漢字が述語の関係にあるもの。

エ 上の漢字が下の漢字を修飾するもの。

オ 上の漢字が動作、下の漢字がその動作の目的を表すもの。

カ 上の漢字が、下の漢字の意味を打ち消すもの。

キ 長い語句を簡単《かんたん》にしたもの。

(1)［　　］ (2)［　　］ (3)［　　］ (4)［　　］

(5)［　　］

〔横浜富士見丘学園中〕

ステップ3 発展問題

学習日　月　日

解答→別冊9ページ

独創的

1 次の各問いに答えなさい。

(1) 次の文の状況《じょうきょう》を表す四字熟語《よじじゅくご》を、あとの漢字を組み合わせて答えなさい。

① 三日間何も食べていなかったA君は、久《ひさ》しぶりのご飯のためか食べるのに夢中《むちゅう》で、B君が話しかけても全く聞こえていないようだ。

② 夏休みに家族で登山に行った。始めは晴れていたのに雲がかかって急に雨となり、また雲のすき間から青空が見えはじめるという天気だった。

化　田　千　下　一　乱
水　万　不　天　心　変

①［　　　　］　②［　　　　］

(2) 次の文の□には「無・未・非《ひ》・不」のいずれかが入ります。あてはまるものをそれぞれ答えなさい。ただし、同じものは二度使えません。

① 今日の作業が遅《おく》れた原因《げんいん》は私《わたし》に□手際《てぎわ》があったからだ。

② 大統領《だいとうりょう》との□公式の会談があったことを認《みと》める。

③ この時間のこのコンビニの店員はいつも□表情《ひょうじょう》だ。

①［　　］　②［　　］　③［　　］

〔逗子開成中〕

難問

2 □に漢字一字を入れることにより、三つの熟語が完成します。それぞれの□に入れる漢字として最も適切《てきせつ》なものをあとから選び、記号で答えなさい。ただし、同じ記号は二度使えません。

(1) 指・意 → □ → 星

(2) 結・真 → □ → 力

(3) 発 → □ → 解・物

(4) 証・究 → □ → 確

ア 明　イ 正　ウ 射　エ 合　オ 生
カ 名　キ 見　ク 実　ケ 図　コ 果

(1)［　　］　(2)［　　］　(3)［　　］　(4)［　　］

〔芝浦工業大柏中〕

3 次の□に漢字を書き入れ、四字熟語を完成させなさい。また、その四字熟語が〔　〕にあてはまる文をあとから選び、記号で答えなさい。

(1) 晴□□読　(2) □□一動　(3) 異《い》□同□
(4) □方□人　(5) 以心□□

ア 姉は、幼《おさな》い弟の〔　　　〕が気がかりだった。

イ 彼《かれ》は〔　　　〕だから、みんなから信用されていない。

ウ 金婚式《きんこん》をむかえた妻《つま》とは〔　　　〕の関係だ。

エ 運動会が中止されることに、六年生たちは〔　　　〕に反対を唱えた。

オ 勤《つと》めを定年退職《たいしょく》したのち、郷里《きょうり》で（　　）の生活をしている。

(1) □・□［　　］　(2) □・□［　　］　(3) □・□［　　］　(4) □・□［　　］　(5) □・□［　　］

〔関東学院六浦中―改〕

4 次のA・Bにあてはまる漢字一字をそれぞれあとから選び、記号で答えなさい。

(1) 新しい部署《ぶしょ》にA属《ぞく》された。運動部にB属している。
(2) A覚えのいい人。B覚えのある顔。
(3) 新商品が発Aされた。新しい体制《たいせい》が発《ほっ》Bした。
(4) けが人を救Aする。失業者を救Bする。
(5) これまでの規則《きそく》をA定した。証拠《しょうこ》から犯人《はんにん》をB定できた。

ア 心　**イ** 改　**ウ** 買　**エ** 特　**オ** 所　**カ** 配
キ 済　**ク** 物　**ケ** 付　**コ** 見　**サ** 売　**シ** 現
ス 測　**セ** 足　**ソ** 出　**タ** 職

(1) A［　　］B［　　］　(2) A［　　］B［　　］
(3) A［　　］B［　　］　(4) A［　　］B［　　］
(5) A［　　］B［　　］

〔慶應義塾湘南藤沢中〕

難問

5 次の□に漢数字を入れ、四字熟語を完成させなさい。

(1) □差□別　(2) □寒□温
(3) □日□秋　(4) □東□文
(5) 海□山□

(1) □・□　(2) □・□　(3) □・□　(4) □・□　(5) □・□

〔東京家政大附属女子中―改〕

6 次の(1)～(4)の各語について、熟語の組み立てが異《こと》なるものを**ア**～**エ**から一つずつ選び、記号で答えなさい。

(1) **ア** 公私《こうし》　**イ** 利害　**ウ** 温暖《おんだん》　**エ** 開閉《かいへい》
(2) **ア** 世論《よろん》　**イ** 洗顔《せんがん》　**ウ** 少量　**エ** 曲線
(3) **ア** 願望　**イ** 生産　**ウ** 停止　**エ** 多数
(4) **ア** 作文　**イ** 入院　**ウ** 門前　**エ** 投球

(1)［　　］　(2)［　　］　(3)［　　］　(4)［　　］

〔法政大第二中―改〕

7 (1)「入門」、(2)「生活」と熟語の組み立てが同じものを次から選び、記号で答えなさい。

ア 善悪《ぜんあく》　**イ** 永続《えいぞく》　**ウ** 建築《けんちく》　**エ** 民営《みんえい》
オ 消灯　**カ** 未熟　**キ** 必然　**ク** 日銀

(1)［　　］　(2)［　　］

〔専修大松戸中〕

2

第2章 言葉

対《たい》義《ぎ》語《ご》・類義語

ステップ1 まとめノート

入試重要度★★

解答→別冊10ページ

ポイント1 対義語

(1) 反対の意味を表す漢字

●反対の意味を表す漢字…互《たが》いに反対の意味をもつ漢字は、組み合わせると熟語《じゅくご》になるものが多い。

例 (寒↔暖《だん》) ⟶ 「寒暖《かんだん》」、(公↔私) ⟶ 「公私《こうし》」

(2) 対義語

反対の意味をもつ語を［①］語という。次の四種類がある。

↳「義」には意味、言葉の内容《ないよう》などの意味がある。

●漢字一字の言葉で反対の意味をもつもの…熟語を作るものが多い。

例 (上↔下) ⟶ 「上下」、(左↔右) ⟶ 「左右」

●熟語として反対の意味をもつもの（漢字一字は同じ場合もある。）

例 始点↔終点、延長《えんちょう》↔短縮《たんしゅく》、原因《げんいん》↔結果

●打ち消しの字がついて反対の意味となるもの

…「不・非《ひ》・無」などの打ち消しを表す字がつく。

例 合格↔不合格、常識《じょうしき》↔非常識、記名↔無記名

●和語の対義語

例 広い↔せまい、うれしい↔悲しい、明るい↔暗い

(3) 対応語《たいおう》（対照語）

厳密《げんみつ》には反対の意味ではなく、意味が対応しているものであるが、対義語とされることもある。

例 寒流↔暖流、春分↔秋分

●次の語の対義語を漢字で書きなさい。

② 始発 ［②］

③ 進化 ［③］

④ 無名 ［④］

ポイント2 類義語

(1) 類義語（同義語）

意味が似《に》た言葉を［⑤］語という。類義語の中には、全く同じ意味である［⑥］語もふくまれる。同じ一字をふくむ類義語もあるが、字がすべて異《こと》なる類義語もある。

例 永遠《えいえん》—永久《えいきゅう》、天然—自然、進歩—向上

(2) 類語

意味は同じではないが、意味や使い方の近い同じなかまの言葉を［⑦］語という。同類語ともいい、類義語と同じものとして出題されることが多い。

例 知人—友人、山地—山脈、未開—原始

ズバリ暗記

反対の意味を表す言葉を「対義語」、似た意味を表す言葉を「類義語」という。文章読解の手がかりにもなるので、まとめて覚えよう。

●類義語になるように、次の空らんに漢字一字を書きなさい。

⑧ 案外—□外 ［⑧］

⑨ 将来《しょうらい》—□来 ［⑨］

学習日 月 日

ステップ2 実力問題

解答↓別冊11ページ

学習日　月　日

1 〔対義語〕次の語の組み合わせが、対義語になっていれば○、対義語になっていなければ――線部の語を正しい対義語に直して漢字で答えなさい。

(1) 拡大《かくだい》―減少《げんしょう》　(2) 好調―失敗
(3) 水平《すいへい》―垂直《すいちょく》　(4) 義務《ぎむ》―自由
(5) 危険《きけん》―無事

(1)［　　］ (2)［　　］ (3)［　　］
(4)［　　］ (5)［　　］

〔逗子開成中―改〕

重要

2 〔対義語〕次の各語の対義(反対)語をあとから一つずつ選び、記号で答えなさい。ただし、同じ記号は二度使えません。

(1) 快楽《かいらく》　(2) 幸運　(3) 可決《かけつ》　(4) 自然
(5) 消費　(6) 解散《かいさん》　(7) 困難《こんなん》　(8) 破壊《はかい》
(9) 許可《きょか》

ア 容易《ようい》　イ 生産　ウ 禁止《きんし》　エ 苦痛《くつう》　オ 人工
カ 集合　キ 不運　ク 建設《けんせつ》　ケ 否決《ひけつ》

(1)［　　］ (2)［　　］ (3)［　　］ (4)［　　］
(5)［　　］ (6)［　　］ (7)［　　］ (8)［　　］
(9)［　　］

〔立正大付属立正中―改〕

ココがねらわれる
対義語や類義語は語句《ごく》の問題だけでなく、論説《ろんせつ》文にもよく登場する重要事項《じこう》。重要なものは意味を覚えるだけでなく漢字で書けるようにしよう。

3 〔類義語・対義語〕次の各問いに答えなさい。

(1) 次の二つの熟語《じゅくご》が類義語になるように、それぞれ□に同じ漢字を入れて答えなさい。

① □敗＝過《か》□　② □開＝□表

①［　　］ ②［　　］

(2) 次の二つの熟語が対義語になるように、それぞれ□に入る漢字を答えなさい。

① 収入↔□出　② 不備《ふび》↔□備

①［　　］ ②［　　］

〔実践女子学園中〕

4 〔類義語・対義語〕次の言葉について、(1)・(2)は類義語を、(3)・(4)は対義語を漢字で答えなさい。

(1) 同意　(2) 互角《ごかく》　(3) 鈍感《どんかん》　(4) 利益《りえき》

(1)［　　］ (2)［　　］ (3)［　　］
(4)［　　］

〔高輪中〕

チェック！ 自由自在
ここに出ている以外に、どんな対義語・類義語の組み合わせがあるか、調べてみよう！

慣用句《かんようく》

ステップ1 まとめノート

入試重要度★★

解答↓別冊11ページ

ポイント1 慣用句とは

二つ以上の単語が結びついて、**元の単語の意味とは異《こと》なる、特定の意味を表す**ようになった表現《ひょうげん》を［①　　］という。体の一部を表す言葉を使ったり、身近な動物になぞらえたりするものが多い。

(1) 体の一部を使った慣用句

例・手がつけられない…あまりにもひどい状態《じょうたい》であつかいかねる様子。
・足が出る…出費《しゅっぴ》が多く、予定していた金額《きんがく》では足りなくなること。
・頭をかかえる…心配なことやなやみがあって、非常《ひじょう》にこまる様子。

●次の□に入る体の一部を表す漢字を書きなさい。

② □がいたい（自分のあらためるべきことを言われて、聞いているのがつらい様子）
③ □にかける（自慢《じまん》に思って、得意《とくい》げにふるまう様子）
④ □をあらう（好ましくない生活などをあらためる）
⑤ □が高い（よいものを見分ける能力《のうりょく》をもっている）

［②　　］［③　　］［④　　］［⑤　　］

(2) 動物になぞらえた慣用句

例・狐《きつね》につままれる…わけがわからずぼんやりしている。
・袋《ふくろ》のねずみ…どうしても逃《に》げることのできない状態。
・借りてきた猫《ねこ》…ふだんの様子とちがい、ひどくおとなしくしている様子。

●次の□に入る動物を表す語を書きなさい。

⑥ □が合う（気が合う様子）
⑦ □の知らせ（なんとなく悪いことが起こりそうな気がすること）
⑧ □の遠吠《ぼ》え（臆病《おくびょう》な人が陰《かげ》でいばり、陰口をたたくことのたとえ）
⑨ □の歩み（物事の進み方がおそいことのたとえ）
⑩ □の一声（あれこれと意見を出し合ってもなかなか決まらないとき、実力者の一言で物事が決まること）

［⑥　　］［⑦　　］［⑧　　］
［⑨　　］［⑩　　］

ズバリ暗記
「慣用句」は、意味だけでなく使い方も合わせて覚えることが大切。文章の中などに出てきたときは、注意して読むようにしよう。

学習日　月　日

ステップ2 実力問題

解答→別冊11ページ

1 〔慣用句〕次の(1)～(3)の□に自然に関する漢字一字を入れて慣用句を完成させ、それぞれの意味をあとから選び、記号で答えなさい。

(1) □のたより　(2) □をつかむよう　(3) □をさす

ア うまくいっている間がらや物事のじゃまをすること。
イ とらえどころがなくはっきりしていないさま。
ウ 思いがけない災難《さいなん》に見まわれること。
エ どこからともなく伝わってくること。

(1)［　―　］　(2)［　―　］　(3)［　―　］

〔女子美術大付中〕

2 〔慣用句〕次の(1)～(5)の意味の慣用句となるように組み合わせる言葉を、あとの【A群】、【B群】からそれぞれ選び、記号で答えなさい。ただし、同じ記号は二度使えません。

(1) 厳《きび》しくしかって、責《せ》めること。
(2) 得をしようと数をごまかすこと。
(3) 心をひきしめ真面目《まじめ》な態度になること。
(4) あとで問題とならぬよう、あらかじめ念を押《お》しておくこと。
(5) ある事に心をうばわれ夢中《むちゅう》になること。

【A群】 **ア** くぎを　**イ** 腹を　**ウ** 油を　**エ** えりを　**オ** うつつを　**カ** 腰《こし》を　**キ** さばを　**ク** 水を

【B群】 **サ** よむ　**シ** 打つ　**ス** ぬかす　**セ** さす　**ソ** 正す　**タ** しめる　**チ** しぼる　**ツ** 売る

(1)［　―　］　(2)［　―　］　(3)［　―　］　(4)［　―　］　(5)［　―　］

〔山脇学園中〕

ココがねらわれる

「腹《はら》をわる」と「口をわる」のように、形の似《に》ている慣用句をまちがえて使わないように、意味をしっかりと覚えて使い分けよう。

3 〔慣用句〕次の各組の慣用句の□に入る同じ漢字一字を答えなさい。

(1) □が軽い／□をすべらす／□がうまい
(2) □と油／□に流す／□のあわ
(3) □がつく／□が出る／□を引っ張《ば》る
(4) □を出す／□が回る／□鼓《つづみ》を打つ
(5) □を呑《の》む／□が長い／□を殺す

(1)［　］　(2)［　］　(3)［　］　(4)［　］　(5)［　］

〔自修館中―改〕

4 〔慣用句〕次の慣用句のそれぞれの（　）の中には同じ漢字が入る。その漢字を答えなさい。

（　）配せをする／（　）がない／うの（　）たかの（　）

［　］

〔芝浦工業大附中〕

得点アップ

慣用句は「はずかしくて顔から火が出る思いだった。」のように、例文の形で覚えておくと、意味が頭に入りやすい。

ことわざ

ステップ1 まとめノート

入試重要度★★★

解答→別冊12ページ

学習日　月　日

ポイント1 ことわざ

(1) ことわざとは

昔から言いならわされ、受け継《つ》がれてきた短い言葉で、人生の教えとなるようなことがら（教訓）や、生活の知恵《ちえ》などがふくまれるものを、［①　　］という。

例 身から出たさび（自分のした悪いことが原因《げんいん》で、自分が苦しみを受けること）

(2) ことわざの特徴《とくちょう》

●**文が二つの部分からできている**

二つの部分の関係を考えると、ことわざの意味はわかりやすい。

- 「何が（は）　どうである」 例 情《なさ》けは人のためならず
- 「何を　どうせよ」 例 かわいい子には旅をさせよ
- 「何が　どうする」 例 能《のう》ある鷹《たか》は爪《つめ》をかくす

●**助詞《じょし》の意味をとらえる**

「も」「にも」「に」など、ことわざにふくまれる助詞に注意することで、ことわざの意味はわかりやすくなる。

●次のことわざの□に入る語を書きなさい。

② 出る□は打たれる　③ □の上にも三年
④ □は災《わざわ》いの門《かど》　⑤ 仏《ほとけ》の顔も□

［②　　］［③　　］［④　　］［⑤　　］

●**表現《ひょうげん》の特徴**…ことわざには次のような表現の特徴がある。

- 「たとえ」形式のもの…花よりだんご・犬も歩けば棒《ぼう》にあたる
- 逆説《ぎゃくせつ》的な言い方をしているもの…負けるが勝ち・急がば回れ
- 説明を省いたもの…ぬかにくぎ・地震《じしん》かみなり火事おやじ
- 音を重ねたリズミカルなもの…短気は損気《そんき》
- 数字をうまくとり入れたもの…一事が万事・七転び八起き

ポイント2 ことわざの意味

(1) 似《に》た意味のことわざ

例
- 雀《すずめ》百まで踊《おど》り忘《わす》れず―三つ子の魂《たましい》百まで
- 月とすっぽん―提灯《ちょうちん》につり鐘《がね》
- 蛇《じゃ》の道は蛇《へび》―餅《もち》は餅屋

(2) 反対の意味のことわざ

例
- あとは野となれ山となれ―立つ鳥あとをにごさず
- 善《ぜん》は急げ―せいては事を仕損《しそん》ずる

ズバリ暗記 「ことわざ」は昔から言いならわされてきた言葉。似た意味のことわざや反対の意味のことわざはひとまとめにして覚えると効果《こうか》的だ。

●次のことわざの□に入る漢字一字を書きなさい。

⑥ 知らぬが□　⑦ 住めば□
⑧ 早起きは三文の□　⑨ 必要は発明の□

［⑥　　］［⑦　　］［⑧　　］［⑨　　］

ステップ2 実力問題

解答→別冊12ページ

学習日　月　日

ココがねらわれる
ことわざは意味を問う問題がよく出題される。言葉だけでなく、意味や由来もあわせて覚えておくようにする。

1 〔ことわざ〕次のことわざについて、それぞれ下の意味になるように、□に入る最も適切《てきせつ》な語をあとから選び、記号で答えなさい。

(1) かっぱの□（達人も失敗することがあること）
(2) どんぐりの□（どれもたいした差がないこと）
(3) 蛇《へび》ににらまれた□（恐《おそ》ろしくて体が動かなくなるたとえのこと）
(4) 一寸《いっすん》先は□（先のことはまったくどうなるかわからないこと）
(5) 一寸の虫にも五分の□（どんなに小さくて弱いものにも、それ相応《そうおう》の誇《ほこ》りがあること）
(6) 医者の□（言うこととすることが、一致《いっち》しないこと）
(7) 鬼《おに》の目にも□（無慈悲《じひ》な人でも時には優《やさ》しくなること）
(8) 三度目の□（二度失敗が続いても、三度目はうまくいくこと）
(9) 言わぬが□（口に出して言わないほうが、味わいがあり、差し障《さわ》りがなくてよいということ）

ア 蛙《かえる》　イ 魂　ウ 川流れ　エ 正直《しょうじき》
オ 闇《やみ》　カ 塩　キ 仏　ク 不養生《ふようじょう》
ケ 花　コ 涙《なみだ》　サ 背比《せいくら》べ

(1)〔　　〕(2)〔　　〕(3)〔　　〕(4)〔　　〕
(5)〔　　〕(6)〔　　〕(7)〔　　〕(8)〔　　〕
(9)〔　　〕

（普連土学園中—改）

2 〔ことわざ〕次のことわざと同じ意味のことわざをあとのア～カ、また、意味をあとのあ～かから選び、記号で答えなさい。

(1) 浅い川も深く渡《わた》れ
(2) のれんに腕押《うでお》し
(3) 急がば回れ
(4) 猫《ねこ》に小判《こばん》
(5) 骨《ほね》折り損《ぞん》のくたびれ儲《もう》け
(6) 弘法《こうぼう》にも筆の誤《あやま》り

〔ことわざ〕
ア 念には念を入れよ　イ 労多くして功少なし
ウ ぬかにくぎ　エ せいては事を仕損ずる
オ ぶたに真珠《しんじゅ》　カ 猿《さる》も木から落ちる

〔意味〕
あ 手ごたえがない。
い 名人でも時には失敗する。
う 用心には用心を重ねようということ。
え 苦労しても何の成果も上がらず効果《こうか》がないこと。
お ものの価値《かち》がわからないので役に立たない。
か 危険《きけん》な近道より、安全確実《かくじつ》な方法を選んだほうがよい。

(1)〔　・　〕(2)〔　・　〕
(3)〔　・　〕(4)〔　・　〕
(5)〔　・　〕(6)〔　・　〕

（昭和女子大附属昭和中—改）

チェック！自由自在
ことわざには似《に》た意味をもつものがいくつかある。どんな組み合わせがあるか、調べてみよう！

故《こ》事《じ》成語

ステップ1 まとめノート

入試重要度★★

解答↓別冊13ページ

学習日　月　日

ポイント1 故事成語とは

「故事」とは、昔から伝わってきている、いわれのある事柄《ことがら》や語句《ごく》のことを［①　　］という。それをもとにしてできた言葉のことを中国《ちゅうごく》の故事からできている。

●よく使われる故事成語

・蛇足《だそく》

〈故事〉楚《そ》という中国の昔の国で、酒を賭《か》けて蛇《へび》を早く描《えが》く競争《きょうそう》をした。早く描き上げた一人が得意《とくい》になって足を描き加えたところ、蛇にはもともと足はないと言われて、酒をもらいそこねた。

〈意味〉余計《よけい》なもの。無用のもの。不要なつけたし。

・矛盾《むじゅん》

〈故事〉昔、楚の国に、矛《ほこ》と盾《たて》を売る商人がいた。商人は「この盾は非常《ひじょう》に堅《かた》いのでどんな矛であっても突《つ》き通すことはできない」と言い、また、「この矛は非常に鋭《するど》いので、どんな盾でも突き通すことができる」と言った。ある人が「では、その矛でその盾を突いたらどうなるのか」と問うと、商人は答えることができなかった。

〈意味〉つじつまの合わないこと。筋《すじ》の通らないこと。

・漁夫の利

〈故事〉シギがハマグリの肉を食べようとして、くちばしを入れたところ、ハマグリにくちばしをはさまれた。シギとハマグリが争っていると、通りかかった漁夫がその争いを利用し、両方ともつかまえてしまった。

〈意味〉双方《そうほう》が争っているうちに、他の者が何の苦労もなく利益《りえき》を横取りすること。

●次の文章の様子を表す故事成語をあとから選び、記号で答えなさい。

母がイチゴのケーキとチョコレートのケーキを置いておいてくれた。ぼくがチョコレートのケーキを食べようとすると、弟が自分もチョコレートがいいと言って取ろうとしたので、ぼくは怒《おこ》って弟を追い払《はら》おうとした。弟が離《はな》れようとせず、ぼくはケーキを食べられないので、弟を別の部屋に無理矢理連れて行った。もどってくると、塾《じゅく》から帰って来た兄がケーキを二つとも食べてしまっていた。

ア 矛盾　　イ 五十歩百歩

ウ 漁夫の利　　エ 蛇足

［②　　］

ズバリ暗記

故事成語は、言葉と意味だけでは覚えにくいものが多い。故事（由来）を知っておくと覚えやすくなるので、出てきたときに故事を調べよう。

ステップ2 実力問題

解答↓別冊13ページ

ココがねらわれる

漢数字を使った故事成語はよく出題される。確実に答えられるように、意味や由来を知ったうえで覚えるようにしよう。

1 〔故事成語〕次の故事成語について、それぞれ下の意味になるように、□に入る最も適切な漢数字を答えなさい。

(1) 七転□倒《とう》（転げ回って苦しむこと）
(2) □挙両得（一つの行動で二つの得をすること）
(3) □載《ざい》一《いち》遇《ぐう》（滅多《めった》に巡《めぐ》ってこないであろう、とてもよい機会）
(4) 百聞は□見にしかず（人の話を何度も聞くよりも、体験するほうが確《たし》かでよくわかる。）
(5) 一を聞いて□を知る（少しのことを聞いてすべてを知る）
(6) □日《じつ》の長（経験《けいけん》や技能《ぎのう》が他の人より一歩優《すぐ》れていること）
(7) 朝三暮《ちょうさんぼ》□（目先の違《ちが》いだけにとらわれて、本質《ほんしつ》は同じであることに気がつかないこと）
(8) 悪事□里を走る（悪い行いやうわさは、すぐ世間に知れ渡《わた》ってしまう）
(9) □面楚歌《めんそか》（周りを敵《てき》に囲《かこ》まれている状態《じょうたい》）

(1)「　」 (2)「　」 (3)「　」 (4)「　」
(5)「　」 (6)「　」 (7)「　」 (8)「　」
(9)「　」

2 〔故事成語〕次の故事成語の意味をあとから選び、記号で答えなさい。

(1) 井の中の蛙大海《かわずたいかい》を知らず
(2) 蛍雪《けいせつ》の功
(3) 呉越同舟《ごえつどうしゅう》
(4) 守株《しゅしゅ》
(5) 備《そな》えあれば憂《うれ》いなし
(6) 他山の石
(7) 疑心暗鬼《ぎしんあんき》を生ず
(8) 矛盾《むじゅん》
(9) 舌《した》を巻《ま》く
(10) 臥薪嘗胆《がしんしょうたん》
(11) 塞翁《さいおう》が馬
(12) 虎《とら》の威《い》を借る狐《きつね》

ア 疑《うたが》う心をもつと、誰《だれ》に対しても疑わしく思えてしまうこと。
イ 人生の幸不幸は予測《よそく》できないものだということ。
ウ 目的達成のために、長い間の苦労に耐《た》えること。
エ しきたりにこだわって融通《ゆうずう》のきかないこと。
オ 他人の誤《あやま》った言動を参考にして自分に役立てること。
カ 仲の悪い者同士が行動を共《とも》にすること。
キ 自分には力がないのに強い者の力を借りていばる者のたとえ。
ク 自分の狭《せま》い知識《ちしき》や考えにとらわれて、広い世界のあることを知らないこと。
ケ ものごとのつじつまが合わないこと。
コ 苦労して学問に励《はげ》むこと。
サ 普段《ふだん》から備えておけば、いざというときに困《こま》らない。
シ 非常《ひじょう》に驚《おどろ》いたり、感心したりする様子。

(1)「　」 (2)「　」 (3)「　」 (4)「　」
(5)「　」 (6)「　」 (7)「　」 (8)「　」
(9)「　」 (10)「　」 (11)「　」 (12)「　」

得点アップ

「破竹《はちく》の勢《いきお》い」や「白眼《はくがん》（白眼視《し》する）」など、なにげなく使っている言葉が、意外に故事成語であることは多い。気づいたときに意味を調べよう。

理解度診断テスト

出題範囲 22～33ページ

解答➜別冊14ページ

時間 40分

得点　　点

理解度診断 A B C

学習日　月　日

重要

1 次の各文のうち、――線部の慣用句《かんようく》がまちがった使われ方をしているものを二つ選び、記号で答えなさい。（各2点）

ア 親友である君の頼《たの》みごとなら、二つ返事で引き受けるよ。

イ 歌っているときの姉は、水を得《え》た鳥のようだ。

ウ 毎日駅前のゴミひろいをしているなんて本当に頭が下がる思いだ。

エ そうやっていつも話の腰《こし》を折るのはやめてほしい。

オ こんなにやさしい仕事は、君には役不足だ。

カ この人はいつも必要以上にがんばりすぎて余念《よねん》がない。

〔　・　〕

〔日本大第二中―改〕

2 次の熟語《じゅくご》の組み合わせが同義語《どうぎご》になるように、空らんにあてはまる漢字一字を答えなさい。（各2点）

(1) 郷里《きょうり》＝□郷　(2) 改善《かいぜん》＝改□

(3) 創意《そうい》＝□夫　(4) 決心＝決□

(5) 進歩＝□上　(6) 天然＝□然

(7) 勤勉《きんべん》＝□力　(8) 悪運＝□運

(1)〔　〕(2)〔　〕(3)〔　〕(4)〔　〕

(5)〔　〕(6)〔　〕(7)〔　〕(8)〔　〕

〔女子聖学院中―改〕

3 次の熟語について、類義語にあたる熟語としてそれぞれの空らんにあてはまる漢字一字を答えなさい。（各2点）

(1) 美点＝長□　(2) 発達＝□歩

(3) 重視《じゅうし》＝□重

(1)〔　〕(2)〔　〕(3)〔　〕

〔法政大第二中〕

4 次の□に入る動物名として最も適切《てきせつ》なものを、あとから一つずつ選び、記号で答えなさい。（各2点）

(1) □の涙《なみだ》ほどのボーナスが出た。

(2) 不況《ふきょう》で□の鳴く商店街。

(3) 夫婦《ふうふ》げんかは□も食わない。

(4) 彼《かれ》とはなぜか□が合う仲だ。

(5) 社長の□の一声で方針《ほうしん》が決定した。

(6) □の子のお金を使う。

(7) いそがしくて□の手も借りたい。

ア 牛　**イ** 馬　**ウ** 犬　**エ** 猫《ねこ》　**オ** 虎《とら》

カ 蛇《へび》　**キ** 鶴《つる》　**ク** 烏《からす》　**ケ** 雀《すずめ》　**コ** 閑古鳥《かんこどり》

(1)〔　〕(2)〔　〕(3)〔　〕(4)〔　〕

(5)〔　〕(6)〔　〕(7)〔　〕

〔多摩大附属聖ケ丘中―改〕

5 次の四つの漢字のうち、三つを使ってできる三字熟語を答えなさい。（各2点）

(1) 夢・空・昼・白
(2) 金・石・球・試
(3) 鉄・法・生・兵
(4) 飯・茶・番・事

(1)［　］ (2)［　］ (3)［　］ (4)［　］

〔藤嶺学園藤沢中〕

独創的

6 次の四字熟語の**ア**・**イ**にあてはまる数字を入れ、**ア**＋**イ**が奇《き》数《すう》になるものをすべて選び、記号で答えなさい。（完答4点）

(1) ア発イ中
(2) ア苦イ苦
(3) ア石イ鳥
(4) ア進イ退《たい》
(5) ア寒イ温

〔　　〕

〔和洋九段女子中―改〕

7 次の組み合わせが反対の意味を持つ熟語になるように、□に入る漢字一字を答えなさい。（各2点）

(1) 必然―□然
(2) □常―正常
(3) □価《か》―高価
(4) 不備《ふび》―□備
(5) 凶作《きょうさく》―□作
(6) □車―降車《こうしゃ》
(7) 積極―□極
(8) □習―復習《ふくしゅう》

(1)〔　〕 (2)〔　〕 (3)〔　〕 (4)〔　〕
(5)〔　〕 (6)〔　〕 (7)〔　〕 (8)〔　〕

〔西武学園文理中―改〕

8 次の各問いに答えなさい。（各2点）

(1) 次のことわざの□に入る漢字一字を答えなさい。
① □寸《すん》先は闇《やみ》
② 人のうわさも□十五日
③ □死に一生を得《え》る

①〔　〕 ②〔　〕 ③〔　〕

(2) 次の慣用表現《ひょうげん》に入る色を漢字一字で答えなさい。
① とんでもない失敗をして□恥《はじ》をかいた。
② スキー場は雪で一面□世界であった。
③ 初夏の山は□葉が美しい。

①〔　〕 ②〔　〕 ③〔　〕

〔栄東中―改〕

独創的

9 次の外来語を漢字で表すとどうなりますか。□に入る漢字一字を答えなさい。（各2点）

(1) アラーム……□報《ほう》
(2) クレーム……□情《じょう》
(3) スチーム……□気
(4) ブーム……□行
(5) ユニホーム……□服
(6) アート……□術《じゅつ》
(7) カルチャー……□化
(8) コスト……□用
(9) トレンド……傾《けい》□
(10) コメント……□見

(1)〔　〕 (2)〔　〕 (3)〔　〕 (4)〔　〕 (5)〔　〕
(6)〔　〕 (7)〔　〕 (8)〔　〕 (9)〔　〕 (10)〔　〕

〔灘中―改〕

文の組み立て

ステップ1 まとめノート

入試重要度★★

解答→別冊15ページ

ポイント1 言葉の単位と文の種類

(1) 言葉の単位

●文…言葉をつづり合わせてまとまった内容《ないよう》を表したもの。

●文節…文を、意味がわかり、発音上不自然にならない程度《ていど》にできるだけ短く区切ったまとまり。例 今日は／いい／日だ。

●単語…文を分ける最小の単位。例 今日／は／いい／日／だ。

(2) 文の種類

●単文…主語と述語《じゅつご》の関係が**一回だけ**成り立つ文。

●複文《ふくぶん》…主語と述語の関係が**二回以上**成り立ち、一方の文がもう一方の文の一部としてふくまれている文。

●重文…**独立《どくりつ》した**主語と述語の関係が**二回以上**成り立つ文。

●省略《しょうりゃく》の文…主語や述語が**省かれている**文。会話文《せりふ》に多い。

●倒置《とうち》の文…主語と述語の位置が変わって**さかさま**になった文。

●次の文の種類を漢字で答えなさい。

母は、 祖父《そふ》が ていねいに 育てた 野菜を 食べた。［①　　］

ポイント2 言葉の関係

(1) 文の四つの型

①何が(は)—どうする。　②何が(は)—どんなだ。

③何が(は)—何だ。　④何が(は)—ある(ない)。

(2) 主語と述語の関係

「何が(は)」にあたる言葉を［②　　］語、「どうする・どんなだ・何だ・ある(ない)」にあたる言葉を［③　　］語という。

↳「何も」や「何こそ」という形になっていることもある。

(3) 修飾《しゅうしょく》語と被《ひ》修飾語の関係

ある言葉をくわしく説明する、「どんな・どんなに」にあたる言葉を［④　　］語、それによってくわしく説明される言葉を被修飾語という。例 白い花…「白い」は修飾語、「花」は被修飾語。

(4) かかりうけ

主語と述語、修飾語と被修飾語などの、意味上での言葉の結びつきをかかりうけという。

(5) その他の文節どうしの関係

●並立《へいりつ》の関係(二つの言葉が同等に連なる)

●補助《ほじょ》の関係(前の言葉が主な意味を表し、あとの言葉が補助的な意味をそえる)

●接続《せつぞく》の関係(接続語が前後をつなぐ)

●独立《どくりつ》の関係(他の文節と直接のかかりうけがない)

ズバリ暗記

修飾語と被修飾語の関係では、かかるのが修飾語で、うけるのが被修飾語である。

●次の＝線部の語が修飾する文節をぬき出しなさい。

山の 上に 赤い 屋根の 家が 見える。［⑤　　］

ステップ2 実力問題

解答→別冊15ページ

学習日　月　日

1 〔文の型〕次の各文はどの型にあたりますか。最も適切《てきせつ》なものをあとから選び、記号で答えなさい。

(1) 私《わたし》は中学に通うことを楽しみにしている。
(2) 朝の空気がとてもすがすがしい。
(3) 二階の窓《まど》から見える景色《けしき》がとてもきれいです。
(4) この日記は生前に私の祖父が記したものです。

ア 何が何だ。　**イ** 何がどうする。　**ウ** 何がどんなだ。

(1)〔　　〕(2)〔　　〕(3)〔　　〕(4)〔　　〕

〔佼成学園中〕

重要

2 〔主語〕次の文から主語をさがし、記号で答えなさい。

(1) ア私は、イ黄色い色の ウリボンを エ一番 気に入っています。
(2) ア私の イ大好きな ウ黄色い エリボンは、オ姉からの プレゼントです。
(3) ア今日は、イ姉も ウ黄色い エリボンを オ私と おそろいでつけています。
(4) アこれからも、イ姉と ウ仲良しで エいたいと、オ私は 思っています。

(1)〔　　〕(2)〔　　〕(3)〔　　〕(4)〔　　〕

〔女子聖学院中〕

ココがねらわれる

文節同士の関係、特にかかりうけを問う問題が出題されやすい。まずは主語と述語をとらえ、修飾語と被修飾語の関係を正確《せいかく》におさえよう。

3 〔かかりうけ〕次の各文の――線部はどこにかかりますか。かかる部分を**例**にならって答えなさい（ただし、句読点《くとうてん》を除く）。

例 ぼくは 君が いつか 成功すると 思う。　〔答え〕成功すると

(1) ぼくは つくえの 上の 汚《よご》れを ふいた。
(2) 私は 母の 編《あ》んだ セーターを 着ています。
(3) 丘《おか》の 上に ある あの 立派《りっぱ》な 建物は 友達の 家だ。
(4) ごらん、あそこで カシオペア座《ざ》が 光るのを。
(5) 天気予報《よほう》によれば、明日の 午後には 雨が 降《ふ》るらしい。

(1)〔　　〕(2)〔　　〕
(3)〔　　〕(4)〔　　〕
(5)〔　　〕

〔大宮開成中〕

4 〔かかりうけ〕次の各文の═線部はどこにかかりますか。かかる部分を選び、記号で答えなさい。

(1) ひらひらと ア音も イたてずに ウさくらの エ花が オ散っている。
(2) 海の アはるか イかなたに ウ過《す》ぎ去る エ船を オ見送る。
(3) 草花が ア昨日から イ降り続く ウ雨で エしっとりと オぬれている。

(1)〔　　〕(2)〔　　〕(3)〔　　〕

〔佼成学園中〕

ステップ3 発展問題

解答↓別冊16ページ

1 次の各問いに答えなさい。

(1) 次の文を単語に分けた場合、八番目にあたる単語を、ぬき出しなさい。

どうやったらうまくいくかをじっくり考えよう。 [　　]

(2) 次の各文の――線部がかかっている文節をぬき出しなさい。

① その花びんはもっと左側に置いた方が見ばえがする。 [　　]

② 男の子は先ほどこの店でビスケットを二つ買った。 [　　]

〔日本大藤沢中―改〕

2 次の各問いに答えなさい。

(1) 次の各文の主語を選び、記号で答えなさい。

① ア あたたかい イ 春風が ウ 私《わたし》の エ ほおを オ やさしく カ なでた。 [　　]

② ア 弟も イ 兄と ウ 同じように エ ごはんを オ 何度も カ おかわりした。 [　　]

③ ア 遊園地に イ 着くと、ウ 楽しそうな エ 乗り物が オ 目に カ 入った。 [　　]

(2) 次の各文の══線部はどこにかかりますか。かかる部分を選び、記号で答えなさい。

① ア 友達から、突然《とつぜん》 イ 来週の ウ 予定を エ 聞かれたので オ 私は カ わらってしまった。 [　　]

② 父の ア 古い イ 友人が ウ 来たが、エ あいにく オ 父は カ るすだった。 [　　]

③ きのう ア 妹と イ いっしょに ウ 見た エ 星空は オ とても カ きれいだった。 [　　]

〔栄東中―改〕

3 次の各文の主語と述語《じゅつご》を記号で答えなさい。なお、ない場合は「×」と答えなさい。

(1) ア 私の イ 弟が ウ 今朝《けさ》は エ 早く オ 起きた。

(2) ア 僕《ぼく》は イ 彼《かれ》の ウ きびしい エ ところが オ 好きだ。

(3) ア 昨日の イ 大雨の ウ ために エ 遠足は オ 中止だ。

(4) ア きれいだなあ イ 窓《まど》から ウ 見える エ 景色《けしき》は。

(5) ア 明日は イ 遅刻《ちこく》しないで ウ 学校へ エ 行きなさい。

(1) 主語 [　　] 述語 [　　]

(2) 主語 [　　] 述語 [　　]

(3) 主語 [　　] 述語 [　　]

(4) 主語 [　　] 述語 [　　]

(5) 主語 [　　] 述語 [　　]

〔共立女子第二中〕

4 次の各文の主語と述語を記号で答えなさい。なお、ない場合は「×」と答えなさい。

(1) アその イ虫の ウ色は エ周りの オ木の カ色に キあわせて ク変化する。

(2) ア四月から イ私は ウ中学生です。

(3) ア線路を イ通り過《す》ぎる ウ電車を エ見ていた。

(1) 主語［　　］ 述語［　　］
(2) 主語［　　］ 述語［　　］
(3) 主語［　　］ 述語［　　］

〔明治学院中〕

5 次の各文の二つの――線部はどのような関係ですか。あとから一つずつ選び、記号で答えなさい（ただし、同じ記号を二度以上使ってもかまわない）。

(1) あの 新作の 映画《えいが》は、 とても おもしろかった。

(2) 迷子《まいご》に なった 子が、 人ごみの 中で 泣いて いた。

(3) 昨日の 事件《じけん》は、 きっと 解決《かいけつ》するだろう。

(4) 君には、 私の 苦しい 胸《むね》の 内を わかって もらえると 思う。

(5) コロちゃんも タロちゃんも、 寒くて ふるえて いる。

ア 主語と述語の関係　イ 修飾《しゅうしょく》語と被《ひ》修飾語の関係
ウ 対等（並立《へいりつ》）の関係　エ 補助《ほじょ》の関係

(1)［　　］ (2)［　　］ (3)［　　］ (4)［　　］
(5)［　　］

〔横浜富士見丘学園中―改〕

6 次の各文の═線部はどこにかかりますか。かかる部分を選び、記号で答えなさい。

(1) ア天気が やっと イよくなったので、 ウひさしぶりに エ散歩に オ行ける。［　　］

(2) ア小さく たたんだ イきれいな ウ色の エ紙を オ箱に カしまった。［　　］

〔東京電機大中―改〕

7 次の各文の═線部はどこにかかりますか。かかる部分を選び、記号で答えなさい。

(1) ア中学校に イ入ったら ウ大好きな 本を エたくさん オ読もうと カ心に キちかった。

(2) 今日 ア庭の イさくらが ウ初めて エさいた。

(3) ア私は 今でも イ時々 ウ少年の エころに オ歩いた カ道を キ思い出す。

(4) ア新しい 教科書を イ開くと ウ早く エ勉強が オしたくなる。

(5) アせっかくの 花が イ昨日の ウ風で エすっかり オちってしまった。

(1)［　　］ (2)［　　］ (3)［　　］ (4)［　　］
(5)［　　］

〔立正大付属立正中〕

2 言葉の種類とはたらき

ステップ1 まとめノート

解答↓別冊17ページ

入試重要度★★

学習日　月　日

ポイント1 品《ひん》詞《し》

(1) 自立語

単語を意味・働きから分類したものを[①　　　　]という。また、**一語で文節を作る品詞**に分類される単語を**自立語**という。

↳文を分ける最小の単位。

●**名詞**…人や場所、物事や出来事などの**名前**を表す。**名詞**には、**普《ふ》通《つう》名詞・固有名詞・数詞(数名詞)・代名詞**といった種類がある。

※名詞のことを**体言**という。

●**動詞**…**動作・存在《そんざい》・作用**などを表す。**活用**があり、主に**五段《ごだん》・イの段・エの段**に活用する。言い切りの形は**ウの段**で終わる。
↳語の形が変わること。　↳アイウエオ。

・**可能動詞《かのう》**…「〜できる」という意味をもつ。例 書ける

{**自動詞**…それ自身の動作・作用を表す。例 戸が開く
 他動詞…「〜を」と対象を補《おぎな》うことができる。例 戸を開ける

●**形容詞《けいようし》**…**物事の性質《せいしつ》・状態《じょうたい》**などを述《の》べる。**活用**があり、言い切りの形が「〜い」で終わる。

●**形容動詞**…**物事の性質・状態**などを述べる。**活用**があり、言い切りの形が「〜だ」で終わる。名詞に続くときは「〜な」となる。

※動詞・形容詞・形容動詞をまとめて**用言**という。

●次の言葉の品詞名を、漢字で書きなさい。

② 暖《あたた》かさ　③ 大きい

[②　　　　] [③　　　　]

●**連体詞**…**活用**がなく、**体言**([④　　　　]詞)を修飾《しゅうしょく》する。「**こ・そ・あ・ど**」言葉のうち「**この**」などは連体詞。

●**副詞**…**活用**がない。**状態**の副詞と**程度《ていど》**の副詞、さらに、下に決まった言い方をともなう、**特別な約束**のある**陳述《ちんじゅつ》(呼応《こおう》)**の副詞がある。主に**用言**([⑤　　　　]・形容詞・形容動詞)を修飾する。

●**接続詞《せつぞくし》**…前後の文や文節、単語をつなぐ言葉。**順接**(「**だから**」など)・**逆接《ぎゃくせつ》**(「**しかし**」など)・**並立《へいりつ》**(「**また**」など)・**添加《てんか》**(「**さらに**」など)・**選択《せんたく》**(「**あるいは**」など)・**説明**(「**つまり**」など)・**転換《てんかん》**(「**さて**」など)といった意味を表す言葉がある。

●**感動詞**…**感動や呼《よ》びかけ**などを表す。**独立語《どくりつ》**になる。
↳他の文節と直接のかかりうけがない語。

(2) 付属語《ふぞくご》

その言葉だけで文節を作れない単語を**付属語**という。

●**助動詞**…**活用**がある。他の語について、意味をつけ加える。

●**助詞**…**活用**がない。他の語について、語と語の関係を示《しめ》したり、意味をつけ加えたりする。

●次の言葉の品詞名を、漢字で書きなさい。

⑥ あらゆる　⑦ ザーザーと

[⑥　　　　] [⑦　　　　]

ズバリ暗記

動詞・形容詞・形容動詞をまとめて「用言」と呼ぶ。それぞれの品詞の特徴《とくちょう》をしっかり覚えて、品詞の区別ができるようにしておこう。

ステップ2 実力問題

解答→別冊17ページ

1 〔品詞〕次のア～オの中から、性質の異《こと》なる言葉を一つずつ選び、記号で答えなさい。

(1) ア 高い　イ あまい　ウ 近い　エ 心づかい　オ おそい
(2) ア なおす　イ したく　ウ 行く　エ 飛ぶ　オ すてる
(3) ア 妹　イ 富士山《ふじさん》　ウ 大雨　エ 音　オ 全然
(4) ア そして　イ しかし　ウ もし　エ では　オ だから

(1)［　　］(2)［　　］(3)［　　］(4)［　　］
〔和洋九段女子中〕

2 〔品詞〕次の言葉のうち、種類のちがうものを一つ選び、記号で答えなさい。

ア こまかい　イ おねがい　ウ おいわい
エ おしまい　オ こまかさ

［　　］
〔栄東中〕

重要
3 〔接続詞〕次の文の□に入る最も適切《てきせつ》な言葉をそれぞれあとから選び、記号で答えなさい。ただし、同じ記号は二度使えません。

(1) 火星は地球よりも太陽から離《はな》れている。□地球よりも気温が低い。
(2) えんぴつ□シャープペンシルで記入してください。
(3) 雨が強く降《ふ》ってきた。□かさを持っていない。
(4) 姉はピアノが上手である。□毎日練習を続けているからである。
(5) おはようございます。□お父様はご在宅《ざいたく》ですか。
(6) 母は料理が上手である。□器用でもある。

ア だから　イ しかし　ウ なぜなら
エ または　オ そして　カ ところで

(1)［　　］(2)［　　］(3)［　　］(4)［　　］
(5)［　　］(6)［　　］
〔昭和女子大附属昭和中〕

ココがねらわれる
接続詞を入れる問題は、論説《ろんせつ》文の中でよく出題されるので、どんな種類があるか、代表的な語と意味をしっかり覚えておこう。

4 〔副詞〕次の文の――線部の語と同じ働きのものを選び、記号で答えなさい。

彼《かれ》はおもむろにポケットからペンを取り出した。
ア 私《わたし》は懐《なつ》かしい景色を目《ま》の当たりにした。
イ とても大きな箱をみんなで運び出していく。
ウ がんばり続けてようやく頂上《ちょうじょう》にたどりついた。
エ 心豊《ゆた》かな人がこの国にはおおぜいいる。

［　　］
〔日本大豊山女子中〕

得点アップ
副詞は主に用言（動詞・形容詞・形容動詞）を修飾し、連体詞は体言（名詞）を修飾する。

ステップ3 発展問題

解答→別冊18ページ

独創的

1 次の(1)・(2)からは種類のちがう組み合わせのものを、(3)・(4)からは種類のちがうものを一つずつ選び、記号で答えなさい。

(1) ア 分かる―分ける　イ 止まる―止める　ウ 伝わる―伝える　エ 始まる―始める

(2) ア 飛ぶ―飛べる　イ 書く―書ける　ウ 立つ―立てる　エ 見る―見せる

(3) ア 痛《いた》がる　イ 暑がる　ウ 強がる　エ 転がる

(4) ア 勝った　イ 立った　ウ 割《わ》った　エ 待った

(1)[　　] (2)[　　] (3)[　　] (4)[　　]

〔共立女子中―改〕

2 次の□に入る言葉として最も適切《てきせつ》なものをあとからそれぞれ選び、記号で答えなさい。ただし、同じ記号は二度使えません。

(1) 昨日はサッカーと野球の練習をした。□球技《きゅうぎ》ばかりやっていたというわけだ。

(2) 昨日はサッカーと野球の練習をした。□バスケットボールの練習もした。

(3) 昨日はサッカーと野球の練習をした。□野球の練習はとちゅうでやめてしまった。

(4) 昨日はサッカーと野球の練習をした。□両方ともじょうずになりたいからだ。

ア なぜなら　イ さて　ウ したがって
エ さらに　オ しかし　カ つまり

(1)[　　] (2)[　　] (3)[　　] (4)[　　]

〔関東学院六浦中〕

独創的

3 次の(1)～(5)の語は、下の（　）内の語とは性質《せいしつ》や働きが異《こと》なっています。（　）内の語と同じ性質・働きにするには、――線部の漢字の後ろにどのような送りがなをつければよいですか。例にならって、適切なものをそれぞれあとから選び、一つの語に直して答えなさい。

例 強い（打つ　わかす　休む）→強がる

(1) 固い（たましい　違《ちが》い　問い）

(2) 春（備《そな》える　手伝う　働く）

(3) 涙《なみだ》（知らせる　祝う　喜ぶ）

(4) 尊《とうと》い（手伝う　あこがれる　忘《わす》れる）

(5) 誇《ほこ》る（赤い　耐《た》えがたい　かゆい）

らしい　がる　やか　ぶ　めく
い　っぽい　びる　ぐむ　ぼったい
さ　み

(1)[　　] (2)[　　] (3)[　　] (4)[　　] (5)[　　]

〔普連土学園中〕

4 次の(1)・(2)の**ア**〜**オ**から、――線部の言葉の使い方がまちがっているものを一つずつ選び、記号で答えなさい。

(1)
ア 富士山《ふじさん》からの日の出はまるで宝石《ほうせき》のようだった。
イ 思いがけない贈《おく》り物におそらく父は驚《おどろ》くだろう。
ウ たとえ今日は晴れたが出かけなかった。
エ どうして今日は誰《だれ》も来ないのだろうか。
オ 来週の日曜日にぜひ私《わたし》の家に遊びに来てください。

〔　　〕

(2)
ア 今日中になんとか宿題を終わらせたい。
イ 今度は当然できるはずだ。
ウ ありがとうございます。どうぞお座《すわ》りください。
エ 明日はまさか雨が降《ふ》るだろう。
オ ここでは決してボールを使わないでください。

〔公文国際学園中〕 〔　　〕

5 次のア〜エから、――線部の品詞《ひんし》が他の語と異なるものを一つ選び、記号で答えなさい。

ア 私は女であなたは男。
イ この夏は林間学校で虫取りをする。
ウ 寒さと疲《つか》れで体はぼろぼろだ。
エ 久《ひさ》しぶりに東京《とうきょう》で集まろう。

〔国府台女子学院中―改〕 〔　　〕

難問

6 次の(1)〜(5)のア〜エから、――線部の意味や用法が他の語と異なるものを一つずつ選び、記号で答えなさい。

(1)
ア 小学校のことが思い出される。
イ 故郷《こきょう》の山がしのばれる。
ウ 先生が朝礼で話される。
エ 母のことがなつかしく思われる。

〔　　〕

(2)
ア 湖の水は冷たそうだ。
イ 田舎《いなか》はとてもすずしいそうだ。
ウ 試合は間もなく終わるそうだ。
エ みんな大変元気だそうだ。

〔　　〕

(3)
ア そんな所へはだれも行かない。
イ この花はあまり美しくない。
ウ ピーマンは食べられない。
エ つかれてこれ以上は歩けない。

〔　　〕

(4)
ア 春のおとずれが待ち遠しい。
イ 雨が降ったが遠足に行った。
ウ 父がテレビを見て笑っている。
エ きれいな花が咲《さ》いている。

〔　　〕

(5)
ア 雨が降って試合が延期《えんき》になった。
イ 暑《あつ》過《す》ぎて外には出られない。
ウ 寝苦《ねぐる》しくて夜中に起きた。
エ 明るくて陽気な性格《せいかく》の子。

〔横浜富士見丘学園中〕 〔　　〕

敬語

入試重要度★★

ステップ1 まとめノート

解答→別冊19ページ

学習日　月　日

ポイント1 敬語《けいご》の種類

相手（聞き手）や話題になっている人物に対して**敬意を表す**言葉を［①　　］といい、**尊敬語**《そんけいご》・**謙譲語**《けんじょうご》・**丁寧語**《ていねいご》の三種類がある。

(1) **尊敬語**

話の相手（聞き手）や**話題の人物**など、相手側の人や物、動作を**敬**《うやま》**って**表す言葉を［②　　］という。

●**尊敬の敬語動詞**…一語で尊敬の意味を表す動詞。（↳動作を表す語。）

例 先生がおっしゃる。（「**おっしゃる**」は「言う」の尊敬語。）

●お（ご）…になる（なさる）…動詞について尊敬の意味を表す。

例 校長先生がお話しになる。（「**お…になる**」が尊敬を表す。）

●**尊敬の助動詞**…**尊敬の助動詞「れる・られる」で敬意を表す。**

例 先生が話される。（尊敬の助動詞「**れる**」。）

(2) **謙譲語**

自分側の人物や物、動作を**へりくだって**（謙遜《けんそん》して）言うことで相手や話題の人物への敬意を表す言葉を［③　　］という。

●**謙譲の敬語動詞**…一語で謙譲の意味を表す動詞。

例 父が先生に申し上げる。（「**申し上げる**」は「言う」の謙譲語。）

●お（ご）…する（いたす）…動詞について謙譲の意味を表す。

例 私《わたし》が社長の荷物をお持ちする。（「**お…する**」が謙譲を表す。）

(3) **丁寧語**

話の相手（聞き手）に対する敬意を表す言葉を**丁寧語**という。

●**丁寧の助動詞**「です・ます・ございます」…丁寧の意味を加える助動詞。

例 私は六年三組の学級委員です。（丁寧の助動詞「**です**」。）

●次の――線部にふくまれる敬語の種類を書きなさい。

先生の話をお聞きする。　［④　　］

ポイント2 敬語動詞

敬語動詞は、一語や連語で**敬語**として使われる動詞である。

●**尊敬の敬語動詞の例**…おっしゃる・召《め》し上がる・ご覧《らん》になる・いらっしゃる・おいでになる・なさる・あそばす

●**謙譲の敬語動詞の例**…いただく・申し上げる・申す・拝見《はいけん》する・いたす・さしあげる・うかがう・参る・参上する・お目にかかる

●次の敬語動詞を、敬語表現を使わない動詞に直して書きなさい。

⑤ ご覧になる　［⑤　　］

⑥ お目にかかる　［⑥　　］

ズバリ暗記

敬語の三つの種類はしっかり理解《りかい》**しておこう。主な敬語動詞は意味もあわせて暗記することが大切だ。**

ステップ2 実力問題

解答→別冊19ページ

ココがねらわれる
尊敬語・謙譲語の主な敬語動詞《どうし》は入試でよく出題される。意味や用法をしっかり覚え、敬語を正しく使えるようになろう。

重要 **1** 〔敬語〕次の各文の――線部を、敬語を用いて表現《ひょうげん》したとき、最も適切《てきせつ》なものをあとから選び、記号で答えなさい。

(1) 僕《ぼく》は、村の長老から思い出話を聞いた。
ア うかがった　イ 聞かれた
ウ いただいた　エ 拝見した

(2) 私は、お華《はな》の先生のお宅《たく》でご飯を食べた。
ア 召し上がった　イ くださった
ウ いただいた　エ たまわった

(3) 高橋《たかはし》さんが、明後日、私の家に来ることになった。
ア 参上する　イ いらっしゃる
ウ ご招待《しょうたい》する　エ うかがう

(4) 「山田《やまだ》先生、私は先生の昔の写真を見て、とても懐《なつ》かしくなりました。」
ア うかがって　イ お召しになって
ウ ご覧になって　エ 拝見して

(1)[　　] (2)[　　] (3)[　　] (4)[　　]
〔青稜中〕

2 〔敬語〕次の(1)~(4)のア・イの文のうち、正しい敬語が使われているほうをそれぞれ選び、記号で答えなさい。

(1) ア そのようなおほめの言葉を申し上げていただけるとは、感《かん》謝《しゃ》いたします。
イ そのようなおほめの言葉をおっしゃっていただけるとは、感謝いたします。

(2) ア 先生がこのようにおっしゃられました。
イ 先生がこのようにおっしゃいました。

(3) ア 先生は講演会《こうえんかい》にいらっしゃいますか。
イ 先生は講演会に参られますか。

(4) ア お帰りの前に出口で記念品を頂《いただ》いて下さい。
イ お帰りの前に出口で記念品をお受け取り下さい。

(1)[　　] (2)[　　] (3)[　　] (4)[　　]
〔北鎌倉女子学園中〕

重要 **3** 〔敬語〕次の各文の――線部を適切な敬語表現に直し、（　）内の字数で、ひらがなで書きなさい。

(1) お約束の鈴木《すずき》様が来ました。（六字）
(2) わかりました。午後二時に行きます。（四字）
(3) 冷めないうちに食べてください。（六字）
(4) ありがとうございます。では早速《さっそく》食べます。（四字）
(5) こちらには何日間いるのですか。（六字）

(1)[　　　　　　] (2)[　　　　] (3)[　　　　　　] (4)[　　　　] (5)[　　　　　　]
〔浦和実業学園中―改〕

理解度診断テスト

出題範囲 36〜45ページ

解答→別冊20ページ

時間 35分

得点 [　　]点

理解度診断 A B C

学習日 月 日

独創的

1 次の文章を読んで、あとの問いに答えなさい。（各3点）

「私《わたし》は太郎《たろう》さんと花子《はなこ》さんに明日の予定を説明した。」という文には、二つの意味がある。一つは「私は太郎さんと花子さんの二人に明日の予定を説明した。」という意味で、もう一つは「[A]」という意味である。意味の区別をはっきりさせるには、一つ目の意味ならば、「[①]」のあとに[②]を打つという方法がある。

同じような例として「私が大好きなお母さん。」という文がある。一つは「私がお母さんを大好きだと思っている。」という意味で、もう一つは「[B]」という意味である。[③]、この例の場合には[②]を打っただけでは意味の区別がしにくい。一つ目の意味を伝えたいなら「私[④]大好きなお母さん。」、二つ目の意味を伝えたいなら「私[⑤]大好きなお母さん。」とすると、意味の区別ができる。

(1) [A]・[B]に入る適切《てきせつ》な意味の説明を書きなさい。ただし、それぞれ一つ目の意味の説明に対応《たいおう》するようにすること。

A［　　］

B［　　］

(2) [①]に入る最も適切な言葉を、文中からぬき出しなさい。

［　　］

(3) 二か所ある[②]に共通して入る最も適切な漢字二字の言葉を書きなさい。

［　　］

(4) [③]に入る最も適切な言葉を次から選び、記号で答えなさい。

ア そこで　イ だから

ウ ただし　エ または

［　　］

(5) [④]・[⑤]に入る最も適切なひらがな一字をそれぞれ書きなさい。

④［　　］　⑤［　　］

〔山脇学園中〕

2 次の各文の「主語」と「述語《じゅつご》」の構成《こうせい》と同じものをあとから選び、記号で答えなさい。ただし、同じ記号を二度以上使ってもかまいません。（各2点）

(1) 予報《よほう》では、明日の天気は雨だ。［　　］

(2) 先生は読書が好きだ。［　　］

(3) このバスは時間通りには到着《とうちゃく》しません。［　　］

(4) 兄のカブトムシはとても大きかった。［　　］

(5) あれは非常《ひじょう》に古い時代の建物です。［　　］

(6) となりのお客さんはうどんを食べている。［　　］

(7) クラスの全員が教室で話し合った。〔　〕
(8) 今日は妹の誕生日《たんじょうび》だ。〔　〕
(9) あなたでしたか、かたづけてくれたのは。〔　〕
(10) 外は、日差しが強くて暑そうだ。〔　〕

ア ぼくは毎日朝食を食べている。〔何が(は)どうする。〕
イ 夜の町はとても静かだ。〔何が(は)どんなだ。〕
ウ 今日の昼食は、大好きなラーメンだ。〔何が(は)何だ。〕

〔立正大付属立正中〕

重要

3 次の（　）に指示《しじ》された言葉を、それぞれ文中から選び、記号で答えなさい。（各3点）

(1) ア鳥の　イ羽みたいな　ウ雪が　エ空から　オ地面へ　降《ふ》る。
（「降る」の主語となる言葉）

(2) ア明日は　イぼくが　ウ久《ひさ》しぶりに　エ庭の　オ草むしりを　する。
（「する」の主語となる言葉）

(3) アその　本です、　イ私が　ウきのう　エなくしたのは。
（「本です」の主語となる言葉）

(4) やっと　ア待っていた　イ彼《かれ》からの　ウ手紙が　エ私に　オ届《とど》いた。
（「やっと」が修飾《しゅうしょく》する言葉）

(5) ア紙を　イあわてて　ウはさみで　エ切る　音だけが　オ聞こえた。
（「音だけが」を修飾する言葉）

〔跡見学園中〕

(1)〔　〕 (2)〔　〕 (3)〔　〕 (4)〔　〕 (5)〔　〕

重要

4 次の(1)〜(5)のア〜エから、——線部の性質《せいしつ》が他と異《こと》なるものを一つずつ選び、記号で答えなさい。（各3点）

(1)
ア 音がしたが、私は本を読んだままだった。
イ 水がすんだ川底に魚が見える。
ウ 彼にとんだ災難《さいなん》がふりかかった。
エ 私は花の横にかがんだ。
〔　〕

(2)
ア 本を読んでいたが少しも進まない。
イ 私はあまりテレビを見ない。
ウ この林の中にはだれもいない。
エ 今年の冬はあまり寒くない。
〔　〕

(3)
ア 私はこの道をどこまでも走れる。
イ 母の手伝いをするように言われる。
ウ けんかして、妹に泣かれる。
エ 昔のことが思い出される。
〔　〕

(4)
ア 明日は雨になりそうだ。
イ あの人はイギリスに帰るそうだ。
ウ もう少しで番組がおわりそうだ。
エ みんなで遊んでいるのが楽しそうだ。
〔　〕

(5)
ア 私は今日は静かに勉強をする。
イ 父は毎日元気に散歩している。
ウ 学校は町の中心にあります。
エ スイセンの花がきれいに咲《さ》いている。
〔　〕

〔神奈川学園中〕

5 次の――線部と同じ性質《せいしつ》のものをそれぞれ一つずつ選び、記号で答えなさい。（各3点）

(1) 彼《かれ》はただ笑っているばかりで、話にならなかった。

ア 旅行のための交通費《こうつうひ》は二万円ばかりかかった。
イ 彼は会社で大きなことばかり言っている。
ウ ぼくは、さっき学校から帰ったばかりだ。
エ 走り終わったばかりで、のどが渇《かわ》いている。

〔　　〕

(2) 悪いと知っていながら、なぜ改めないのか。

ア 彼は能力《のうりょく》がありながら結果を残せないでいる。
イ 苦労を、なみだながらに語り出した。
ウ あの家は昔ながらのたたずまいをしている。
エ 本を見ながら食事をするのはよくない。

〔　　〕

(3) 一歩ずつでもいいから、着実に前に進もう。

ア 昼食はラーメンでも食べようか。
イ いくら呼《よ》んでも返事が聞こえない。
ウ そんなことはだれでも知っているよ。
エ 一度でもいいから空を飛んでみたい。

〔　　〕

(4) 彼女《かのじょ》はイギリスに留学《りゅうがく》するらしい。

ア 彼の態度《たいど》は実に中学生らしい。
イ かわいらしいスニーカーだね。
ウ 天気予報《よほう》によると、明日は雪らしい。
エ 自分らしい生き方を選ぶ。

〔　　〕

〔大宮開成中―改〕

重要 6 次の言葉を敬語《けいご》として適切《てきせつ》な形に直し、（　）にあてはまるように書きなさい。（各3点）

(1) 来る
ア 今日は先生が家庭訪問《ほうもん》に（　　）。
イ 明日の授業参観《じゅぎょうさんかん》には父が（　　）ます。

(2) する
ア 先生、掃除《そうじ》は私《わたし》が（　　）ます。
イ ライスとパン、どちらに（　　）ますか。

(1) ア〔　　〕 イ〔　　〕
(2) ア〔　　〕 イ〔　　〕

〔かえつ有明中〕

7 次の各文は、あなたとあなたの父親の友人との会話である。敬語の使い方が適切でないものの組み合わせをあとから選び、記号で答えなさい。（5点）

(1)「お父さんはお元気でお過《す》ごしですか。」
(2)「父は大変元気にしていらっしゃいます。」
(3)「お父さんは週末の同窓会《どうそうかい》に参りますか。」
(4)「父は必ず出席すると申しておりました。」
(5)「お父さんから君の話もうかがいますね。」

ア (1)・(2)　イ (2)・(3)　ウ (3)・(4)
エ (4)・(5)　オ (5)・(1)

〔　　〕

〔國學院大久我山中〕

中学入試 自由自在問題集 国語

第4章 文章を読み取る基本

1 指示語・接続語をとらえる……50
2 話題・段落の要点をとらえる……54
3 必要な細部の読み取り方……58
4 心情・場面・情景の読み取り方……62
5 主題・要旨の読み取りと要約のしかた……66
6 表やグラフと関連づけて読む……70
理解度診断テスト……74

第5章 いろいろな文章を読む

1 説明文の読み方……78
2 論説文の読み方……84
3 物語の読み方……90
4 随筆の読み方……96
5 いろいろな文章の読み方……102
理解度診断テスト①……108
理解度診断テスト②……112

第6章 詩・短歌・俳句を読む

1 詩……116
2 短歌・俳句……122
理解度診断テスト……128

第7章 書くこと

1 作 文……130

第8章 公立中高一貫校 適性検査対策問題

1 資料を見て書く……136
2 課題文を読んで書く……140
3 課題テーマについて書く……144

中学入試 予想問題

第1回……148
第2回……152
第3回……156

1 指《し》示《じ》語《ご》・接《せつ》続《ぞく》語《ご》をとらえる

ステップ1 まとめノート

解答↓別冊21ページ

入試重要度★★★

学習日　月　日

ポイント1 指示語の指示内容《ないよう》（指すもの）の探《さが》し方

物事を指し示《しめ》す働きをもつ言葉を［①］という。

「くり返しをさける」目的から、**指示内容は指示語より**［②］**にくることがほとんどである。**ただし、指示語がふくまれる文に指示内容のヒントとなる表現《ひょうげん》があるため、いきなり前を探すのではなく、**指示語をふくむ一文を最後まで読んで考えるようにする。**

ポイント2 解答《かいとう》の作り方

次の手順にしたがって解答を作るとよい。

例 机《つくえ》の上に、分厚《ぶあつ》い本がある。これは、僕《ぼく》が昨日読んだものだ。

(1) **指示語をふくむ一文をすべて読み、指示内容のあたりをつける。「これ」に合う指示内容を一言で考える。**

↓「これ」の指示内容は、「僕が昨日読んだもの」であることがわかる。前からこの内容を探すと、一言で言えば「［③］」のことだとわかる。

(2) **本文の表現を使って、指示内容に肉づけ（＝説明を追加）する。この時、指示語よりあとに出てきている表現は使わない。**

↓「本」の説明をする。「机の上にある分厚い本」という解答になる。

(3) **(2)の解答を指示語にあてはめ、意味がとおるかどうか確認《かくにん》する。**

↓「『机の上にある分厚い本』は、僕が昨日読んだものだ」となる。

ポイント3 接続語の前後の関係性《かんけいせい》をとらえる

文と文をつなげる言葉を［④］という。接続語の働きをおさえると、その前後の内容がどのような関係になっているのかをとらえることに役立つ。接続語には、主に次のようなものがある。

- **順接**…前の内容が理由であとの結果が起こる。例 だから・それで
- **逆接《ぎゃくせつ》**…前の内容とあとの内容が反対。例 しかし・だが・ところが
- **並立《へいりつ》**…前の内容とあとの内容が対等に並《なら》ぶ。例 また・ならびに
- **添加《てんか》**…前の内容にあとの内容がつけ加えられる。例 さらに・しかも
- **説明・補足《ほそく》**…前の内容を補《おぎな》う。例外や条件《じょうけん》をつけ加える。例 つまり・すなわち・ただし

その他、**例示**（たとえば）、**転換《てんかん》**（ところで・さて）などがある。

ズバリ暗記

指示語が指す内容をとらえ、接続語に注目しながら読むと、文脈《ぶんみゃく》を正確に理解することができる。接続語は、働きごとに分類して覚えておこう。

> 雑草《ざっそう》は小さな種子をたくさんつけるという特徴《とくちょう》があります。そして地面の下では、たくさんの種子が芽を出すチャンスをうかがっているのです。［　］、雑草が蓄《たくわ》えた種子の銀行といえます。

● 右の文中の［　］に入る言葉として最も適切《てきせつ》なものを次から選び、記号で答えなさい。［⑤］

ア しかし　**イ** だから　**ウ** つまり　**エ** たとえば

解答↓別冊21ページ

ココがねらわれる
指示語と接続語に着目し、一文と一文の関係だけでなく、段落《だんらく》と段落のつながりや関係をとらえていく。

1 次の文章を読んで、あとの問いに答えなさい。

明治以降《めいじいこう》の日本は、西欧《せいおう》の理念や精神《せいしん》、社会をモデルにして、そこに近づくことを目標にしてきた。日本人たちのみてきた西欧、それは近代的自我《じが》にもとづく個人主義《こじんしゅぎ》の精神と、それによってつくられている社会であった。[A]西欧が個人主義の世界だと思っていたのは、社会の半分しかみていない誤解《ごかい》だったのではないかと僕《ぼく》は考えている。

[B]イギリスで独《ひと》り暮《ぐ》らしをしている老人から、こんな話を聞いたことがある。

〈私《わたし》たちは孤立《こりつ》して生活しているが、孤独《こどく》ではないのです。家を一歩出れば、私たちの友人たちの集《つど》うカフェやバーがいくらでもあるのですから。私たちは孤立しているからといっても孤独ではありません。〉

[C]西欧は個人主義をひとつの原理にしているかもしれない。しかしそれを支《ささ》えるように、仲間たちの協同する社会が必ずつくられているのである。その協同社会の役割《やくわり》は、庶民《しょみん》になればなるほど強くなっていく。つまり仲間や友人同士で、語り合い、助け合い、はげまし合っていく社会がしっかり根《は》を張っていて、その上に個人主義の社会もできているのである。（中略《ちゅうりゃく》）

[D]上流階級になると、助け合う仲間の社会をつくることはないが、そのかわり、家族、血縁《けつえん》にもとづく強固な一族の社会を形成している。

どうやら日本の人間たちは、西欧の世界を、そうして個人主義の精神というものを誤解していたのではないかと僕は思う。その結果、西欧の一面だけを明治以降追いつづけてきた。いまでは確かに日本も個人主義の社会になっている。だが職場《しょくば》にも、地域《ちいき》にも、助け合いはげまし合うどころか、本心を語り合う友人さえいなくなってしまったのである。（中略）

老イギリス人の言葉を借りれば、日本に住む僕たちは孤立しているうえに孤独なのである。信頼《しんらい》できる友人がいないから、というだけではない。自分が何らかの役に立っているという実感がないのである。そうしてその実感は集団《しゅうだん》をつくることによって、はじめて実感できる。なぜなら役立っているという実感は、人間と人間の関係のなかで生み出されるものであり、またそれを持ち得ないとき人間は孤独なのである。

（内山《うちやま》 節《たかし》「自然と労働―哲学《てつがく》の旅から」）

(1) 〔接続語〕文中の[A]～[D]に入る言葉として、最も適切《てきせつ》なものを次から選び、記号で答えなさい。ただし、同じ記号は二度使えません。

ア だが　イ もっとも　ウ 確かに
エ たとえば　オ 要するに

A〔　〕 B〔　〕 C〔　〕 D〔　〕

(2) 〔指示語〕――線「それ」は何を指していますか。最もわかりやすく説明されている部分を、文中から二十字以内でぬき出しなさい。

〔東京女学館中―改〕

得点アップ
論説文《ろんせつぶん》では、逆接（しかし・だが など）や説明（つまり など）のあとに筆者の言いたいことがくることが多い。それらの言葉に注意して読もう。

解答→別冊22ページ

学習日　月　日

1 次の文章を読んで、あとの問いに答えなさい。

少し前に、小学校の生徒向けに、社会科の特別授業《じゅぎょう》をする機会がありました。といっても、いちおう哲学者《てつがくしゃ》が教える「社会」ということで、「社会とは何か」という授業をしたのです。

「社会とは何か」をいろんな仕方で答えることができるけれど、私《わたし》の考えでは、なにより大事なのは、①それを「ルール」のあつまりとして見る、という考え方です。

そこで、まず「ルール」とは何か、つまりルールの本質《ほんしつ》というものを、どうしたらうまく教えられるかなと考えて、私はこの授業で、あるゲームをやってみることにしました。

②「大貧民《だいひんみん》」というゲームを知っている人がいると思います。たぶん「大貧民」という呼《よ》び名に抵抗《ていこう》があるのか、正式（？）には「大富豪《だいふごう》」というらしいけど、私の周りではみな、「大貧民」と呼んでいる。この名前のほうが、このゲームの感覚をよく表《あら》わしているように思います。

一度大貧民になると、なかなか這《は》い上がれない、「なんとか上に行きたい」という欲望《よくぼう》がすごくかき立てられるから、脱出《だっしゅつ》できたときの喜《よろこ》びが大きい、そういうところがなかなか面白《おもしろ》いゲームになっているんです。

簡単《かんたん》にルールを説明しましょう。基本《きほん》的に一人ずつ順番にカードを場に捨《す》てていって、手持ちがなくなれば上がりです。[A]、前の人のカードより強い札でないと、捨てられません。一番強いのがジョーカー。次に「2」、「A」「キング」……と数字の小さい方へ下っていって、「3」が一番カス札になります。だから、たくさん強い札を持っていると、どんどん出せて早く上がれるけれど、弱い札が多いと最後までカードが残って上がれない。

「大貧民ゲーム」のツボは、「[I]」ところにあります。まず、一回ゲームをして、上がった順に、大富豪、富豪、平民（複数《ふくすう》）、貧民、大貧民、というように順位が決まります。五人〜七人くらいが最適《さいてき》。大富豪と富豪（王様と大臣とも呼ぶ）になった人は、貧民と大貧民から、年貢《ねんぐ》のようにいちばん強い札を徴収《ちょうしゅう》できます。

王様は二枚《まい》もらい、大臣は一枚もらえる。だから、ジョーカーとか2とかの強力な札は、たいてい富豪たちにとられてしまうのです。逆《ぎゃく》に貧民階級は、カスの札を引き換《か》えにもらってますます不利になる。いわば「論《ろん》より差別」みたいなゲームなんですね。

[B]、小学生といっしょに「社会とは何か」を考えるのですが、小学校の生徒だから、まだ社会に出たことがない。そこで、少し社会を体験してみましょう、ということで、この「大貧民ゲーム」をやってみました。

なぜなら、この大貧民ゲームは、論より差別のゲームと言ったけれど、もっと言うと、「論より資本主義《しほんしゅぎ》」のゲームとも言える。一つは、お金を持っている人がさらにお金持ちになるという点。逆に、貧しい人はいつまでたっても上にあがれない。そういう意味で「論より格《かく》差《さ》」のゲームなんですね。

このゲーム自体とても面白いので、ゼミ合宿などでやりはじめると朝までやってしまったりする。上にいるとますますよい手がきて、あっと言わせるほど鮮《あざ》やかに上がれる。連続して上がると王朝が続いたとか言って、完全に王様気分になる。逆に、一番下にいるとなんとかはい上がりたいのだけど、なかなか上がれない。[C]、世の中の現《げん》実《じつ》の厳《きび》しさというものを身にしみて感じるわけですね。[D]同時に、いつか形勢《けいせい》を逆転して、王様の地位まで上ってやるという欲望も湧《わ》いてくる。

　さて、このゲームが「資本主義のゲーム」だというのは、一応《いちおう》みんなにチャンスが開かれている点にあります。つまり、昔の社会、近代以前の社会なら、王様や貴族《きぞく》と農民や貧民という階級は、はっきり固定されていて、大貧民が王様になるということはあり得《え》ない。しかしここでは、③工夫《くふう》して頑張《がんば》ると、自分も上流階級に這いあがれる可能性《かのうせい》がある。そしてすべての人の欲望が、もっと上にあがりたい、大富豪になりたい、というように上に向きます。

　価値《かち》の序列《じょれつ》があり、欲望がいつもかき立てられ、誰《だれ》にもリッチになれる可能性がある、というのが、このゲームのエロス*の中心、面白さの中心ですね。

　で、教室でゲームを終えて、「いま、みなさんは少し社会というものを体験したのだけれど、社会とはどういうものだと思いましたか？」と児童たちに訊《き》いてみます。すると、「ハイ！　ハイ！」と元気よく手が上がります。答えもなかなか面白い。「上に上がりたくてしかたがないと思いました」。「貧乏《びんぼう》な人はいつまでも貧乏なんだなと思った」。「不平等」。なかには「格差があると思いました」というような言葉を使う生徒もいました。

（竹田青嗣《たけだせいじ》「中学生からの哲学『超』入門――自分の意志《いし》を持つということ」）

*エロス＝ここでは「面白さ」のこと。

(1) ――線①「それ」とありますが、何のことですか。文中から二字でぬき出しなさい。［　　］

(2) ――線②「『大貧民』というゲーム」とありますが、筆者が特別授業で「大貧民ゲーム」を扱《あつか》った理由の説明として**適当でないもの**を次から一つ選び、記号で答えなさい。

ア まだ社会に出たことのない小学生といっしょに「社会とは何か」を考えるため。

イ 小学生に社会をとらえる上で大切な「ルールの本質」を教えるため。

ウ 「本質を考える」という哲学的な見方で社会の本質を考えるため。

エ 「大貧民ゲーム」を通して社会で起こっていることを疑似《ぎじ》体験するため。

オ 仲間と交流を深めることによってクラスの一体感を高めるため。［　　］

(3) A ～ D に入る言葉として最も適切なものを次から選び、記号で答えなさい。ただし、同じ記号は二度使えません。

ア つまり　**イ** さて　**ウ** むしろ　**エ** でも　**オ** ただし

A［　　］B［　　］C［　　］D［　　］

(4) I に入る内容《ないよう》として最も適切なものを次から選び、記号で答えなさい。

ア 差をつける　**イ** ルールが難《むずか》しい　**ウ** 平等である

エ 金銭《きんせん》の交換《こうかん》がある　**オ** 運しだいである［　　］

(5) ――線③「工夫して頑張ると、自分も上流階級に這いあがれる可能性がある」とありますが、それはなぜですか。文中の言葉を用いて二十字以内で書きなさい。

〔城西川越中―改〕

2

話題・段落の要点をとらえる

ステップ1 まとめノート

解答→別冊23ページ

入試重要度★★★

学習日　月　日

ポイント1 段落《だんらく》の読み取り方

いくつかの文が集まって、ひとつの意味のまとまりを作っている文章のことを［①　　］という。

●**形式段落**…ひとまとまりの文章が終わって**行が変わるまでの形式的な段落のこと**を［②　　］という。原則《げんそく》として、はじまりを一文字分下げて書かれている。

●**意味段落**…**一定の意味のまとまりに着目して分けた段落のこと**を［③　　］という。**いくつかの形式段落が集まって作られていること**が多い。説明文・論説《ろんせつ》文では、序論《じょろん》・本論・結論の区切りや、具体例、話題の変わり目、物語文では、**場面の変わり目**や、**登場人物の気持ちが大きく変わっているところ**などで分けられる。

ポイント2 段落どうしの関係

段落どうしの関係をおさえると、文章の要点の読み取りに役立つ。

接続《せつぞく》語《ご》や**指示《しじ》語《ご》**に着目すると、段落どうしの関係が読み取りやすい。
↳つなぐ働きをする言葉（接続語）と指し示す働きをする言葉（指示語）。

●**問いかけ**と**答え**の関係。例 なぜ〜でしょうか・実は〜なのです

●**対立する内容《ないよう》を比較対照《ひかくたいしょう》**する関係。例 ところが・しかし・一方

●いくつかのことがらを**対等にならべる**関係。例 また・次に

●**具体例**と**まとめ**の関係。例 例えば・つまり・このように

●あとの段落が前の段落の**説明**や**補足《ほそく》**をする関係。例 なぜなら・ただし
↳足りないところを補《おぎな》うこと。

●あとの段落で**話題を転換《てんかん》する**関係。例 さて・ところで・では

ポイント3 要点の読み取り方

説明文や論説文で、説明や意見の中心となる内容を［④　　］という。要点の読み取りでは、次のようなことに着目する。

●**話題**…**何について述《の》べられているのか**という［⑤　　］をおさえる。

●**段落ごとの内容**…段落ごとに、**くり返し使われている言葉**や**大切な働きをしている文**がないかを調べる。
↳キーワード。　↳中心文。

●**段落どうしの関係**…段落どうしの関係をおさえ、筆者がどのようなことを説明しようとしているのかを読み取る。

●**まとめの段落**…筆者が述べたい内容をまとめている段落をさがす。

ズバリ暗記
一つ一つの段落の要点に着目しながら、段落と段落のつながりをみきわめていこう。特に段落と段落を結ぶ言葉には注意する！

> 日本の各都道府県には、それぞれの都道府県のシンボルとなる花がある。
> たとえば、富山《とやま》県の花はチューリップである。

●右の文中の二つの段落の関係がわかる言葉をぬき出しなさい。
［⑥　　］

ステップ2 実力問題

解答→別冊23ページ

学習日　月　日

1 次の文章を読んで、あとの問いに答えなさい。

1 脳《のう》は自分を「できる奴《やつ》」だと思い込《こ》んでいる——そんなデータがあります。アメリカのデータですから、日本人とは異《こと》なる国民性《こくみんせい》が反映《はんえい》されている可能《かのう》性を差し引かなくてはいけませんが、興味《きょうみ》深いデータですので、ご紹介《しょうかい》しましょう。

2 一〇〇万人の高校生にアンケートを採《と》ったデータによると、70%が「自分の指導《しどう》力は同級生たちに比《くら》べて平均《へいきん》以上だ」と考えているようです。一方、平均以下と自己評価《じこひょうか》した人は、わずか2%でした。これらの数値《すうち》は「平均値」の概念《がいねん》を考えれば矛盾《むじゅん》します。それだけヒトは自分を高く評価する傾向《けいこう》があるわけです。

（中略《ちゅうりゃく》）

3 同じアンケートを、「謙虚《けんきょ》」を美徳《びとく》（?）とする日本人で採ると、自信過剰《かじょう》の度合いは少し低くなるようです。しかし、それも表面的であって、本心では欧米《おうべい》と似《に》たレベルだろうと指摘《してき》する専門家《せんもんか》もいます。

4 実際《じっさい》、調査対象《ちょうさたいしょう》が「能力」ではなく、自分の「性格《せいかく》」についてとなると、データが一気に現実味《げんじつみ》を帯びます。たとえば、日本人でも多くの人々は「自分は平均以上に公平であり、平均以下の偏見《へんけん》しかもたない」と自己評価しています。

5 こうした奇妙《きみょう》な現象が生じる理由はいろいろとあるでしょうが、一つには「情報《じょうほう》のバイアス（偏《かたよ》り）」が挙げられます。子どもには叱《しか》ってくれる親や先生がいます。しかし、年齢《ねんれい》を経《へ》れば、あるいは社会的地位が向上すれば、自分を叱ってくれる人が少なくなります。教授《きょうじゅ》にもなれば周囲は「さすがは○○先生です」「丁寧《ていねい》でわかりやすい解説《かいせつ》をありがとうございます」「いつも本当にお忙《いそが》しそうですね」と自尊心《じそんしん》をくすぐる声に溢《あふ》れていることでしょう。お世辞だと本人もわかってはいるでしょうが、しかし、そんな声に長年囲まれていれば、「自分は優《すぐ》れている」と思い込んでしまっても仕方がありません。

6 自然科学研究機構《きこう》生理学研究所の定藤規弘博士《さだとうのりひろはかせ》らの実験によれば、「信頼《しんらい》できる」や「優《やさ》しい」などと他人から好評価が得《え》られると「側坐核《そくざかく》」が活動することがわかります。すでに述《の》べたように、側坐核は報酬系《ほうしゅうけい》です。お金をもらったり、人に勝ったときなどに活動する脳部位、つまり、クセになる「快感《かいかん》」を生む場所です。

7 脳から見ても「自分の評判《ひょうばん》がよい」ことが快感であることは明白です。好みの情報に耳を傾《かたむ》け、逆《ぎゃく》に、嫌《いや》な情報は無意識《むいしき》のうちに排除《はいじょ》しようとするのは自然のことでしょう。その結果、見たいように認識《にんしき》したり、思いたいように解釈《かいしゃく》したりして、脳内で自己願望を叶《かな》えてゆくことになります。本人にとっては、なんとも心地《ここち》よいプロセスです。しかし、これが落とし穴《あな》となるわけです。

（池谷裕二《いけがやゆうじ》「脳には妙《みょう》なクセがある」）

(1) 文中の4段落と5段落の関係を説明したものとして、最も適切《てきせつ》なものを次から選び、記号で答えなさい。［　　］

ア 5段落では、4段落までとは別の視点《してん》から問題を述べている。

イ 5段落では、4段落で示《しめ》した疑問《ぎもん》に対する答えを述べている。

ウ 5段落では、4段落までの内容と対立する考えを述べている。

エ 5段落では、4段落で示した内容についての理由を述べている。

ココがねらわれる

段落どうしをつなぐ言葉に着目しながら、段落と段落の関係をみきわめていく。

得点アップ

段落と段落の関係がつかめると、文章全体の流れも理解することができる。一つひとつの段落の要点を押《お》さえながら、内容をつないでいこう。

解答→別冊23ページ

学習日　月　日

1 次の文章を読んで、あとの問いに答えなさい。

1 戦後の日本を振《ふ》り返ってみると、歴史のなかにはいくつかの、人々が「力」を感じとったできごとがあった。たとえば東京《とうきょう》オリンピックはそのひとつである。あのときには高速道路がつくられ、東海道《とうかいどう》新幹線《しんかんせん》も開通した。この一連のものが、高度成長とともに発展《はってん》していく日本の「力」を人々に感じさせた。

2 東京タワーも①そのひとつだったような気がする。それは戦後の復《ふっ》興《こう》の象徴《しょうちょう》であり、日本がテレビの時代へと変わっていくなかで建設《けんせつ》された。

3 そして②同じようなことが原子力発電にも起《おこ》っていた。日本は広島《ひろしま》、長崎《ながさき》の被爆《ひばく》、さらには第五福竜丸《ふくりゅうまる》の被曝《ひばく》体験をもっている。そのことが原爆は絶対《ぜったい》にいけないという思いを人々に抱《いだ》かせた。ところが原子力の平和利用として語られていた原子力発電は別だったのである。原子力の軍事利用はいけないが平和利用は人間の叡智《えいち》である。そんな思いがかなり広範《こうはん》にあったことは確《たし》かだった。ただしそのように語るときでも、人々は放射能《ほうしゃのう》に対しては敏感《びんかん》だった。原子力の平和利用が人間の叡智だと考えたとしても、それは放射能をださないことが前提《ぜんてい》だった。だから原発を推進《すいしん》した人々は、安全神話をつくり上げる必要があったのである。

4 日本は世界最先端《さいせんたん》の技術《ぎじゅつ》をもっているとか、日本の工場は世界でもっとも生産性《せいさんせい》が高いとか、そんなことが喧伝《けんでん》されていく風潮《ふうちょう》のなかで、「安全性を保証《ほしょう》する技術力に守られた原子力発電」が次々に建設されていったのである。だから、この一連の過程《かてい》にも、人々は日本の力を感じていた。

5 ③本当なら世界最先端の技術などという発想自体がおかしいのである。たとえばすぐれた料理はシェフたちのすぐれた技術力によってつくられるが、ここには「世界最先端」は存在《そんざい》しない。日本料理には日本料理の技術があるし、フランス料理にはフランス料理の技術がある。同じようにどこの料理にもそれぞれの技術がある。ただそれだけのことであって、どれかが世界最先端なわけではない。

6 ④とすると、「世界最先端」はないのだろうか。ないわけではない。誰《だれ》もが同じものをつくろうとしているときには、いち早くそれをつくる技術を開発したところが世界最先端である。この「誰もが同じもの」とは工業製品《せいひん》にかぎられる。自然や風土の違《ちが》いによって変化することのない生産物、それが「誰もが同じもの」なのである。

7 それは人間たちがおこなっている労働や生産のなかのごく一部にすぎない。つまり⑤ごく一部のものの「世界最先端」を「日本は世界最先端」と故意《こい》に読み替《か》えることによって、新しい日本イメージの世界をつくりだしたのが、戦後の日本だったのである。それは「世界最先端」かどうかなどということを問題にする必要のない分野の労働や生産を、重要視《じゅうようし》しない社会をつくっていくことにもなった。

（内山《うちやま》　節《たかし》「文明の災禍《さいか》」）

(1) ——線①「そのひとつ」の「その」が示《しめ》している内容《ないよう》を、「もの。」に続く形で文中から二十九字でさがし、はじめと終わりの五字をぬき出しなさい。

［　　　　　］～［　　　　　］もの。

(2) ——線②「同じようなこと」とありますが、これはどのようなことですか。最も適切《てきせつ》なものを次から選び、記号で答えなさい。

ア 特定の人々が、原子力の平和利用を主張《しゅちょう》したこと。
イ 日本の技術はすばらしいと、人々が信じこんだこと。
ウ 当時の人々は、科学技術の恐《おそ》ろしさに無知だったこと。
エ 日本の底意地を見せて、世界を見返そうと考えたこと。

〔　　〕

(3) ——線③「本当なら世界最先端の技術などという発想自体がおかしいのである」とありますが、その理由として最も適切なものを次から選び、記号で答えなさい。

ア 技術は常《つね》に更新《こうしん》され続けるもので、いつまでも最新であり続けることはできないから。
イ 世界で一番すぐれたものが、世界最先端の技術であるとはかぎらないから。
ウ 各分野によって用いられる技術は異《こと》なるので、単純《たんじゅん》に比較《ひかく》をすることはできないから。
エ 技術における世界最先端とは、それが発見されたとたんに時代遅《おく》れになるから。
オ 世界にはいまだ発見されていない最先端の技術が確実《かくじつ》に存在しているから。

〔　　〕

(4) ——線④「とすると」とありますが、この言葉が文中で果たしている役割《やくわり》について述《の》べたものとして最も適切なものを次から選び、記号で答えなさい。

ア 前の段落《だんらく》の補足《ほそく》にあたる内容を述べ、説明を補《おぎな》う役割。
イ 前の段落と対立する内容を述べ、比較対照させる役割。
ウ 前の段落の説明を、別の角度から言いかえて示す役割。
エ 前の段落の説明を前提とした内容を、あとに続ける役割。

〔　　〕

(5) ——線⑤「ごく一部のものの『世界最先端』を『日本は世界最先端』と故意に読み替える」とありますが、これはどのようなことですか。その説明として最も適切なものを次から選び、記号で答えなさい。

ア 日本人は物心《ぶっしん》あらゆる面において、世界で一番すぐれているのだと無自覚に強調すること。
イ 日本だけが、あたかも世界の最先端に追いついた国であるかのようにふるまうこと。
ウ 日本はサービス産業の世界において最先端を走る、唯一《ゆいいつ》の存在であるという誤解《ごかい》をすること。
エ 日本が原発事故処理《じこしょり》の最前線に立っているかのように、国際《こくさい》社会に対してふれまわること。
オ 日本は工業製品の最先端技術を有していることで、多くの領域《りょういき》でも世界一優秀《ゆうしゅう》だと拡大解釈《かくだいかいしゃく》すること。

〔　　〕

難問
(6) この文章の1〜7の段落を、意味のまとまりで三つに分けたものとして最も適切なものを次から選び、記号で答えなさい。

ア 1 2 → 3 4 → 5 6 7
イ 1 2 3 → 4 5 → 6 7
ウ 1 → 2 3 4 5 → 6 7
エ 1 2 → 3 4 5 → 6 7

〔　　〕

〔攻玉社中―改〕

3 必要な細部の読み取り方

ステップ1 まとめノート

解答→別冊23ページ

入試重要度★★★

学習日　月　日

ポイント1 文章の細部

(1) 文章の細部

書き手が文章の中心として述《の》べたい内容《ないよう》について、くわしい情報《じょうほう》を挙げて細かく説明している部分を、文章の［①　　　］という。

(2) 文章の細部で挙げられる情報

文章の細部で挙げられる情報には、数値的《すうちてき》なデータや年代のように**数字で表される情報**、地名や人名などの**固有名詞《こゆうめいし》**、**具体例として挙げられる事例**などがある。物語文では、場面や心情の描《えが》かれ方なども重要な情報である。特に設問《せつもん》で問われている傍線部《ぼうせんぶ》の近くや空らんの前後にある情報には注意する。**文章から何を読み取りたいのかをはっきりさせ**、必要な情報を読み取ることが、文章全体の主題や要点を読み取ることにつながる。

ポイント2 必要な細部の読み取り方

(1) 文や文章のつながり

文や文章の**前後のつながり**に着目する。接続語《せつぞくご》に注意してつながり方を考える。
↳文や段落《だんらく》どうしをつなぐ言葉。

- **順接《じゅんせつ》** 例 だから・したがって・すると
  ↳前のことがらが原因《げんいん》になって、あとのことになるという関係。
- **逆接《ぎゃくせつ》** 例 ところが・しかし・でも
  ↳前に述べたこととあとに述べることとが、意味のつながりのうえで逆になるという関係。
- **説明・補足《ほそく》** 例 なぜなら・つまり・ただし
- **並立《へいりつ》** 例 また・および・ならびに
- **転換《てんかん》** 例 ところで・さて

(2) 指示語《しじご》
↳これ・それ・あれ・どれ・この・その・あの・どの、など。

特に傍線部やその近く、空らんの前後にある［②　　　］に着目し、その内容をはっきりさせながら読む。指示語の指し示《しめ》す内容は、指示語より前に書かれている場合が多く、指示語の代わりにあてはめて読むと意味が通じる。

(3) 主語・述語《じゅつご》の関係

文中の［③　　　］と［④　　　］の関係を正確《せいかく》に読み取る。

(4) 語句《ごく》の意味

文中に出てくる語句は、**文脈《ぶんみゃく》にそって最も適切《てきせつ》な意味を読み取る。**

ズバリ暗記 必要な細部の読み取り方をおさえ、文章の主題や要点を読み取る助けとして生かす！

> チョウの仲間には、日なたを好むものと、日かげの多い場所を好むものがいます。農村で森や林が切り開かれ、都市に高いビルがふえるようになると、日かげを好むチョウが都市部で増加《ぞうか》し、日なたを好むチョウが農村に多く生息するようになりました。そのため、これらのチョウの見られる場所が変わってきたのです。

- 右の文章における――線部の理由を書きなさい。

［⑤　　　］

ステップ2 実力問題

解答→別冊24ページ

1 次の文章を読んで、あとの問いに答えなさい。

現在《げんざい》では、インターネットの発達もあり、a部屋の中で座《すわ》ったまま、情《じょう》報《ほう》を大量に集めることができる。こうした情報収集《しゅうしゅう》の技術《ぎじゅつ》を*駆使《くし》できるようになるのは、もちろん重要なことである。しかし、だからといって、自分のからだを動かして外へ出ていき、人やさまざまなものに出会い触《ふ》れあうことの重要性《じゅうようせい》に変わりはない。コンピュータを通じてしか情報収集したことがないというのでは、からだが積極的に動かなくなる*弊害《へいがい》も時に起こる。授業《じゅぎょう》で座ったまま話を聞きつづける受け身の姿勢《しせい》が習慣《しゅうかん》になりすぎて、自分から積極的に動くことができないのと似《に》た状況《じょうきょう》が、ここにはある。

私《わたし》は大学の授業で、b「神保町忍者部隊《じんぼうちょうにんじゃぶたい》」と名づけた実践《じっせん》を行っている。大学の授業は一時間半なので、そのうちの四〇分ほどを使い、本の街神保町で情報収集して戻《もど》ってくるというものだ。各グループ三人ほどで構《こう》成《せい》し、新刊《しんかん》書店や古書店をめぐりながら、ある一定のテーマに沿《そ》った情報を収集し、その成果を戻ってきて相互《そうご》に発表する。テーマ設定《せってい》は、あらかじめ統一《とういつ》したテーマをクラスで決めることもできるし、各グループで現場に行ったときに、本を見ながら決めていくというのでもよい。あるる主題をめぐって、どのような書籍《しょせき》があり、それらはおよそどのような*趣旨《しゅし》の主張《しゅちょう》をしているのかを報告《ほうこく》するのである。これには、本を書店で短時間に要約する要約力が求められる。要約する能力《のうりょく》とともに、複数《ふくすう》の本を系統《けいとう》立てて配列する力も求められる。限《かぎ》られた時間の中で、どの書店に焦点《しょうてん》をしぼるのかも決めなければならない。そうした意味では、総《そう》合的《ごうてき》な段取《だんど》り力も求められる。

（齋藤《さいとう》 孝《たかし》「子どもに伝えたい〈三つの力〉生きる力を鍛《きた》える」）

*駆使＝そのもののもつ機能《きのう》を十分に発揮《はっき》させて、思い通りに使いこなすこと。
*弊害＝悪い点。他のものに対する悪い影響《えいきょう》。
*趣旨＝文章や話で、いおうとしていることがら。

(1) 〔細部の理解《りかい》〕——線a「部屋の中で座ったまま、情報を大量に集めることができる」とありますが、このことによってどのような悪い点が生じますか。文中から十四字でぬき出しなさい。

(2) 〔細部の理解〕——線b「神保町忍者部隊」について、次の①・②の問いに答えなさい。

① この実践の具体的な内容について述べている部分をさがし、はじめと終わりの五字をぬき出しなさい。

～

② この実践によって、どのような力が鍛えられるのですか。文中からそれぞれ六字、十五字、八字で三つに分けてぬき出しなさい。

〔城西川越中—改〕

ココがねらわれる
文と文のつながりに注意して、ていねいに文章を読もう。接続語や指示語に着目すると答えをさがしやすい。

解答↓別冊24ページ

学習日　月　日

1 次の文章を読んで、あとの問いに答えなさい。

長野《ながの》県大町《おおまち》市の荒山《あらやま》さんの森のなかを歩いていたら、クリの木に[a]「クマの座蒲団《ざぶとん》」がかけられていた。クリやトチの実を食べるとき、ツキノワグマは木に登ってほどよい枝《えだ》に腰《こし》をかける。そこから周囲に手を伸《の》ばし、ポキンと枝を折ってくるとイガを開き、皮をむいて実を食べる。そのとき残った枝を自分の尻《しり》の下に敷《し》いて、少しずつ座《すわ》り心《ごこ》地《ち》を良くしていくのである。

荒山さんは日本ではめずらしい林業家である。天然の落葉広葉樹《※らくようこうようじゅ》の森の手入れをして、天然の良木を育てる林業を試みている。だから彼《かれ》の森は、林業地でありながら動物たちの森でもある。

森は自然的存在《そんざい》であるとともに、（　b　）な存在なのだと思う。なぜなら人間の森へのかかわり方によって、森は変貌《へんぼう》をとげていくからである。林業や治山技術《ぎじゅつ》の変化も、社会構造《こうぞう》の変化も森を変える。そしてひとつの時代を引っ張《ば》っていく、その時代の人間の精神《せいしん》もまた森に影響《えいきょう》を与《あた》える。

戦後の社会が経済力《けいざいりょく》を高めてきた頃《ころ》から、日本の政策《せいさく》のひとつに、次のような考え方が定着していった。それは何か問題がおきたときには、より多くのものを建設《けんせつ》することによって問題を解決《かいけつ》するという思想である。

たとえば、一九六〇年代以降《いこう》、都市の道路渋滞《じゅうたい》が問題になったけれど、それへの対応策《たいおうさく》は自動車の通行量を［ア］ことではなく、より多くの［イ］をつくることであった。ところが建設をすすめようとすれば、そのことによって新しい問題を発生させることがある。都市の水需要《じゅよう》に応じてダムを建設すれば、当然水没《すいぼつ》する村の問題が出てくる、というように。そしてそのときも、ダム計画を縮小《しゅくしょう》、撤回《てっかい》するのではなく、より多くの見返りを建設することによって、問題の解決がはかられた。それは現代《げんだい》の企業《きぎょう》と同一の発想でもある。いうまでもなく企業は、経営基盤《きばん》が安定しているときは、生産に問題が生じると、より新しい技術を導入《どうにゅう》し、より大きな新鋭《しんえい》工場を建設することによって、その問題の解決をはかってきた。それは工場だけのものではなく、たとえばリゾートをみても客足が鈍《にぶ》れば、より多くの開発をし、新しい設備《せつび》を［ウ］することによって、新しいリゾートの「魅力《みりょく》」をつくりだそうとしてきたのである。

［A］最近まで、日本の森林政策も、この考え方のなかにまき込《こ》まれていたのではないかと思うことがある。天然林を伐採《ばっさい》し人工林をつくる拡大造林《かくだいぞうりん》が、一時期あれほど善《ぜん》だとされたのは、人工林のほうが用材の生産性《せいさんせい》が高く、スギやヒノキなどの有用材が多量に得《え》られるからであった。ここには工場と同じように森をつくり変えることによって、用材の生産性の高い森を開発していこうという[c]建設の思想があった。

［B］最近になってようやく私《わたし》たちは、[d]森林にこのような考え方を適用《てきよう》した愚《おろ》かさに気づきはじめた。なぜなら用材の生産性を高めようとして人工林をつくりすぎることは、他の動植物にとって好ましくないばかりでなく、手入れに手間のかかる、災害《さいがい》に弱い森をつくってしまうことになる。さらに針葉樹《しんようじゅ》の人工林は木材の生産以外には利用価《か》値《ち》のない森になってしまうために、市場経済のうえでは価値は（　e　）、山菜や茸《きのこ》を採《と》ったり、森の季節の移《うつ》ろいを楽しむ暮《く》らしのなかの価値は、（　f　）。

より多くのものを建設すれば、問題は解決するという建設の思想は、少なくとも森林や自然の問題にはなじまなかったのである。そしてこのことへの反省が、森とはその地域《ちいき》に適した森が一番問題の少ない森だということを、私たちにあらためて気づかせていった。地域の自然条件《じょうけん》に適した森という面でも、その地域の風土や暮らしの歴史に適した森、という面からもである。

C 大町の荒山さんは、自然に芽生えてきた木を育てる。それは地域の自然が芽生えさせた木である。間引きした木は、最近需要《じゅよう》のふえてきたストーブ用のマキとして販売《はんばい》し、新しい薪炭林《しんたん》のかたちを模《も》索《さく》する。将来《しょうらい》は太い天然林も育ってくるだろう。その森には、いまでも秋になると、二つ三つ「クマの座蒲団」がかけられている。

（内山《うちやま》 節《たかし》「森にかよう道」）

＊落葉広葉樹＝クリやトチなど。

(1) ――線a「クマの座蒲団」の材料は何ですか。十字以内で書きなさい。

(2) （ b ）に入る最も適切な言葉を次から選び、記号で答えなさい。

ア 人間的　**イ** 生命的　**ウ** 文化的
エ 社会的　**オ** 経済的

［　　］

(3) ㋐～㋒に入る適切な言葉を考えて書きなさい（ただし、文中の言葉があてはまる場合もあります）。

㋐［　　］　㋑［　　］　㋒［　　］

(4) A～Cに入る最も適切な言葉を次から選び、それぞれ記号で答えなさい。

ア ところが　**イ** だから　**ウ** そのうえ
エ つまり　**オ** もしかすると

A［　　］　B［　　］　C［　　］

(5) ――線c「建設の思想」とは、どのような考え方ですか。最も適切な部分をこれより前の段落《だんらく》からさがし、はじめと終わりの五字をぬき出しなさい。

［　　　　　］～［　　　　　］

難問

(6) ――線d「森林にこのような考え方を適用した愚かさに気づきはじめた」について、次の①・②の問いに答えなさい。

① 「このような考え方」とは、何を重視《じゅうし》した考え方ですか。文中からぬき出しなさい。

［　　］

② 「このような考え方を適用した」とは、実際《じっさい》にはどのようにしたのですか。文中の言葉を用いて二十字以内で書きなさい。

(7) （ e ）・（ f ）に入る最も適切な言葉の組み合わせを次から選び、記号で答えなさい。

ア e 高いうえに　f もっと上がってしまう
イ e 低いうえに　f もっと低下してしまう
ウ e 高くても　f 逆《ぎゃく》に低下してしまう
エ e 低くても　f 逆に上がってしまう

［　　］

〔女子学院中―改〕

4 心情・場面・情景《じょうけい》の読み取り方

ステップ1 まとめノート

解答→別冊25ページ

入試重要度★★★

学習日　月　日

ポイント1 場面・情景の読み取り方

(1) 場面

物語文や随筆《ずいひつ》などの中で描《えが》かれている、**作品の舞台《ぶたい》や背景《はいけい》**のことを［①　　］という。場面は、「**いつ（時）**」「**どこで（場所）**」「**だれが（登場人物）**」「**どうした（出来事）**」の四つの要素《ようそ》でできている。場面の情報《じょうほう》をおさえ、起こっている出来事を正確《せいかく》に読み取ることで、登場人物の心情を読み取ることができる。

(2) 情景

物語文や随筆などの中で描かれている、**読み手の心を動かす場面や様子**のことを［②　　］という。

ズバリ暗記 物語文や随筆を読むときには、「いつ(時)」「どこで(場所)」「だれが(登場人物)」と「どうした(出来事)」をまずおさえる！

ポイント2 心情の読み取り方

(1) 心情

物語文や随筆の中で描かれている、**登場人物の気持ちや考え**のことを［③　　］という。心情は、その場面で起こっている出来事によって表れたり、変化したりする。

(2) 心情の読み取り方

登場人物の心情は、文章のさまざまな部分から読み取ることができる。

① 登場人物の心情が**直接表現《ちょくせつひょうげん》されている言葉**。
例 うれしい・かなしい・喜び・うしろめたさ・～と思った・～と感じた

② 登場人物の**表情**、**態度《たいど》**、**動作などに心情が表されている部分**。
例 目を丸くする・こぶしをにぎりしめる・目をそらす

③ **登場人物の言った言葉やその語調**に心情が表されている部分。（語調：言葉の調子。）
例 声がふるえる・声がうわずる・はずんだ声

④ **情景描写《びょうしゃ》の中に登場人物の心情が表されている**部分。
例 うすら寒い海＝不安

ズバリ暗記 起こっている「出来事」と登場人物や情景の描かれ方に着目して、登場人物の心情を正確に読み取る！

> 私《わたし》は、今年の春からピアノを習い始めた。いとこのお姉ちゃんの発表会を見て、私もピアノをひいてみたいと思ったのだ。そしていよいよ、私の初めての発表会の当日がやってきた。ゆうべは胸《むね》がどきどきして、なかなか眠《ねむ》れなかった。朝ごはんもいつもの半分しか食べられなかったし、今だって、てのひらがじっとりと汗《あせ》ばんでいる。

● 右の文中の「私」の今の心情を考えて書きなさい。

［④　　　　　　　　］

1 次の文章を読んで、あとの問いに答えなさい。

「おまえたちはわたしの長男の子どもたちだもの、本当ならおまえがこの家をつぐべきなのだよ。大いばりでいていいよ」

この祖母《そぼ》の言葉で勇気がついて、当分言わないでおこうと思っていたあのことを口に出す決心が出た。

「ばっちゃ、お願いがあります」

急にぼくが正坐《せいざ》したので祖母がおどろいた眼《め》をした。

「母が立ち直ってぼくと弟を引き取ることができるようになるまで、ぼくたちをここへ置いてください」

「……でも高校はどうするの」

「この町の高校でいいんだ。店の手伝《てつだ》いでもなんでもするから」

祖母はぼくと弟をかわるがわるながめ、やがて膝《ひざ》に腕《うで》を乗せて前かがみになった。

「*孤児院《こじいん》はいやなのかね、やはり」

「あそこに居《い》るしかないと思えばちっともいやなところじゃないよ。先生もよくしてくれるし、学校へも行けるし、友だちもいるしね」

「そりゃそうだねえ。文句《もんく》を言ったらばちが当たるものねえ」

「で、でも、ほかに行くあてが少しでもあったら一秒でもがまんできるようなところでもないんだ。ばっちゃ、考えといてください。お願いします」

店で戸じまりをする音がしはじめた。祖母はトランクのそばから腰《こし》を上げた。

「叔父《おじ》さんの食事のしたくをしなくっちゃ。今のおまえの話はよく考えておくよ」

祖母が出て行った後、ぼくはしばらく机《つくえ》の前に、ぼんやりすわっていた。この話をいつ切り出そうかとじつはぼくは迷《まよ》っていたのに、それが思いがけずすらすらと口から出たので自分でもおどろいてしまったのだ。気が軽くなって、ひとりで笑い出したくなった。ぼくはその場にあおむけに寝《ね》ころんで、ひょっとしたらぼくと弟が長い間寝起きすることになるかもしれない部屋をぐるりとながめまわした。そして何日ぐらいで、弟の孤児院流の茶わんの持ち方が直るだろうかと考えた。弟は*蚊帳《かや》の中で規則《きそく》正しい寝息を立てている……。ぼくは蚊帳の中にはっていって、できるだけ大きく手足を伸《の》ばして、あくびをした。縁側《えんがわ》から小さな光がひとつ入ってきて、蚊帳の上にとまった。それは蛍《ほたる》だった。

行く手示《しめ》す　明けの星　／　船路示す　愛の星　／　空のかなたで
我《われ》ら守る……

孤児院で習った聖歌《せいか》をつぶやいているうちに、光が暗くなって行き、ぼくはねむってしまった。

（井上《いのうえ》ひさし「四十一番目の少年」）


*孤児院＝キリスト教の教会がめぐまれない子どもたちの生活のめんどうを見ている施設《しせつ》。

*蚊帳＝蚊を防《ふせ》ぐために部屋につるす、あみ状《じょう》のおおい。

重要
(1)〔情景と心情〕——線部「それは蛍だった」とありますが、「蛍」はどのようなことを表していると考えられますか。簡潔《かんけつ》に書きなさい。〔麻布中—改〕

［　　　　］

得点アップ
情景描写《びょうしゃ》に登場人物の心情を重ねて考えてみる！

ココがねらわれる
文中に描かれている情景には、登場人物の心情や、その他の重要なことがらが表されている場合があるので注意する。

1 次の文章を読んで、あとの問いに答えなさい。

次の矢は早弥《さや》が射たら、速攻《そっこう》で射よう。

思いついて、実良《みら》はすぐさま矢を＊番《つが》える。こちらが続けざまに中《あた》りを出すと、相手には相当のプレッシャーになるはずだ。

実良はタイミングを計った。ぱんっと早弥の矢が的を射た瞬間《しゅんかん》に、自分の矢も的に中《あ》てた。早弥の息合いがわかった。ぴったり自分の呼《こ》吸《きゅう》と重なった。

やったね、早弥ちゃん。

このごろ気づいたことがある。個人競技《こじんきょうぎ》だとばかり思っていた弓道《きゅうどう》が、実はそうではないことに。的に向かっていたのは、自分だけではない。春《はる》、そして、早弥も同じように向かっている。おそらく同じ気持ちで。それがわかったときに、なんとも言えない強い気持ちになった。そして気がついた。弓は自分にとって、一番大事なものだと思っていたけれど、もしかすると、もっと大事なのは、仲間かもしれない。

a 一人きりではない。

だからやめられない。

ぱんっ。

b いつの間にか、手元の矢は最後の一本になっている。

帰ってこられてよかった。と心から思う。去年は応援《おうえん》ばかりで、つまらなかった。今にも射場《しゃじょう》に飛び出していきたくて、むずむずしていた。

あの的をたくさん射抜《いぬ》きたい。かすってばかりだった的に、十か月分のお返しをしてやるのだ。実良は＊丹田《たんでん》に力を入れた。


春は＊本座《ほんざ》から三歩前へ出た。早弥と実良の歩みがそのまま自分のリズムになる。＊射位について、くっと目を見開いた。懐《ふところ》をぎゅっと握《にぎ》る。硬《かた》くてとがった手ごたえを感じる。ここにお守りが入っている。矢の形のキーホルダー。それを握りこんだ春は矢を番えた。

「始め」

号令が体にしみこんだ。

一射目の矢は、慎重《しんちょう》にねらった。十分な間をとって的を射る。

相手は全国の＊覇者《はしゃ》だ。ちょっとやそっとじゃ崩《くず》れないだろう。それなら粘《ねば》っていくしかない。

春は途中《とちゅう》から、c 実良が積極的に仕掛《しか》けているのを感じていた。

自分は、落ちつかなければ。

予想どおり、耳には快音《かいおん》が響《ひび》いている。まだだれも外していない。

自分も的中だけが欲《ほ》しい。仲間といっしょに全国に行きたい。なんとしても。

（中略《ちゅうりゃく》）

自分ももっと強くなりたい。そして、大きな世界が見たい。いろんな出会いが欲しい。日本で武道《ぶどう》と出会ったように。早弥や実良と出会ったように。

おれは、世界に自分が生きた証《あかし》を残すのだ!

春は的に向かう。この的はその一歩。ねらわなくてもいいというが、自分はまだねらいたい。しっかりねらって、全国を勝ち取りたい。この手で。

春は力をこめた矢で、的を破《やぶ》った。

「終了《しゅうりょう》」

審判《しんぱん》の右手が上がった。

早弥ははっと我《われ》に返った。とっさに掲示板《けいじばん》を確認《かくにん》する。×が一つだけついていた。

どっち？

確《たし》かめようとしたとき、審判の声がきこえた。エコーがかかったような声だった。なぜかダブっていくつもきこえる。ききとりづらい声を、懸命《けんめい》に耳でつなぎ合わせる。

「光陵《こうりょう》中学校の勝ち」

一瞬、目の前のすべてのものが動きを止めた。

勝った。

静止した光景の向こうから、実良が大きく腕《うで》を広げてかけ寄《よ》ってくるのが見えた。早弥はそれを反射的に受け止めた。

春もかけ寄ってくる。春の大きな手が二人の肩《かた》を包みこむ。大きな拍手《はくしゅ》がきこえた。胸《むね》に言いようもない、熱さ(d)がこみ上げてきた。

実良が熱い。春も熱い。三人の重なったところがもっと熱い。ここが喜びなのかもしれない、と早弥は感じた。

喜びって、人と人とがふれ合ったところから生まれるのかもしれない。

早弥は実良と春を力いっぱい抱《だ》きしめた。

（まはら三桃《みと》「たまごを持つように」）

＊番える＝射るために矢の末端《まったん》を弓の弦《つる》にかけること。
＊丹田＝おへその下のあたり。　＊本座＝矢を射る前に控《ひか》える所。
＊射位＝矢を射る所。　＊覇者＝競技などで優勝《ゆうしょう》した者。

(1) ——線a「だからやめられない」とありますが、その理由について四十字以内で書きなさい。

(2) ——線b「いつの間にか、手元の矢は最後の一本になっている」とありますが、この表現《ひょうげん》から実良がどのような状態《じょうたい》で矢を射ていたことが読み取れますか。考えて書きなさい。

「　　　」

難問
(3) ——線c「実良が積極的に仕掛けているのを感じていた」とありますが、実良が「仕掛けている」様子が具体的に描《えが》かれている部分をさがし、はじめと終わりの四字をぬき出しなさい。

□□□□～□□□□

難問
(4) ——線d「熱さ」について、次の①・②の問いに答えなさい。

① 「熱さ」とは、どのようなものですか。文中の言葉を用いて二十字程度《ていど》で書きなさい。

② この「熱さ」について、実良の視点《してん》で描いている場面ではどのように表現していますか。実良の気持ちを表す言葉を、「気持ち。」に続く形で、十字以内でぬき出しなさい。

□□□□□□□□□□気持ち。

〔白百合学園中―改〕

主題・要旨の読み取りと要約のしかた

ステップ1 まとめノート

解答→別冊25ページ

入試重要度★★★

学習日　月　日

ポイント1 主題と要旨《ようし》

(1) **主題**…**文学的文章**について、文章を通して**作者が読者にいちばん伝えたかったこと**を［①］という。
↳物語文や随筆《ずいひつ》など。

(2) **要旨**…**説明的文章**について、文章を通して**筆者が読者にいちばん伝えたかったこと**を［②］という。
↳論説文《ろんせつぶん》や説明文、解説文など。

ポイント2 主題の読み取りと要約のしかた

(1) 主題の読み取り

●作品の中で盛《も》り上がる場面や特に印象に残る場面に着目する。

●文章の中で起こっている出来事から、登場人物たちが発見したり理解《りかい》したりしたことがらに着目する。

●文章全体を通しての、登場人物たちのものの見方や考え方の変化、精神的《せいしん》な成長に着目する。

(2) 要約のしかた

文学的文章は、起《き》(発端《ほったん》)→承《しょう》(展開《てんかい》)→転《てん》(山場)→結《けつ》(終結)の組み立てになっているものが多い。要約をするときには、この組み立てに着目し、**「時間」「場所」「登場人物」「出来事」**をおさえて**あらすじ**を読み取り、**文章の山場で起こった出来事や、そこでの登場人物たちの心情《しんじょう》**をまとめる。また、そこから読み取った**主題**を「～することの大切さ」のようにまとめる。
↳文章の大事なところを読み取って、短くまとめること。

ポイント3 要旨の読み取りと要約のしかた

(1) 要旨の読み取り

●何について述《の》べられている文章なのか、［③］をつかむ。

●話題になっていることがらについてのまとめや、**筆者の考え**が述べられている文、段落《だんらく》をさがす。

●**「つまり」「このように」**などの、まとめる言葉に着目する。

(2) 要約のしかた

説明的文章の要約では、**話題と話題になっていることがらについてのまとめや筆者の考えを、それを説明をしている各段落の要点とつなぎ**、まとめる。

ズバリ暗記

要約をするときには、文学的文章の主題、説明的文章の要旨を必ず入れ、文章の大事な部分を書きもらさないように気をつける!

三日前、親友のユリとけんかをした。理由はくだらないことで、お互《たが》い、ひと言「ゴメンね」と言えばよかったのだ。平気なフリで三日間を過《す》ごしたけれど、やっぱりユリがいないと何をしていてもつまらないって気づいた。私《わたし》にとって、やっぱりユリはかけがえのない存在《そんざい》なんだ。

●右の文章を、二十字以内に要約して書きなさい。

④

ステップ2 実力問題

解答↓別冊26ページ

ココがねらわれる 具体例などを通して説明されている筆者の考えを読み取り、文章の要旨をおさえる問題はよく出題される。

1 次の文章を読んで、あとの問いに答えなさい。

これまで人類は科学の力によって、多くのことを解明してきました。しかし、真実を頭で理解してはいても、それを心の底から実感するのは簡単《かんたん》ではありません。

［　　］、いわゆる天動説を信じている現代《げんだい》人はいないでしょう。コペルニクスやガリレオのおかげで、太陽が地球のまわりを回っているのではなく、地球が太陽のまわりを回っていることがわかってから、もう何百年も経《た》っています。

ところが私《わたし》たちは、いまでも「日が昇《のぼ》る」「日が沈《しず》む」といういい方をやめようとしません。動いているのは太陽ではなく地球のほうなのに、「地球が動いて太陽が見えた（見えなくなった）」ということを表す簡潔《かんけつ》な言葉はありません。せめて天文学者たちは別のいい方をしてもよさそうなものですが、やはり「日が昇る」といいます。つまり私たちは、頭では地動説を受け入れていても、日常《にちじょう》生活では相変わらず天動説的な感覚を持って暮《く》らしているわけです。

それだけではありません。天動説から地動説へ転換《てんかん》する以前に、人類は地球が丸いことも発見しました。これも、頭では誰《だれ》もが理解しているはずです。しかし実際《じっさい》には、相変わらず自分たちが球面ではなく平面の上で暮らしているように感じている人がほとんどではないでしょうか。

（外山滋比古《とやましげひこ》「考えるとはどういうことか」）

(1) 〔要旨〕——線部「いまでも『日が昇る』『日が沈む』といういい方をやめようとしません」とありますが、それはなぜですか。最も適切《てきせつ》なものを次から選び、記号で答えなさい。

ア コペルニクスやガリレオのおかげで、太陽が地球のまわりを回っていると信じている現代人はいないから。

イ 地球が動くことを理解はしているものの、ふだん見ている太陽はやっぱり動いているように感じるから。

ウ 「地球が動いて太陽が見えた（見えなくなった）」ということを表す簡潔な言葉がないから。

エ 天文学者でさえ、日常生活では相変わらず天動説的な感覚をもって暮らしているから。

［　　］

(2) 〔接続語〕［　　］に入る言葉として最も適切なものを次から選び、記号で答えなさい。

ア しかし　**イ** たとえば　**ウ** ただし　**エ** また

［　　］

重要 (3) 〔要旨〕この文章の要旨を、四十字以内でまとめて書きなさい。

〔攻玉社中〕

チェック！自由自在

段落どうしの関係を表す接続語《せつぞくご》には、どのようなものがあるか調べてみよう。

学習日　　月　　日

解答→別冊26ページ

1 次の文章を読んで、あとの問いに答えなさい。

人間には、身体的なエネルギーだけではなく、心のエネルギーというのもある、と考えると、ものごとがよく了解《りょうかい》できるようである。同じ椅子《いす》に一時間坐《すわ》っているにしても、一人でぼーと坐っているのと、客の前で坐っているのとでは疲《つか》れ方がまったく違《ちが》う。身体的には同じことをしていても「心」を使っていると、それだけ心のエネルギーを使用しているので疲れるのだ、と思われる。

このようなことは誰《だれ》しもある程度《ていど》知っていることである。そこで、人間はエネルギーの節約に努めることになる。仕事など必要なことに使うのは仕方ないとして、不必要なことに、心のエネルギーを使わないようにする、となってくると、人間が何となく無愛想になってきて、生き方に潤《うるお》いがなくなってくる。他人に会う度《たび》に、にこにこしていたり、相手のことに気を使ったりするとエネルギーの浪費《ろうひ》になるというわけである。ときに、役所の窓口《まどぐち》などに、このような省エネの見本のような人を見かけることがある。まったくもって無愛想に、じゃまくさそうに応対《おうたい》をしているのである。そのくせ、疲れた顔をしたりしているところが、面白《おもしろ》いところである。

これとは逆《ぎゃく》に、エネルギーがあり余《あま》っているのか、と思う人もある。仕事に熱心なだけではなく、趣味《しゅみ》においても大いに活躍《かつやく》している。他人に会うときも、いつも元気そうだし、いろいろと心づかいをしてくれる。それでいて、それほど疲れているようではない。むしろ、人よりは元気そうである。

このような人たちを見ていると、人間には生まれつき、心のエネルギーを沢山《たくさん》もっている人と、少ない人とがあるのかな、と思わされる。いろいろな能力《のうりょく》において、人間に差があるように、心のエネルギー量というのにも生まれつきの差があるのだろうか。これは大問題なので、今回は取りあげないことにして、もう少し他のことを考えてみよう。

他との比較《ひかく》ではなくて、自分自身のことを考えてみよう。たとえば、自分が碁《ご》が好きだとして、碁を打っているために使用される心のエネルギーを節約して、もう少し仕事の方に向けようと考えてみるとしよう。そこで、友人と碁を打つ回数を少なくして、仕事に力を入れようとして、果《はた》してうまくゆくだろうか。あるいは、今まで運動などまったくしなかったのに、ふと友人に誘《さそ》われてテニスをはじめると、それがなかなか面白い。だんだんと熱心にテニスの練習に打ち込《こ》むようになる。そんなときに、仕事の方は、以前より能率《のうりつ》が悪くなっているだろうか。あんがい、以前と変わらないことが多い。テニスの練習のために、以前よりも朝一時間早く起きているのに、仕事をさぼるどころか、むしろ、仕事に対しても意欲《いよく》的になっている、というときもあるだろう。

しかし、ものごとには限度《げんど》ということがあるから、趣味に力を入れれば入れるほど、仕事もよく出来る、などと簡単《かんたん》には言えないが、ともかく、エネルギーの消耗《しょうもう》を片方《かたほう》で押《お》さえると、片方で多くなる、というような単純《たんじゅん》計算が成立しないことは了解されるであろう。片方でエネルギーを費《つい》やすことが、かえって他の方に用いられるエネルギーの量も増加《ぞうか》させる、というようなことさえある。

以上のことは、人間は「 A 」でもないし、「 B 」でもない、生きものである、という事実によっている。

人間の心のエネルギーは、多くの「鉱脈《こうみゃく》」のなかに埋《う》もれていて、新しい鉱脈を掘《ほ》り当てると、これまでとは異《こと》なるエネルギーが供給《きょうきゅう》されてくるようである。このような新しい鉱脈を掘り当てることなく、「手持ち」のエネルギーだけに頼《たよ》ろうとするときは、確《たし》かに、それを何かに使用すると、その分だけどこかで節約しなければならない、という感じになるようである。

このように考えると、エネルギーの節約ばかり考えて、新しい鉱脈を掘り当てるのを怠《おこた》っている人は、宝《たから》の持ちぐされのようなことになってしまう。あるいは、掘り出されないエネルギーが、底の方で動くので、何となくイライラしたり、時にエネルギーの暴発現象《ぼうはつげんしょう》を起こしたりする。これは、いつも無愛想に、感情《かんじょう》をめったに表に出さない人が、ちょっとしたことで、カッと怒《おこ》ったりするような現象としてあらわれたりする。

自分のなかの新しい鉱脈をうまく掘り当ててゆくと、人よりは相当に多く動いていても、それほど疲れるものではない。それに、心のエネルギーはうまく流れると効率《こうりつ》のいいものなのである。他人に対しても、心のエネルギーを節約しようとするよりも、むしろ、上手に流してゆこうとする方が、効率もよいし、そのことを通じて新しい鉱脈の発見に至《いた》ることもある。心のエネルギーの出し惜《お》しみは、結果的に損《そん》につながることが多いものである。

（河合隼雄《かわいはやお》「こころの処方箋《しょほうせん》」）

(1) ――線部「エネルギーがあり余っているのか、と思う人」とありますが、このような人と対照的な例として筆者はどのような人を挙げていますか。三十字以内で書きなさい。

(2) A・B に入る最も適切《てきせつ》な言葉の組み合わせを次から選び、記号で答えなさい。

ア 趣味・仕事　イ もの・動物
ウ 神・仏《ほとけ》　エ もの・機械
オ エネルギー・節約

［　　］

難問
(3) 文中で筆者が述《の》べている内容《ないよう》として最も適切なものを次から選び、記号で答えなさい。

ア 人の心には多くの「鉱脈」があってその鉱脈から今までとはちがうエネルギーが自然に出るので無理やり掘り起こす必要はないが、使用すると減《へ》るのでどこかで補充《ほじゅう》をしなくてはならないと主張《しゅちょう》している。

イ 心のエネルギーを日常的《にちじょう》に使うと疲れるということは、一般的《いっぱん》によく知られたことであるから、説明する必要性《せい》はなく、役所の窓口など公《おおやけ》の場所でぶっきらぼうでそっけない態度《たいど》をとる人の気持ちは理解できると述べている。

ウ 私《わたし》たち人間は慢性的《まんせい》に疲労《ひろう》しているので、心のエネルギーのメカニズムについて科学的に分析《ぶんせき》し合理的に考えることによって、よりよい人間関係を築《きず》くことができると提案《ていあん》している。

エ 心のエネルギーというものは、使うことによって、むしろ他の方に用いられるエネルギー量を増加させることもあるので、無理に節約するよりも上手に流していく方が効率もよいと述べている。

［　　］
（開智中―改）

表やグラフと関連づけて読む

ステップ1 まとめノート

入試重要度★★★

解答↓別冊26ページ

学習日　月　日

ポイント1 何のための資料《しりょう》かを理解《りかい》する

文章に表やグラフなどの資料がつけ加えられている目的は、**筆者の主張《しゅちょう》の根拠《こんきょ》として示《しめ》し、読者に『なるほど』と思わせるため**である。

特に実験結果や調査内容《ちょうさないよう》について筆者の主張を述《の》べる文章では、文字だけで多くの情報《じょうほう》を伝えようとすると読みにくい文章になってしまう。このような場合、視覚的《しかくてき》に変化やちがいをとらえやすい表やグラフを用いることで、読者が理解しやすくなる。

ポイント2 文章内容との関係性《かんけいせい》をおさえる

表やグラフが文章中に示される場合、ただそれらの表やグラフを見るのではなく、「筆者はどのようなことの理解を助けるために表やグラフを示しているのか」を意識《いしき》して読むことが大切である。「文章とどのように関係しているのか」を考えながら見るようにしよう。

ポイント3 グラフの種類と特徴《とくちょう》

資料で用いられるグラフには、主に次のようなものがある。

●**棒《ぼう》グラフ**…量の大小をわかりやすく表すことができるグラフを［①　　］という。対象《たいしょう》となっているものどうしの量のちがいに注目する。

●**折れ線グラフ**…量の変化をわかりやすく表すことができるグラフを［②　　］という。時間が横軸《じく》にとられている場合、増減《ぞうげん》が発生している時期などに注意する。

●**円グラフ**…全体の比較《ひかく》・構成《こうせい》をわかりやすく表すことができるグラフを［③　　］という。全体を100%としたとき、何がどのくらいの割合《わりあい》を占《し》めているかなどに注目する。

ズバリ暗記 グラフにはさまざまな種類がある。それぞれの特徴を知り、読み取るうえでのポイントをおさえておこう。

日本人の食生活は、ここ五十年間でずいぶん変わりました。平均《へいきん》すると一日に五杯《はい》食べていたご飯は三杯になり、月に一度だった牛肉料理は月三回に増《ふ》えたと言われています。また、料理に使う植物油の量は三倍にふくれあがり、野菜を食べる量は減《へ》っているそうです。日本の食料自給率《じきゅうりつ》の推移《すいい》がそれを裏《うら》づけています。日本の食料自給率は一九六〇年に比《くら》べると、二〇一六年は約［A］%［B］しています。

(%) 日本の食料自給率の推移(カロリーベース)

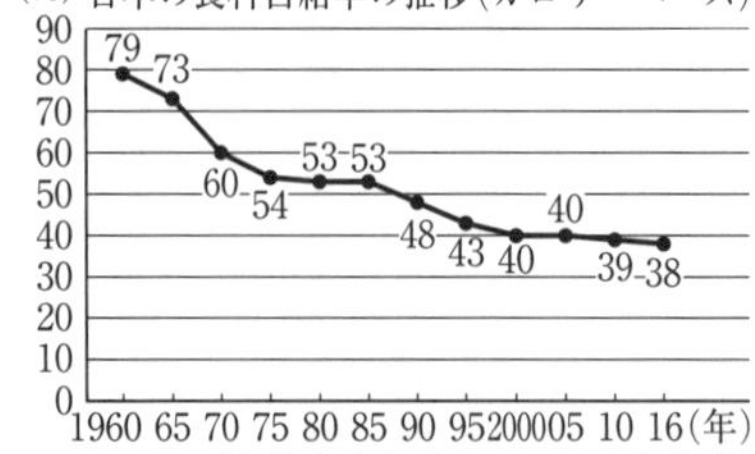

(農林水産省発表データより作成)

●文中の［A］・［B］に入る言葉として最も適切なものを次から選び、記号で答えなさい。

ア A：五〇　B：減少　　イ A：五〇　B：増加

ウ A：四〇　B：減少　　エ A：四〇　B：増加

［④　　］

1 次の文章を読んで、あとの問いに答えなさい。

生物の世界の法則《ほうそく》では、ナンバー1しか生きられない。これが、厳《きび》しい鉄則である。

「ガウゼの法則」と呼《よ》ばれるものである。

ソ連の生態学者《せいたいがくしゃ》ゲオルギー・ガウゼ（一九一〇—八六）は、①ゾウリムシとヒメゾウリムシという二種類のゾウリムシを一つの水槽《すいそう》で一緒《いっしょ》に飼《か》う実験を行った。すると、水や餌《えさ》が豊富《ほうふ》にあるにもかかわらず、最終的に一種類だけが生き残り、もう一種類のゾウリムシは＊駆逐《くちく》されて滅《ほろ》んでしまうことを発見した。こうして、強い者が生き残り、弱い者は滅んでしまう。つまり、生物は生き残りを懸《か》けて激《はげ》しく競い合い、共存《きょうぞん》することができないのである。

ナンバー1しか生きられない。これが自然界の厳しい掟《おきて》である。自然界でナンバー2はあり得《え》ないのである。なんという厳しい世界なのだろう。

しかし、不思議なことがある。ナンバー1しか生きられないのであれば、この世には一種類の生き物しか存在《そんざい》できないことになる。それなのに、自然界を見渡《みわた》せば、さまざまな生き物が暮《く》らしている。ナンバー1しか生きられない自然界に、どうして、こんなにも多くの生物が存在しているのだろうか？

じつは、ガウゼの実験には続きがある。

ゾウリムシの種類を変えて、②ゾウリムシとミドリゾウリムシで実験をしてみると、今度は、二種類のゾウリムシは一つの水槽の中で共存をしたのである。

どうして、この実験では二種類のゾウリムシが共存しえたのだろうか。

じつは、ゾウリムシとミドリゾウリムシは、棲《す》む場所と餌が異《こと》なるのである。ゾウリムシは、水槽の上の方にいて、浮《う》いている大腸菌《だいちょうきん》を餌にしている。一方、ミドリゾウリムシは水槽の底の方にいて、酵母《こうぼ》菌《きん》を餌にしている。

このように、同じ水槽の中でも、棲んでいる世界が異なれば、競い合う必要もなく共存することが可能《かのう》なのである。つまり、水槽の上のナンバー1と水槽の底のナンバー1というように、ナンバー1を分け合っているのだ。これが「棲み分け」と呼ばれるものである。（中略《ちゅうりゃく》）

ナンバー1しか生きられない。これが自然界の鉄則である。それでも、こんなにもたくさんの生き物がいる。つまり、すべての生き物が、どこかの部分でそれぞれナンバー1なのである。

＊駆逐＝追い払《はら》うこと。

（稲垣栄洋《いながきひでひろ》「雑草はなぜそこに生えているのか—弱さからの戦略」）

ココがねらわれる
文中で筆者が述《の》べていることと与《あた》えられた表やグラフとを関連づけながら、内容を正確《せいかく》にとらえていく。

(1) ——線①、②とありますが、それぞれの実験を表したグラフとして最も適切なものを次から選び、それぞれ記号で答えなさい。

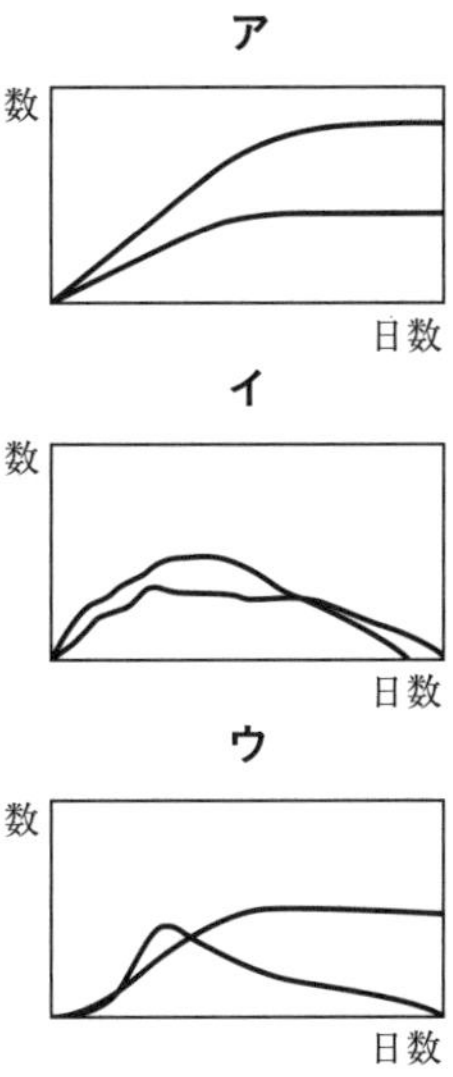

① [　　] ② [　　]

〔神奈川学園中—改〕

得点アップ
表やグラフから読み取れることを、空《くう》らん補充《ほじゅう》の形で問う場合もある。その場合、文章の空らん前後とのつながりも合わせて考えよう。

解答↓別冊27ページ

学習日　月　日

1 花子《はなこ》さんは、総合的《そうごうてき》な学習の時間に、カタカナ語について調べ学習をし、発表に向けた準備《じゅんび》をしています。次の会話文を読んで、あとの問いに答えなさい。

先　生：花子さんは、どのような資料《しりょう》を集めたのですか。

花子さん：はい。わたしは社会科見学で訪《おとず》れた施設《しせつ》で、職員同士《しょくいんどうし》がカタカナ語を使っているのを聞いて、わたしの知らないカタカナ語がいくつかあることに気づきました。わたしのように、カタカナ語の意味が分からず、困《こま》った人がどのくらいいるのか、また、年齢《ねんれい》によって差があるのかを知りたいと思い、**資料1**を用意しました。

先　生：なるほど。では、こちらの**資料2**はどのような資料ですか。

花子さん：これは、公《おおやけ》の機関や報道《ほうどう》機関等で使用する際《さい》の参考として、カタカナ語などの取扱《とりあつか》いを示《しめ》したものです。

先　生：これらの資料をもとにどのような発表をしようと考えていますか。

花子さん：はい。**資料1**、**資料2**からわかることを説明しようと思います。

先　生：すばらしいですね。年齢によって差があるのか知りたいということでしたので、**資料1**から年齢に関する特徴的《とくちょうてき》なことを述《の》べて、**資料2**をもとに、カタカナ語を使う際に気をつけたいことをいくつか述べるのはどうですか。

花子さん：はい。では、そのように発表原稿《げんこう》を作成してみます。

資料1　カタカナ語の意味が分からずに困ることが「よくある」「たまにある」と回答した人の割合《わりあい》(年齢別)

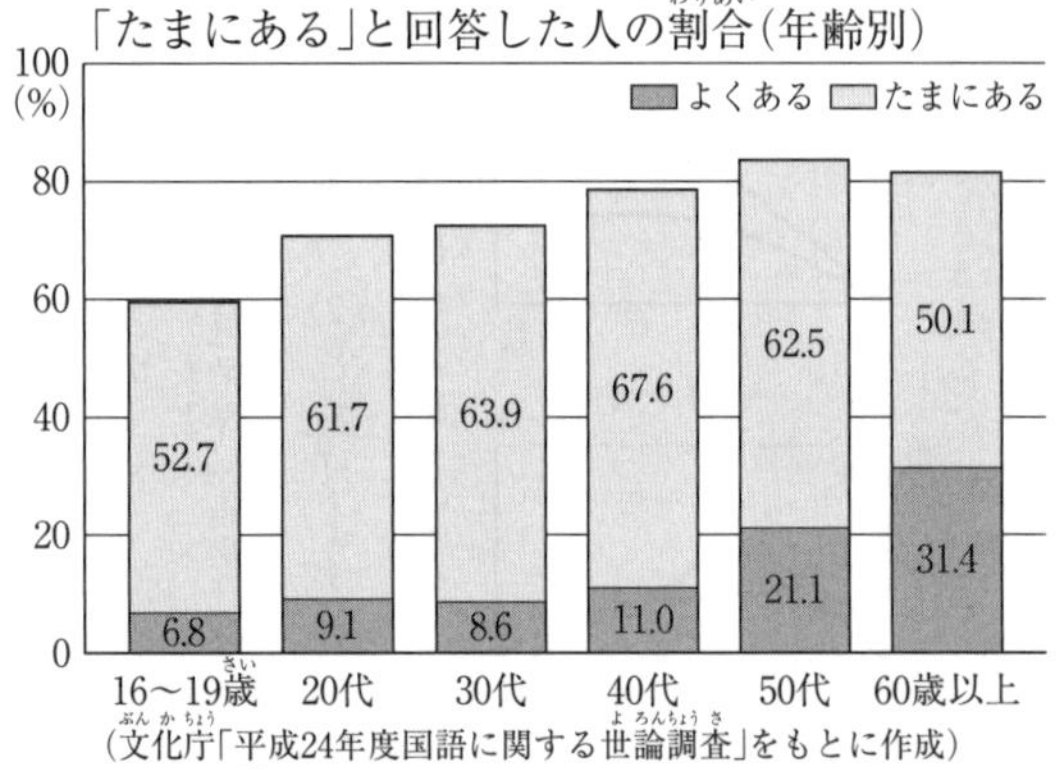

(文化庁《ぶんかちょう》「平成24年度国語に関する世論調査《よろんちょうさ》」をもとに作成)

資料2　広く国民一般《いっぱん》を対象とする公の機関や報道機関等におけるカタカナ語の取扱いについての考え方

分　類	取扱い	語　例
広く一般的に使われ，国民の間に定着しているとみなせる語	そのまま使用する	ストレス スポーツ ボランティア
一般への定着が十分でなく，日本語に言いかえた方が分かりやすくなる語	言いかえる	アカウンタビリティー →説明責任《せきにん》など イノベーション →革新《かくしん》など スキーム →計画，図式など
一般への定着が十分でなく，分かりやすい言いかえ語がない語	必要に応じて注釈《ちゅうしゃく》を付すなど，分かりやすくなるよう工夫《くふう》する	アイデンティティー デリバティブ ノーマライゼーション

(文部科学省「国際社会に対応《たいおう》する日本語の在《あ》り方」をもとに作成)

(1) 花子さんは、先生の助言に従《したが》って発表をしようとしています。あなたが花子さんなら、どのような発表原稿を作成しますか。

次の条件《じょうけん》に従って書きなさい。

条件1：解答《かいとう》は縦《たて》書きで一マス目から書くこと。
条件2：文章の分量は三〇〇字以内とすること。
条件3：数字や小数点、記号についても一字と数えること。

〔さいたま市立浦和中―改〕

2 田中《たなか》さんは、授業《じゅぎょう》で「地球温暖化《おんだんか》防止《ぼうし》に向けて私《わたし》たちができること」について自分の考えをまとめ、発表することになりました。次の【発表原稿の下書き】を読んで、あとの問いに答えなさい。

【発表原稿の下書き】

1 日本から遠く離《はな》れたヒマラヤで起こっている自然環境《かんきょう》の変化は、私たちが住んでいる日本にどのような影響《えいきょう》を与《あた》えているのでしょうか。国立環境研究所の調べによると、陸上にある氷河《ひょうが》がとけ、海に流れることで、一九〇〇年から二〇〇〇年の間に十五センチメートル以上海面が上昇《じょうしょう》したそうです。また、このまま地球温暖化が進んでいくと、二一〇〇年までに海面は今より二十六センチメートルから八十二センチメートルも上昇すると言われています。このことから、標高が低い平野や臨海《りんかい》部などはその影響を受けることが予想されています。

2 このような自然環境の変化を引き起こす温暖化の一因《いちいん》は空気中の二酸化炭素《にさんかたんそ》の量が増《ふ》えることです。世界ではこの二酸化炭素のはい出量を減《へ》らすために、二〇一六年にパリで開かれた会議で、二〇三〇年までに各国が二酸化炭素のはい出量をさく減《げん》する目標値《ち》が決まりました。日本は二〇一三年度のはい出量を基準《きじゅん》として、全体で二十六パーセントのさく減を目標にし、中でも家庭については四十パーセントのさく減を目標にしています。

3 ここでみなさんに質問《しつもん》です。みなさんは家庭で使うエネルギーで二酸化炭素を多くはい出させるものは何だと思いますか。二酸化炭素は物を燃《も》やすことによって発生することから、私は、調理で使うガスやストーブで使う灯油ではないかと思い、ガスや灯油と二酸化炭素の関係について調べました。しかし、エネルギー別の二酸化炭素はい出量を表している【資料一】によると、ガスや灯油に比《くら》べて［ A ］。また、家庭におけるエネルギー別消費《しょうひ》量の割合を表している【資料二】によると、［ B ］。これらのことから、二酸化炭素のはい出量を減らす一つの工夫として、家庭での電気の使用を減らそうと思いました。

【資料一】

エネルギー別二酸化炭素はい出《しゅつ》量
(2015年)

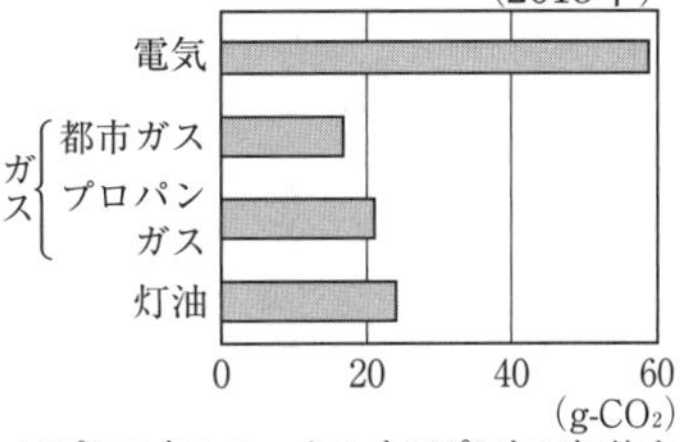

＊15℃の水１リットルを100℃まで加熱するときに必要な熱量から算出。g-CO_2は二酸化炭素はい出量の大きさを表す単位。
(環境省の資料などより作成)

【資料二】

家庭におけるエネルギー別消費量割合
(2014年10月～2015年9月)

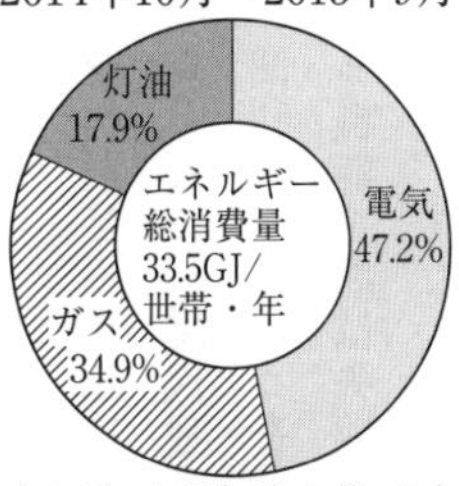

＊各エネルギーをGJ(エネルギーの大きさを表す単位)に換算《かんさん》し，比較《ひかく》したもの。ガスは都市ガスとプロパンガスを合わせたもの。
(環境省の資料より作成)

(1) 田中さんは、【発表原稿の下書き】中の1、2の二つの段落《だんらく》には説《せっ》得力《とくりょく》をもたせるために、共通した工夫を取り入れて書いています。その工夫とは何ですか。二十字以内で書きなさい。

(2) 【発表原稿の下書き】中の3の段落について、［ A ］には【資料一】から読み取れる内容を、［ B ］には【資料二】から読み取れる内容《ないよう》を、文脈に合わせてそれぞれ二十五字以内で書きなさい。

A

B

〔大阪府立富田林中―改〕

理解度診断テスト

出題範囲　50〜73ページ

解答→別冊27ページ

時間　40分

得点　　点

1 次の文章を読んで、あとの問いに答えなさい。

私《わたし》の子供《こども》のころ、駅のホームにも、学校の運動場にも、公園にも、水飲み場があった。まるで*里程標《りていひょう》のようなコンクリートの杭《くい》に水道の蛇口《じゃぐち》がついていて、その蛇口に、かならずクサリでアルミニウムのコップがぶらさげられていた。水を飲むときにはそのコップを水でゆすいで、それからなみなみと注ぎ、一気に飲み干《ほ》した。そのうまさといったら！

コップは例外なくデコボコだった。何人がそのコップで水を飲んだかわからない。いまの子供たちなら、不潔《ふけつ》で不衛生《ふえいせい》だというだろう。それより、飲んだら捨《す》てる紙のコップを置くほうがいい、と。しかし、新幹線《しんかんせん》やジェット旅客機《りょかくき》のなかで飲む紙コップのアイス・ウォーターより、デコボコのコップで飲んだ水のほうが何十倍もおいしかった。

何よりも、デコボコのコップには歴史があった。何人もの人間がこれで喉《のど》をうるおしたという歴史が。そして、その歴史がコップの実体を、実体としてのコップを、ほんとうのものとしてのコップを、つくりあげていたのだ。デコボコのコップは、水を飲むための機能《きのう》としてそこにあるのではなく、実体として、大げさにいうなら a 神の息吹《いぶ》きとしてそこにあったのである。

コップにかぎらない。弁当箱《べんとうばこ》も、箸箱《はしばこ》も、エンピツ箱も、またタバコ盆《ぼん》や黒光りする鰹節《かつおぶし》けずりも、つぎの当たったズボンも、何から何までが「実体」であった。

ところが、いまはどうであろう。水飲み場のコップは使い捨ての紙《かみ》製《せい》になった。エンピツは電動式のエンピツけずりで、あっという間にけずられ、短くならないうちに捨てられてしまう。鰹節けずりも半自動的になった。それらは機能的には進歩した。だが、実体的にはまったく希薄《きはく》になった。便利にはなったが、b 歴史とは無縁《むえん》になったのである。

私は、古いものはいいものだ、といおうとしているのではない。家具や道具は、機能的に進歩すれば、それだけ便利になる。不便な道具より便利な道具のほうがいいにきまっている。

けれど、機能という面ばかりに目を向け、便利さばかりに気をとられていると、やがてそれは空虚《くうきょ》さを、実体の喪失《そうしつ》感を呼《よ》びさます。何のための便利さか、ということになるのだ。なぜなら、人間は便利さのためばかりに生きているのではないからである。あまりに便利な機能一点張《いってんば》りの環境《かんきょう》は、その無抵抗《むていこう》さのゆえに、あたかも宙《ちゅう》を浮遊《ふゆう》する宇宙《うちゅう》飛行士のあの無重力状態《じょうたい》のような不安をよびおこす。

そのいい例が建物である。あるいは都市である。現代建築《げんだいけんちく》は、そして現代都市は、すべて機能という点に神経《しんけい》を集中して設計《せっけい》された。おかげでビルも、町も便利になった。だが、便利だということと、住みいいということとはおなじではない。皮肉なことに、現代建築は便利だが住みにくく、現代都市は住みにくいが便利だ、という奇妙《きみょう》な c 二律《にりつ》背反《はいはん》に置かれることになった。建築における機能主義《しゅぎ》は失敗した。理由は、気がついてみれば単純《たんじゅん》なことだったのだ。すなわち、人間は便利さのためにのみ生きるのではない、ということである。*ミッシェル・ラゴンは『巨大《きょだい》なる過《あやま》ち』という著書《ちょしょ》のなかで、哲学者《てつがくしゃ》*ハイデッガーの言葉を引いているが、まさしくその通りだったのだ。すなわち、「住むというのは居住《きょじゅう》するということではない。d 住むということは、その本質《ほんしつ》において詩的」なのである。

学習日　　月　　日

理解度診断　A　B　C

詩を忘《わす》れた機能主義は、まず建築の分野で破産《はさん》した。

便利さを性急《せいきゅう》に求める日本人の心性《しんせい》は、アメリカの能率《のうりつ》主義にとびついた。そして、アメリカと手をとりあって、またたく間に「使い捨て文明」「インスタント文化」をつくりあげた。最近では高層《こうそう》ビルのなかに爆薬《ばくやく》をしかける装置《そうち》がちゃんと設計されているという。こわすときに便利なように、である。ビルはせいぜい数十年で老朽化《ろうきゅうか》するから、そのとき破壊《はかい》し、新しく建て直すことを考えに入れておくというわけだ。「使い捨て」はビルにまで及《およ》んだのである。赤ん坊《ぼう》のおしめや、ライターやストッキングばかりではない。

私は「使い捨て」商品を悪いとはいわない。たしかにある品物については、使い捨てたほうがいい場合があろう。私がいいたいのは、そのような「使い捨て」が招《まね》くであろう「使い捨て」の報酬《ほうしゅう》についてである。使い捨てているうちに、いつの間にかそれ以外にものが考えられなくなってしまう「使い捨て精神《せいしん》」の支配《しはい》である。

e ビルにまで及んだ「使い捨て」の心性は、間もなく人間そのものにまで及ぶであろう。つぎにやってくるのは、人間の使い捨てである。人間の使い捨てとは何だろう。それは人間をひとつの実体としてではなく、一個《いっこ》の機能としてしか考えないような人間の扱《あつか》い方である。たとえば会社の、あるいは家庭の、その他さまざまな人間組織《そしき》のなかの、一個の役割《やくわり》としてしか人間を考えないおそるべき心性である。そのとき人間は、人間としての役割を捨てて、役割としての人間になってしまうであろう。そして、そのような役割としての人間は、その役割が解《と》かれたとき、人間を解かれることになるのである。こうして人間はつぎつぎに使い捨てられる物品か道具のようになってしまう。

いや、げんにそうなりつつあるではないか。役割を解かれた老人は家庭から疎外《そがい》され、何の役割も持てぬ子供は平気で捨てられている。たがいに役割を認《みと》めなくなった夫婦《ふうふ》は、未練もなく離婚《りこん》する。最近の人間関係のおそるべき荒廃《こうはい》は、こうした使い捨て文化のもたらした［ A ］以外の何ものでもない。

ハイデッガー流にいうなら、それは「詩」の喪失《そうしつ》ということであろう。私はそれは「実体」の喪失といいたい。「実体」の喪失とは、その人間が、その物品が、存在《そんざい》しつづけてきた、そして、これから存在しつづけるであろう「歴史」の抹殺《まっさつ》にほかならない。

だとすれば、いま、私たちにとっていちばん大切なことは、あらためて「歴史」というものを考え直してみるということではないか。便利は結構《けっこう》。合理主義も結構。だが、何のための便利さか、何のための合理主義か、それを問い直すことは「歴史」を問うことなのである。なぜなら、歴史こそが「実体」の生みの親であり、「実体」こそが、その「なぜ」に回答を与《あた》えることができる唯一《ゆいいつ》のものだからである。

原形があってこそ、つぎは当てられる。「使い捨て文明」の錯覚《さっかく》は、f つぎを原形のように思いこむことである。つぎは、あくまでもつぎでしかないのだ。

あなたは、きょうも何かを捨てるでしょう。いいんです。どうぞお捨てください。私は、何も捨てるな、というわけではありません。そうではなく、捨てるとはどういうことか、何を捨てようとしているのか、それを考えてほしいというのです。もしかしたら、自分は、いちばん大切なものを捨てようとしているのではないか、「［ B ］」を捨てているのではないか、ということを。

（森本哲郎《もりもとてつろう》「豊《ゆた》かな社会のパラドックス」）

＊里程標＝道ばたなどに立てる、道のりを記した標識《ひょうしき》。
＊ミッシェル・ラゴン＝フランスの作家・美術批評《びじゅつひひょう》家。
＊ハイデッガー＝ドイツの哲学者。

(1) ――線a「神の息吹きとしてそこにあった」とありますが、これはどういうことですか。最も適切《てきせつ》なものを次から選び、記号で答えなさい。(10点)

ア 私たちが人間らしい生活をするために必要な道具として存在したということ。

イ 私たちが多様な人間関係の中で生きることを感じるものとして存在したということ。

ウ 私たちが水の大切さについて自然と考えるようになるために存在したということ。

エ 私たちが自分の人間関係を無意識《むいしき》に考え直すきっかけとして存在したということ。

［　　］

難問

(2) ――線b「歴史とは無縁になった」とありますが、これはどういうことですか。三十字以上四十字以内でわかりやすく書きなさい。(10点)

独創的

(3) ――線c「二律背反」とほぼ同じ意味を表すことわざとして最も適切なものを次から選び、記号で答えなさい。(5点)

ア あちらを立てればこちらが立たず

イ あぶはち取らず

ウ 木を見て森を見ず

エ 帯に短したすきに長し

［　　］

(4) ――線d「住むということは、その本質において詩的」とありますが、これはどういうことですか。最も適切なものを次から選び、記号で答えなさい。(10点)

ア 住むということは、自分たちの感性にうったえる世界を作り上げるということ。

イ 住むということは、人やものがたがいにせめぎあって生きるということ。

ウ 住むということは、居住空間と調和した状態で生きるということ。

エ 住むということは、便利さよりも華《はな》やかさを求めて生活するということ。

［　　］

(5) ――線e「ビルにまで及んだ『使い捨て』の心性は、間もなく人間そのものにまで及ぶであろう」とありますが、筆者は、それがどのような結果をもたらしていると述《の》べていますか。文中から十五字以内でぬき出しなさい。(10点)

(6) A に入る最も適切な言葉を、文中から漢字二字でぬき出しなさい。(5点)

難問
(7) ――線f「つぎを原形のように思いこむこと」とありますが、これはどういうことですか。最も適切なものを次から選び、記号で答えなさい。(10点)

ア 原形さえあれば、「もの」を効率《こうりつ》良く大量生産できるので、それが社会のためになると誤解《ごかい》していること。

イ 機能はあくまでも機能なのに、実体に与えた機能を、実体の本質であると錯覚してしまうこと。

ウ 使い捨て文明が、大量の廃棄物《はいきぶつ》を生み出すという事実からあえて目を背《そむ》けていること。

エ 「もの」の原形を尊重《そんちょう》するあまり、つぎを当ててはならないと信じて疑《うたが》わないこと。

〔　〕

(8) B に入る最も適切な言葉を、文中から漢字二字でぬき出しなさい。(5点)

難問
(9) 文中にくり返し出てくる「実体」という言葉について、次の①～③の問いに答えなさい。

① 「実体」という言葉と対照的な意味で用いられている言葉を、文中から漢字二字でぬき出しなさい。(5点)

② 筆者は「実体」という言葉をどのような意味で用いていますか。「歴史」という言葉を用いて二十字以内で書きなさい。(10点)

③ 筆者は、「実体」を失った現代社会の問題を改善《かいぜん》するには、どのようなことが必要だと述べていますか。文中の言葉を用いて三十字以内で書きなさい。(10点)

(10) 文中で筆者が述べている内容《ないよう》として最も適切なものを次から選び、記号で答えなさい。(10点)

ア コップや弁当箱や箸箱やエンピツ箱は、私たちにものを大切にしなければならないということを教えてくれた。

イ 機能一点張りの環境に必要なものは、古いものには歴史があり、それは便利さよりも重要だということに気がつくことである。

ウ 便利さを性急に求めるあまり、「使い捨て文明」を良しとした日本人は、ついにアメリカと手を組むようになってしまった。

エ ものを捨てるとはどういうことかを考えることは、私たちがかつての豊かな暮らしを取りもどすきっかけとなるのである。

〔　〕

〔渋谷教育学園幕張中―改〕

説明文の読み方

ステップ1 まとめノート

入試重要度★★★

解答→別冊31ページ

学習日　月　日

ポイント1 説明文・解説文《かいせつぶん》とは

(1) 説明文

あることがらなどの内容《ないよう》について、読み手にわかりやすく説明した文章を［①　　］という。

(2) 解説文

説明文の一種であり、より読み手によくわかるようにくわしく説明した文章を［②　　］という。具体的《↳くわしい。》な情報《じょうほう》や数値《すうち》に対して客観的《↳自分の考えや気持ちにとらわれないで。》に解説を加える。

(3) 論説文《ろんせつぶん》とのちがい

論説文では、筆者の主張《しゅちょう》や意見が文章の中心として述《の》べられるのに対して、説明文では、**客観的事実を説明すること**が文章の中心となる。

ポイント2 説明文・解説文の特徴《とくちょう》

(1) 内容についての特徴

●**話題**…何について書かれているのかという文章の［③　　］が明確《めいかく》である。

●**要素《ようそ》**…**説明のための事例や事実**と、**筆者のまとめ**の部分とに分けられる。
↳それをつくっている一つ一つのもの。

(2) 構成《こうせい》についての特徴《とくちょう》

説明文や解説文は、文章の組み立てがはっきりしていて、わかりやすい構成のものが多い。

序論《じょろん》…**問題提起《ていき》の文**などによって**話題**を提示《ていじ》する。
↓
本論…**話題**に挙げられていることがらについて、**くわしく説明**をする。
↓
結論…本論で説明した内容をもとに、**問題提起に対する最終的な答え**や、**話題に挙げられていることがらについての判《はん》断《だん》**をまとめる。

ズバリ暗記

説明文や解説文では、序論→本論→結論という文章の構成をおさえ、それぞれの部分にどのような内容が書かれているのかを正確に読み取る！

ポイント3 説明文・解説文の読み方

(1) 話題をつかむ

何について書かれている文章なのかという話題を正確につかむために、**話題をとらえるヒントになる部分**に着目する。

●**問題提起の文**…読者に問題を投げかけ、これから述べる内容を提示する文。**文末が「〜でしょうか」となっている文が多い。**

①「（いったい）〜は何でしょうか」→「**正体**」が話題となる。

② 「なぜ（どうして）〜でしょうか」→「原因《げんいん》・理由」が話題となる。

③ 「どれほど（どのくらい）〜でしょうか」→「程度《ていど》」が話題となる。

④ 「どのように（どうやって）〜するのでしょうか」→「方法・手段《しゅだん》」が話題となる。

● **キーワード**…文中でくり返し出てくるポイントとなる言葉。

> 地球上にどうしてこれほどたくさんの空気があるのでしょうか。
> 少し前には、地球の外側から流れ込《こ》んできたという説や、火山から噴《ふ》き出されたという説など、いろいろな説が唱えられました。現《げん》在《ざい》の科学では、四十六億年前に地球が誕生《たんじょう》したときに起こった火山の大爆発《ばくはつ》によって、もともと地球の中にあった水蒸気《すいじょうき》と二酸化炭素《にさんかたんそ》のガスがはき出されたと考えられています。

● 右の文章の話題を答えなさい。

［④　　］

(2) 形式段落ごとの要点を読み取る

↳はじまりが一文字分下がっている、形式上のひとまとまりの段落。

形式段落ごとにどのような内容が書かれているのかを読み取る。

特に**指示語**が出てきた場合には、何を指しているのかを確《たし》かめる。

(3) 段落どうしの関係をとらえる

段落どうしをつなぐ［⑤　　］に着目して、**段落と段落の関係**をとらえる。

● **原因・理由と結果の関係**…「（原因・理由）**だから**（結果）」
「（結果）**なぜなら**（原因・理由）」

● **具体例とまとめの関係**…「（まとめ）**例えば**（具体例）」
「（具体例）**このように**（まとめ）」
「（具体例）**つまり**（まとめ）」

● **逆接《ぎゃくせつ》・対比《たいひ》の関係**…「（予想）**ところが**（予想に反する結果）」
↳反対につなぐ（逆接）・比《くら》べる（対比）。
「（具体例①）**しかし**（対照的な具体例②）」
「（具体例①）**一方**（比べられる具体例②）」

● **並立《へいりつ》の関係**…「（具体例①）**また**（具体例②）**さらに**（具体例③）」
↳ならべる。
「**まず**（事実①）**次に**（事実②）**最後に**（事実③）」

● **話題転換《てんかん》の関係**…「（話題①）**では**（話題②）」

(4) 文章全体の構成をおさえる

段落の要点と段落どうしの関係から、文章全体の構成をおさえ、**序論、本論、結論の流れをつかむ。**

(5) 文章の要旨《ようし》をとらえる

序論、本論、結論の流れから、文章の［⑥　　］をつかむ。

特に、［⑦　　］で述べられている内容に着目する。

ズバリ暗記

説明文や解説文では、段落ごとの要点や段落どうしの関係をとらえることで文章全体の要旨が見えてくる！

> 1 動物は「眠《ねむ》る」といいますが、「眠っている」間、動物の体は本当に「眠っている」のでしょうか。
> 2 例えば、動物は眠っている間も呼吸《こきゅう》をします。心臓《しんぞう》は体中に血《けつ》液《えき》を送り続けています。
> 3 つまり、「眠っている」動物の体は、「眠っている」間にも、生きていくために活動し続けているのです。

● 右の文中の2段落と3段落の関係を書きなさい。

［⑧　　］

解答→別冊30ページ

1 次の文章を読んで、あとの問いに答えなさい。

子どもの頃《ころ》に声を出して読む段階があった人でも、次に線を引く段階に通常《つうじょう》は移《うつ》らない。ただ目で字を追うだけになるのが普通《ふつう》だ。しかし、私《わたし》は本を自分のものにするためには、線を引きながら読む方法は［A］だと考えている。線を引くというのは、自分を［B］に本の内容に関わらせていく明確《めいかく》な行動だ。ただ読んでいるのでは、メリハリがなく［C］になってしまう。どこに線を引こうかと考えながら読むことで、読みは積極的になる。

実際《じっさい》に線を引くときには、勇気がいる。自分自身の価値《かち》観や判断《はんだん》がそこに表れ、印として残ってしまうからだ。他の人に、もしかしたら見られてしまうかもしれないという恥《は》ずかしさも含《ふく》まれている。的外れなところに引いてしまえばみっともない、という気持ちを乗り越《こ》えて、線を勇気を持って引く。この一回一回の積み重ねが、本を読む力を鍛《きた》える。

本を自分のものにするということは、［D］には、その本の中に重要な自分にピンとくる文章を見つけるということだ。一つもピンとくるところがなければ、その本は自分には縁《えん》がなかったということになる。本を読んでいくと、共感できる文章に出会うことがある。まずは、そこから線を引いていく。誰《だれ》かに見られることなど考えずに、思い切って勇気を持ってしっかり引く。線を引くのも慣《な》れだ。

線を引いてしまえば、それは自分の本になる。①他の人が線を引いたあとの本を読むのはつらい。自分の刻印《こくいん》を残した本は、いとおしくなる。

たとえば、旅行先の地図を考えてみよう。最初に見たときには、のっぺりとしたただの地図だ。しかし、現地《げんち》に行ってみて、実際に足を運んだところに赤く○を付けていったとする。経路《けいろ》を矢印で地図に書き込《こ》んでもいい。素晴《すば》らしく印象に残ったところは、三重丸で囲んだり、行った店の名や出会った人の名を書き込む。そうやってみると、地図は「自分の地図」になる。すると、旅行が終わった後にも、その地図は捨《す》てがたいものになる。あとから見返してみると、そのときの思い出が、自分のチェックポイントから蘇《よみがえ》ってくる。何もチェックをせずにおいた地図は、捨てても惜《お》しくない。また手に入るからだ。しかし、一番その町に馴染《なじ》んでいたときにつけた印は、あとからではなかなかつけにくい価値を持っている。本の場合も同じだ。

本に対しては、一期一会《いちごいちえ》で臨《のぞ》むと、出会いの質《しつ》は高くなる。いつでもまた読むことができる、というのは本の利点ではある。しかし、「この本に出会うのは最初で最後かもしれない」と思いながら読むことによって、出会いの緊張《きんちょう》感は高まる。線を引くときにも、たとえ他の人にとってはここは重要でなくとも、自分には大事なところなんだ、と確信して引くのであれば問題はない。

そうしてたくさん自分の判断力を込めて線を引いた本は、あとから見返すときに、非常《ひじょう》に価値が出る。読み返すのに、初めて読んだときの数分の一、あるいは十分の一程度《ていど》の労力で、内容を見返すことができるのだ。線をまったく引かないで読んでしまった本は、見返してみても記憶《きおく》を呼《よ》び起こすのに時間がかかる。しかし、ところどころにしっかりと線が引いてあれば、それを手がかりにして、読んだときの記憶を呼び起こしやすくなる。また、線を引いたところだけを辿《たど》って読んでいけば、一応《いちおう》の内容はつかめる。これは、ほとんど時間のかか

ココがねらわれる
段落《だんらく》ごとに要点をつかみ、それぞれの要点をつなぎ合わせて、文章の要旨《ようし》（筆者が最も説明したい内容《ないよう》）をとらえるようにする。

学習日　月　日

らない作業だ。

何回か反復《はんぷく》して本を把握《はあく》することによって、本の内容は定着してくる。一度読んだだけで記憶するというのは、なかなか難《むずか》しいものだ。線を引いた箇所《かしょ》だけでもいいから何度も見ていると、だんだんその文章に慣れてくる。

緊張感をもって読んだ本は、読み返す価値がある。本を買ってきれいなまま斜《なな》め読みし、また売ってしまうというやり方は、一見効率《こうりつ》がいいようだが、私から見ると、実に無駄《むだ》の多い読書だ。もちろん、娯《ご》楽本《らくぼん》ならそれでいい。しかし、緊張感ある読書をした場合には、その本を簡単《かんたん》に手放すのは惜しい。とりわけ、自分の自己《じこ》形成に関わった本は、線を引いた形でとっておきたい。十年後、二十年後に読み返したときに、発見があったり感慨《かんがい》をもよおしたりしやすい。誰でも自分に対しては興味《きょうみ》がある。自分が線を引いた本は、②あとから否定《ひてい》するにしても、関心を喚起《かんき》するものだ。

（齋藤《さいとう》 孝《たかし》「読書力」）

(1) 〔空所補充《ほじゅう》〕 A ～ D に入る最も適切《てきせつ》な言葉を次から選び、それぞれ記号で答えなさい。

ア 受動的　イ 精神的《せいしんてき》　ウ 具体的　エ 抽象的《ちゅうしょうてき》
オ 積極的　カ 感情的《かんじょうてき》　キ 理論的《りろんてき》　ク 効果的

A〔　　〕 B〔　　〕 C〔　　〕 D〔　　〕

(2) 〔内容の理解《りかい》〕――線①「他の人が線を引いたあとの本を読むのはつらい」とありますが、その理由を文中の言葉を用いて三十字以内で書きなさい。

(3) 〔内容の理解〕――線②「あとから否定する」とありますが、何を否定するのですか。文中から六字でぬき出しなさい。

重要
(4) 〔要旨〕筆者が文中で述《の》べている考えとして正しいものを、次からすべて選び、記号で答えなさい。

ア 本を読むときに自分にとって大切なところをさがし、線を引きながら読むという作業を続けていると、その本は自分にとって価値のあるものとなる。

イ 本を読み返したときに本の内容を思い起こすことが短時間でできるようにするためには、ここは自分にとって重要だと思うところに線を引いておくことが望ましい。

ウ この本を読むのはこれが最初で最後だという気持ちで、大切なところに線を引きながら本を読んでいくと、一度読んだだけでも本の内容を確実に理解することができる。

エ 線を引いてしまった本はもう売ることはできないが、それをあきらめてでも、自分が大切だと思ったところには線を引いていく勇気を持たなければいけない。

オ 他の人がどう思うかを気にすることなく、ここと思うところには線を引きながら本を読むという作業を続けていくことで、本を読む力は備《そな》わってくるものである。

〔　　〕

〔日本大第一中―改〕

得点アップ
段落ごとに要点の理解を積み上げ、要旨をとらえる。

解答→別冊32ページ

学習日　月　日

1 次の文章を読んで、あとの問いに答えなさい。

雑穀《ざっこく》の稗《ひえ》と同じ仲間だが、食用にはならない野生のヒエの仲間は総《そう》じてノビエ（野稗《のびえ》）と呼《よ》ばれている。タイヌビエは、「田犬稗《たいぬびえ》」の意味で、ノビエのなかでも田んぼを専門《せんもん》のすみかとしている雑草である。一般《いっぱん》に陸上で生活するノビエの仲間が発芽するためには酸素《さんそ》が必要である。酸素がない環境《かんきょう》では発芽することはできないのだ。ところが田んぼで生活するタイヌビエは酸素がなくても発芽することができる。そのため水を張《は》った田んぼでも発芽できる。

タイヌビエは古くから田んぼをすみかとし、田んぼに適応《てきおう》して進化を遂《と》げてきたと考えられている。日本には、大陸から稲作《いなさく》が伝来した時期にコメに混《ま》じってやってきたといわれている。縄文《じょうもん》時代末期の遺《い》跡《せき》からはすでにタイヌビエの種子が発見されている。まさに古き歴史《れきし》を持つ田んぼの雑草の名門なのだ。

田んぼは、雑草にとってはかなり厳《きび》しい環境である。米作りのために、昔は何度も頻繁《ひんぱん》に、しかもていねいに草取りが行《おこ》なわれた。そんななかを生き抜《ぬ》かなければならないのだ。ごく小さな雑草ならば身を伏《ふ》せて逃《のが》れることもできただろうが、体の大きいタイヌビエには逃《に》げ場がない。①タイヌビエはどうやって身を守ればよいのだろうか。

ものまねで身を立てている芸人がいる。「芸は身を助ける」ではないが、実はタイヌビエも、ものまね芸で成功を収《おさ》めている。タイヌビエは、見た目にイネとそっくりな姿《すがた》をしている。そうして農家の目を欺《あざむ》いて田の草取りを切り抜けるのである。②「木を隠《かく》すときは森へ隠せ」の喩《たと》えどおり、田んぼにたくさんあるイネに紛《まぎ》れることで、タイヌビエはみごとに身を隠してしまうのである。カメレオンがまわりの風景と同化したり、ナナフシが木の枝《えだ》に似《に》た体や手足を持つように、別のものに姿を似せて身を隠すことを「擬態《ぎたい》」という。タイヌビエはイネに姿を似せる「擬態雑草」といわれている。

プロの農家でも簡単《かんたん》には区別できないくらいだから、子どもたちの田んぼ体験では、見間違《みまちが》えてイネを抜いてしまう子どもがいたり、イネが順調に生育していると思っているとほとんどヒエだったり、というエピソードは尽《つ》きない。しかし、タイヌビエがただイネの姿に身をやつし、[A]生きているかといえばそうではない。身を隠しながらも田んぼの肥料《ひりょう》をいっぱい吸《す》って、来たるべきときに備《そな》えて着実に準《じゅん》備《び》しているのである。

やがてタイヌビエが正体をあらわすときがやってくる。タイヌビエは蓄《たくわ》えた力で一気に茎《くき》を伸ばして、イネが出穂《しゅっすい》する前に穂《ほ》を出してしまうのである。その登場は③鮮《あざ》やかすぎるほど鮮やかである。タイヌビエとイネとはもともとまったく別の種類だから、穂の形は似ても似つかない。本性《ほんしょう》をあらわしたタイヌビエの存在《そんざい》に人間が気がついたときは、もう遅《おそ》い。タイヌビエは、あっという間にバラバラと田んぼ一面に種子を落としてしまうのである。

④宝石を守っていた多くの警官《けいかん》の一人こそが、実は変装《へんそう》した怪盗《かいとう》だった。そんな探偵《たんてい》小説を思わせるほどの鮮やかな変身に、高々と穂を伸ばしたタイヌビエの高笑いが聞こえてきそうである。きっと来年も多くのタイヌビエが芽生えて、草取りする人間を苦しめることだろう。こうなると人間にできるのは、もはや[B]ことだけなのだ。

タイヌビエは、この勝利の味が忘《わす》れられなくなってしまったのだろう。特殊《とくしゅ》な環境である田んぼでのサバイバル術《じゅつ》を徹底《てってい》的に発達させるうちに、ついには田んぼ以外の場所では暮《く》らせなくなってしまった。不思議なことにタイヌビエは田んぼ以外の場所ではほとんど見ることはできない。田んぼの外で生きる術《すべ》を忘れてしまったタイヌビエにとって、⑤皮肉なことに敵対《てきたい》しているはずの人間はなくてはならない存在になってしまったのだ。

水田で繰《く》り広げられる知恵《ちえ》くらべ。人間とタイヌビエとは、もうこんな戦いを何千年にも渡《わた》って繰り広げてきた。まさに伝統《でんとう》の一戦と呼ぶにふさわしい戦いである。タイヌビエはもはや人類の永遠《えいえん》のライバルであるといっても言いすぎではないだろう。

（稲垣栄洋《いながきひでひろ》「身近な雑草のゆかいな生き方」）

(1) ――線①「タイヌビエはどうやって身を守ればよいのだろうか」とありますが、何から身を守るのですか。文中からぬき出しなさい。

［　　］

(2) ――線②「木を隠すときは森へ隠せ」とありますが、「木」「森」はそれぞれ何のたとえですか。文中からぬき出しなさい。

木［　　］

森［　　］

(3) [A] に入る最も適切《てきせつ》な言葉を次から選び、記号で答えなさい。

ア やっとの思いで　**イ** 自信を持って

ウ のんきな様子で　**エ** わがもの顔で

［　　］

(4) ――線③「鮮やかすぎるほど鮮やかである」とありますが、ここでの「鮮やか」はどのような意味で使われていますか。最も適切なものを次から選び、記号で答えなさい。

ア 新しくて気持ちがよい　**イ** 胸《むね》がすくほどみごとである

ウ 明るくはきはきしている　**エ** いろどりがきれいである

［　　］

(5) ――線④「宝石を守っていた多くの警官の一人こそが、実は変装した怪盗だった」とありますが、「多くの警官」「変装した怪盗」はそれぞれ何のたとえですか。文中の言葉を用いて書きなさい。

多くの警官［　　］

変装した怪盗［　　］

(6) [B] に入る最も適切な言葉を次から選び、記号で答えなさい。

ア 目くばせする　**イ** 歯ぎしりする

ウ 手ぐすねをひく　**エ** 足をあらう

［　　］

難問

(7) ――線⑤「皮肉なこと」とありますが、なぜ皮肉なのですか。単なる引用ではなく、わかりやすく書きなさい。

［　　］

(8) この文章のタイトルとして最も適切なものを次から選び、記号で答えなさい。

ア「タイヌビエ　地べたで確実《かくじつ》に生き残るには」

イ「タイヌビエ　自然界の偉大《いだい》な手品師《てじなし》」

ウ「タイヌビエ　効果《こうか》的に身を隠す方法とは」

エ「タイヌビエ　ひねくれ者のねじれた戦略《せんりゃく》」

［　　］

〔恵泉女学園中―改〕

2 論説文の読み方

第5章 いろいろな文章を読む

ステップ1 まとめノート

入試重要度★★★

解答→別冊35ページ

学習日 月 日

ポイント1 論説《ろんせつ》文とは

あることがらや問題について、筆者が自分の意見や考えを述《の》べたり、論じたりする文章を［①　］という。論説文は説明文よりも**筆者の主張《しゅちょう》や意見**が前面に出され、**筆者の考えそのものを読者に向けて伝えること**を目的とした文章である。

ポイント2 主張と説明

(1) 主張

筆者が、文章の中で読者にうったえかけている考えのことを筆者の［②　］という。論説文では特に、問題を解《と》くうえで筆者の主張を正確《せいかく》に読み取る必要がある。

(2) 説明

筆者が、読者に自分の主張の内容《ないよう》をよりよく理解《りかい》してもらったり主張の正当性《せい》を認《みと》めてもらったりするために、証拠《しょうこ》を挙げながら効《こう》果《か》的に読者に伝える工夫《くふう》のことを［③　］という。

↳正しくて理くつに合っていること。

ズバリ暗記

論説文には、「筆者がうったえかけたいことがら」＝「主張」があり、その主張をわかりやすくするため、または補強《ほきょう》するための説明がある！

ポイント3 論説文の文章構造《こうぞう》

論説文の読解では、文章の構造をおさえ、筆者の主張や文章の要旨《ようし》を正確に読み取ることが重要である。

↳組み立て。

(1)「主張→説明」の形

文章のはじめで主張を述べ、あとから理由や根拠《こんきょ》、具体例などを述べて説明する。

(2)「問題提起《ていき》→説明→主張」の形（序論《じょろん》→本論→結論）

「なぜ～であろうか」「では、いったい～なのだろうか」のような文で［④　］をしてから内容を説明し、文章の終わりで主張を述べる。「問題提起→主張→説明」となる場合もある。

(3)「主張→説明→主張」の形

主張にあたる内容を文章のはじめで述べ、その主張について説明をしたあと、再度《さいど》主張を述べてまとめる。

文章の構造をおさえることで、どこをさがせば筆者の主張が見つかるかがわかりやすくなる。

ポイント4 主張と説明の読み取り方

(1) 主張をふくむ表現《ひょうげん》

筆者の主張は、次のような言葉を手がかりにすると見つけやすい。

- 考えを述べる表現…**「～と思う」「～と考える」**「～（する）べきだ」「～（する）べきではない」など
- **問いかけ、呼《よ》びかけ**をして、読者にも考えさせる表現…「～では

ないだろうか」「〜だとは考えられないか」「〜しようではないか」など

● **一般《いっぱん》的な考え方や、あたりまえだと思われていることに対して、反対意見を述べる表現**…「**もちろん〜しかし〜**」「たしかに〜しかし〜」「〜が、しかし〜」「一般的には〜が、私《わたし》は〜思う」など

(2) 説明の工夫

主張に、より説得力をもたせるために、主張の説明にはさまざまな工夫がなされている。

● **具体例**…**身近なことがらや体験談《たいけんだん》**を挙げて、主張の内容をわかりやすく説明する。主張が抽象《ちゅうしょう》的で難《むずか》しい場合は、いったん具体例で理解し、主張に戻《もど》って考え直すとよい。
↳くわしくなくて、はっきりしない。

● **引用**…偉人《いじん》や有名人の言葉、たとえ話や昔話など、**言葉や書物の一部を用いて**、主張の内容に説得力をもたせる。引用されている内容は、筆者の主張に沿《そ》ったものである場合が多い。
↳すぐれた業績《ぎょうせき》をあげた偉大な人。

● **理由・根拠**…主張の**裏《うら》づけとなる証拠**を挙げて、主張の正当性を強くうったえる。
↳確実であることを他の面から証明すること。

● **対比《たいひ》**…**一般的な考え方や常識《じょうしき》、社会の通念などと自分の主張とを比《くら》べる**ことで、主張を浮《う》かび上がらせる。また、**自分の主張とは反対のことがらと比べ合わせる**ことで、主張が正しいことをうったえる。

● **並立《へいりつ》**…主張について**複数《ふくすう》の根拠を挙げて**説明し、主張の内容に説得力をもたせる。

ズバリ暗記

論説文では、文章の組み立てをとらえ、主張と説明のつながりに注意して読むようにする！

たしかに、現代社会では他人と一切《いっさい》の人間関係を築《きず》かなくても生きていけるようにはなった。インターネットやテレビから、情報《じょうほう》はいくらでも手に入るから、人間どうしのつながりの中で情報のやりとりをする必要はないし、生活に必要な物を手に入れたいなら、一歩も外に出ないで、お金のやりとりさえ相手の顔を見ることなく、これまたインターネット上で買い物を済《す》ませてしまうことができるようになった。最近は宅配《たくはい》ボックスを備《そな》えた住居《じゅうきょ》も多いから、届《とど》いた荷物も、配達員と顔を合わせることなく受け取れてしまう。われわれは、わずらわしい人間関係から解放されて、「個《こ》」として生きていけるようになったのだ。これが現代社会に生きるわれわれが望んだ「便利さ」である。しかし、人間の人間らしさは、いつだって人間どうしの関係の中でこそ認められてきたのではなかっただろうか。人を思いやったり、愛したり、ときにはわずらわしく感じながらも、そのわずらわしい人間関係を維持《いじ》するために心を砕《くだ》く姿《すがた》の中にこそ、「人間として生きる」ことの本質《ほんしつ》があったと私には思える。

● 右の文中から、論の前提となる一般的な考えをぬき出しなさい。

⑤［　　　　］

● 右の文中では、一般的な考え方について大きく二つの具体例が挙げられています。それぞれまとめて書きなさい。

⑥［　　　　］

⑦［　　　　］

● 右の文中で述べられている筆者の主張を、まとめて書きなさい。

⑧［　　　　］

解答→別冊34ページ

1 次の文章を読んで、あとの問いに答えなさい。

「社会人入学」や「社会人野球」「社会人のマナー」というような言葉をよく目にする。コーラスのコンクールに、「社会人の部」というのもあるし、図書館の閲覧室《えつらんしつ》には「社会人席」というのもある。①社会人とはいったい何だろう？

社会人という言葉は、たぶん学校を卒業して就職《しゅうしょく》し、自立した社会生活を始める時に、とりわけ意識《いしき》されるのではないだろうか。その逆《ぎゃく》に定年退職《たいしょく》して勤《つと》め先を去り、社会の中の個人《こじん》に戻《もど》って暮《く》らすときに、また違《ちが》った意味で再《ふた》び意識される言葉かもしれない。

現在《げんざい》は社会人になる第一歩としての就職が難《むずか》しい時代である。安定した職に就《つ》いた人は、ほぼ六割《わり》弱という推計《すいけい》もある。それでは就職できなかった人は社会人ではないのだろうか。失業者や、定年退職した人や、主婦《しゅふ》や高齢者《こうれいしゃ》、障害《しょうがい》を持った人は社会人ではないのだろうか？

そんなことはない。この社会に生きている人は、ともに社会をつくっていく仲間として、社会の構成員の一人として、みな社会人なのである。

私《わたし》たちは、個人であると同時に社会人であり、自然の一部として生きている自然人でもある。この三つはどれも切り離《はな》すことができない一体のものとして、②人間を人間たらしめている要素《ようそ》なのだ。この三つが偏《かたよ》りなく撚《よ》り合わされて私たちの人生の意味と目的を支《ささ》えているときに、私たちは、たぶん豊《ゆた》かな幸福感を持つことができるのだと思う。

社会的動物である私たちは意識してもいなくても、社会とのかかわりの中でしか生きていけない。現実に個人が、どんな人生を全《まっと》うするかは、社会のあり方によって大きく左右される。

現在では特に地縁《ちえん》・血縁が弱まり、非婚《ひこん》の人が多くなり、高齢化社会と重なって、一人暮らし世帯が、全世帯数の過半《かはん》をしめるようになっている。他方では会社員としてのつながりもない非正規《ひせいき》労働者が四割に迫《せま》る。まさに個人化社会である。もし、思わぬ人生の事故《じこ》に見舞《みま》われた時、社会からの支えがなかったら、生き延《の》びることも人生の建て直しも不可能《ふかのう》だろう。

しかし、その社会を作っているものこそは、私たち個人なのである。とくに、民主主義《しゅぎ》社会が必要とするのは、自由の中にしっかりと立つ個人の積極的な社会参加であり、同じ人間としてのつながりを大切に思う社会人としての連帯意識である。

資本《しほん》主義社会は、自分の暮らしや、人生計画をより良いものにしたいという個人的欲望《よくぼう》―とりわけ所得に関心と努力を集中させる。自己《じこ》責任《せきにん》や競争を基本《きほん》的価値《かち》とする市場経済《けいざい》の社会は、経済や個人の行動を表面的には活性化《かっせいか》させるが、その反面、共同して社会をより良くしていこうとする意志《いし》や、人間的な相互扶助《そうごふじょ》にたいする関心を希薄《きはく》にする。

もし、自由主義市場経済が国民所得の総額《そうがく》を効率《こうりつ》的に増《ふ》やしたとしても、格差《かくさ》社会がひろがれば、貧困《ひんこん》から抜《ぬ》け出せず、「私はこのように生きたい」という希望さえも語れない社会になるのだ。

③個人の満足の総計が、結果的に満足できる社会を作るわけではない。「合成の誤謬《ごびゅう》*」といわれる社会現象は、例えば個人にとっては便利な車社会が公共交通を廃止《はいし》に追い込《こ》み、道路の混雑《こんざつ》現象を引き起こし、地球温暖《おんだん》化を増幅《ぞうふく》し、さらに運動不足の個人の健康まで考えると、必

ココがねらわれる
論説《ろんせつ》文では、筆者の主張《しゅちょう》と具体例との対応《たいおう》関係に注目する。設問《せつもん》では、文章の構成《こうせい》を正確《せいかく》に理解《りかい》しているかを問われる傾向《けいこう》がある。

学習日　月　日

ずしも社会の福祉《ふくし》に貢献《こうけん》する結果を生んでいないことがわかる。個々の企業《きぎょう》にとって、いつでも解雇《かいこ》できる低賃金《ていちんぎん》の非正規労働者は利潤《りじゅん》を上げるためには好都合であったとしても、社会的には社会の崩壊《ほうかい》を招《まね》くほどの大きなマイナスを生んでいる。あるいは勤勉《きんべん》に野菜づくりに励《はげ》んだ農家が、過剰供給《かじょうきょうきゅう》のゆえに価格《かかく》の暴落《ぼうらく》で農産物を廃棄《はいき》しなければならないこともある。

今や個人の領域《りょういき》のみで当否《とうひ》を判断《はんだん》できるものは何もないというべきだろう。私たちは社会とのかかわり、未来とのかかわりの中でのみ判断でき、生きる意味や目的を見出《みいだ》すことができるのだ。

私たちは自由競争の資本主義社会の中で日常《にちじょう》を生きているので、その水面下で競争とは反対の、無償《むしょう》の協力や、助けあいや、エコロジー活動が社会を維持《いじ》し、支えていることを忘《わす》れがちになる。水面下で社会を支えている無償の社会貢献や、助けあいは、むしろ社会的動物である私たちの本性《ほんしょう》に由来する行為《こうい》なので、説明を必要としない当然の行為として特別に意識《いしき》されることなく、いつもはいわば冬眠状態《とうみんじょうたい》にある。それが、災害《さいがい》や原発事故という社会的な大問題に遭遇《そうぐう》すると、初めて表舞台《おもてぶたい》に現《あらわ》れて、私たちが社会人としてつながりのなかにあることを目覚めさせる。そして、支え合う人間関係こそ、喜びと生きがいにつながるのだと自覚されることになる。

その喜びを実証《じっしょう》するかのように、誰《だれ》かの役に立っていると思う行為が、健康と長寿《ちょうじゅ》にも大きな影響《えいきょう》力を持っているという。社会学者や地方自治体の*コホート調査《ちょうさ》はそう報告《ほうこく》している。

社会は、歴史《れきし》が積み重ねてきた、国境《こっきょう》を越《こ》える知恵《ちえ》と経験《けいけん》の宝庫《ほうこ》である。そこから何かを得《え》、またそこに何かを付け加えることなくして、何の生きる意味があるというのだろう。社会に支えられると同時に、社会をより良く変えていく社会人の生き方の中に、未来への希望を見出したい。

（暉峻淑子《てるおかいつこ》「社会人の生き方」）

＊誤謬＝まちがい。
＊コホート調査＝特定の集団《しゅうだん》を対象にして、長期間続けて行う調査研究の方法。

重要
(1) 〔内容《ないよう》の理解〕――線①「社会人とはいったい何だろう？」とありますが、その答えとなっている一文を文中からさがし、はじめの六字をぬき出しなさい。

□□□□□□

(2) 〔内容の理解〕――線②「人間を人間たらしめている要素」にあてはまる言葉を、文中より三つぬき出しなさい。

［　　　］［　　　］［　　　］

(3) 〔具体例〕――線③「個人の満足の総計が、結果的に満足できる社会を作るわけではない」とありますが、その説明として筆者が挙げている具体例の数を漢数字で答えなさい。

［　　　］

重要
(4) 〔筆者の主張〕望ましい社会人の生き方について、筆者の主張にあてはまらないものを次から一つ選び、記号で答えなさい。

ア 人間は社会の中で生きているので社会を変革《へんかく》することは不可能である。

イ 人間は社会という知恵と経験の宝庫から学んでこそ生きる意味がある。

ウ 誰《だれ》かの役に立っていると思う行為は人間の喜びや生きがいにつながる。

エ 人間は社会に支えられながら社会をより良く変えていける存在である。

［　　　］

〔共立女子第二中―改〕

得点アップ
問題提起《ていき》から、どのように論が展開《てんかい》されるのか、文章の構成をおさえる。

解答→別冊36ページ

学習日　月　日

1 次の文章を読んで、あとの問いに答えなさい。

愛知万博《あいち》では、微生物《びせいぶつ》によって分解《ぶんかい》される生分解性《せい》プラスチックでできた食器やゴミ袋《ぶくろ》を使用したことによって、七二〇トン分の二酸化《にさんか》炭素《たんそ》の排出《はいしゅつ》を削減《さくげん》できたという。トウモロコシを原料とするコップや皿などの食器二〇〇〇万個《こ》、ゴミ袋五五万枚を使ったためだ。何度も使い回せる食器で余分《よぶん》なゴミを減《へ》らす、二酸化炭素を出さないような製品《せいひん》に変える、などの技術《ぎじゅつ》のおかげである。環境《かんきょう》との共生を謳《*うた》った愛知万博らしい成果であったと言える。

しかし、ふと疑問《ぎもん》に思うこともある。①道徳《どうとく》が技術に肩代《かたが》わりされていくことで良いのだろうか、という疑問である。愛知万博では、食器やゴミ袋に環境に優《やさ》しいものが使われるようになって、何も気にすることなく容器《ようき》を捨《す》てることができた。これが堆肥《たいひ》になると思えば、使い捨てすることの後ろめたさを薄《うす》れさせてしまったのだ。技術が道徳の代行をしてくれたためである。

本来、私《わたし》たちの良心と行動によって地球環境を守るよう求められている。地球に優しいと自ら感じたことを自発的に実行し、生活まで変えていこうとする覚悟《かくご》が重要なのである。そのような意識《いしき》は人間が持つべき「道徳」として定着しつつある。道徳と言えば堅苦《かたくる》しいが、人間としての行動の規範《*きはん》のことで、そのような発想（環境倫理《りんり》というべきかもしれない）を身につけた人間が増《ふ》えていくことこそが②人類の未来への希望とも言えるだろう。

ところが、そのような個人の道徳心を自然に育てるのではなく、③技術によって問題が発生しないように前もって手を打っていくことが増えている。それによって表面的には道徳が機能《きのう》しているかのような状《じょう》態《たい》が作り出されるのである。

映画館《えいがかん》や学校では通信妨害《ぼうがい》電波を発信して、ケータイを実質《じっしつ》的に使えなくする方法が広がり始めている。これによって映画館や学校の静《せい》寂《じゃく》が守られるというわけだ。また、クルマの速度制御装置《せいぎょそうち》を制限《せいげん》速度以下になるよう設定《せってい》しておけば、スピード違反《いはん》をしなくて済《す》む。速度制御装置を取り付けようと考えたのは道徳心から来たものだが、後はそれにお任《まか》せしておけばもはやクルマのスピードのことを考える必要がない。

確《たし》かに、それらによって公衆《こうしゅう》の平和と安全が保《たも》たれ、地球環境に優しい行為《こうい》が自動的になされるようになるのだから、結構《けっこう》なことと言うべきかもしれない。

しかし、④技術が発達すれば、その分だけ私たちの能力が失われていくことに注意する必要がある。鉛筆《えんぴつ》がシャープペンシルに取り替《か》わって子どもたちはナイフを使うことができなくなり、クルマを使うことが増えて走力が衰《おとろ》え、エアコンがあらゆる場所に普及《ふきゅう》して体が汗《あせ》をかかなくなった。パソコンを使うようになって漢字の書き方を忘《わす》れることも増えた。技術が手や足や体や頭脳《ずのう》の役割《やくわり》を肩代わりしてくれることによって、知らず知らずのうちに私たちが原初的に持っていた能力を失っているのだ。

これと同じだとすれば、技術が道徳の代行をするうちに、私たちが生来的に持ち、あるいは成長の過程《かてい》で獲得《かくとく》してきた道徳的な判断《はんだん》力が衰えていくことにならないだろうか。大勢《おおぜい》の人がいる場でケータイを使わないのは、人に迷惑《めいわく》になるための配慮《はいりょ》ではなく、妨害電波があるためになってしまう。スピード違反をしないのは、事故《じこ》で人を殺しかねないためではなく、速度制限装置が働いてくれるためになるかもしれない。本来の道徳的な目標が忘れられ、ただ技術が命じるままに行動しているだけになりかねないのだ。

　このような技術はまだ一部でしか使われていないから考え過《す》ぎと思われそうだが、⑤それが全面的に広がって当たり前になってしまったらどうなるかを想像《そうぞう》する必要があるだろう。ひょっとすると、人々は道徳心を失ったロボット同然の行動しかしなくなるかもしれない。

　回りくどいようだが、人々の道徳心を育て、どのように判断すべきかを決めていける人間であり続けねば、社会は荒廃《こうはい》してしまうだろう。⑥道徳を技術で置き換《か》えることの危《あぶ》なさを考えておくべきではないだろうか。

（池内《いけうち》　了《さとる》「科学の落《お》とし穴《あな》─ウソではないがホントでもない」）

＊謳った＝そのことをはっきりと取り上げた。
＊規範＝従《したが》うことが求められる行動。

(1) ──線①「道徳が技術に肩代わりされて」、③「技術によって……手を打っていく」とは、それぞれどのような状態《じょうたい》になることですか。最も適切《てきせつ》なものを次から選び、記号で答えなさい。

①
ア 道徳が技術の代わりになって
イ 技術が道徳の代わりになって
ウ 道徳が技術よりも優位《ゆうい》になって
エ 技術が道徳よりも優位になって
［　　］

③
ア 技術のせいで問題が発生しないように、前もって必要な方法を準備《じゅんび》していく
イ 技術のせいで問題が発生しないように、前もって必要な方法を予想していく
ウ 問題が発生しないように、技術を使って前もって必要な方法を準備していく
エ 問題が発生しないように、技術を使って前もって必要な方法を予想していく
［　　］

(2) ──線②「人類の未来への希望」とありますが、筆者はどのようなことが「人類の未来への希望」だと考えていますか。文中の言葉を用いて六十字以内で書きなさい。

独創的
(3) ──線④「技術が発達すれば、その分だけ私たちの能力が失われていくこと」の例として、どのようなことが考えられますか。文中に挙げられている例とは異《こと》なる例を一つ、考えて書きなさい。
［　　］

(4) ──線⑤「それ」とはどのようなことを指していますか。文中の言葉を用いて十字程度で書きなさい。

難問
(5) ──線⑥「道徳を技術で置き換えることの危なさ」とありますが、どのような点が危ないのですか。書きなさい。
［　　］

〔白百合学園中─改〕

3 物語の読み方

ステップ1 まとめノート

入試重要度★★★

解答→別冊39ページ

学習日　月　日

ポイント1 物語の読み方

主人公を中心に、さまざまな出来事や話題を展開《てんかい》させ、その中で、ものの見方や考え方、感じ方のちがいや変化、成長、さらには人間の生き方についてまで考えさせようとする文章や語りのことを［①　　］という。
（↳話題：話の材料。）

(1) 場面をおさえる

物語が展開していく舞台《ぶたい》のことを［②　　］という。物語文を読むときは、まず場面を構成《こうせい》している要素《ようそ》をおさえる。

①**いつ**…時代、季節、日にち、時間

②**どこ**…場所

③**だれ**…登場人物や話題の人物

(2) 登場人物の人物像《じんぶつぞう》をおさえる

物語の中に登場する**人物の情報《じょうほう》**や**人間関係**をおさえる。

①**登場人物の情報**…名前、年齢《ねんれい》、性別《せいべつ》、容姿《ようし》、性格《せいかく》、考え方、かかえている問題など
（↳容姿：見た目。）

②**登場人物を取りまく環境《かんきょう》の情報**…職業《しょくぎょう》、学校、所属《しょぞく》している部活動、生きている時代、生《お》い立ち、家庭環境など

文中に描《えが》かれた登場人物がどのような人物であるかという情報のことを［③　　］という。人物像は心情や行動の理由を考えるのに役立つ。

③**人間関係**…友人、親子、先輩《せんぱい》と後輩、師弟《してい》など
（↳師弟：先生と生徒。師匠《ししょう》と弟子。）

どのような人間関係の中にいるかによって、**同じ出来事に対しても感じ方や考え方がちがってくる**。相手に対してもっている期待や不安などもふくめて、判断《はんだん》の前提《ぜんてい》となるものをおさえる。

(3) 出来事をおさえる

物語では、主人公を取り巻く環境の中で、何らかの**事件《じけん》**が起こる。この事件のことを［④　　］という。出来事は登場人物の心情が変化するきっかけとなる。このきっかけは、だれかのちょっとした態度《たいど》の変化といった小さなことから、登場人物を巻き込《こ》んでいくような大きな事件まで、さまざまなものがある。

(4) 心情をおさえる

物語の中で何らかの出来事が起こると、その出来事をきっかけにして登場人物の［⑤　　］が変化する。

(5) 行動をおさえる

心情が変化すると、その心情が［⑥　　］や［⑦　　］、**発する言葉**などに表れる。

(6) 主題をおさえる

物語の中で描かれている場面、出来事、登場人物の関係や心情、行動を通して、作者は何を伝えたかったのかをとらえる。その中心となる内容《ないよう》を［⑧　　］という。

父さんは［　　］だ。一度こうと決めたら絶対《ぜったい》に自分の意見を曲げることがない。だから、ぼくが「犬を飼《か》いたい」と言っても、父さんが「ダメだ」とひと言言ったら、あきらめるしかないのだ。

●右の文中の［　　］に入る最も適切《てきせつ》な言葉を次から選び、記号で答えなさい。

ア 意地っ張《ば》り　イ 頑固《がんこ》
ウ 子ども思い　エ 動物嫌《ぎら》い

［⑨　　　　］

ポイント 2 心情の変化と行動の読み取り方

物語についての入試問題で最も出題が多いのは、**登場人物の心情の変化と行動**についてである。心情の変化と行動は次の図のような関係になっている。

出来事……原因《げんいん》
↓
心情の変化……結果
（出来事・心情の変化）……原因
↓
行動……結果

●物語の「**起・承《しょう》・転・結**」のうち、特に「**転＝物語の山場**」で描かれている心情の変化には、物語の主題がかくされている場合が多い。

(1) 直接的《ちょくせつてき》な心情描写《びょうしゃ》

●**心情語**…「うれしい」「楽しい」「くやしい」「悲しい」など、**登場人物の心情を直接表す言葉**。

●**文末表現《ひょうげん》**…「〜と思った」「〜と感じた」などの文末表現。

●**会話文・心の中の言葉**…登場人物が直接話している言葉や心の中で発している言葉。

(2) 間接的な心情描写

●**行動・表情**…「こぶしをにぎりしめた」「まゆをつりあげた」など、**心情が表れた行動や表情**。同じような行動や表情であっても、**人物の性格や、置かれている立場によって読み取れる心情はちがう**ため、注意する必要がある。

●**様子**…「ふさぎこんで見えた」「何かふっ切れたように」など、他の人物から見た様子を通して人物の心情がわかる場合がある。

●**情景描写**…天候や風景、聞こえてくる音など。**その場面での登場人物の心情が表現されている**場合がある。情景の明るさや暗さ、ふんいきによって暗示《あんじ》される。

●**象徴《しょうちょう》**…**その場面の中で、特に強く印象づけられているものや、登場人物にとって特別に思い入れがあるもの**。登場人物が心の中にもち続けている思いや、言葉に出していない思いを、特定のものを登場させることによって表している場合がある。

ズバリ暗記
その場面で起こっている出来事に対して、登場人物がどのような行動を取っているかに着目すると心情が読み取りやすい。

家に帰ると、いつも笑顔《えがお》で出むかえてくれるはずの母さんの姿《すがた》がどこにも見えない。「ただいま」と大きな声でさけんでみたけれど、返事がない。居間《いま》の電気も消えているし、どこにも母さんの気配がない。ぼくの心臓《しんぞう》はどきどきと音を立て、てのひらにはじっとりと汗《あせ》がにじんできた。

●右の文中から、「ぼく」の心情がわかる表現をぬき出しなさい。

［⑩　　　　］

解答→別冊38ページ

1 次の文章を読んで、あとの問いに答えなさい。

a とうさんのやり方はいつも唐突《とうとつ》だ。

夏休みも終わりに近い、ひときわ日ざしの強い日の午後だった。灯台へとつづく防波堤《ぼうはてい》には、ゆらゆらとかげろうがたっていた。暑さをものともせず、わたしたちは磯遊《いそあそ》びに熱中していた。お盆《ぼん》を過《す》ぎた海はクラゲでいっぱいで、よしひろたちも、もう海で泳げないのだ。

護岸《ごがん》の道に一台の大型トラックが止まった。ボディに〝すっ飛び運《うん》輸《ゆ》〟のロゴマーク。休憩《きゅうけい》かなと見るともなく見ていたら、スルスルと窓《まど》が開いてひげづらの男が顔をだした。

「おーい、なつき、よしひろ。帰るぞ。」

——とうさんの声？ うそ！

すっかり日に焼けているから、わからなかった。

「岡山《おかやま》に帰るん？」

留《とめ》さんに改良してもらった短いモリを岩場にほうりだすと、よしひろがかけだした。あわててわたしもあとを追う。

「すんげえー。とうさん、どしたん、このトラック。」

追いついたときには、サルみたいに興奮《こうふん》したよしひろは、自分のお腹《なか》の高さまであるステップに足をかけていた。

「ええじゃろ。会社のだ。運転席の後ろ、のぞいてみ。ベッドもあるぞ。」

「ほんまじゃあ、すっげえ。おーい、きてみー。」

事情《じじょう》がのみこめなくてつっ立っているわたしをおしのけて、地元の子どもたちが次々とトラックに乗りこんだ。最初はあっけにとられていたとうさんも、しまいにはわらいだして、足の届《とど》かない子に手を貸《か》してやっていた。興奮してはねまわる子どもたちを満載《まんさい》したトラックは、ゆらゆらと大きな車体をゆらした。

「……帰るって、いまから？」

「おう。島根《しまね》まで引っ越《こ》し荷物を届けての帰りじゃ。ゆっくりはしとられん。」

こんなの、ない。勝手すぎる！ それでもやっぱり、岡山に帰れるのはうれしかった。よろこんでいいのかおこればいいのかさっぱりわからなくて、日にさらされたように真っ白な頭のまま、わたしは護岸の道に立ちつくしていた。

「晩飯《ばんめし》くらい、たべていけばいいだに……。」

いつもはしゃきしゃきした話し方のばあちゃんが、b めずらしく口ごもっていた。

「そうもいかん。明日も早いんじゃ。」

「ほんで、家は見つかったんか。」

「おう。高岡《たかおか》さんの知り合いが、古い家を貸してくれた。小さい庭もあるけえ、犬も飼《こ》うてええそうじゃ。」

「……ほうか。」

しゃべりながらとうさんは、いそがしく冷蔵庫《れいぞうこ》をあけたり閉《し》めたりして、中にあった残り物を口につめこんだ。

あわただしく帰り支度《じたく》にとりかかった。いつの間にか荷物が増《ふ》えていた。潮《しお》だまりでひろった、大きさも色も形もさまざまな巻《ま》き貝《がい》や二《に》枚貝《まいがい》たち。それらをリュックのすきまにぎゅうぎゅうおしこんだとたん、実感がわいた。恵理《えり》に会える。うれしーい。すごいスピードで心

ココがねらわれる

「いつ」「どこ」「だれ」という場面の構成要素《こうせいようそ》をおさえ、どのような出来事が起きているのかを正確《せいかく》に読み取る。

学習日 月 日

はどんどん岡山の生活へもどっていく。新しい家って、どんなんだろう？　庭のある家に住むのって、初めて。こんどは自分の部屋、持てるかな。よしひろと二段《だん》ベッドで寝《ね》るのは、もううんざり。ねえ、ばあちゃん、どう思う？　興奮ぎみに声をかけようとして、c ハッとした。いそいでとりこんだわたしたちの洗濯物《せんたくもの》をたたんでいるばあちゃんの背中《せなか》が丸い。よしひろのT《ティー》シャツを、まるで手のひらでアイロンをあてるようにいとおしげになでさすっている。――そうか。……ばあちゃん、またひとりになるんだ。気づいたとたん、恥《は》ずかしくなった。あっという間に気持ちを、ばあちゃんから岡山の生活へとシフトさせていた自分を恥じた。「うわぁー。」とさけびたくなった。顔をあげたら、じっとわたしを見つめるばあちゃんの目と出会った。

――いらんこと考えんと、前だけ見て歩け。

ばあちゃんの□目が、そういっていた。気持ちがしんと静まった。

――わかった。そうする。

それから、なにもなかったようにわたしたちは荷作りをつづけた。

（八東澄子《やつかすみこ》「海で見つけたこと」）

＊唐突＝びっくりするほど急だ。だしぬけ。

重要

(1)〔内容《ないよう》の理解《りかい》〕――線a「とうさんのやり方はいつも唐突だ」について、次の①・②の問いに答えなさい。

① この場面において、唐突なこととは具体的にどのようなことですか。十字以内で書きなさい。

② 唐突なことについて、「わたし」の思いが述《の》べられている形式段落をさがし、そのはじめの四字をぬき出しなさい。

重要

(2)〔心情《しんじょう》の理解〕――線b「めずらしく口ごもっていた」について、次の①・②の問いに答えなさい。

① このときのばあちゃんの気持ちを書きなさい。

［　　］

② ①のような気持ちをよく表している「ばあちゃん」の動作を、文中から十四字でぬき出しなさい。

(3)〔内容の理解〕――線c「ハッとした」とは、どのようなことに気づいたからですか。気づいたことの書いてある部分を文中から二十字以内でぬき出しなさい。

(4)〔人物像《ぞう》〕□に入る最も適切《てきせつ》な言葉を次から選び、記号で答えなさい。

ア さみしい　**イ** 冷たい

ウ 強い　**エ** 暗い

［　　］

〔玉川聖学院中―改〕

得点アップ

物語の山場をとらえ、主題につながる登場人物の心情を読み取る。

解答↓別冊40ページ

学習日　月　日

1 次の文章を読んで、あとの問いに答えなさい。

　ぼくはうつむいたまま一気にしゃべった。十六歳《さい》の夏の日。秋のはじめの決行。はじめて本読みで夜を明かしたこと。拙《つたな》い感想。三年前書きはじめた原稿《げんこう》。幾度《いくど》も書きなおした言葉。とんでもないことになったと思った授賞式《じゅしょうしき》。夜襲《おそ》いかかってくる不安。単行本と、それを手にして思い出したおばあさんのこと。

「本当にすみませんでした」

　ぼくは財布《さいふ》から本の代金を取り出してソファテーブルに置き、深く頭を下げた。呆《あき》れられるか、ののしられるか、帰れと言われるか、じっと待っていると、子どものような笑い声が聞こえてきた。驚《おどろ》いて顔を上げると、女の人は腰《こし》をおりまげて笑っていた。ひとしきり笑ったあとで、話し出した。

「じつはね、あなただけじゃないの。この町に住んでいた子どもの何人かは、うちから本を持ってってると思うわよ。祖母《そぼ》の具合が悪くなって、それで私《わたし》たち、同居《どうきょ》するために引っ越《こ》してきたんだけれど、はじめてあの店を見て、私だって驚いちゃった。持ってけ泥棒《どろぼう》って言ってるような本屋じゃない。しかも祖母はずうっと本を読んでるし。私も幾度か店番をしたことがあって、何人か、つかまえたのよ、本泥棒」女の人はまた笑い出した。「それだけじゃないの。返しにくる人も見つけたことあるの。持っていったものの、読み終えて気がとがめて、返しにきたんでしょうね。まったく、図書館じゃあるまいし。こうしてお金を持って訪《たず》ねてきてくれた人も、あなただけじゃないの。祖母が生きているあいだも、何人かいたわ。じつは数年前、これこれこういう本を盗《ぬす》んでしまった、って。もちろん、そんな人ばかりじゃないだろうけどね、そんな人がいたのもたしかよ。あなたみたいにね」それから女の人はふとぼくを見て、

「作家になった人というのははじめてだけれど」と思いついたようにつけ足した。

「本当にすみません」もう一度頭を下げると、

「見ますか、ミツザワ書店」女の人は立ち上がって手招《てまね》きをした。

玄関《げんかん》から続く廊下《ろうか》の突《つ》き当たりが、店と続いているらしかった。女の人は塗装《とそう》の剥《は》げた木製《もくせい》のドアを開け、明かりをつける。

　本の持つ独特《どくとく》のにおい、紙とインクの埃《ほこり》っぽいような、甘《あま》い菓子《かし》のようなにおいがぼくを包みこみ、目の前に、あのなつかしいミツザワ書店がそのまま立ちあらわれる。

「店は閉《し》めているけれど、そのままにしているんです。片《かた》づけるのも処分《しょぶん》するのも面倒《めんどう》だというのが本音ですけど。ほとんど倉庫ですね」

　女の人とともに、店内に足を踏《ふ》み入れた。床《ゆか》から積み上げられた本、平台に無造作《むぞうさ》に積まれた本、レジ台で壁《かべ》を作る本、棚《たな》にぎゅうぎゅうに押《お》しこまれた本——。記憶《きおく》と異《こと》なるのは光だけだった。ガラス戸から黄色っぽい光がさしこんでいた薄暗《うすぐら》いミツザワ書店は、今、蛍光灯《けいこうとう》ののっぺりした明かりに照らし出されている。

「祖母は本当に本を読むのが好きな人でね。お正月なんかに集まっても、ひとりで本を読んでましたよ、子どもみたいに。読む本のジャンルもばらばら。ミステリーのこともあれば、時代小説のこともあったし、あるとき私がのぞきこんだら、UFOは本当に存在《そんざい》するか、なんて本を読んでいたこともあった。祖母が祖父と結婚《けっこん》した理由っていうのも、祖父が本屋の跡取《あとと》り息子《むすこ》だったからなんですって。祖父が亡《な》くなってからは、自分の読みたい本ばかり注文して、片《かた》っ端《ぱし》から読んで。売り物なのにね」

　女の人は積み上げられた本の表紙を、そっと撫《な》でさすりながら言葉

をつなぐ。

「私、子どものころおばあちゃんに訊《き》いたことがあるの。本のどこがそんなにおもしろいの、って。おばあちゃん、何を訊いてるんだって顔で私を見て、『だってあんた、開くだけでどこへでも連れてってくれるものなんか、本しかないだろう』って言うんです。この町で生まれて、東京《とうきょう》へも外国へもいったことがない、そんな祖母にとって、本っていうのは、□だったのかもしれないですよね」

それを言うなら子どものころのぼくにとって、ミツザワ書店こそ□だったとぼくは思ったけれど、口には出さなかった。そのかわり、棚を見るふりをして通路を歩き、茶封筒《ちゃぶうとう》から自分の単行本をすばやく抜《ぬ》き取り、塔《とう》になった本の一番上にそっと置いた。

「おばあちゃんは本屋じゃなくて図書館で働くべきだったわね」

「でも、それじゃ、すぐクビになっちゃいますよ。仕事を放り出して本を読み耽《ふけ》っちゃうんだから」思わず言うと、女の人はまた楽しそうに笑った。

本で満たされた店内をぼくはもう一度眺《なが》めまわす。埃をかぶった本は、すべて呼吸《こきゅう》をしているように思えた。ひっそりと、時間を吸《す》いこみ、吐《は》き出し、だれかに読まれるのをじっと待っているかのように。そのなかに混《ま》じったぼくの本は、いかにも新参者《しんざんもの》という風情《ふぜい》で、居心地《いごこち》悪そうだった。しかし幸福そうでもあった。作家という不釣合《ふつりあ》いな仕事をはじめたばかりのぼくのように。

（角田光代《かくたみつよ》「ミツザワ書店」）

(1) 文中に二か所ある□には同じ言葉が入ります。最も適切《てきせつ》なものを次から選び、記号で答えなさい。

ア 人生の道しるべ　イ 社会の縮図《しゅくず》　ウ 空想の玉手箱

エ 未来への懸《か》け橋　オ 世界への扉《とびら》

［　　］

(2) ――線部「本で満たされた店内をぼくはもう一度眺めまわす」とありますが、このときの「ぼく」の気持ちとして最も適切なものを次から選び、記号で答えなさい。

ア 本読みに耽っていた「おばあさん」を回想しながら、「おばあさん」は本読みのおもしろさを教えようとしていたのだと気づき、今では作家にまでなれたことを感謝《かんしゃ》したいと思う気持ち。

イ 本好きだった「おばあさん」を思い出しながら、自分もこの店で本読みの楽しさを知ったのだと確信《かくしん》し、作家になった自分の作品をだれかに読んでもらえたらうれしいと思う気持ち。

ウ 大切な本を盗まれたあわれな「おばあさん」を思いながら、謝《しゃ》罪《ざい》できなかったことを改めて後悔《こうかい》し、自分の作品を店の本に混ぜることでせめて罪《つみ》をつぐなおうと思う気持ち。

エ 本を読むことだけが楽しみだった「おばあさん」を思い起こしながら、もう本を読めない「おばあさん」の無念さを感じ取り、自分の作品を置くことで供養《くよう》にしようと思う気持ち。

［　　］

難問

(3) 「おばあさん」にとって「ミツザワ書店」はどのような店だったのですか。本文全体を読んで、具体的に五十字以内で書きなさい。

〔市川中―改〕

4 随筆の読み方

ステップ1 まとめノート

入試重要度★★

解答→別冊43ページ

学習日　月　日

ポイント1 随筆《ずいひつ》の読み方

(1) 随筆とは

筆者が実際《じっさい》に見たり、聞いたり、体験したりしたことを、形式にとらわれず、自分の意見や感想をまぜながら書き記した文章のことを［①　　　］という。その時々の思いつきを記したものから、ある程度《ていど》まとまった考えを論《ろん》じたものまで、さまざまな内容《ないよう》の文章がここにふくまれる。

(2) 随筆の要素《ようそ》

随筆は、筆者の体験と、その体験に対する意見や感想で構成《こうせい》されている。物語の場面のように、過去《かこ》の［②　　　］を述《の》べている部分と、その体験から、筆者が考えたこと、感じたことを述べている［③　　　］や［④　　　］の部分とがある。体験は必ずしも筆者の直接《ちょくせつ》的な体験ではなく、見聞きしたことを紹介《しょうかい》して、考えや感想を述べることもある。

(3) 随筆の読み方

① **筆者が作品を書いたきっかけ**…筆者がその文章を書くきっかけとなった出来事や経験を読み取る。その文章の話題になっていることが多く、特に、書き出しに注目して読むと見つけやすい。書き出しの内容は、そのあとで筆者が伝えたい考えや感想を理解《りかい》するために必要なので、初めに語られている。

② **筆者の情報《じょうほう》**……随筆では、筆者の体験や感想が述べられるので、筆者の職業《しょくぎょう》や生き方、境遇《きょうぐう》など、筆者の人物像《ぞう》や立場などの情報があれば、正しく読み取ることが必要である。筆者のものの考え方、感じ方を知るための重要な手がかりとなる。

（境遇：その人を取りまく環境《かんきょう》。）

③ **筆者の視点《してん》**……筆者の情報を読み取り、それをもとに筆者のものの見方、考え方、感じ方をとらえる。どのような視点、どのような立場に立ってものごとについて述べているかを読み取ることによって、筆者の考えや感想がつかみやすくなる。

④ **象徴《しょうちょう》**……随筆の中で、筆者が特に思い入れをもって描《えが》いているものや、特に過去の思い出の品として描いているものは、筆者にとって、**過去の体験の象徴**となっている場合が多いので、どのような体験や心情を象徴しているのかを読み取る。特に手厚い描写《びょうしゃ》が行われている部分や、印象的な表現《ひょうげん》で記されている部分、何度も出てくるものに注目する。

（象徴：形のないものを、具体的なものにたとえて表すこと。シンボル。）

⑤ **事実と意見や感想**…事実（筆者の体験）の部分と意見や感想の部分を区別して読み、筆者がどのような事実を見聞きしたのか、また、それについて、どのような意見や感想をもったのかをとらえる。事実とは、だれが見ても同じで動かしようのない内容を指し、人によってちがったり、確実《かくじつ》でないことなどは、意見や感想に分類される。これらを混同《こんどう》せずに読むことが必要である。

⑥複数《ふくすう》の体験…筆者が複数の体験を紹介している場合には、**それらの体験を比《くら》べたり、共通点を考えたりしながら読む**。複数の体験によって、それぞれの言いたいことがちがう場合には、変化や差を示したいという意図がある可能性《かのうせい》がある。また、共通している場合には、筆者の考えの正当性を強調するなどの意図があるかもしれない。

⑦複数の意見や感想…文中に複数の意見や感想が述べられている場合には、次のような点に着目する。

●**いつ**…子ども時代の意見や感想なのか、大人になった「現在《げんざい》」からふり返って考えた内容なのかなど、時間の流れに着目する。

●**感じ方、考え方の変化**…子ども時代の感じ方や考え方と大人になってからの感じ方や考え方は同じではない場合が多い。ものの見方の変化や、感じ方や考え方の変化に着目する。特に**大人になった「現在」の意見や感想は、主題に直接つながる場合が多い**ので意識《いしき》して読み取る。

⑧文末表現…意見や感想の部分をつかむために、文末表現に着目する。

……のような気持ちがした。　……だと思われる。

……であっただろうか。　……にちがいない。

……がいいたかったからである。　……と考えられる。

⑨主題……特に意見や感想の部分に着目し、文章を通して筆者がいちばんいいたかったことをとらえる。**文章の最後のほうにまとめられていることが多い。**

(4) 主題のとらえ方

筆者が**自分自身の体験から感じたこと、考えたこと**に着目する。**体験を通して筆者が気づいたこと、その体験を通じて成長したこと、現在の筆者が当時をふり返って考えていること**などから主題を読み取る。

ズバリ暗記
随筆は、筆者の体験と意見や感想とに分け、意見や感想の部分に着目して主題を読み取るようにする。

　もう五年ほど前のことになるが、私《わたし》は取材のために都会から遠く離《はな》れた小さな村を訪《たず》ねたことがあった。

　私がおとずれた土地は、決して経済《けいざい》的に発展《はってん》した土地ではなかったといえる。毎日遠くの井戸《いど》まで歩いて水をくみに行かなければならなかったし、その日の食料を得るためには、森へ、あるいは川へ入って、自分の手で獲物《えもの》をとらえなければならなかった。家から数十メートルも歩けば、二十四時間いつでも開いているコンビニで必要なものが何でも手に入る、そんな私たちの生活とは大きくかけ離《はな》れた生活がそこにはあった。

　けれど、そのような生活は、決して「貧《まず》しい」ものではなかった。その生活はまさに「生活」、つまり、「生きる」ということを全身で感じる生活だったのである。

●右の文中から、筆者が旅先の土地での生活について考えたことが述べられている部分をさがし、はじめと終わりの五字をぬき出しなさい。

⑤ □□□□□ ～ □□□□□

解答→別冊42ページ

ココがねらわれる
問われるポイントは、筆者の体験と意見や感想、および主題である。特に筆者の内面に目を向ける問題や、主題をとらえる問題を攻略《こうりゃく》したい。

学習日　月　日

1 次の文章を読んで、あとの問いに答えなさい。

駅ということばも、 A すべての人にとって、さまざまな思い出を抱《いだ》かせているだろう。

わたしの、そのひとつは子どものころ、父親の転勤《てんきん》にともなって東京から広島へ長旅をした時のことだ。 B 夜行列車で東京を発《た》った。寝台車《しんだいしゃ》がものめずらしく、最初のうちは喜《よろこ》んでいたが、いつか眠《ねむ》ってしまった。ガタゴトと伝わってくる振動《しんどう》も、この時には C 快《こころよ》い体感だったと記憶《きおく》する。

と、ふと目がさめた。駅に停《と》まっている。そっとカーテンをあけて、小さな窓《まど》から外を見ると、まさに眠っている夜の駅があった。 D 画《え》のようであった。

今にして思うことだが、わたしが好きなシュールレアリスムの画家、P・デルボーの画と似《に》ている。彼《かれ》も鉄道少年だったといわれるように列車をよく描《えが》いた。

森閑《しんかん》として、人ひとりいないホームが白々と広がり、あたりを夜の闇《やみ》が包んでいた。どこだろうと思って看板《かんばん》をさがすと「きょうと」とあった。吊《つ》り下げられたホームの時計は、 E 十二時にふたつの針《はり》が重なろうとしていた。

「ああ、きょうとか」と a 今までは地名でしかなかったものが、とつぜん風景となった。その印象《いんしょう》が強烈《きょうれつ》だったのだろう。何か体が浮《う》くようになった実感を今でも忘《わす》れない。

そして、むかしの人の夜の駅はどうだったのだろうと思う。なにしろ駅という馬扁《うまへん》の字をいまだに使っているように、むかしは交通手段《しゅだん》としての馬を置いた所が駅だったのだから、プラットホームもない。風景はまったく別のはずだ。

そんな一筋《ひとすじ》の線をたどってみると、むかしの夜の駅を、芭蕉《ばしょう》の句《く》から思い起こすことができる。

蚤虱《のみしらみ》　馬の尿《ばり》する　枕《まくら》もと

b 有名な奥州《おうしゅう》の旅で芭蕉が国境《こっきょう》の役人（封人《ほうじん》といった）の家に泊《と》めてもらった時のことだというし、尿前《しとまえ》の関を越《こ》えた後というから、駅ごとに旅を重ねていった途中《とちゅう》の感懐《かんかい》だとわかる（実際《じっさい》は庄屋《しょうや》に泊《とま》ったらしい）。

さあこちらは夜の駅の哀愁《あいしゅう》とは大違《おおちが》い。ノミ・シラミに食われるわ、馬は大きな音をたてて放尿《ほうにょう》するわと、騒々《そうぞう》しい。これより少し時代が後の『東海道中膝栗毛《とうかいどうちゅうひざくりげ》』でも、馬子《まご》は馬と同居《どうきょ》しているから、実際の経験《けいけん》でもあっただろう。

わたしもウィーンの路上で目の前の馬車をひく馬が、大量に放尿して思わず飛びのいたことがある。

それほどに哀愁とはほど遠いが、やはり苦笑《くしょう》しながら旅愁をかみしめている作者の姿《すがた》があるではないか。作者は躍起《やっき》になって □ 物をかき集めているようで、ほほえましい。

交通手段も変《かわ》り、風景も一変しているが、ひとしく夜の駅体験が、旅情《りょじょう》として流れているように思う。

移動《いどう》しつづける旅の中で、ほんとうの旅を味わうのは一息ついた夜なのであろう。

夜の駅は、旅路の節目節目《ふしめ》で、旅情をまとめつづける場所ではなかったか。

（中西《なかにし》 進《すすむ》「夜の駅」）

(1) 〔空所補充《ほじゅう》〕文中の A ～ E に入る適切《てきせつ》な言葉をそれぞれ次から選び、記号で答えなさい。ただし、同じ記号は二度使えません。

ア けっして　**イ** おそらく　**ウ** まさに
エ まるで　**オ** むしろ　**カ** いわゆる

A〔　〕 B〔　〕 C〔　〕 D〔　〕 E〔　〕

重要
(2) 〔内容《ないよう》の理解《りかい》〕——線a「今までは地名でしかなかったものが、とつぜん風景となった」について説明した次の文について、次の①・②の問いに答えなさい。

㋐としてその地名を知っていただけのものが、実際に京都で味わった㋑を通して、急に㋒をともなった㋓なイメージを抱くようになった、ということ。

① ㋐・㋓に入る最も適切な言葉をそれぞれ次から選び、記号で答えなさい。

ア 知識《ちしき》　**イ** 常識《じょうしき》　**ウ** 趣味《しゅみ》　**エ** 空想
オ 学術《がくじゅつ》的　**カ** 抽象《ちゅうしょう》的　**キ** 現代《げんだい》的　**ク** 具体的

㋐〔　〕 ㋓〔　〕

② ㋑・㋒に入る最も適切な表現《ひょうげん》を文中からさがし、㋑は五字、㋒は二字でぬき出しなさい。

㋑ □□□□□　㋒ □□

(3) 〔文学史《ぶんがくし》〕——線b「有名な奥州の旅」とありますが、この旅のことを記した芭蕉の紀行文集の名前を書きなさい。

〔　〕

(4) 〔空所補充〕文中の□に入る最も適切な言葉を次から選び、記号で答えなさい。

ア 身近な　**イ** 迷惑《めいわく》な　**ウ** 愉快《ゆかい》な
エ 下品な　**オ** 古風な

〔　〕

重要
(5) 〔主題〕——線c「旅情をまとめつづける場所」とありますが、なぜ「まとめる」ではなく、「まとめつづける」と筆者はいっているのですか。その理由として最も適切なものを次から選び、記号で答えなさい。

ア むかしから今まで、多くの旅人が夜の駅で同じような旅情をまとめてきたから。
イ 旅の思いはさまざまで、たった一夜だけでは旅情をまとめきれないから。
ウ 人生は旅なので、生きている間は旅情をずっとまとめることになるから。
エ 旅の夜は安眠《あんみん》できず、結局起きて旅情をまとめつづけることになるから。
オ 旅のつづく間、夜をむかえるたびに旅情をまとめていくことになるから。

〔慶應義塾普通部〕

〔　〕

得点アップ
文中に体験が複数《ふくすう》描かれている場合、その関連に注意する。

解答↓別冊44ページ

学習日　月　日

1 次の文章を読んで、あとの問いに答えなさい。

小学生の頃《ころ》、社会科の時間にバスを連ねて出掛《でか》ける工場見学が好きだった。遠足で植物園や古墳《こふん》やプラネタリウムへ行くよりも、ずっとわくわくした。何を作っている工場であろうが、工場と名前の付く場所には、未知の世界を予感させる魅力《みりょく》がある。

コンビナートの製鉄所《せいてつじょ》、新聞の印刷所、酸《す》っぱい匂《にお》いのする蔵元《くらもと》＊、学生服専門《せんもん》の縫製《ほうせい》会社、牧場の中のチーズとバターの製造所《せいぞうじょ》……。かつて訪問《ほうもん》した工場を一つ一つ思い浮《う》かべてゆくと、自分の住んでいる世界がいかに複雑《ふくざつ》な構造《こうぞう》を持っているか、実感することができる。あるいは、自分が実際《じっさい》目にしている世界が、［　　］を思い知る。

①新聞やチーズはごくありふれた物なのに、それが製造されている現《げん》場《ば》があんなにも日常《にちじょう》からかけ離《はな》れているのは何故《なぜ》だろう。どんな種類の工場でも、一歩足を踏《ふ》み入れた瞬間《しゅんかん》、どこか遠い場所へ旅してきたような気分になる。

まず天井《てんじょう》の高さに圧倒《あっとう》される。ただ高いというだけで、普段見慣《ふだんみな》れている天井とは意味合いが違《ちが》って見える。天に向かってそびえる教会の塔《とう》を、はるばるとした気持《きも》ちで眺《なが》めるのに似《に》ている。もちろん工場の天井が高いのは、神様に近付くためではなく、巨大《きょだい》な機械を動かしたり、換気《かんき》を良くしたりするためなのは分かっている。けれどやはり工場と教会は似ていると思う。懸命《けんめい》に物を作り出そうとしている人間たちの熱気に触《ふ》れると、しばしば私《わたし》は両手を合わせ、感謝《かんしゃ》の祈《いの》りを捧《ささ》げたくなる。

それからあの音だ。静かな工場も、どこかにはあるのかもしれない（例えば、補聴器《ほちょうき》を作る工場？）。しかし私の知っている工場はどこもすさまじい音を発していた。しかもそれが途切《とぎ》れない。ベルトコンベヤーは流れ続け、ミシンは糸を吐《は》き出し続け、モーターは唸《うな》り続ける。規則《きそく》正しい機械音の合間に、所々、火花が飛び散ったり、異常《いじょう》を知らせるブザーが鳴り響《ひび》いたりして、絶妙《ぜつみょう》のアクセントを付け加える。

（中略《ちゅうりゃく》）

私の記憶《きおく》に最も印象《いんしょう》深く残っているのは、小学五年生の時に訪《おとず》れた、キムラヤのパン工場である。食べ物関係は、徹底《てってい》した清潔《せいけつ》さが神秘《しんぴ》的でさえあるのだが、思い出深い理由はそこにあるのではない。頭上に張り巡《めぐ》らされたベルトコンベヤーから、コッペパンが一個《こ》、落下してきたのだ。

よくあるアクシデントなのかどうかは分からない。とにかく、ローラーの上をコロコロ転がっていたコッペパンが、何かの拍子《ひょうし》に向きがおかしくなり、不意にT君の手の中へ、滑《すべ》り落ちてきたのだった。まだ湯気の上がっているそのパンを両手に捧げ持ち、うれしいような困《こま》ったような様子で立ちすくんでいたT君の表情《ひょうじょう》が、今でも忘《わす》れられない。

T君はいろいろな意味で目立つ存在《そんざい》だった。スポーツ万能《ばんのう》で、勉強もでき、顔もハンサムだった。なのにそうした自分を素直《すなお》にアピールせず、特に教師《きょうし》に対しては、わざと反抗《はんこう》的な醒《さ》めた態度《たいど》を取った。そこがまた同級生たちの目には、大人びて見えた。その場にいるだけで、本人が望もうと望むまいと、否応《いやおう》なく皆《みな》の視線《しせん》を集めてしまうタイプの男の子だった。

そのT君の元へ、コッペパンが落ちてきたことに②意義《いぎ》があった。二百人近くいる小学生の中から、他の誰《だれ》でもなく、彼《かれ》だけが特別に選ばれた。

優秀《ゆうしゅう》であるにもかかわらず、必ずしも全員の教師たちから愛されている訳《わけ》ではなかったT君は、時に理不尽《りふじん》な理由で罰《ばつ》を受けた。例えば、目付きが悪いとか、制服《せいふく》の下からセーターがのぞいて見えるとかいう理由で。

私は彼が生まれつき何でもできる訳ではなく、隠《かく》れたところできちんと努力しているのを知っていた。持久走《じきゅうそう》大会の前に、誰もいない朝早い公園で、一人練習しているのを、偶然目撃《ぐうぜんもくげき》したからだ。T君が教師たちに疎《うと》まれている場面に接《せっ》するたび、私は公園を走っている彼の姿《すがた》を思い浮かべ、無力な自分に胸《むね》を痛《いた》めた。

コッペパンは最も相応《ふさわ》しい子供《こども》の手に舞《ま》い落ちたと言える。あの日、キムラヤのパン工場は、一人の男の子に、ささやかな祝福を与《あた》えたのである。

今も世界のそこかしこで、工場が動いている。世界を構成するための物を作り出している。③世界は私が思うよりずっと強固にできているのだ、と安心した気分になる。

（小川洋子《おがわようこ》「工場見学」）

＊蔵元＝酒造《づく》りなどをする家や会社。

(1) 文中の□に入る最も適切《てきせつ》な言葉を次から選び、記号で答えなさい。

ア いかにほんの小さな部分でしかないか
イ いかに巨大な機械ばかりなのか
ウ なんと発展《はってん》した社会だったのか
エ なんと複雑な物ばかりだったのか

［　　］

(2) ——線①「新聞やチーズは……何故だろう」とありますが、工場が日常からかけ離れているのはなぜですか。その理由となるものを二つ、「工場の」に続く形でそれぞれ六字以内でぬき出しなさい。

工場の
工場の

(3) ——線②「意義があった」とありますが、具体的にどのような意義があったのですか。最も適切なものを次から選び、記号で答えなさい。

ア 持久走大会のために努力するT君に対して、激励《げきれい》の意味が込《こ》められているということ。
イ こうした偶然《ぐうぜん》もふくめて、T君は良くも悪くも常《つね》に注目を集めるということ。
ウ 醒めていて大人びて見えるT君に対して、子どもらしいハプニングが起きたということ。
エ 周りに誤解《ごかい》されやすいT君を選んで、小さな幸せが降《ふ》ってきたということ。

［　　］

難問
(4) ——線③「世界は……強固にできている」と筆者が考えるのはなぜですか。最も適切なものを次から選び、記号で答えなさい。

ア 世界のあらゆるところで常に工場が動き続け、人に静寂《せいじゃく》を感じさせるから。
イ 人に見えないところで努力する人間には、必ず見返りがあることがわかるから。
ウ 工場が世界中にあることで、人はどこか遠くへ旅する気分になれるから。
エ ごくありふれた日常は、複雑な構造によって支《ささ》えられていると実感できるから。

［　　］

〔大妻中野中—改〕

5　いろいろな文章の読み方

ステップ1　まとめノート

解答→別冊47ページ

入試重要度★

ポイント1　記録文とは

(1) 記録文とは

筆者が調べたり、行ったりしたことの経過《けいか》やその結果をくわしく記録した文章を［①　　］という。事実の記録が中心であり、意見や感想についての記述《きじゅつ》は少なめであることが多い。

(2) 記録文の種類

記録文には、観察の記録・研究の記録・調査《ちょうさ》の記録・見学の記録・議事録などがある。
（↳会議の記録。）

記録文は、広い意味では説明文として分類されるので、**説明文の読み方に従《したが》う。**

ポイント2　記録文の読み方

①記録の目的をおさえる。

※文章の初めに説明がある場合が多い。題名にも注意する。

②書かれている事実を書かれている順序《じゅんじょ》で、ていねいにおさえる。

③文末の表現《ひょうげん》に注意して、**客観的な事実**と、**筆者の意見や感想**を読み分ける。また、**両者の対応《たいおう》関係**にも気を配る。

※インタビューによる記録などでは、話し手の意見や感想が書かれていることもあるので、筆者の意見・感想と区別して読む。

④時間や場所、そのときの状況《じょうきょう》や光景など**細部の情報《じょうほう》**を整理して読む。

※ものごとが起こった順に記されていることが多いが、説明の都合で時間が入れかわることもある。過去《かこ》にさかのぼって説明されている場合には、特に注意して読み進める。

⑤図表やグラフがある場合は、文章の内容《ないよう》と照らし合わせながら正《せい》確《かく》な情報を得《え》る。

※**図1、資料《しりょう》1**などのマークにも注意して読む。

⑥筆者の観察のすぐれているところや功績《こうせき》、興味《きょうみ》の対象《たいしょう》などが説明されている箇所《かしょ》があれば、特に注意する。
（↳手がら。）

ポイント3　生活文とは

(1) 生活文とは

日常《にちじょう》生活の中で起こった出来事について、感じたこと・考えたことを書いた文章を［②　　］という。日常での出来事なので、原則《げんそく》として、筆者が実際《じっさい》に直面した体験を題材にとったものである。

生活文は広い意味では随筆《ずいひつ》として分類されるので、**随筆の読み方に従う。**

ポイント4　生活文の読み方

①筆者が取り上げた題材が何かをとらえる。
（↳主題となる材料。）

※日常のどのような出来事か、いつ、どこで、だれが、どうしたかなどの情報をつかむ。

学習日　　月　　日

②**筆者独自《どくじ》の表現の工夫《くふう》**を読み取る。
※会話の生かし方・動作のとらえ方などをおさえる。
③**筆者独自のものの見方や感じ方、考え方**をつかむ。
※生活の中で筆者の思ったこと、感じたこと、気づいたことをとらえる。どのような出来事に反応《はんのう》したかにも筆者のものの見方の特《とく》徴《ちょう》が表れる。

ズバリ暗記
記録文は、説明文のように細部の情報までていねいにおさえ、整理する。生活文は、随筆のように題材と、筆者独自の視点《してん》や感じ方をおさえる。

ポイント5 手紙文とは

(1) 手紙文とは
用件《ようけん》を伝えるための文章や、読み手と気持ちを通わせる目的で書かれた文章など、手紙に用いられる文章を［③　　　］という。

↳用事の内容。

(2) 手紙文の種類
●**用件を伝えるための手紙**
例 注文する手紙・依頼《いらい》する手紙・問い合わせの手紙
↳たのむこと。
●**気持ちを通わせ、交流を深めるための手紙**
例 お礼の手紙・お見舞《みま》いの手紙・様子や気持ちを伝える手紙

ポイント6 手紙文の読み方

①差し出し人（書き手）、受け取り人（読み手）はだれかをおさえる。
※手紙の最後（あとづけ）に書かれている。
②書き手と読み手の関係を読み取る。
※「先生」など、あて名の敬称《けいしょう》に注意する。手紙の本文に手がかりがある場合もある。
③書き手が、どのような目的で手紙を書いたのかを考える。
※手紙の本文から、注文、依頼、問い合わせなどの用件や、お礼、お見舞い、書き手の近況《きんきょう》などを読み取る。
④手紙文の組み立ての順序「前文・本文・末文・あとづけ」にしたがって読む。
※手紙文は型《かた》が決まっているので、内容が前後することはないと思ってよい。
⑤**書き手の気持ち**がよく表れているところに着目する。記述が多くくわしい部分や、特にその人らしい表現に注意し、書き手の人がらを考える。
※本文だけでなく、相手を気づかう言葉にも表れている。

拝啓《はいけい》　桜《さくら》の花が待ち遠しい季節となりました。森田《もりた》先生におかれましては、お元気でお過《す》ごしのことと存《ぞん》じます。長らくご無沙汰《ぶさた》しておりましたが、私《わたし》は毎日充実《じゅうじつ》した高校生活を送っておりました。さて、去る二月、私もいよいよ大学受験を迎《むか》え、晴れて合格《ごうかく》することができました。これも中学時代にたまわりました先生のご指導《しどう》のおかげだと感謝《かんしゃ》しております。
季節の変わり目です。くれぐれもお体を崩《くず》されませぬよう、どうかご自愛ください。略儀《りゃくぎ》ながら書中をもちましてお礼申し上げます。
敬具《けいぐ》
令和二年三月十五日
谷山《たにやま》美《み》穂《ほ》
森田康平《こうへい》　先生

●右の手紙文について、手紙の目的を書きなさい。
［④　　　］

ステップ2 実力問題

解答→別冊46ページ

1 次の文章を読んで、あとの問いに答えなさい。

バスがいかにものんびりと走っていた。

富士五湖《ふじごこ》の近くらしい。あるところに来ると木立《こだち》が切れて、*豁然《かつぜん》とした風景になった。右手に黒いかたまりが見える。

小学生をつれている母親らしい人が、

「ほら、富士山よ」

と教えた。こどもは、

「ちがう、あんなの富士山じゃない！」

と叫《さけ》ぶ。

まわりを気にしたのであろう、母親が、

「富士山ですよ」

と声をつよめたが、こどもは①動じない。

「あんなの、[A]の富士山だ！」

と②がんばる。聞いていて笑いをもらした人もあったらしい。母親はいくらか声を③はげまして、

「[B]の富士山ですよ、いやな子ね、この子……」

と言って、口をつぐんだ。

④少年は富士山を知っている、知っていると思っている。[C]くかすんだ遠景の富士である。それが[D]の富士山だ。

いま、バスから見えるのは巨大《きょだい》な[E]のかたまりである。むしろ*醜悪《しゅうあく》である。[F]の富士山であるに決まっている。

写真で富士山を知っているのが仇《あだ》になって、ホンモノの富士山を否《ひ》定《てい》する、というのは、この少年だけのことではない。先入観があると本当のことが見えなくなってしまうのは、人間の宿命のようなものかもしれない。

知識《ちしき》の豊富《ほうふ》な人間が、間違《まちが》った考えに迷《まよ》いこむのは、先入観に目をくらまされているからである。知らなければいいのである。

実際《じっさい》から*遊離《ゆうり》した知識は色メガネのようなもので、実際を見るのに、ときとして、妨《さまた》げになる。

先の少年にしても、*なまじ富士山の写真を見たことがなければ、言われるままに[G]い山を富士山だと認《みと》めたであろう。先入観があったから、ホンモノを認めることができなかったのである。

一般《いっぱん》に、ものの形、姿《すがた》などは、見るものの距離《きょり》によって変化する。[H]いものほどよくわかるけれども、多少うるさい感じである。

山にしても、ふもとに立って山頂《さんちょう》を見ると、全体像《ぞう》は見えないで、間近《まぢか》のものが全体を見るのを邪魔《じゃま》する。

すこしはなれて見ると、⑤山が山の形をしていることがわかる。細かいところはわからないが、ふもとにいてはわからなかった*稜線《りょうせん》がはっきりする。

その代わり、いくらか色が変わる。青々していた木々も、黒っぽくかすむように思われる。

さらに遠くから望むと、色は[I]くなり、こまかいところはその[J]に吸《す》い込《こ》まれるのであろうか、美しく[K]くかすむのである。

バスの少年の知っていた富士は、この青くかすむ富士だったのである。遠景の富士山だった。間近に望まれる黒いかたまりと同一の山であると認めることはできない。[L]なのである。

ココがねらわれる

生活文は、日常《にちじょう》生活の中で起こった出来事のうち、書き手が取り上げたかったことをおさえ、それについて感じたことや考えたことを読み取る。

学習日　月　日

＊豁然＝視界《しかい》が大きく開けるさま。
＊醜悪＝見た目がみにくいこと。
＊遊離＝他のものと離《はな》れて存在《そんざい》すること。
＊なまじ＝中途半端《ちゅうとはんぱ》に。
＊稜線＝山の峰《みね》から峰へと続く線。尾根《おね》。

（外山滋比古《とやましげひこ》『マコトよりウソ』の法則《ほうそく》）

(1)〔空所補充《ほじゅう》〕文中の A ・ B ・ D ・ F に入る最も適《てき》切《せつ》な言葉をそれぞれ次から選び、記号で答えなさい。

ア ウソ　イ ホント

A［　］ B［　］ D［　］ F［　］

(2)〔空所補充〕文中の C ・ E ・ G ・ I ・ J ・ K に入る最も適切な言葉をそれぞれ次から選び、記号で答えなさい。

ア 青　イ 白　ウ 黒

C［　］ E［　］ G［　］ I［　］ J［　］ K［　］

(3)〔空所補充〕文中の H に入る最も適切な言葉を次から選び、記号で答えなさい。

ア 遠　イ 近

［　］

(4)〔空所補充〕文中の L に入る最も適切な言葉を次から選び、記号で答えなさい。

ア 正直　イ 愚《おろ》か　ウ 幼稚《ようち》
エ 強情《ごうじょう》　オ ウソつき

［　］

(5)〔語句の意味〕――線①「動じない」・②「がんばる」・③「はげまして」の語句の意味として最も適切なものをそれぞれ次から選び、記号で答えなさい。

① ア 動かない　イ 気にしない
ウ 感動しない　エ 口をきかない

② ア 努力する　イ 言い張《は》る
ウ 周りに説明する　エ 泣き叫ぶ

③ ア 強めて　イ 和《やわ》らげて
ウ 落として　エ 変えて

①［　］ ②［　］ ③［　］

重要
(6)〔主題〕――線④「少年は富士山を知っている、知っていると思っている」の表現《ひょうげん》に近い熟語《じゅくご》を、文中から三字以上でぬき出しなさい。

［　］

(7)〔内容《ないよう》の理解《りかい》〕――線⑤「山が山の形をしていることがわかる」とはどういうことですか。□に入る最も適切な表現を文中からさがし、漢字三字でぬき出しなさい。

山の□が見えること。

(8)〔内容の理解〕少年がホンモノだと思っていたのは、どんな富士ですか。文中の言葉を用いて十字以内で書きなさい。

〔城北埼玉中―改〕

得点アップ

出来事（ここでは少年と母親の考えが行きちがってしまったこと）について、書き手がどのような見方をしているか、説明した文に注目する。

ステップ3 発展問題

学習日　月　日

解答→別冊48ページ

1 次の文章を読んで、あとの問いに答えなさい。

お風呂《ふろ》に入っていると、急に息子《むすこ》が言った。

「①おぼれ大会っていうのがあったら、のび太《た》も一番になれるのにね……」。『ドラえもん』の主人公のび太のことを、息子は何かと気にかけていて、よくこういう発言をする。「オンチ大会なら、ジャイアンが優勝《ゆうしょう》だね」と私《わたし》も提案《ていあん》してみるが、これはすぐに却下《きゃっか》。

「だめだよー、ジャイアンは自分がオンチって知らないんだから。レコーダーに録音してじーんってしてるんだよ。おかあさん、オンチなんて言ったら、ぼこぼこにされて首しめられるよ！」。

息子は、一日の何分の一かを、のび太やドラえもんと一緒《いっしょ》に過《す》ごしている。朝起きると、いきなり『ドラえもん』。幼稚園《ようちえん》から帰ってくると、また『ドラえもん』。夕飯が終われば、食後の一服のように『ドラえもん』を手にとっている。

②我《わ》が家《や》にあるコミック三十数冊《さつ》は、私のいとこのあいだで代々受け継《つ》がれてきたものだ。アキラくん、けんちゃん、あっちゃん、タカシくん……そして息子という具合。もらった時にはボロボロで、ほのかにカビくささえあったが、息子には宝《たから》の山だった。

「集中！」という表情《ひょうじょう》で、息をするのを忘《わす》れているんじゃないかと心配になるぐらい固まって読んでいるが、時にはニヤニヤしたり、ぐふぐふ笑ったり、眉間《みけん》にシワを寄《よ》せたりしている（これはたぶん、のび太がいじめられているところ）。「さよならドラえもん」という話を読んだときには、涙《なみだ》をぼろぼろこぼして泣いていた。悔《くや》しいけれど、私が毎晩《まいばん》読んでやる絵本でも、これほどの反応《はんのう》はない。

物語に没頭《ぼっとう》し、③登場人物に感情移入《いにゅう》するという初めての経験《けいけん》を、ドラえもんは持ってきてくれた。『ドラえもん』を読んでいるあいだは、その世界の住人になりきっている。読み終わったあとでも、鏡《かがみ》の世界に入ろうとして、頭をぶつけたりしている。

そして、泳げないのび太のことを思って、「おぼれ大会」なんていうのを考えてしまうほど、息子はのび太贔屓《びいき》だ。主人公が、なんでもできるスーパーマンではなく、この「のび太」だからいいのだろうな、と思う。助けてくれるドラえもんとて、決してデキのいいロボットではないという設定《せってい》だ。だから子どもは、親しみを感じるし、一緒になってハラハラもするし、うまくいけば喜びもひとしお、ということになるのだろう。

母にとっては、今や『ドラえもん』そのものがひみつ道具だ。買い物や外食のとき、これさえ出せば、息子はぴたっと静かになってくれる。便利なこと、このうえない。

が、④実はちょっと心配な面もあった。こんなにのび太に肩入《かたい》れしてしまっては、「勉強は、つまらない」「テストは、むずかしい」「宿題は、イヤイヤやるもの」という発想が、刷《す》り込《こ》まれてしまうのではないだろうか。学校に行く前から、そんな先入観を持ってしまっては、子どもにとってマイナスなのではないだろうか、と（少数派《は》かもしれないが、私自身は、ものすごく勉強が好きな子どもだった）。

しかし、それも＊杞憂《きゆう》に終わりそうだ。

「のび太は勉強のとき、どうしても、なまけごころが出るんだ。でも一年に二、三回反省して、ひとみが輝《かがや》くんだよ！」なんてことを嬉《うれ》しそうに言っている。⑤反面教師《きょうし》と言っては言い過ぎだが、子ども心に、なまけるのはよくないということが、わかっているようだ。そのあたりの伝え方が、『ドラえもん』は実にうまいと思う。

いやそれどころか、学習という点からしても、オマケがあったと言うべきだ。『ドラえもん』を読みたい一心で、息子はカタカナをマスターしたし、ルビのおかげで、漢字も相当読めるようになってしまったのだから。

（俵《たわら》 万智《まち》「息子の友だち、ドラえもん」）

＊杞憂＝心配しないでいいことを心配すること。とりこし苦労。

(1) ――線①「おぼれ大会っていうのがあったら、のび太も一番になれるのにね……」とありますが、なぜ息子はそのように言ったと筆者は考えていますか。最も適切《てきせつ》なものを次から選び、記号で答えなさい。

ア 息子は、のび太が現実《げんじつ》にはない大会でしか優勝しないと思っていて、のび太の勝てそうな種目を考えたから。

イ 息子は、水泳大会でおぼれかけたのび太が描《えが》かれていた場面を思い出して、もうこれしかないと思ったから。

ウ 息子は、のび太がいつもジャイアンに負けてばかりだといやで、何か勝てるものはないかとさがしていたから。

エ 息子は、のび太のことを何かと気にかけていて、泳げないのび太のことを思うほど、ひいきにしているから。

オ 息子は、『ドラえもん』に出てくるのび太のことを心配し、ドラえもん抜《ぬ》きで勝てる種目を考えているから。

［　　］

(2) ――線②「我が家にあるコミック三十数冊」は、「息子」、「私」にとって、どのようなものだといっていますか。文中からそれぞれ五字以内でぬき出しなさい。

息子［　　　　　］　私［　　　　　］

(3) ――線③「登場人物に感情移入する」とありますが、『ドラえもん』を読むと「感情移入する」状態《じょうたい》になるのはなぜだと筆者は考えていますか。書きなさい。

［　　　　　］

(4) ――線④「ちょっと心配な面」とありますが、筆者はどのようなことを心配していますか。五十字以内で書きなさい。

難問

(5) ――線⑤「反面教師」とありますが、これは「誰《だれ》がどうであること」を表現したものですか。八十字以内で具体的に書きなさい。

〔ラ・サール中〕

理解度診断テスト①

出題範囲 78～89ページ

解答→別冊50ページ

時間 40分

得点 点

学習日 月 日

理解度診断 A B C

1 森さんは、第二次世界大戦が終わっていないころ、京都府の小倉《おぐら》山のふもとに家を建てて質素《しっそ》な暮《く》らしを送っていました。次の文章を読んで、あとの問いに答えなさい。

森さんが、にやっと笑いました。

「ぐるぐるまわりの庭？」

「このごろは、はやりの言葉では、循環型《じゅんかんがた》の庭というのかな。」

「循環型？」

「さいきん、やたらと、循環、循環言うとるなあ。」

森さんは、ちょっと照れたように、顔をゆがめました。森さんは、当時の「はやり」に背《せ》を向けて、そこから一番おくれた暮らしを選びとり、マイペースで生活してきたのです。

「ぼくね、十九才のとき、忘《わす》れられない言葉を聞いているんや。あの夜も、ぼくは受験勉強していたんやけど、つかれて散歩に出て、いつも行く野良《のら》小屋をたずねたんや。そこには源《げん》ちゃんがおった。野良小屋は、農具なんかしまっておく小屋やけど、ぼくがいつも行く小屋は、二、三人なら泊《と》まれるくらい大きい小屋やった。実りのときがきて、イノシシが、イモやコメを食いあらしにくるようになると、当番を決めて、代わりおおて小屋につめとったんや。イノシシをおいはらう当番やな。

その夜は、人類がはじめて、人工衛星《えいせい》のうちあげに成功したんで、ぼく、人工衛星スプートニクについて、知っていることをみな、源ちゃんに話してあげたんや。源ちゃんは小屋を出て、空を見あげたんや。ぼくも、源ちゃんとならんで、空を見あげた。源ちゃんが言ったんや。

『そうやって、石油をぼんぼんぬいていたら、湯たんぽといっしょで、いつか①地球はからっぽになるな』

源ちゃんは牛の力を借りて農作業していたんやけど、ぼくが話すロケットの噴射《ふんしゃ》の話に、直感で感じとったモノがあったんやろね。ぼくは、どきんとした。

『石油をぼんぼんぬいていたら、いつか地球はからっぽになるな』

源ちゃんの言葉が、耳のおくでこだましていたよ。ぼくは、目をこすったわ。発見やった。おおげさでなく発見やったで。源ちゃんの言ったことの意味に、そのとき、気がついたんや。ぼくの頭は、じーんとしびれとったわ。しびれる頭で考えたで。源ちゃんの言うとおり、使ってしまえばなくなる化石資源《しげん》で、幸せな未来を描《えが》けるやろかって。」

森さんは、静かに目をつむりました。森さんの心の奥《おく》で、今も②ものさしになっている出来事を、思い出しているのです。

「太陽の光と熱、あれは、地球の生き物を生かす力や。太陽の恵《めぐ》みの中で、ものを作り、生きていく。化石燃料《ねんりょう》にたよらない暮らしを考えて、太陽にたよる暮らしをすることができたら、日本の未来も、地球の将来《しょうらい》も、希望が持てるのではないかな。」

二〇一一年、三月十一日十四時四十六分ごろ、三陸沖《さんりくおき》を震源《しんげん》に、我《わ》が国の観測《かんそく》史上最大のマグニチュード九・〇の地震が発生しました。千年に一度と言われる大地震でした。

津波《つなみ》が防波堤《ぼうはてい》を乗り越《こ》えて、襲《おそ》ってきました。船が、自動車が、家が、押《お》し流されていきました。人が、生き物が、道路が、田畑が、濁《だく》流《りゅう》に呑《の》み込《こ》まれました。

二万人にもおよぶ人が亡《な》くなったり、行方《ゆくえ》不明になりました。愛する家族や生活を奪《うば》われた人々を思って、被害《ひがい》を受けなかった者もみな、心を乱《みだ》しました。今も、その方々のことを思うと、どうしたらいいのかと、思い悩《なや》みます。

そんな中で、東京電力福島第一原子力発電所の事故《じこ》は起こりました。今は六月、事故から三カ月が経《た》っています。後から後から、不測《ふそく》の出来事に見まわれ、まだ収束《しゅうそく》の見通しもたっていません。困難《こんなん》な状況《じょうきょう》の中、放射能《ほうしゃのう》計測器を身につけて作業にあたる方々の健康が気になります。

避難指示《ひなんしじ》が出て、原発から二〇キロメートル圏内《けんない》には、人が住めなくなりました。町民も役場の機能もすべて町の外へ避難せざるを得《え》なくなった町があります。幼《おさな》い子どもへの健康被害を恐《おそ》れて、自主的に故郷《こきょう》を出た人たちがいます。仕事を失った人たちもいます。福島県産という風評《ふうひょう》被害も発生しました。人間ばかりが、被害を受けたのではありません。酪農家《らくのうか》が飼育《しいく》していた生き物たち、自然界のものを言わない動植物も、被害を受けていることを忘れてはならないでしょう。

原子力発電で作られる電気は、安いと言われてきました。[A]、これらの人々への補償《ほしょう》の額《がく》を考えると、安い電気ではありません。それよりなにより、この事故で人生が狂《くる》ってしまった人たちがいるのです。安い電気は、この人たちの犠牲《ぎせい》の上に成り立っていた価格《かかく》でした。こんなことが起きるなんて……、こんな過酷《かこく》な現状《げんじょう》を引き受けさせられるなんて……、この人たちもわたしたちも、知りませんでした。「原発は安全だ」と言われて、原発のマイナス面を学んでこなかったのです。わたしたちの便利で快適《かいてき》な暮らしは、③胸《むね》の痛《いた》みを味わわせ続ける問題の基礎《きそ》の上に築《きず》いた城のようなものでした。

その上、原発は、放射性廃棄物《はいきぶつ》を出します。プルトニウム二三九は、放射能を出さなくなるまでに二万四千年かかると言われます。子どもたちの時代、その子どもの時代にも、原発から出たゴミは残っているのです。そして、そのゴミは、どう処理《しょり》して良いか分からない廃棄物です。

わたしは、今、福島県を出て、新しい地(滋賀《しが》県)で生きようとしている家族を思っています。盲学校《もうがっこう》の先生が、自分の家の空いた部屋を、その人たちに提供《ていきょう》したのです。先生は言います。「ぼくの夕飯は、豪《ごう》華《か》になりました。」先生は独身《どくしん》です。缶詰《かんづめ》の夕飯が多かったそうです。それが今、五人で食卓《しょくたく》を囲《かこ》んでいるそうです。先生の話をきいていると、「しあわせそう」と、わたしまで嬉《うれ》しくなってきます。わたしたちは、④しあわせって何かを問い直さねばならないでしょう。

こんな事実を並《なら》べて考えてみると、森作りの森さんが言ったことを、みんなで考え合うことは、「これから」を思い描くために、よいモデルになるのではないか、と思い始めました。

森さんは、太陽の恵みの範囲《はんい》で生きる暮らしを始めてみよう、と呼《よ》びかけていました。

森さんの暮らしは、貧《まず》しくありません。いや、都会の人がうらやましがるような、豊《ゆた》かさがあります。手垢《てあか》のついた言葉をはみだす新鮮《しんせん》な暮らしです。森さんのたいせつにする「しあわせ」は、人と人がその存在《そんざい》を必要としあう暮らしです。それぞれが役目を担《にな》う家族を、大切にしています。

わたしは、原発事故が起きる前から、自然エネルギーに関心を持っていました。でも、三月十一日を経験《けいけん》した今、あれはポーズだったのではないか、と反省しています。わたしは、いま、自然エネルギーの可能性《かのうせい》をきちんと学びたいと願うようになりました。

わたしたちは、暮らし方を見直さなければならないのでしょう。この事故が収束し復興《ふっこう》が行われるとき、事故の前と同じような価値観《かちかん》や暮らしを取り戻《もど》すのではなく、⑤新しい価値観へ、人間の、多くの生き物の命が大切にされる暮らしへ、方向転換《てんかん》しなければならないはずです。

わたしたちは、自然に負担《ふたん》をかけ、激《はげ》しい痛《いた》みを加えて、自然破壊《はかい》を進めてきました。バランスを保《たも》っていた自然は、今や病《や》んでいます。

自己規制《じこきせい》する能力を、わたしたちは育てることができるのでしょうか。わたしたちの欲望《よくぼう》を、コントロールできるのでしょうか。

［B］、わたしたちが、地球と共に生きながらえることを望むなら、自然がもつ自然の治癒《ちゆ》力が働くところで、人間の発揮《はっき》する力を抑制《よくせい》しなければならないでしょう。それが難問《なんもん》です。

この作品をまとめているとき、京都には「始末する文化」があると、教えられました。始末するというのは、［　　］だそうです。着物で考えてみると、縫《ぬ》い直して何度もきた着物は、布団《ふとん》の側《がわ》になります。それでも傷《いた》んだら、よいとこどりをして座布団《ざぶとん》になります。それが傷んだら、雑巾《ぞうきん》にするのだそうです。もう一つ、大きく使って、小さくしまう文化があるとも教えられました。［C］、ふろしきです。ていねいに使い続けるために、不用のときしまっておきやすい形を、大切にしているようでした。

京都の町衆《まちしゅう》は、明治という新しい時代が始まるとき、身銭《みぜに》を切って子どもたちのために学校を作りました。新しい社会に希望を持って、子どもたちのために、子どもたちが生きる未来の社会のために、痛みを感じても決断《けつだん》し実行したのです。

福島第一原発事故を経験したわたしたちは、今、⑥これからの暮らしを考え直そうとしています。この思いが長続きして、これからの暮らしが見通せますように。

（今関信子《いまぜきのぶこ》「永遠に捨《す》てない服が着たい」）

---

(1) 文中の［A］～［C］に入る適切《てきせつ》な言葉をそれぞれ次から選び、記号で答えなさい。ただし、同じ記号は二度使えません。（各5点）

ア たとえば　イ あるいは　ウ なぜなら
エ つまり　オ もし　カ でも

A［　］　B［　］　C［　］

(2) ——線①「地球はからっぽになる」とありますが、これはどのようなことですか。簡単《かんたん》に書きなさい。（10点）

［　　　　］

(3) ——線②「ものさし」とありますが、これはどのようなことですか。最も適切なものを次から選び、記号で答えなさい。（10点）

ア 便利で快適《かいてき》な生活をするために、何が必要かを鋭《するど》い感覚でみきわめられるかどうかということ。
イ 人間の力を超《こ》えた大きな力が働いて、よりよい生活へと導《みちび》いてくれるかどうかということ。
ウ 目先の便利さにとらわれず、長い目で見たときに地球のためになるかどうかということ。
エ 化石燃料にかわる新しいエネルギーを地球の中から見つけ出せるかどうかということ。
オ 地球の中だけではなく宇宙《うちゅう》でも暮らすことができるようになるかどうかということ。

［　］

重要
(4) ——線③「胸の痛みを味わわせ続ける問題の基礎の上に築いた城のようなもの」とありますが、これはどのようなことですか。最

も適切なものを次から選び、記号で答えなさい。（10点）

ア どのように廃棄物の処理をしたらよいかはっきりとわからず人々を不安な気持ちにさせたまま、便利だからという理由だけで放射性物質にたよっていたものだということ。

イ 人々の生活を一変させてしまうような状態《じょうたい》になってはじめて、それまで指摘《してき》されていた短所に向き合ってこなかったことに気づいたことから生まれたものだということ。

ウ 安さや便利さを追い求めてきた人々が、事故によってさまざまな苦しみを味わったことがきっかけとなり、真剣《しんけん》に地球の将来《しょうらい》を考えて作り上げたものだということ。

エ 原子力発電所の事故という思いもよらない出来事によって多くの被害《ひがい》が出たが、それを乗り越《こ》えながら新しい生活を始めようとする人々の希望だということ。

オ 長い間にわたって人々を苦しめ続けるような危険性《きけんせい》にきちんと目を向けないまま、都合のよい部分にだけ注目して手にしたものだということ。

［　　］

重要
(5) ——線④「しあわせって何か」とありますが、「森さん」は何を「しあわせ」と考えていますか。文中から二十字以内でさがし、はじめと終わりの三字をぬき出しなさい。（完答10点）

□□□～□□□

(6) ——線⑤「新しい価値観」とありますが、それを説明した次の文の㋐～㋒に入る最も適切な言葉を、文中から㋐は二字、㋑は八字、㋒は四字でさがし、それぞれぬき出しなさい。（各5点）

わたしたちが自己の欲望を㋐する能力《のうりょく》を身につけ、人間や㋑を大切にし、自然の㋒を崩《くず》さないように心がけること。

㋐□□　㋑□□□□□□□□　㋒□□□□

(7) 文中の□に入る最も適切な言葉を次から選び、記号で答えなさい。（10点）

ア 古くなったモノはおしいと思わずに捨てる事

イ 必要なモノ以外を整理してしまっておく事

ウ 不要なモノは整理してしまっておく事

エ 一つのモノを最後まで生かし切る事

オ いらないモノはどんどん処分《しょぶん》する事

［　　］

難問
(8) ——線⑥「これからの暮らしを考え直そうとしています」とありますが、筆者はこれからの暮らしがどのようになるとよいと考えていますか。わかりやすく書きなさい。（20点）

［　　　　　　　　］

〔日本大第三中—改〕

理解度診断テスト②

出題範囲 90〜107ページ

解答→別冊54ページ

時間 40分

得点　　点

理解度診断 A B C

学習日　月　日

重要

1 次の文章を読んで、あとの問いに答えなさい。

秀美《ひでみ》は、ようやくひろ子に追いついて肩《かた》で息をついた。

「赤間《あかま》さん、早いんだなあ、歩くの」

ひろ子は、①憮然《ぶぜん》とした顔で、秀美をじろじろと見た。

「なんなの？時田《ときた》くん、なんで私《わたし》の後、ついてくるのよ」

秀美は言葉に詰《つ》まって頭を掻《か》いた。

「一緒《いっしょ》に帰ろうと思って。ぼく転校生で、あんまり親しい人いないし」

「そお？全員と仲良くなったと思ってたわ。②文夫《ふみお》くんたちのグループに入ったんじゃないの？」

「知ってたの？」

「どうせ、そうなると思ってたもん。気が合うよ、あの人たちと時田くんは。あの子たちも、あんたと一緒で、先生に目をつけられてるもん」

「ぼく、先生に目をつけられてるの!?」

ひろ子は、さも馬鹿馬鹿《ばかばか》しいという目つきで秀美を見た。

「ほんとはうちが見たいんでしょ。誰《だれ》があの給食のパンを食べてるのか確《たし》かめたいんでしょ」

秀美は絶句《ぜっく》した。その通りだったからである。確かめたいとまでは思わなかったが、ひろ子の家が、どのような状態《じょうたい》なのか知りたくてたまらなかったのだ。自分が力になってあげられるとは夢《ゆめ》にも思わなかったが、ひろ子の家の状態を把握《はあく》しておけば、もう彼女《かのじょ》を③無意識《むいしき》に傷《きず》つけてしまうことはないだろうと予感していたのだった。

「おいでよ。うちに寄《よ》っていけば？その代わり④びっくりしても知らないよ」

ひろ子は、意地の悪そうな表情《ひょうじょう》を浮《う》かべて、秀美を促《うなが》した。彼《かれ》は、ほとんど冒険《ぼうけん》をするような気分で、ひろ子の後についた。

ひろ子の家は、ごみごみした裏通《うらどお》りにあった。何世帯かの貧《まず》しい家族が、身を寄せ合うように家を建てたというようなそんな一画だった。ごみ用のポリバケツが汚《よご》れたまま、通りに並《なら》んでいた。秀美は、あたりを見渡《みわた》した。そこには、貧しい故《ゆえ》の小綺麗《こぎれい》さというものは欠片《かけら》もなかった。⑤生活すること自体をあきらめたような気配が漂《ただよ》っていた。

「入れば？」

ひろ子は［A］そう言った。秀美は、おそるおそる靴《くつ》を脱《ぬ》いで、家に入った。唐紙《からかみ》に描《か》かれたクレヨンの悪戯《いたずら》書きが、わびしさを漂わせていた。

赤ん坊《ぼう》を寝《ね》かしつけていた老婆《ろうば》が驚《おどろ》いたように秀美を見た。秀美は、［B］頭を下げた。

「おばあちゃん、クラスの友だち、時田くんっていうの」

「あれまあ。知らせといてくれたら、ここをかたしといたのに」

「同じだよ、そんなの」

ひろ子は、そう言って、隣《となり》の部屋を覗《のぞ》いた。

「おじいちゃん、ただいま」

布団《ふとん》の敷《し》かれている部屋からは、呻《うめ》き声が聞こえただけだった。秀美は、挨拶《あいさつ》をするべくひろ子の側《そば》に寄ろうとしたが、止められた。

「無駄《むだ》だよ。耳もよく聞こえないし、紹介《しょうかい》しても、誰《だれ》だか解《わか》らないんだから。もう、ずっと寝たきりでぼけてんの」

秀美は困《こま》ったように畳《たたみ》に腰《こし》を降《お》ろした。ひろ子の祖母《そぼ》が、［C］立ち上がり、お茶をいれ始めた。側では、赤ん坊が寝息をたてていた。

「この赤ちゃん、赤間さんの妹？」

「そうよ。あとお兄ちゃんともうひとり弟がいる。まだ帰って来てないみたい。どうしたの？びっくりした？うちお父ちゃんいないんだ。お母ちゃんひとりが働いてるのよ。だから貧乏《びんぼう》なの。解った？」

「うん」

「テレビ見る？」

「うん」

二人は、しばらく無言で再《さい》放送のドラマを見た。途中《とちゅう》、祖母が何度か乾《かわ》いた笑い声をあげた。台所に立ちながら、画面を覗《のぞ》き込《こ》んでいたのだった。

「赤間さん、ごめんね」

秀美は、［ D ］言った。

「何が？」

「いろんなこと」

「あのさあ。私は、⑥時田くんのそういうとこがやなんだよ。うちが貧乏なのは仕様《しよう》がないでしょ。私のせいじゃないんだし。頭来ちゃうよ、あんたのそういう態度。あんたは、文夫とかと遊んでいればいいんだよ」

秀美は下を向いた。自分の同情のようなものが、何の役にも立たない感情であるのを思い知らされたのだった。彼は、祖父の言葉を思い出した。同情仮面《かめん》か。それは、本当に憐《あわ》れむべき人間への芝居《しばい》である筈《はず》なのだ。ひろ子は憐れむべき人ではない。むしろ憐れむべきは自分自身だ。

「時田くん。落ち込《こ》んじゃ駄目だよ。あんたのせいでもないんだしさ。子供《こども》には、どうにも出来ないことなんだから。私、可哀相《かわいそう》と思われるのやなの。そうされると悲しくなるの」

秀美は、何かを言おうと口を開きかけた。けれど、言葉は見つからず、無言で、ひろ子の祖母のいれたぬるいお茶を啜《すす》った。それは、味も香《かお》りもないものだったが、⑦お茶を飲むということが、ひろ子の家の習慣《しゅうかん》としてあることを思い、秀美の心は、少しなごんだ。

「あ、孝二《こうじ》が帰って来た」

ひろ子の言葉に顔を上げると、戸口に彼女の弟が立っているのが見えた。六歳《さい》ぐらいだろうか。

「この人、誰？」

「私と同じクラスの子だよ。遊びに来たんだよ。あーあ。孝ちゃん、駄目だよ、また洟《はな》なんかたらして。こっちおいで」

ひろ子は、弟の洟を丁寧《ていねい》に拭《ふ》き取った。

「あっ、こんなに鼻くそが詰まってる。時田くん、楊子《ようじ》、そこにあるでしょう、ちょっと取ってくれる？」

「楊子で取るの？危《あぶ》ないんじゃない？」

「いいから。いつも、やってんだから」

「お姉ちゃんは、ぼくの鼻くそ取るの上手《うま》いんだぜ」

秀美は、おそるおそるひろ子に楊子立てを渡《わた》した。ひろ子は、孝二の顔を上に向かせて慎重《しんちょう》に指先を動かした。

「あ、取れた、取れた」

孝二は、鼻を赤くさせて、何度もまばたきをした。涙《なみだ》がこぼれ落ちた。秀美は、ぼんやりと、その様子を見ながら立ち上がった。

「あれ、時田くん。帰るの？」

「うん。また来る。文夫と約束しちゃったから」

「じゃ、明日、学校でね、バイバーイ」

孝二も姉の真似《まね》をして、バイバーイと叫《さけ》んだ。秀美は、祖母に挨拶をして外に出た。⑧隣の家の前の欠けた植木鉢《うえきばち》から、朝顔の本葉がのぞいていた。それを見つけた瞬間《しゅんかん》、⑨秀美は猛烈《もうれつ》な勢《いきお》いで駆《か》け出した。


（山田詠美《やまだえいみ》「ぼくは勉強ができない」）

(1) この文章の内容《ないよう》として適切《てきせつ》なものを次から二つ選び、記号で答えなさい。(完答5点)

ア 時田は、休日、友人の孝二の家に遊びに行った。
イ ひろ子の家は、七人家族である。
ウ 赤間は給食のパンを、家に持ち帰っている。
エ 秀美はひろ子の家を出たあと、すぐに自宅《じたく》に帰った。
オ 転校生の秀美はひろ子の友だちになりたいと思い、一緒に帰ろうと考えた。

[　・　]

(2) ――線①「撫然とした」とありますが、ここでの意味として最も適切なものを次から選び、記号で答えなさい。(5点)

ア 失望してぼんやりする様子。
イ 意外な出来事にとまどう様子。
ウ どうしようもなく困りはてる様子。
エ あきれはてて驚く様子。

[　]

(3) ――線②「文夫くんたちのグループに入った」とありますが、なぜ「ひろ子」はこのように思ったのですか。その理由を、「…と思ったから。」に続く形で、二十五字以内でまとめて書きなさい。(10点)

[　　　　　　　　　　　　　　　　　　　　　　　　　]と思ったから。

(4) ――線③「無意識に傷つけてしまうこと」とありますが、実際《じっさい》に「傷つけてしまうこと」になった言葉が、これよりあとの部分にあります。その言葉をそのままぬき出しなさい。(5点)

[　]

(5) ――線④「びっくりしても知らないよ」とありますが、どのような様子に「びっくり」すると言っているのですか。その様子を表す言葉として最も適切な言葉を文中から漢字二字でぬき出しなさい。(5点)

[　　]

(6) ――線⑤「生活すること自体をあきらめたような気配」とありますが、これはどのような様子ですか。最も適切なものを次から選び、記号で答えなさい。(10点)

ア 生きていくことだけに追われてしまい、周囲に目を配ることができない様子。
イ 食事も満足にとれず、あれこれとまめに動き回るだけの体力がない様子。
ウ 室内の装飾《そうしょく》にこだわったり、新しい家具をそろえたりするゆとりのない様子。
エ 生き続けること自体がたいへん困難《こんなん》で、半ば死を覚悟《かくご》している様子。

[　]

(7) 文中の[A]～[D]に入る適切な言葉をそれぞれ次から選び、記号で答えなさい。ただし、同じ記号は二度使えません。（各5点）

ア ぎこちなく　イ ぽつりと
ウ 投げやりに　エ のろのろと

A［　］　B［　］　C［　］　D［　］

重要

(8) ――線⑥「時田くんのそういうとこがやなんだよ」とありますが、「そういうとこ」とはどのようなことを指していますか。文中の言葉を用いて四十字以内で具体的に書きなさい。（10点）

(9) ――線⑦「お茶を飲むということが、ひろ子の家の習慣としてあることを思い、秀美の心は、少しなごんだ」とありますが、秀美の心が「少しなごんだ」理由として最も適切なものを次から選び、記号で答えなさい。（10点）

ア 厳《きび》しい生活の中でも客に対する礼儀《れいぎ》を失っていなかったから。
イ 貧《まず》しいなかでも一服する心のゆとりが感じられたから。
ウ その日暮《ぐ》らしのなかでも伝統《でんとう》を大切にする姿勢《しせい》が感じ取れたから。
エ 飲食も満足にできないほどの状態《じょうたい》ではないとわかったから。

［　］

重要

(10) ――線⑧「隣の家の前の欠けた植木鉢から、朝顔の本葉がのぞいていた」とありますが、この描写《びょうしゃ》が生み出す効果《こうか》の説明としてあてはまらないものを次から一つ選び、記号で答えなさい。（10点）

ア 欠けた植木鉢が、この地域《ちいき》に暮らすひろ子たちの生活の貧しさを表している。
イ 朝顔の本葉が、貧しくもたくましく生活しているひろ子たちの生命力を暗示《あんじ》している。
ウ 朝顔という身近な植物の様子を描写することで、物語に季節感を加えている。
エ 欠けた植木鉢と緑の朝顔の対比《たいひ》によって、作者の美意識《びいしき》が表現《ひょうげん》されている。

［　］

難問

(11) ――線⑨「秀美は猛烈な勢いで駆け出した」とありますが、秀美が「駆け出した」理由として最も適切なものを次から選び、記号で答えなさい。（10点）

ア 知らぬ間に遅《おそ》い時間になっていることに気づき、あせったから。
イ 自分の浅はかさをあらためて感じ、やりきれなくなったから。
ウ 前向きに生きている友人に感化され、すぐに行動しなければと思ったから。
エ 同情《どうじょう》する気持ちがいっそう強まり、人目をさけて泣きたくなったから。

［　］

〔東京女学館中―改〕

入試重要度★★

ステップ1 まとめノート

解答→別冊58ページ

ポイント1 詩の分類を覚える

(1) **形式上の分類**

●**定型《ていけい》詩**…音数に一定のきまりがある詩。

●**自由詩**…音数に一定のきまりがない詩。

●**散文詩**…短い語句《ごく》ですぐに改行せず、ふつうの文章（散文）のように文を続けて書いた詩。
↳行分け、行がえ。

(2) **内容《ないよう》上の分類**

●**叙情《じょじょう》詩**…**作者の心情（感動）**を中心にうたった詩。

●**叙景詩**…自然の風景などを**写生的・客観的にありのままに描《えが》いた**詩。自然の風景が描かれている場合でも、**作者の心情が中心に描かれている場合は叙情詩に分類されるの**で注意する。

●**叙事詩**…**歴史《れきし》上の事件《じけん》や人物**を中心にうたった詩。

(3) **用語上の分類**

●**文語詩**…**昔に使われていたような書き言葉（文語）**で書かれた詩。

●**口語詩**…**現在《げんざい》使われているような話し言葉（口語）**で書かれた詩。

ズバリ暗記
入試において出題されている詩のほとんどは、口語自由詩である。歴史的かなづかいでも、話し言葉なら口語詩になることに注意。

ポイント2 詩の味わい方をおさえる

(1) **季節、場所、作者の立場**
詩にうたわれている季節や場所を考え、作者の［①　　］に自分を置いて読み取る。

(2) **作者の感情や気持ち**
詩で使われている言葉にひそんでいる、作者の［②　　］や気持ちを考える。

(3) **詩のリズム**
定型詩は、形のうえからはっきりした［③　　］がわかる。一方、自由詩は内容《ないよう》からくる意味や感情が詩のリズムとなるので、意味の変化や表現に注意して読む。

(4) **作者の感動・詩の主題**
詩には作者の［④　　］が表れている。その内容を、(1)〜(3)をもとに読み取る。また、**詩の題名や情景描写《びょうしゃ》、たとえなどに着目して**、詩の［⑤　　］をとらえる。**詩の中の具体的な題材を通して、別のものごとについて述《の》べている**場合もある。

例 花・木・虫→生命　山登り・マラソン・旅→人生

(5) **鑑賞《かんしょう》文の活用**
鑑賞文とともに詩が出題された場合は、鑑賞文の解釈《かいしゃく》に沿《そ》って詩を読み、問題について考えるようにする。
↳作品の見方、味わい方を表した文。

ポイント3 詩の表現技法《ぎほう》をおさえる

(1) **行分け**
感動の高まりや強弱などを、行分けによって表す。

学習日　月　日

(2) 連《れん》

感動や内容をもとに、何行かでまとめる。連と連の間は、ふつう一行空ける。

(3) 比喩《ひゆ》

あるものを他のものにたとえる表現技法。

●**直喩（明喩）**…**「まるで（あたかも・さながら）〜ようだ（みたいだ・ごとし）」**などの表現を用いてたとえる方法。

例 まるでお城みたいな家だ
春の桜《さくら》はさながら一枚《いちまい》の絵のようだ

●**隠喩《いんゆ》（暗喩）**…**「まるで（あたかも・さながら）〜ようだ（みたいだ・ごとし）」**などの表現を用いずにたとえる方法。

例 人生は旅だ／ただし、目的地はない

●**擬人《ぎじん》法**…**人間以外のものを人間にたとえる**方法。

例 天井《てんじょう》の木目が、ぼくをにらんでいる
草花がうとうとと眠《ねむ》っている
春の風がほほをやさしくなでる

(4) 反復《はんぷく》法（くり返し）

同じ語句や似《に》た語句をくり返すことで、感動を強く表現し、**読者の印象《いんしょう》を強めたり、リズム感を生み出したり**する表現技法。

例 向かい風にも負けず
力強く進もう
前へ　前へ

(5) 倒置《とうち》法

通常《つうじょう》とは語順を逆《ぎゃく》にすることで、感動を強く表現する表現技法。

例 何と心地《ここち》よいのだろう／春の風は
初めて打ったんだ／ホームランを

(6) 省略《しょうりゃく》法

言葉を［　⑥　］することで、**引きしまった感じを出したり余韻《よいん》を残したり**する表現技法。

例 どうか、もういちどチャンスを！〈ください〉

(7) 対句《ついく》法

構成《こうせい》の似た言葉を対にして、リズム感を出し、調子を整える。

例 花は　美しく　さき／鳥は　高らかに　歌う

ズバリ暗記

反復はくり返し。対句は構成《こうせい》の似た言葉が対になっている。

(8) 呼《よ》びかけ

詩の中の題材や読者に呼びかける方法。呼びかけた相手に**親しみをこめたり、注意をうながしたりする**表現技法。

例 きみたちよ
希望や夢《ゆめ》を大切にしてくれ

(9) 体言止め

行の終わりを名詞《めいし》（体言）で止めることで、**強調したり、余韻を残したりする**表現技法。

例 のしのしと歩くカブトムシ
その頭には一本の太い角

あの人もきっとどこかで見ているのだろう このきれいな夕焼け空を

●右の文の中で用いられている表現技法として最も適切《てきせつ》なものを次から選び、記号で答えなさい。

ア 直喩　**イ** 反復法　**ウ** 倒置法　**エ** 対句法　［　⑦　］

解答→別冊58ページ

1 次の詩を読んで、あとの問いに答えなさい。

樹《き》　吉野《よしの》　弘《ひろし》

人もまた、一本の樹ではなかろうか。
樹の自己主張《じこしゅちょう》が枝《えだ》を張《は》り出すように
人のそれも、見えない枝を四方に張り出す。

身近な者同士《どうし》、①許《ゆる》し合えぬことが多いのは
②枝と枝とが深く交差するからだ。
それとは知らず、いらだって身をよじり
互《たが》いに傷《きず》つき折れたりもする

仕方のないことだ
枝を張らない自我《じが》なんて、ない。
③しかも人は、生きるために歩き回る樹
互いに刃《は》をまじえぬ筈《はず》がない。

枝の繁茂《はんも》しすぎた山野の樹は
風の力を借りて梢《こずえ》を激《はげ》しく打ち合わせ
密生《みっせい》した枝を払《はら》い落《おと》す――と
庭師《にわし》の語るのを聞いたことがある。

人は、どうなのだろう?
④剪定鋏《せんていばさみ》を私《わたし》自身の内部に入れ、小暗い自我を
刈《か》りこんだ記憶《きおく》は、まだ、ないけれど。

ココがねらわれる　作品に描《えが》かれている情景《じょうけい》を想像《そうぞう》しながら詩を味わう。表現《ひょうげん》技法《ぎほう》の知識《ちしき》問題や、比喩《ひゆ》をもとに内容《ないよう》をとらえる問題が出題されやすい。

学習日　月　日

(1)〔内容の理解《りかい》〕――線①「許し合えぬこと」とはどのようなことを表していますか。最も適切《てきせつ》なものを次から選び、記号で答えなさい。

ア 自我と自我がぶつかり合ってしまうこと。
イ お互いの欠点が見えて認《みと》め合えないこと。
ウ 同じ方向でいつもきそい合ってしまうこと。
エ あまえ合って言うべきことが言えないこと。

〔　〕

(2)〔表現技法〕――線②「枝と枝と」とありますが、この「枝」は何を指していますか。一・二連の中からぬき出しなさい。

〔　〕

(3)〔表現技法〕――線③「しかも人は、生きるために歩き回る樹」はどういうことを強めていますか。最も適切なものを次から選び、記号で答えなさい。

ア 人は一ヵ所に落ち着いていることができないということ。
イ 人はさまざまな人とかかわり合う機会が多いということ。
ウ 人は過去《かこ》から未来へ動き回ることができるということ。
エ 人は枝をふり回して多くの人に傷をつけるということ。

〔　〕

重要
(4)〔内容の理解〕――線④「剪定鋏を私自身の内部に入れ、小暗い自我を／刈りこんだ」とはどういうことですか。最も適切なものを次から選び、記号で答えなさい。

ア 他人の力によって自分自身の自我をより正していくこと。
イ 自然の不思議な力を利用して自我のやみを照らすこと。
ウ 出すぎた自我をそれぞれの判断《はんだん》で整理していくこと。
エ 周りの人の自我とぶつかり合うことで角が丸くなること。

［　　　　］

〔青山学院中〕

2 次の詩を読んで、あとの問いに答えなさい。

水ぬるむ*　　高階杞一《たかしなきいち》

春がきて
①凍《こお》っていた顔もとけてきた
チューリップのように並《なら》んだ笑顔《えがお》
世界には
まだまだいっぱい素晴《すば》らしいことがある
と
②それは
教えてくれているようで

　よかったね
　生きていて

まだ風は冷たいけれど
春の服を着て
出かけてみよう

蛇口《じゃぐち》は胸《むね》の中にある
ひねれば
きっと
昨日とは違《ちが》う水が出る

＊ぬるむ＝冷たかったものが少しあたたかくなること。

(1)〔表現技法〕――線①「凍っていた顔」とはどのような顔のことですか。わかりやすく説明しなさい。

［　　　　］

(2)〔指示《し》語《じ》〕――線②「それ」は何を指していますか。詩の中の言葉をぬき出しなさい。

［　　　　］

重要

(3)〔内容の理解〕第四連で作者が述《の》べているのはどのようなことですか。わかりやすく説明しなさい。

［　　　　］

〔跡見学園中〕

チェック！ 自由自在

定型詩にはどのようなものがあるか、調べてみよう。

解答→別冊59ページ

学習日　月　日

1 次の詩を読んで、あとの問いに答えなさい。

秋のこえ　巽《たつみ》　聖歌《せいか》

大風のあばれまわった
つぎの朝、
空にはひとすじの雲が
ういていた。
青いあおいキキョウいろの空に、
それはまるで、
大風などはなかったというように、
しずかに美しい光を
はなっていた。
手ぬぐいを腰《こし》にぶらさげて
井戸《いど》ばたで顔をあらうと、
洗面器《せんめんき》に、
五六枚《ごろくまい》の木の葉がはいってきた。
モモの葉っぱであった。
どこから、こんなに
散りこんだのかと思うばかり。
井戸には、それはそれは、
たくさんの木の葉がういていた。
顔をあらうとひっついた。

ぎいい、ぎいいっと、
＊尾長《おなが》がきて、するどく鳴く。
このこえが秋をよぶのだ。
気がついてみると、
ヒグラシのこえは、もう、なかった。
きのうも、おとといも、
うらの、あの杉《すぎ》の木で、
いやというほど鳴いていたのに。

＊尾長＝鳥類の一種。

(1) ――線「このこえが秋をよぶのだ」とありますが、これはどのようなことを表していますか。最も適切《てきせつ》なものを次から選び、記号で答えなさい。

ア 毎年秋の訪《おとず》れを知らせてくれる鳴き声を聞き、これからの季節に思いを馳《は》せていること。

イ 耳にやさしいヒグラシの鳴き声を恋《こい》しがり、するどい尾長の鳴き声を不快《ふかい》に思っていること。

ウ 尾長のするどい鳴き声とヒグラシの命の短さから、自然の厳《きび》しさに改めて気づかされていること。

エ 季節の移《うつ》り変わりを自然から感じることができるという日本の四季を誇《ほこ》らしく思っていること。

オ 尾長のするどい鳴き声で夏も終わってしまうと思い、もの足りなさを感じていること。

［　　］

難問
(2) この詩で用いられている表現《ひょうげん》の説明として適切ではないものを次から一つ選び、記号で答えなさい。

ア 擬人法《ぎじんほう》が効果《こうか》的に使われ、詩の世界に動きをあたえている。
イ 色彩《しきさい》を表す言葉で、自然の様子をイメージしやすくしている。
ウ 自然のおだやかさ、激《はげ》しさを擬声語で身近に感じさせている。
エ 倒置《とうち》法を使うことによって、詩の結びを印象《いんしょう》づけている。
オ 句読点《くとうてん》を多用して過去《かこ》をじっくり振《ふ》り返る様子を伝えている部分がある。

[　　　]
〔共立女子中―改〕

2 次の詩を読んで、あとの問いに答えなさい。

居直《いなお》りりんご　石原吉郎《いしはらよしろう》

ひとつだけあとへ
とりのこされ
①りんごは　ちいさく
居直ってみた
りんごが一個《いっこ》で
居直っても
どうなるものかと
かんがえたが
②それほどりんごは
気がよわくて
②それほどこころ細かったから
やっぱり居直ることにして
あたりをぐるっと
見まわしてから
たたみのへりまで
ころげて行って
③これでもかとちいさく
居直ってやった

(1) ――線①「りんごは　ちいさく／居直ってみた」とありますが、このときの「りんご」の気持ちを説明しなさい。

[　　　]

(2) ――線②「それほど」が二回くり返されていますが、その効果を説明しなさい。

[　　　]

(3) ――線③「これでもかとちいさく／居直ってやった」とありますが、そのようにした「りんご」の気持ちを想像《そうぞう》して説明しなさい。

[　　　]
〔筑波大附属駒場中〕

2 短歌・俳句

ステップ1 まとめノート

入試重要度★★

解答↓別冊60ページ

学習日　月　日

ポイント1 短歌

(1) 短歌

短歌とは五・七・五・七・七の音数で成り立つ定型詩のこと。五・七・五・七・七という数を足すと三十一になることから、「みそひともじ(三十一文字)」とも呼《よ》ばれる。

↳音数：音の数。文字の数ではなく、「きゃ」などは一音。
↳定型詩：決まった音数の詩。

(2) 短歌の形式

短歌は、［①　　］の五句《く》、三十一音で成り立つ。

(3) 短歌の数え方

短歌は一首《しゅ》、二首、……と数える。

(4) 句ごとの呼び方

五・七・五・七・七のそれぞれの句は、上から、**初句・二句・三句・四句・結句**と呼ぶ。また、初句・二句・三句をまとめて**上《かみ》の句**、四句・結句をまとめて**下《しも》の句**と呼ぶ。

(5) 字あまり・字たらず

三十一音が基本《きほん》だが、音数が多かったり少なかったりする例外もある。あえて音数を増《ふ》やしたり減《へ》らしたりすることでリズムに変化をもたらすことができ、強調したり余韻《よいん》を残したりする効果《こうか》がある。

- 字あまり…**基本の音数をこえる句があるもの。**
- 字たらず…**基本の音数に足りない句があるもの。**

(6) 句切れ

短歌において、意味の上で切れる部分を［②　　］という。基本的に**感動の中心になっている**部分であり、切れる位置によって、次のように呼び方が変わる。

初句　二句　三句（↓上の句）　四句　結句（↓下の句）

くれなゐ《い》の（A）／二尺《にしゃく》のびたる（B）／ばらの芽の（C）／針《はり》やは《わ》らかに（D）／春雨《はるさめ》の降《ふ》る　正岡子規《まさおかしき》

A…**初句切れ**　B…**二句切れ**　C…**三句切れ**　D…**四句切れ**

A〜Dのいずれでも切れない…**句切れなし**

(7) 短歌の表現技法《ひょうげんぎほう》

短歌にも、詩と同様に、さまざまな表現技法が用いられる。

- 倒置法《とうちほう》…通常《つうじょう》とは語順を逆《ぎゃく》にすることで、強調したり印象《いんしょう》づけたりする。
- 比喩《ひゆ》…あるものを他のものにたとえる。
  - ①**直喩(明喩)**…比喩であることを明らかに示《しめ》し、たとえる。
  - ②**隠喩《いんゆ》(暗喩)**…比喩であることを明らかにせず、たとえるものと直接《ちょくせつ》結びつける。
  - ③**擬人法《ぎじんほう》**…人間以外のものを人間にたとえる。
- 体言止め…**終わりを体言(名詞《めいし》)で止める**ことで、強調したり余韻を残したりする。
- 切れ字…「**や**」「**かな**」「**けり**」「**ぞ**」などをつけて強調する。
- 枕詞《まくらことば》…つねに一定の言葉の上にあって、言葉の調子を整え、ある気分をそえる**五音の言葉**。古い歌によくある。

例 たらちねの（「母」の上にある。）
あしひきの（「山」の上にある。）

ポイント2 俳《はい》句《く》

(1) 俳句
俳句とは、五・七・五の音数で成り立つ定型詩のこと。

(2) 俳句の形式
俳句は、［③　　］の三句、十七音で成り立つ。

(3) 俳句の数え方
俳句は一句、二句、……と数える。

(4) 句ごとの呼び方
五・七・五のそれぞれの句は、上から、**初句・二句・結句**と呼ぶ。

(5) 字あまり・字たらず
十七音が基本だが、短歌と同様に音数が多かったり少なかったりする例外もある。

● 字あまり…**基本の音数をこえる句があるもの。**
● 字たらず…**基本の音数に足りない句があるもの。**

(6) 句切れ
短歌同様、意味の切れる部分を［④　　］という。切れる位置によって、次のように呼び方が変わる。

初句　二句　結句

初句切れ　荒海《あらうみ》や／佐渡《さど》によこたふ（う）天の川　松尾芭蕉《まつおばしょう》
二句切れ　めでたさも中位《ちゅうくらい》なり／おらが春　中村草田男《なかむらくさたお》

他に、二句の途中《とちゅう》で切れる、**中間切れ**もある。
句切れがどこにもない…**句切れなし**

(7) 切れ字
俳句では「や・かな・けり・ぞ」などの［⑤　　］のあるところが句切れになる。切れ字は強調するところをはっきりさせる目的でも用いられ、切れ字をふくむ句には、作者の感動の中心がある。

(8) 季語
俳句には**季節を表す言葉**である［⑥　　］を詠《よ》み込《こ》むきまりがある。季語は「**歳時記**《さいじき》」に季節ごとに分類されている。
↳季語の使い方、例となる句をのせた本。

● 季語の例

春 立春・春一番・雪解《ゆきど》け・**残雪**・山笑う・潮干狩《しおひが》り・雛祭《ひなまつ》り・卒業・入学・燕《つばめ》・桜《さくら》・梅・椿《つばき》・土筆《つくし》・菜の花・チューリップ・すみれ・鶯《うぐいす》・かわず・すずめ（の子）・畑打ち・**八十八夜**

夏 **五月雨**《さみだれ》・万緑《ばんりょく》・若葉《わかば》・新緑・田植《たうえ》・夕焼け・虹《にじ》・雷《かみなり》・蚊《か》・うちわ・こがね虫・浴衣《ゆかた》・風鈴《ふうりん》・カブトムシ・蟬《せみ》・花火・プール・高校野球・向日葵《ひまわり》・かき氷・ホトトギス・**麦の秋**・夕立《ゆうだち》

秋 **朝顔**・**天の川**・名月・すすき・残暑・天高し・案山子《かかし》・稲刈《いねか》り・紅葉狩《もみじが》り・運動会・コオロギ・鈴虫《すずむし》・トンボ・ばった・猪《いのしし》・鹿《しか》・啄木鳥《きつつき》・コスモス・鰯《いわし》・秋刀魚《さんま》・柿《かき》・栗《くり》・りんご・野分《のわき》

冬 雪・炭・**小春日**・枯野《かれの》・木枯《こが》らし・落葉・節分・山眠《やまねむ》る・スキー・こたつ・**七五三**・白鳥・寒《かん》すずめ・山茶花《さざんか》・牡蠣《かき》・大根・鰤《ぶり》

(9) 俳句の表現技法
俳句も短歌と同様に、倒置法や比喩などのさまざまな表現技法が用いられる。

降《ふ》る雪や明治《めいじ》は遠くなりにけり　中村草田男《なかむらくさたお》

● 右の俳句の季語を、漢字一字で書きなさい。［⑦　　］

解答→別冊60ページ

1 次の各問いに答えなさい。

(1) 〔短歌の鑑賞〕次の短歌の上の句A～Eに続く下の句を、あとから選び、それぞれ記号で答えなさい。

〈上の句〉

A 枯草《かれくさ》にわが寝《ね》て居《お》ればあそばんと　若山牧水《わかやまぼくすい》

B 向日葵《ひまわり》は金の油を身にあびて　前田夕暮《まえだゆうぐれ》

C 秋きぬと目にはさやかに*見えねども　藤原敏行《ふじわらのとしゆき》

D 遠足の小学生徒有頂天《うちょうてん》に　木下利玄《きのしたりげん》

E 木の下に子供《こども》ちかよりうっとりと　前田夕暮

*さやかに＝はっきりと。

〈下の句〉

ア 風の音にぞおどろかれぬる

イ 大手ふりふり往来《おうらい》とほ《お》る

ウ 見てゐ《い》る花は泰山木《たいざんぼく》の花

エ ゆらりと高し日のちひ《い》ささよ

オ 来て顔のぞき眼《め》をのぞく犬

A［　　］　B［　　］　C［　　］

D［　　］　E［　　］

〔跡見学園中―改〕

---

(2) 〔短歌の鑑賞〕次の短歌の解説文の［A］～［C］に入る最も適切《てきせつ》な言葉をあとから選び、それぞれ記号で答えなさい。

いざよひ《い》の
月はつめたきくだものの
匂《におい》をはなちあらは《わ》れにけり　宮沢賢治《みやざわけんじ》

〈解説文〉

賢治は幻想《げんそう》的で宇宙《うちゅう》的感覚による詩や［A］を数多く残していて、注目されています。この短歌は十八歳《さい》の時に作られたものです。「いざよひ」は「十六夜」と書かれ、満月よりも少しおそく出てくる、陰暦《いんれき》十六日の夜の月のことをいいます。［B］が［C］の匂《にお》いを放つという主題は賢治が詩や［A］の中でくり返し表現してきたものです。岩手《いわて》県に生まれ育った賢治にとって［C］は特に親しいくだものだったのでしょう。当時の［C］といえば、赤くて、甘《あま》さよりも酸味《さんみ》の勝《まさ》ったさわやかな味と香《かお》りを持つものでした。透明《とうめい》感やさわやかな香りをイメージさせるこの短歌は賢治の独特《どくとく》な感覚から生まれたものだといえます。

ア 俳句　**イ** 童話　**ウ** 絵画

エ 月　**オ** 空　**カ** 山

キ りんご　**ク** レモン　**ケ** さくらんぼ

A［　　］　B［　　］　C［　　］

〔跡見学園中―改〕

ココがねらわれる

短歌・俳句《はいく》の形式や表現技法《ひょうげんぎほう》について覚えておく。鑑賞《かんしょう》文や解説《かいせつ》文とともに出題されることもある。俳句は季語とその季節が問われやすい。

学習日　月　日

2 次の俳句を読んで、あとの問いに答えなさい。

桐一葉《きりひとは》日当たりながら落ちにけり　高浜虚子《たかはまきょし》

(1)〔俳句の鑑賞〕この俳句の季節を次から選び、記号で答えなさい。

ア 春　イ 夏　ウ 秋　エ 冬　〔　　〕

(2)〔俳句の鑑賞〕この俳句の句切れとして最も適切なものを次から選び、記号で答えなさい。

ア 初句切れ　イ 二句切れ　ウ 句切れなし　〔　　〕

(3)〔俳句の鑑賞〕「落ちにけり」という表現についての説明として最も適切なものを次から選び、記号で答えなさい。

ア 今や過去《かこ》となった出来事を淡々《たんたん》と描《えが》いている。
イ 葉が落ちるのを見た作者の感動を強調している。
ウ 句全体に生き生きとしたリズムをもたらしている。
エ 今にも葉が落ちそうだという臨場感《りんじょうかん》を伝えている。
〔　　〕

(4)〔俳句の鑑賞〕この俳句の鑑賞文として最も適切なものを次から選び、記号で答えなさい。

ア 暖《あたた》かい光を一身に受ける葉から、生命の美しさが感じられる。
イ 桐の葉に日光が当たる情景《じょうけい》を通じ、人々の希望が感じられる。
ウ 舞《ま》い上がる風で葉っぱが落ち、作者が嘆《なげ》く様子が感じられる。
エ 桐の葉が静かに落ちる光景から、秋への移《うつ》ろいが感じられる。
〔　　〕

〔明治学院中―改〕

重要

3 次のA～Eの俳句を読んで、あとの問いに答えなさい。

A 五月雨《さみだれ》を集めて早し［a］　松尾芭蕉《まつおばしょう》
B 雀《すずめ》の子そこのけそこのけ［b］　小林一茶《こばやしいっさ》
C 柿《かき》くへ《え》ば鐘《かね》が鳴るなり［c］　正岡子規《まさおかしき》
D 菜の花や月は東に［d］　与謝蕪村《よさぶそん》
E 夕顔やひらきかかりて襞《ひだ》深く　杉田久女《すぎたひさじょ》

(1)〔俳句の鑑賞〕［a］～［d］に入る最も適切な言葉を次から選び、それぞれ記号で答えなさい。

ア 夢《ゆめ》のあと　イ 日は西に　ウ 静かなり　エ 御馬《おうま》が通る
オ 子どもかな　カ おらが春　キ 国境《くにざかい》　ク 法隆寺《ほうりゅうじ》
ケ 最上川《もがみがわ》　コ 天の河《あまのがわ》

a〔　　〕 b〔　　〕 c〔　　〕 d〔　　〕

(2)〔俳句の鑑賞〕Eの俳句について、次の①・②の問いに答えなさい。

① 季語をぬき出しなさい。また、季節を一語で答えなさい。

季語〔　　〕 季節〔　　〕

② この俳句の句切れとして最も適切なものを次から選び、記号で答えなさい。

ア 初句切れ　イ 二句切れ　ウ 句切れなし　〔　　〕

〔明治学院中―改〕

得点アップ
季語の知識《ちしき》を身につけるとともに、切れ字の性質《せいしつ》を理解しよう。

解答↓別冊61ページ

学習日　月　日

1 次の各問いに答えなさい。

独創的

(1) 次のA～Fの短歌の□に春・夏・秋・冬のいずれかを入れて、短歌を完成させなさい。

A □の風山よりきたり三百の牧《まき》の若馬《わかうま》耳ふかれけり

B □枯《が》れの森の朽葉《くちば》の霜《しも》の上に落ちたる月の影《かげ》の寒けさ

C ひさかたの光のどけき□の日にしず心なく花の散るらん

D あさみどり花もひとつに霞《かす》みつつおぼろに見ゆる□の夜の月

E 木《こ》の間《ま》よりもりくる月のかげ見れば心づくしの□は来にけり

F 街をゆき子供《こども》の傍《そば》を通るとき蜜柑《みかん》の香《か》せり□がまた来る

A[　　] B[　　] C[　　] D[　　]
E[　　] F[　　]

〔灘中―改〕

(2) 次のA～Fの短歌の鑑賞《かんしょう》文として適切《てきせつ》なものをあとから選び、それぞれ記号で答えなさい。

A 次々に走り過《す》ぎ行く自動車の
運転する人みな前を向く　奥村晃作《おくむらこうさく》

B 死に近き母にそい寝《ね》のしんしんと
遠田のかはづ《わず》天に聞こゆる　斎藤茂吉《さいとうもきち》

C こどもらと手まりつきつつこの里に
あそぶ春日《はるひ》はくれずともよし　良寛《りょうかん》

D 銀《しろがね》も金《くがね》も玉も何せむ《ん》に
まされる宝《たから》子にしかめやも　山上憶良《やまのうえのおくら》

E 友がみなわれよりえらく見ゆる日よ
花を買ひ来て
妻《つま》としたしむ　石川啄木《いしかわたくぼく》

F 角砂糖《かくざとう》ガラスの壜《びん》に詰《つ》めゆくに
いかに詰めても隙間《すきま》が残る　香川《かがわ》ヒサ

ア 静けさの中で、作者の悲しみがいっそう深いものになっている様子が胸《むね》にしみてきます。

イ くやしさをやさしさへと切り替《か》えている作者の心の内がよくうかがえます。

ウ 当たり前のことをためらいもなく歌にした作者の発想には、むしろ感心させられます。

エ 高価《こうか》なものと比《くら》べていることによって、作者の愛情《あいじょう》がいっそう深く感じられます。

オ 難《むずか》しい問題を解《と》くのに苦戦してうなっているような作者の姿《すがた》が想像《そうぞう》できます。

カ 作者がずいぶんと子ども好きなのが、歌に詠《よ》みこまれた情景や心情からわかります。

A[　　] B[　　] C[　　] D[　　]
E[　　] F[　　]

〔跡見学園中―改〕

2 次のA〜Gの俳句《はいく》は、季節の移《うつ》ろいがわかるように順に並《なら》べられたものです。これについて、あとの問いに答えなさい。

A 拾得《じっとく》は焚《た》き寒山《かんざん》は掃《は》く落葉《おちば》　芥川龍之介《あくたがわりゅうのすけ》

［ア］

B 板橋へ荷馬のつづく師走《しわす》かな　正岡子規《まさおかしき》

C 菜の花や月は東に日は西に　与謝蕪村《よさぶそん》

［イ］

D 花の雲鐘《かね》は上野《うえの》か浅草《あさくさ》か　松尾芭蕉《まつおばしょう》

E 目を病むや若葉の窓《まど》の雨幾日《いくにち》　森《もり》 鷗外《おうがい》

［ウ］

F 立秋の紺《こん》落ち付くや伊予絣《いよがすり》　夏目漱石《なつめそうせき》

［エ］

G 山彦《やまびこ》のわれを呼《よ》ぶなり夕紅葉《もみじ》　臼田亞浪《うすだあろう》

(1) 次の①〜⑤の俳句が入る位置として最も適切なものを**ア**〜**エ**から選び、記号で答えなさい。ただし、同じ記号を二度以上使ってもかまいません。

① 土筆《つくし》煮《に》て飯くう夜の台所　正岡子規

② 田一枚植《まいうえ》て立去《たちさ》る柳《やなぎ》かな　松尾芭蕉

③ 移す手に光る蛍《ほたる》や指のまた　炭《たん》 太祇《たいぎ》

④ 名月や池をめぐりて夜もすがら　松尾芭蕉

⑤ 木《こ》がらしにいよいよ杉《すぎ》の尖《とが》りけり　溝口素丸《みぞぐちそまる》

①［　　］ ②［　　］ ③［　　］ ④［　　］ ⑤［　　］

(2) Cの俳句の説明として適切でないものを次から一つ選び、記号で答えなさい。

ア 東の空に出ている月は、三日月《みかづき》だ。
イ 一面に咲《さ》く、菜の花の黄色が目に浮《う》かぶようだ。
ウ この俳句の季語は「菜の花」で、季節は「春」だ。
エ 夕暮《ゆうぐ》れの菜の花畑の様子を描《えが》いている。

［　　］

(3) Dの俳句の「花」の種類として最も適切なものを次から選び、記号で答えなさい。

ア ユリ　**イ** サクラ　**ウ** ウメ　**エ** バラ

［　　］

(4) Gの俳句の説明として適切でないものを次から一つ選び、記号で答えなさい。

ア 作者は山登りの途中《とちゅう》、あまりの景色のすばらしさに声を出した。
イ 山彦が、まるで自分を呼《よ》んでいるかのように聞こえた。
ウ 山彦という動物は、現在《げんざい》では絶滅《ぜつめつ》してしまった。
エ この俳句の季語は「紅葉」で、季節は「秋」だ。

［　　］

〔慶應義塾中〕

理解度診断テスト

出題範囲 116～127ページ
解答→別冊62ページ

時間 35分
得点 　点
理解度診断 A B C
学習日 　月 　日

1 次の詩を読んで、あとの問いに答えなさい。

人間ピラミッド　　北原宗積《きたはらむねかず》

気がつくと
父を　母を　ふんでいた
父と母も　それぞれ
[A]を　[B]を　ふんでいた
祖父母《そふぼ》も　また
そのふた親をふみ
むかしのひとびとをふみ
いのちの過去《かこ》から未来へと
時のながれにきずかれていく…
人間のピラミッド

そびえたつ　そのいただきに
ぼくは　たち
まだいない　子に　孫に
未来のいのちに　ふまれていた

(1) [A]・[B]に入る適切《てきせつ》な言葉を考え、漢字二字でそれぞれ答えなさい。(完答10点)

A [　　]
B [　　]

(2) ――線部「そびえたつ　そのいただきに／ぼくは　たち」とありますが、それはどういうことをいいたいのですか。最も適切なものを次から選び、記号で答えなさい。(10点)

ア 今、有終の美を飾《かざ》れたことはすばらしい。
イ 今ここに存在《そんざい》する自分の命はすばらしい。
ウ 今いる自分の位置を測《はか》れたことはすばらしい。
エ 今ただ一人で高い理想をもち続けすばらしい。
オ 今まさに成功をおさめられたのはすばらしい。

[　　]

(3) この詩において、「ピラミッド」は何を象徴《しょうちょう》していると考えられますか。最も適切なものを次から選び、記号で答えなさい。(10点)

ア 過去の多数の命の上に一つの命があり、それがまたそのあとの命の土台になること。
イ 人は誰《だれ》でも一人で人生の頂上《ちょうじょう》を目指していかなければならないということ。
ウ 普段《ふだん》から自分の居場所《いばしょ》を見失わずに過《す》ごさなければならないということ。
エ 同じ時期にこの世に生まれ合わせたもの同士《どうし》につながりがあるということ。
オ 今を生きる自分は家族といても孤独《こどく》を感じて日々を過《す》ごしているということ。

[　　]

難問
(4) この詩の表現《ひょうげん》についての説明として最も適切なものを次から選び、記号で答えなさい。(10点)

ア 静かに時間をさかのぼりながら、巨大《きょだい》な物体の一部になっていく孤独な自分の存在が擬人法《ぎじんほう》によって印象づけられている。

イ 大きな変化もなく静かに時が経過《けいか》していく様子が、ひらがなを多用することで効果《こうか》的に表現されている。

ウ たとえや倒置《とうち》法が使われており、それらによってこの詩の本《ほん》質《しつ》である自分と両親のつながりを理解《りかい》しやすくなっている。

エ 詩中の「…」のところで、命の尊《とうと》さに気づくとともに、自分らしく生きていこうとする使命感にふるい立っている。

オ 平易《へいい》な言葉で表記され、「ふむ」という語のくり返しによって命の積みかさねの重みが表現されている。

〔西武学園文理中〕 [　　]

独創的
2

次のA~Eの短歌の□に入る色として最も適切なものをあとから選び、それぞれ記号で答えなさい。(各4点)

A 雪のうへ《え》に空がうつりてうす□しわがかなしみぞしづ《ず》かに燃《も》ゆなる
B 薄野《すすきの》に□くかぼそく立つ煙《けむり》あは《わ》れなれども消すよしもなし
C 信濃路《しなのじ》はいつ春にならむ夕づく日入りてしまらく(しばらく)□なる空のいろ
D □色のちひ《い》さき鳥の形して銀杏《いちょう》散るなり夕日の岡《おか》に
E 風かよふ棚一隅《たないちぐう》に房花《ふさばな》の藤《ふじ》揉み合へ《え》ば□の闇《やみ》

ア 白　**イ** 黒　**ウ** 黄　**エ** 青
オ 緑　**カ** 赤　**キ** 紫《むらさき》　**ク** 金

A[　　] B[　　] C[　　]
D[　　] E[　　]
〔灘中〕

3 次の各問いに答えなさい。

(1) 次のA~Fの俳句《はいく》の□に入る言葉として最も適切なものをあとから選び、それぞれ記号で答えなさい。(各4点)

A 偽《いつわ》りのなき香《か》を放ち□　飯田龍太《いいだりゅうた》
B □猫捨《ねこす》てきれず戻《もど》りけり　小沢昭一《おざわしょういち》
C さじなめて童《わらべ》たのしも□　山口誓子《やまぐちせいし》
D □おのれもペンキぬりたてか　芥川龍之介《あくたがわりゅうのすけ》
E 空透《す》けて見える羽持つ□　稲畑汀子《いなはたていこ》
F おりとりてはらりとおもき□　飯田蛇笏《いいだだこつ》

ア 水の音　**イ** 青蛙《あおがえる》　**ウ** 赤蜻蛉《とんぼ》
エ くもの糸　**オ** 山の百合《ゆり》　**カ** すすきかな
キ 夏氷《なつごおり》　**ク** 木枯《こがら》しや

A[　　] B[　　] C[　　] D[　　]
E[　　] F[　　]
〔跡見学園中―改〕

(2) 次のA~Dの俳句の季語をぬき出し、季節をそれぞれ漢字一字で答えなさい。ただし、同じ季節は二度使えません。(各完答4点)

A 雲雀《ひばり》より空にやすらふ峠《とうげ》かな　松尾芭蕉《まつおばしょう》
B 寒月や門なき寺の天高し　与謝蕪村《よさぶそん》
C 菊《きく》の香や奈良《なら》には古き仏《ほとけ》たち　松尾芭蕉
D 涼《すず》しさの海月《くらげ》は潮《しお》にさからは《わ》ず　市川丁子《いちかわていし》

A[　・　] B[　・　]
C[　・　] D[　・　]
〔栄東中―改〕

ステップ1 まとめノート

解答→別冊64ページ

ポイント1 作文の書き方

(1) 題材

何について書くかというテーマのことを[①　　]という。

入試では題材をあたえられ、それについて作文を書くことが多い。

(2) 主題

いちばん伝えたいことや心に残ったできごとなど、作文の[②　　]を決める。**くわしく具体的に書く**と、そのできごとがなぜ心に残ったのか、読み手によく伝わる。

↳様子やできごとを、よりはっきりさせる。

ポイント2 文章の組み立て

(1) 構想《こうそう》（文章の組み立て）

何を中心にして、どのようなことがらを選び出して、どのような順序《じゅんじょ》で書くかという[③　　]を考える。作文を書くとき、次のように構想を考えるとまとまりがよくなるので覚えておく。

・**初め**…ここを読めば、何についての作文か「**題材**」がわかるように書く。

・**なか**…「初め」で表した**題材について、くわしく具体的に表す**。

引きしまった文章にする工夫《くふう》をし、題材と関係のない文を書かないよう、読み手にわかりやすく伝えるようにする。

↳むだがなく、だらだらしていない。

・**終わり**…「初め」「なか」で表したことをふまえて、**題材についての思い・考え**を書き、作文をまとめる。**それまで書いてきた内容《ないよう》をふまえながら考えを述《の》べる**とよい。

↳判断《はんだん》する手がかりにして。

〔作文〕　題名「運動会」

「オー、エス。オー、エス。」声を大きくはりあげる。今はつな引きのまっ最中。一生けん命ふんばるけれど、じりじり引っ張《ぱ》られていく。手がつなとすれて痛《いた》い。「もうだめだ」そう思ったとき、「正面を向いて引っ張れ。絶対《ぜったい》勝つぞ。」と友達の声が聞こえた。そうだ、簡単《かんたん》に負けちゃだめだ。それからはひたすら引っ張り続けた。ふっとつなが軽くなって、相手がなだれこんできた。勝ったのだ。

私《わたし》はとてもうれしかった。あきらめないことが大切だと思った。

〔解説《かいせつ》〕

この作文の題材は「運動会」。運動会について、書き手がいちばん書きたいと思った[④]は、「つな引きでの勝利」だ。そのため、つな引きをする場面から書き始めている。そして、そのときの自分たちの様子や気持ちを、くわしく書いている。くわしく[⑤]に書くと、なぜ心に残ったのかが読み手に伝わりやすい。この作文で書き手は、最後まであきらめずにたたかった結果、勝てたうれしさを伝えたいのだ。

● 右の〔解説〕の[④]・[⑤]に入る適切《てきせつ》な言葉を書きなさい。

④[　　　　]　⑤[　　　　]

学習日　月　日

(2) 構成表

作文の下書きとして、題名や文体（常体《じょうたい》か敬体《けいたい》か）、初め・なか・終わりに何を書くかという構想を表にまとめる。

（常体 →「…だ・である」調か　敬体 →「…です・ます」調か。）

●右ページの運動会の作文例について、次の構成表を完成させなさい。

題材	運動会　　文体［⑥　　］
書きたいこと	⑦
初め	⑧
なか	あきらめそうになったとき、友達の「絶対勝つぞ」という声を聞き、気持ちを切りかえてがんばることができた。その結果相手に勝てた。
終わり	⑨

(3) 推敲《すいこう》

文章を書き終えて、主題がよくわかるように書けているか、誤字《ごじ》や脱字《だつじ》がないかなど、文章を読み直し、よりよい文章にすることを「**推敲**」という。

ポイント3 引きしまった文章の工夫

(1) 一文の長さ

一文の長さを短くすることで意味もはっきりするので、長い文があるときは、文を分けて［⑩　　］する。

(2) 文末の表現《ひょうげん》

［⑪　　］を現在《げんざい》形にしたり名詞《めいし》（体言）止めにしたりすることで、**臨場感《りんじょうかん》**がある文章や、**余情《よじょう》**の残る文章になる。

（臨場感 → 目の前で行われている感じ。　余情 → あとまで心に残る余韻《よいん》。）

(3) 会話を入れる

会話を入れることで、雰囲気《ふんいき》のよくわかる生き生きとした文章になる。

ズバリ暗記　**だらだらした感じの文章にならないように、一文の長さを短く書くようにする！**

ポイント4 原稿《げんこう》用紙の使い方

(1) 一ますに一字

文字は一字ずつ、ます目の中に書く。読点（、）や句点《くてん》（。）、かぎ（「　」）などの符号《ふごう》も一ますに入れる。ただし、句読点が行の頭に来る場合は、前行末の文字と同じます目、またはます目の下に入れる。会話文の最後は。と」を［⑫　　］に入れる。

(2) 書き出し

書き出しや段落《だんらく》の初めは、一ます目を空けて書く。

(3) 会話文

会話文は、原則《げんそく》としてかぎ（「　」）をつけて改行して書く。

解答→別冊64ページ

ココがねらわれる

あたえられた条件《じょうけん》に従《したが》って書き、構成《こうせい》のきちんとした作文に仕上げる。書き終えたら推敲《すいこう》も忘《わす》れないようにしよう。

学習日　月　日

1 あなたのいちばん心に残っている「遠足の思い出」について、三百六十字以内で作文を書きなさい。作文は二段落《にだんらく》構成とし、はじめの段落に心に残った遠足の思い出をくわしく書き、あとの段落にそれに対する思いや考えを書きます。

(1)〔構成表〕これから書く遠足の作文について、次の構成表を完成させなさい。

〈構成表〉

題材…遠足の思い出　　文体〔　　　〕

書きたいこと〔　　　〕

初め〔　　　〕

なか〔　　　〕

終わり〔　　　〕

(2)〔作文〕(1)で作成した構成表をもとに、いちばん心に残っている「遠足の思い出」についての作文を書きなさい。

2 次のことわざについてどう思いますか。ことわざの意味と作文の条件を読み、あとの問いに答えなさい。

・急がば回れ

〈意味〉

急ぐときはよく知らない危険《きけん》な近道より、遠回りでもいつもの安全な道で行くほうが早く着くものだ。何かを成功させたいなら、じれったくても着実なやり方でするのがよい。

〈条件〉

① はじめに、ことわざに対するあなたの考えを書きなさい。（そのとおりだ、ちがうと思う、など）

② 次に、はじめに書いた考えの理由を、あなたの体験や身近な人の体験をもとにして書きなさい。

③ 最後に、それまでの内容《ないよう》をふまえて自分の考えをまとめなおし、作文をしめくくりなさい。

④ 字数は、四百字程度《ていど》で書きなさい。

(1)〔構成表〕これから書く作文について、次の構成表を完成させなさい。

〈構成表〉

文体［　　　］

ことわざについての考え

［　　　］

理由となった、自分や身近な人の体験

［　　　］

作文のしめくくりとなる考え

［　　　］

(2)〔作文〕(1)で作成した構成表をもとに、「急がば回れ」ということわざについての作文を書きなさい。

3 〔課題作文〕「太陽」という題で、二百字程度で作文を書きなさい。〔追手門学院中〕

4 〔課題作文〕これからの時代は、ロボットと人間とのかかわりが増えてくると考えられます。では、ロボットと人間はコミニュケーションをとることができるのでしょうか。あなたの考えについて、そう考える理由と具体例をあげながら、三百六十一字以上、四百五十字以内（二十五行以上、三十行以内）で書きなさい。〔京都〕

〈書き方の注意〉

①題や氏名は書かないで、一行目から書き始めます。

②段落を変えたときの残りのます目は、字数として数えます。

③最後の段落の残りのます目は、字数として数えません。

重要

5 〔意見文〕テレビはあなたにとって役に立ちますか。「役に立つ」「役に立たない」のどちらかの立場に立ち、その理由も明らかにして三百字以内で書きなさい。〔高田中〕

得点アップ

体験の部分は、いちばん伝えたい場面にしぼって、なぜ心に残ったかが読み手に伝わるように書こう。

チェック！自由自在

推敲で注意することがらとして、どのようなことがあるか調べてみよう。また、原稿《げんこう》を直したいときには、消して書き直す以外にどのような方法があるか調べてみよう。

解答→別冊67ページ

1 遠くに住むおばあさんから、あなたの誕生日《たんじょうび》を祝ってプレゼントが届《とど》きました。あなたはさっそく、おばあさんにお礼の気持ちを伝えることにしました。**そのとき、手紙と電話のどちらで自分の気持ちを伝えますか。三百字程度《ていど》で作文を書きなさい。**

※解答《かいとう》らんを省略《しょうりゃく》しています。

〈条件《じょうけん》〉

① はじめに、あなたなら、手紙と電話のどちらで自分の気持ちを伝えるかをはっきり表しなさい。

② 次に、その理由を、あなたの体験をもとにして書きなさい。

③ 最後に、それまでの内容《ないよう》をふまえて自分の考えをまとめなさい。

2 **社会のマナーについて、四人の生徒が話しています。これを読んで、あとの問いに答えなさい。**ここでいう「社会のマナー」は、「一人ひとりにとって暮《く》らしやすい町になるように、守られるべきこと」を指しています。

A君「きのう、駅で目の不自由な人を見かけたよ。でも、点字ブロックに大きな荷物をおいた人がいて、その人は荷物にぶつかってもう少しで転ぶところだったんだ。」

Bさん「私《わたし》は、点字ブロックがあると、ベビーカーの走行にじゃまだから、取り除《のぞ》いてほしいと言っている女の人を見たことがあるわ。」

C君「きっとみんな、点字ブロックが何のためにあるのか、その大切さがわからないから、そんなことを言ったりしたりするんだね。点字ブロックは、目の不自由な人が線路や車道に行ったりしないためにあるのにね。」

Dさん「でも、道はばがせまいところでは、点字ブロックはでこぼこしているから、小さい子やお年寄《としよ》りは転びそうになるかもしれないね。取り除いてほしいといった人も、ベビーカーが倒《たお》れそうになったのかな。」

問 四人の発言を参考に、「社会のマナー」に対するあなたの考えを三百五十字程度で書きなさい。

〈条件〉

① まず、「社会のマナー」について自分はどう思うのかを表しなさい。

② 次に、はじめに書いた意見の理由を、あなたの体験や、あなたが見聞きしたことをもとに書きなさい。

③ 最後に、それまでの内容をふまえて自分の考えをまとめなおし、作文をしめくくりなさい。

独創的

3 **次の文章を読んで、あとの問いに答えなさい。**

みのむしは、たいそうかわいそうだ。おにが生ませた子なので、親に似《に》ておそろしい存在《そんざい》にちがいないと、男親と同じみのの着物を着せられ、「秋風がふくころ、むかえに来るからね」と言い置いて母親がにげていったのも知らず、風の音から秋が来たのを知って、八月くらいになれば、「お乳《ちち》をちょうだい」と言って心細げに泣いている。たいそうかわいそうだ。（枕草子《まくらのそうし》　第四十段《だん》）

九月ごろ、一晩《ひとばん》じゅう降《ふ》り続いた雨が朝になってやみ、朝日が黄金の光をふりまいてかがやいているのに、庭の草木は昨夜の雨でぐっしょりとなっているのも、たいそうおもむきがあってよい。軒《のき》の上などにあったくもの巣が、雨で破《やぶ》れてしまったけれどまだ少し残っていて、そこに雨のしずくのついているのが、まるで真珠《しんじゅ》を糸でつないだようで、風情《ふぜい》があっておもしろい。（枕草子　第百二十六段）

問　この文章の作者のように、「あなたが秋らしさを感じる風景」について、二百字程度で作文を書きなさい。

〈条件〉

① まず、「秋らしさを感じる風景」について描写《びょうしゃ》しなさい。このとき、比喩《ひゆ》（直喩・隠喩《いんゆ》・擬人《ぎじん》法）を使って、その風景が読む人の目に浮《う》かぶようにくわしく書くこと。

② 次に、はじめに書いた風景に対する思い・考えを書きなさい。

4 **「登下校の思い出」という題で作文を書きなさい。**百六十字以上二百字以内で三段落構成《だんらくこうせい》とすること。文字はていねいに書くこと。題は書かなくてよろしい。

〔大阪教育大附属天王寺中〕

独創的

5 私たちは何かを調べるのに「本」や「インターネット」を使います。本とインターネットにはそれぞれすぐれている点があります。

そこで、本とインターネットそれぞれのすぐれている点をメモしたうえで、①本のほうがすぐれている、②インターネットのほうがすぐれているという二種類の意見を書くことにしました。**二種類の意見を、それぞれメモの内容をすべて入れて書きなさい。**ただし、①は「私は本のほうがすぐれていると考える。なぜなら」、②は「私はインターネットのほうがすぐれていると考える。なぜなら」の書き出しで始めること。

〈メモ〉

・本…校正や編集《へんしゅう》、出版社《しゅっぱんしゃ》→情報《じょうほう》の信頼度《しんらいど》が高い。
　書きこみやマーク→気づいたことを残せる。
・インターネット…検索《けんさく》→目的の情報すぐに。
　映像《えいぞう》見られる。

〔自修館中〕

資料を見て書く

解答↓別冊69ページ

傾向と対策

資料《しりょう》を見て書く作文では、数値《すうち》から割合《わりあい》や傾向《けいこう》などを正しく読み取ることがポイントになる。さまざまな分野から出題されるので、ふだんから社会の出来事に広く関心をもつことも必要だ。

1 次の先生とA君の会話を読んで、あとの問いに答えなさい。

A君「お年玉をもらったのですが、使う予定がなかったので銀行に預《あず》けました。」

先生「しばらく預けておくと利息が付くので家においておくよりは良いかな。」

A君「そういえば、父が銀行から家を買うときにお金を借りたそうで、利子をつけて返すと言っていました。銀行も商売ですが、どのような仕組みで利益《りえき》をあげているのでしょうね。」

先生「お金の貸《か》し借りには利子・利息が付くけれどこのことが質問《しつもん》を解《と》くカギだよ。銀行の立場からの図を書いて説明してみるね。」

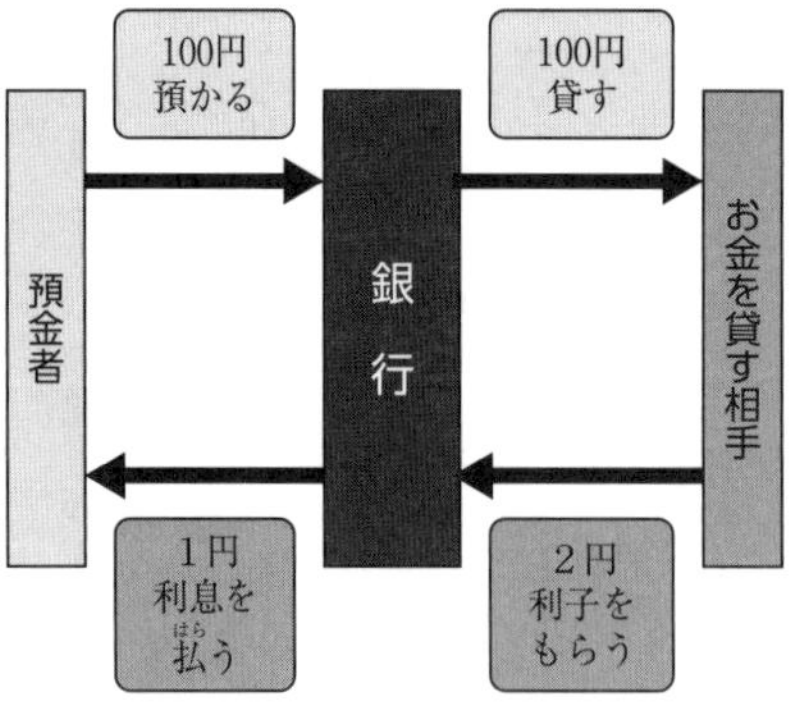

問 上の図を参考にして、A君の質問「銀行が利益をあげる仕組み」について、先生に代わってわかりやすく説明しなさい。

〔自修館中—改〕

問題の考え方 同じ金額《きんがく》を、銀行が預かったり貸したりするときに、もとになるお金（元本）のほかに出入りする利子・利息があることに注目します。例として挙がっている金額は、取り上げる必要はありません。

---

2 太郎《たろう》さんは、インターネットショッピングについて調べ学習をし、発表に向けた準備《じゅんび》をしています。次の会話文を読んで、あとの問いに答えなさい。

先生：太郎さんは、インターネットショッピングについて調べているのですよね。

太郎さん：はい。わたしの母は、スーパーマーケットで働いているのですが、そこでは、売上《うりあげ》を伸《の》ばすため、インターネット販《はん》売《ばい》も行っていると聞きました。これは、お客にとって、とても便利だと思う反面、何か危険性《きけんせい》はないのかと考え、調べています。

先生：これは、どのような資料ですか。

太郎さん：**資料1**はインターネットショッピングを利用する理由やメリット、**資料2**はインターネットショッピングを利用した際《さい》のトラブルの代表的な例をまとめたものです。

先生：それらの資料を活用して、どのような発表をしますか。

太郎さん：**資料1**及《およ》び**資料2**からわかるインターネットショッピングの利点と課題を述《の》べたいと思います。

先生：お客にとっての利点と課題がよくわかり、良い発表になりそうですね。

太郎さん：ありがとうございます。ただ、資料からわかることを述べるだけなので、単調な発表になりそうで心配しています。

先生：それでは、お店にとっての利点と課題も考えるのはどうでしょう。インターネットを利用すると、売上を伸ばすため

学習日　月　日

にどのような利点があるのか。インターネット販売をすることで何か課題はあるのか、経営者《けいえいしゃ》になったつもりで、考えを発表してはどうでしょうか。

太郎さん：ありがとうございます。それでは、お客、お店の両方の立場から、インターネットショッピングの利点と課題を挙げて、双方《そうほう》にとって、望ましい買い物の在《あ》り方について発表したいと思います。

先　生：がんばってください。

資料１　インターネットショッピングを利用する理由やメリット（複数《ふくすう》回答可《か》）

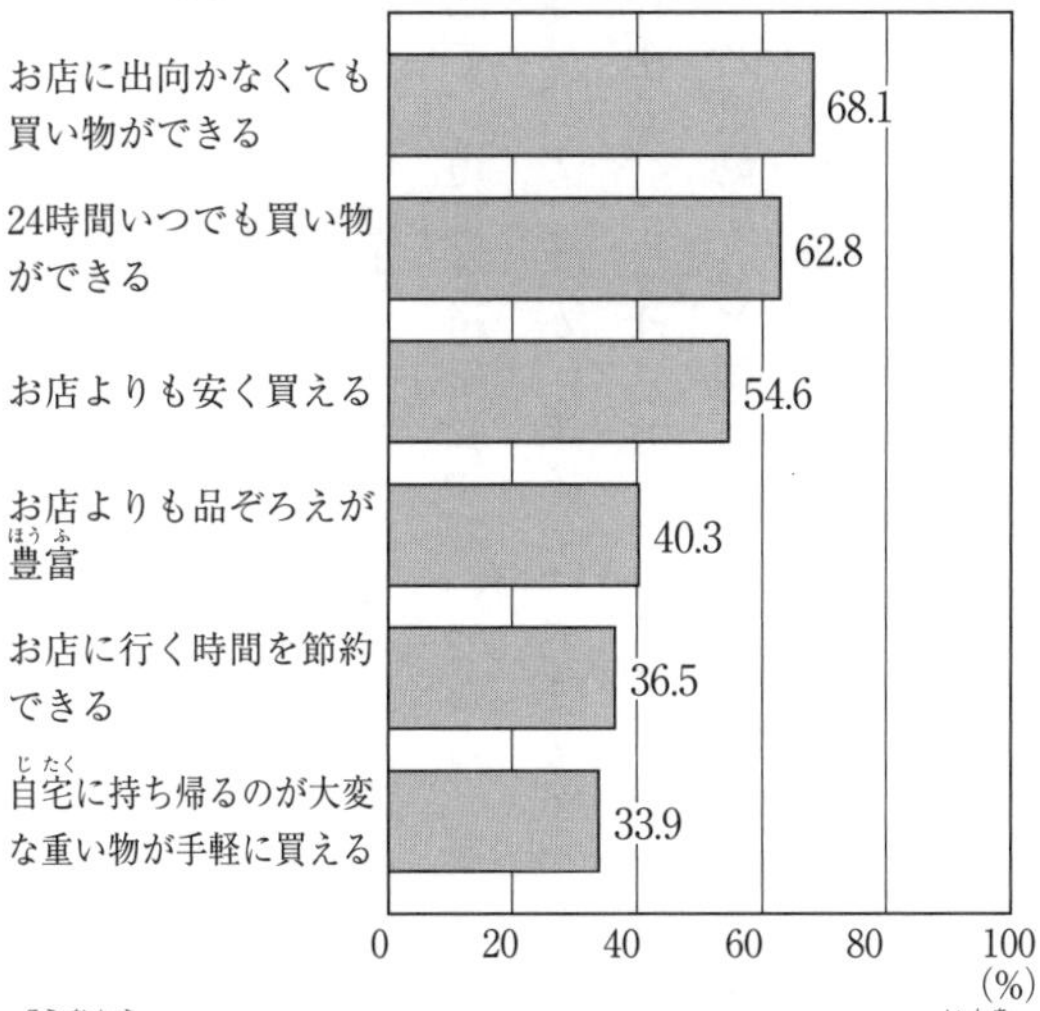

（総務省《そうむしょう》「IoT時代における新たなICTへの各国ユーザーの意識《いしき》の分析《ぶんせき》等に関する調査《ちょうさ》研究（平成28年）」をもとに作成）

資料２　インターネットショッピングを利用した際のトラブルの代表的な例

事例１　料金を支払《しはら》ったのに、商品が届《とど》かない。

事例２　カーテンの色がパソコンの画像《がぞう》と違《ちが》うのに、お店の人に同じだと言われた。

事例３　届いた商品が、にせもののブランド品みたいなので、調べてもらおうとしたが対応《たいおう》してもらえなかった。

事例４　海外の会社が発行するスポーツチケットをクレジットカードで申し込《こ》んだが、お金は引き落とされたのに、チケットが届かなかった。

（独立行政法人《どくりつぎょうせいほうじん》国民生活センター「インターネットトラブル」をもとに作成）

問　太郎さんは、望ましい買い物の在り方について発表をしようとしています。あなたが太郎さんならどのような発表原稿《げんこう》を作成しますか。次の条件《じょうけん》に従《したが》って書きなさい。

〈条件〉

① 解答《かいとう》は１マス目から書くこと。
② 文章の分量は三百字以内とすること。
③ 数字や小数点、記号についても１字と数えること。

問題の考え方　会話文から、太郎さんが発表しようと考えている内容をすべてふくめて書くようにします。

3　次の【文章】を読んだあと、【文章】の中の、学ぶことについて【話し合い】が行われました。これを読んで、あとの問いに答えなさい。

【文章】

知識をただ覚えておくだけでは、教養・知性《ちせい》にはなりません。頭のどこかに間借りしているだけです。それをその人なりに血肉化していくには、「考える」という作業が不可欠です。

「考える」というのは、新しい意味、あるいは＊因果《いんが》関係を見つけていくことです。一見するとつながりがないように思えることも、それらを別の文脈《ぶんみゃく》や論理《ろんり》の世界に持ち出して丁寧《ていねい》に消化していくと、少しずつつながっていることが見えてくるから不思議です。

しばしば「真理はひとつ」だと言われます。エネルギーはさまざまなかたちで現象《げんしょう》を生み出しているけれども、これはすべてある大きな法則《ほうそく》に基《もと》づいている。私《わたし》たちの心の中で起こっていることも、外で起こっていることも、すべてつながっているかもしれない、ということです。

そういうことが少しでも感じられると、ものの見方も違《ちが》ったものになるでしょう。これこそが、教養を身につけるということのひとつの意味で、それはまた、学ぶことの意味でもあるわけです。

登山で、道なき道を登っていったら、自分のいる場所がわからなくなります。ところが、あるところまで来ると、急に見晴らしがいいところに出る。そうすると、「うわぁ、こんなきれいなところがあったのか」と感動すると同時に、自分が今いるところが、別のかたちで見えてくることがあります。

上に行けば行くほど、周りの山や空、遠くにある滝《たき》などが見えてきます。

学ぶというのは、山を少しずつ、少しずつ登っているようなものです。登るにつれて、見える世界が少しずつ大きくなり、広がっていきます。そして、自分が今いる場所が、徐々《じょじょ》にわかってきます。

上まで行けばそういうことがわかるけれども、途中《とちゅう》で周りを見ても木や草しか見えなくて、自分がどこにいるかわからないものです。これは皆《みな》さんが、学んでいる状況《じょうきょう》と似《に》ています。

学ぶにつれて、いろいろなことがつながってきて、ものごとを＊俯瞰《ふかん》して見られるようになると、自分の立ち位置、さらには自分が生きている世界が見えてきます。学ぶということは、山を登ることと同じです。

いろいろな知識《ちしき》がつながってくると、世の中がよく見えてきます。それまで自分が経験的《けいけんてき》に知っていたことと、新しく教えてもらったことがつながって、もうひとつ高いレベルで意味を理解《りかい》できるようになるからです。

そうすると、世界の見え方が変わり始めます。これが、学ぶことの＊醍醐味《だいごみ》です。

今までまったく文字が読めなくて、五〇歳《さい》になって、初めて文字を勉強し始めた女性《じょせい》がいました。彼女《かのじょ》は、「文字を勉強してから、夕日ってこんなにきれいだったのか、と思えるようになった」と言います。

文字を読めるようになると、知識への水路が広がります。いろいろなことを理解し、それらの知識がつながってきたことによって、夕日の美しさに改めて気づいた、というのです。つまり、人間の美意識は、知識とその知識への水路を少しでも身につけた自分という存在《そんざい》の喜《よろこ》びにつながっているということです。

また別の、二〇代で初めて文字を勉強した若者《わかもの》は、「今まで平気で蹴《け》とばしていた木の根っこを、蹴とばせなくなった」と言っています。

やはり、文字を学び始めたことで、いろいろなものの命に気づいたのでしょうか。知識への水路を身につけていると、自分の周りのものを粗末《そまつ》にできなくなるようなのです。

学ぶことによって自分たちを支《ささ》えてくれているものが見えてきて、自分の命とそれらがつながっていることに気づくようになった。そうすると、世界の見え方は、まったく変わってしまうというのです。そういうことがわかると、おそらく学ぶことはどんどん面白《おもしろ》くなっていくはずです。

（汐見稔幸《しおみとしゆき》「人生を豊《ゆた》かにする学び方」）

＊因果関係＝原因と、それによって起こる結果の関係。

＊俯瞰＝高所から見下ろしてながめること。
＊醍醐味＝ものごとを深く経験して得《え》られる良さで、他のものに代えることができないもの。

【話し合い】

春川さん　【文章】の中で筆者は、「学ぶことの意味・理由」について述《の》べていたね。私たちと同じ小学生は、「学ぶこと」についてどんなふうに考えているのかな。

夏木さん　次のような【資料《しりょう》】があるよ。勉強する理由はいろいろ挙げられているけれど、大きくA～Dのグループに分けられるみたいだね。

秋田さん　本当だ。例えばDのグループは、「しかられたくない」、「ほめられたい」、「ごほうびをもらえる」といった、「他の人からの評価《ひょうか》や反応《はんのう》」を勉強する理由にしているグループだと言えそうだね。

春川さん　なるほどね。私は、自分が何のために勉強しているのかなんて、しっかり考えたことはなかったわ。学校では、みんなが勉強しているんだから、自分も勉強しなければいけないとしか考えていなかったわ。

夏木さん　そうなんだ。ぼくは、将来《しょうらい》やってみたい仕事があるから、そのために勉強をがんばっているよ。みんながそれぞれ、自分にとっての「学ぶことの意味・理由」について、立ち止まって考えてみるいい機会かもしれないね。

(1) ［　　］の春川さんの発言について、春川さんの学ぶ理由は、【資料】のA～Dのどのグループに入りますか。最も適切《てきせつ》なものを、A～Dの中から一つ選び、記号で答えなさい。

(2) あなた自身は、「学ぶことの意味・理由」についてどのように考えますか。あなた自身の考えを、次の条件《じょうけん》に従って書きなさい。

〈条件〉
① 二段落構成《だんらくこうせい》で書くこと。
② 第一段落では、あなたが考える「学ぶことの意味・理由」を【資料】を参考にして書くこと。
③ 第二段落では、【文章】の筆者が考える「学ぶことの意味・理由」と、第一段落で書いたあなたの考えを関連させながら書くこと。
④ 全体を、百六十字以上、二百字以内で書くこと。（改行により空いたマスは字数にふくむ。）

【資料】

勉強する理由（小学生）
注）数値《すうち》は「とてもあてはまる」「まあまあてはまる」を足した割合《わりあい》(%)

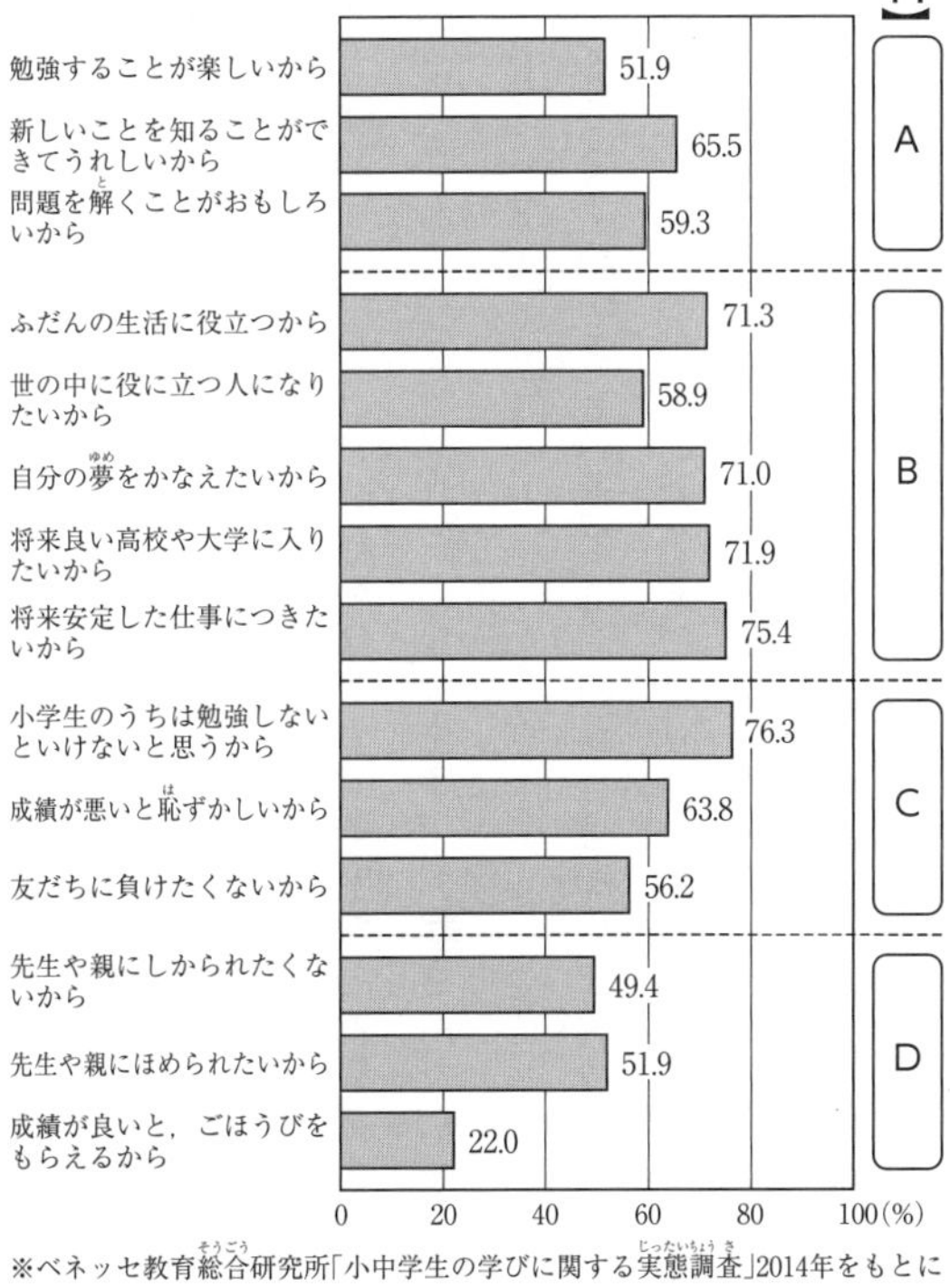

※ベネッセ教育総合《そうごう》研究所「小中学生の学びに関する実態調査《じったいちょうさ》」2014年をもとに作成。
※各理由について，「とてもあてはまる」「まあまあてはまる」「あまりあてはまらない」「まったくあてはまらない」を選ぶかたちで答えた。

〔石川県立金沢錦丘中—改〕

問題の考え方
第一段落では、グラフの項目《こうもく》を参考に、自分の考えを書きます。第二段落では、あなたの考えと文章の筆者の考えの関わり（同じところ、ちがうところなど）にふれてまとめます。

課題文を読んで書く

解答↓別冊70ページ

傾向と対策
文章を読んで書く作文では、文章の主題や、筆者の主張《しゅちょう》を読み取れているかどうかがポイントになる。作文の力だけではなく、読解力《どっかいりょく》や思考力、表現力《ひょうげんりょく》も問われる問題だ。

学習日　月　日

1 次の文章を読んで、あとの問いに答えなさい。

「オリンピックを前にして、野口みずきはわたしにこう言ったんです。三村《みむら》さん、アテネで勝てる靴《くつ》をつくってね、ですよ。そんな無茶なと思いますよ。でも、その注文がわたしの靴づくりへの信頼《しんらい》なんです。口では、そんな靴つくれるかと言ったものの、信頼にこたえる必要がありますよ」

足型《あしがた》をつくる前の採寸《さいすん》には、三次元測定機《そくていき》を使う。これは誰《だれ》にでも正確《せいかく》な形状《けいじょう》を測《はか》ることができる。もうひとつの測定は、いまのところアシックスでも三村さんにしかできない。実際《じっさい》に足にさわって、筋肉《きんにく》のつきぐあいや関節など、外見の数字では読みとれない身体的な特徴《とくちょう》をつかむ。練習方法や練習量を知り、本人の要求も聞く。足だけではなくて体全体のバランスも見る。

「体重は左右の両足に均等《きんとう》にかかるのが理想ですが、六対四とか、ひどい人になると七対三という場合もあります。左右の足をくらべればすぐわかりますよ」

「それは三村さんが若《わか》いときに長距離《ちょうきょり》を走った経験《けいけん》があるからですか」

「経験も多少はあるでしょうが、それよりなにより、何万人の運動選手の足を直接《ちょくせつ》測ってきたからですよ」

三村さんは、先ほど測ったばかりだという「アラインメント測定リスト」という図表をテーブルに置いて、説明してくれる。アラインメント（alignment）は、機械の調整をするという意味合いの場合に使う。足を三次元測定機で測ったうえで、三村さん独自《どくじ》の触診《しょくしん》などをして、足型をつくるための調整をする、という意味かと思う（アラインメントにはほかに照準《しょうじゅん》目標、位置づけの意味もある）。

「足をみると、この選手はこれでは膝《ひざ》が痛《いた》くなる、腰《こし》が痛くなる、尻《しり》が張《は》る、体が前のめりになるとか足が流れるなとか、みんなわかります。注意をして、これこれの走り方をしたらいいと提案《ていあん》します。三ヵ月後にもういちど測定して数値《すうち》に変化がない選手がいるんですね。ちっとも練習していないのがわかります。選手のためを思うから提案したのに、なんでや、と怒《おこ》りたくなります。お客さんだから、もう来るなとは言いませんが」

足でそこまでわかるものだとは、わたしは知らなかった。

「感性《かんせい》でつくることが多いんです。よりよいものをつくろうとしたら、科学性を参考にすることが大事なのは言うまでもありませんが、なんぼコンピュータが進んでも、最終的な判断《はんだん》は人間がします。コンピュータで測定しただけでは、足首がやわらかいから着地で体がぶれるんだ、そこをなおしなさい、とは判断できないでしょう。この測定リストをじっと眺《なが》めれば、その選手の着地から蹴《け》り出しまでの姿勢《しせい》が読めるんです」

選手の走り方、癖《くせ》までを観察し、汗《あせ》をかきやすい体質《たいしつ》かどうかも調べて、クッション性や軽さ、通気性を勘案《かんあん》した靴をつくりあげるまでに、少なくとも半年はかかる。

「ものづくりに大事なのは、ことばに出して言える判断力です。靴底ひとつでも、軽くすれば摩耗《まもう》が早い、摩耗したくなければ重くなる。どんな素材《そざい》の底をどうつくるかだけでも、工場とのやりとりでテストをくりかえします。最終的にはこれだと言える判断力はこちらが持たなければ、いい靴にはなりません。

野口みずきの場合は一年かかりました。最終的にはアテネに行って、コースの路面の硬《かた》さをチェックしたり、気象条件《きしょうじょうけん》を調べたりもしました。

そうやってあらゆるデータをそろえて、ようやく一足の靴ができるわけです」

そうなのだ。それが、あの写真の靴なのである。その靴が、四二・一九五キロを走り抜《ぬ》いてトップでゴールインした野口みずきの足を支《ささ》えたのであった。

最後に、①三村仁司《ひとし》さんから若者《わかもの》たちにひと言なにか伝えてほしいとお願いした。三村さんは、天を仰《あお》ぐしぐさをしてから、ことばを選びながら、つぎのように話してくれた。

「マラソンの瀬古利彦《せことしひこ》選手を育てた早稲田《わせだ》大学競走部の監督《かんとく》、中村清《きよし》さんから教えられたことばがあります。「若いときに流さなかった汗は、老いたのちに涙《なみだ》になって返ってくる」とおっしゃいました。若いうちに苦労しておけということです。いまも大事にしていることばです。

苦労は、好きにならなければできません。誰にだってひとつぐらい②長所がある。自分でそれをみつけて、それで一番になれ。ネバー・ギブアップです」

これがアスリートたちのスポーツシューズづくりで日本一になった現代《げんだい》の名工、三村仁司さんから若者たちへのメッセージである。

（小関智弘《こせきともひろ》「道具にヒミツあり」）

---

(1) ——線①「三村仁司さん」がものづくりをするうえで大切にしていることは何ですか。文中から十三字でぬき出しなさい。

独創的

(2) この文章に題名をつけるとしたらどのようなものがふさわしいですか。最も適切《てきせつ》なものを次から選び、記号で答えなさい。

ア オリンピックでメダルを取る方法
イ 足型は正確なデータで作る
ウ 選手の注文は自分への信頼
エ たった一人での挑戦《ちょうせん》

〔　〕

難問

(3) ——線②「長所」とありますが、あなたの長所は何ですか。また、その長所をこれからの生活にどのようにいかしていきたいと思いますか。あなたの考えを百字程度《ていど》で書きなさい。

〔藤嶺学園藤沢中―改〕

問題の考え方　まず、自分の長所を簡潔《かんけつ》に書きます。それから、その長所をどのようにいかしたいかを、具体的な例を交えて書いてまとめます。

2 次の文章を読んで、あとの問いに答えなさい。

いわゆる頭のいい人は、言わば足の早い旅人のようなものである。人より先に人のまだ行かない所へ行き着くこともできる代わりに、途《と》中《ちゅう》の道ばたあるいはちょっとしたわき道にある肝心《かんじん》なものを見落とす恐《おそ》れがある。頭の悪い人、足ののろい人がずっとあとからおくれて来てわけもなくそのだいじな宝物《たからもの》を拾って行く場合がある。

頭のいい人は、言わば富士《ふじ》のすそ野まで来て、そこから頂上《ちょうじょう》をながめただけで、それで富士の全体をのみ込《こ》んで東京へ引き返すという心配がある。富士はやはり登ってみなければわからない。

頭のいい人は見通しがきくだけに、あらゆる道筋《みちすじ》の＊前途の難関《なんかん》が見《み》渡《わた》される。少なくも自分でそういう気がする。そのためにややもすると前進する勇気を＊阻喪《そそう》しやすい。頭の悪い人は前途に霧《きり》がかかっているためにかえって楽観的である。そうして難関に出会っても＊存外《ぞんがい》どうにかしてそれを切り抜《ぬ》けて行く。どうにも抜けられない難関というのはきわめてまれだからである。

それで、＊研学の徒はあまり①頭の□先生に、うっかり助言を請《こ》うてはいけない。きっと前途に＊重畳《ちょうじょう》する難関を一つ一つしらみつぶしに＊枚挙《まいきょ》されてそうして自分のせっかく楽しみにしている＊企図《きと》の絶望《ぜつぼう》を宣告《せんこく》されるからである。＊委細かまわず着手してみると存外指摘《してき》された難関は楽に始末がついて、指摘されなかった意外な難点に出会うこともある。

頭のよい人は、あまりに多く頭の力を過信《かしん》する恐れがある。その結果として、自然がわれわれに表示《ひょうじ》する現象が自分の頭で考えたことと一致《いっち》しない場合に、「自然のほうが間違《まちが》っている」かのように考える恐れがある。まさかそれほどでなくても、そういったような傾向《けいこう》になる恐れがある。これでは自然科学は自然の科学でなくなる。②一方でまた自分の思ったような結果が出たときに、それが実は思ったとは別の原因《げんいん》のために生じた偶然《ぐうぜん》の結果でありはしないかという可能性《かのうせい》を＊吟味《ぎんみ》するというだいじな仕事を忘《わす》れる恐れがある。

頭の悪い人は、頭のいい人が考えて、はじめからだめにきまっているような試みを、一生懸命《けんめい》につづけている。やっと、それがだめとわかるころには、しかしたいてい何かしらだめでない他のものの糸口を取り上げている。そうしてそれは、そのはじめからだめな試みをあえてしなかった人には決して手に触《ふ》れる機会のないような糸口である場合も少なくない。自然は＊書卓《しょたく》の前で手をつかねて空中に絵を描《えが》いている人からは逃《に》げ出して、自然のまん中へ赤裸《あかはだか》で飛び込《こ》んで来る人にのみその神秘《しんぴ》の扉《とびら》を開いて見せるからである。

（寺田寅彦《てらだとらひこ》「科学者とあたま」）

＊前途＝行く先。　＊阻喪しやすい＝失いやすい。　＊存外＝案外。
＊研学の徒＝学問を研究する人。　＊重畳する＝何重にも重なる。
＊枚挙されて＝いちいち数え上げられて。　＊企図＝くわだて。計画。
＊委細かまわず＝細かい事情《じじょう》にとらわれず。　＊吟味する＝念入りに調べる。
＊書卓の前で手をつかねて＝机《つくえ》の前でうで組みして。

(1) ――線①「頭の□先生」に入る言葉を文中から二字でぬき出しなさい。

頭の□先生

(2) ――線②「一方でまた自分の……忘れる恐れがある」の内容《ないよう》と合うものとして最も適切なものを次から選び、記号で答えなさい。

ア 頭のいい人は、期待通りの結果が出ない場合、偶然のせいだと考えて、その結果を認《みと》めない。

イ 頭のいい人は、思い通りの結果が一回得《え》られただけでは、それを偶然だと思い、満足しない。

ウ 頭のいい人は、結果が仮説《かせつ》と一致すると、それが他の偶然の結果である可能性を検証《けんしょう》しない。

エ 頭のいい人は、偶然出た結果も自分の科学的知識《ちしき》で説明できると考え、それ以上研究しない。

［　　］

(3) 筆者が文章中で述《の》べている「頭のいい人」「頭の悪い人」について、あなたは自分をどちらだと思いますか。一方を選び、そう思う理由を百二十字以内で具体的に書きなさい。なお、どちらを選んでも、点数には関係ありません。

（雙葉中―改）

問題の考え方　筆者が述べている「頭のいい人」と「頭の悪い人」とはどのような人なのかを、まずつかみます。それぞれの部分で、「頭のいい(よい)人は……」、「頭の悪い人は……」と、対比《たいひ》させて述べています。その上で、自分がどちらにあてはまるかを、具体的な理由とともに書きます。

3 次の文章を読んで、あとの問いに答えなさい。

自然現象は、すべて*物質《ぶっしつ》が*関与《かんよ》していますから、そこで主役を演《えん》ずる物質は何かを特定することがまず第一なのです。次に、考える現象が、その物質の性質《せいしつ》によるものか、物質の運動や変化によるものかを考えるのです。ときには、その物質が何からつくられているかまで、考えなければならないかもしれません。研究とは、この段階《だんかい》で何が決定的に重要なのかを探《さぐ》りだし、その理由を明らかにし、実験や観察結果を再現《さいげん》すること、といえるでしょう。

例えば、包丁で野菜や魚を切る場面を考えてみましょう。ここにもたくさんの「なぜ」があります。野菜・魚に応《おう》じて、包丁の重さや刃《は》の形は異《こと》なっていますね。なぜでしょうか。肉や魚は包丁を引きながら切り、野菜は押《お》して切っていますが、それはなぜなのでしょうか。切れにくい包丁で切ると味がまずくなるといわれるけれど、本当でしょうか。包丁が切れなくなったとき、砥石《といし》でとぐとよく切れるようになるのはなぜでしょう。これだけの疑問《ぎもん》に答えるには、包丁そのものが何でできているか（鉄かステンレスかによって、硬《かた》さや刃先の形・錆《さ》びやすいかどうかが異なる）、刃先がどのような角度になっているか（切る材料の硬さや*摩擦《まさつ》と関係している）、切ったとき材料の*細胞《さいぼう》はどうなるか（細胞を壊《こわ》さない方がきれいだし味もよい）、砥石でとぐと刃先はどうなるか（鋭《するど》くとがるとともに、鋸《のこぎり》のような小さなすじもつく）などを考えねばなりません。つまり、「切る」という現象には、包丁と材料という物質の性質、刃先の運動、細胞の*化学反《はん》応《のう》などがからんでいるのです。「切る」という簡単《かんたん》なことなのに、これだけの「なぜ」がからんでいるのです（まだ摩擦については、よくわかっているとはいえません。このような日常《にちじょう》現象は、意外に難《むずか》しく、わかっていないことが多いのです）。

このように考えると、「なぜ」に答えるのはそう簡単ではないとわかるでしょう。でも、こんなふうに考えて「なぜ」に答えるのは、楽しいと思いませんか？

（池内《いけうち》　了《さとる》「科学の考え方・学び方」）

＊物質＝もの。　＊関与＝関係すること。
＊摩擦＝ものとものがこすれ合うこと。
＊細胞＝すべての生物がもつ、体を形づくるごく小さな組織《そしき》のこと。
＊化学反応＝ものとものがかかわることで起きる化学的な変化のこと。

問 この文章で、筆者は、「なぜ」と疑問をもち、確《たし》かめたり調べたりするときに何が大切だといっていますか。また、このことを参考にして、あなたが疑問を解決《かいけつ》するときに大切にしていることについて、体験を交えながら書きなさい。ただし、文章は四百字以上五百字以内で、三段落構成《こうせい》で書くこととします。

（仙台市立仙台青陵中）

問題の考え方　筆者は、自然現象を研究するときに大切なことを、最初の段落で述べています。これをまとめたうえで、自分が大切にしていることを書きます。

課題テーマについて書く

解答→別冊71ページ

傾向と対策
課題をあたえられて書く作文では、文章の組み立てがポイントになる。「初め・なか・終わり」や「起承転結《きしょうてんけつ》」を意識《いしき》して書こう。テーマを想定して、構想《こうそう》を考えておくことも重要だ。

1 A中学校の図書委員会の会議で、図書館にマンガを置くことについて議論《ぎろん》になり、生徒にアンケートを取ることにしました。次のアンケート案を読んで、あとの問いに答えなさい。

アンケート案

① 方　法……図書館に来室してきた生徒に向けて、一週間続けて取る。

② 文面案

> **アンケート**
> 一般的《いっぱんてき》にマンガは活字離《ばな》れを誘発《ゆうはつ》し、想像力《そうぞうりょく》を奪《うば》うと言われています。そこで質問《しつもん》ですが本校図書館にマンガを置くことにあなたは賛成《さんせい》ですか、反対ですか。どちらかに○を書いて図書館入口にあるポストに入れてください。
> あなたは図書館にマンガを置くことに
> **1　賛成　　2　反対**
> その理由（　　　　）
> ご協力ありがとうございました。

(1) このアンケート案にはいくつかの問題点があります。その一つを挙げ、どういう問題なのかを説明しなさい。

(2) あなたは図書館にマンガを置くことに賛成ですか、反対ですか。どちらかの立場に立って、その理由を書きなさい。（ただし本文に書いてあるものは理由にしてはいけません。）

〔淑徳与野中〕

問題の考え方
図書館にマンガを置くことに賛成か反対かを考える前に、まずあなたのマンガに対する価値観《かちかん》や、マンガの良い点・良くない点を考えてみましょう。
その上で、自分はどちらの立場に立つのかを明らかにします。理由は、説《せっ》得力《とくりょく》のあるものを選んで書きます。

2 学校生活には授業《じゅぎょう》をはじめ、学級活動や委員会活動などさまざまな場面で「話し合い」をする機会がありますが、「話し合い」で大切なことは何だと思いますか。あなたのこれまでの学校生活での経験《けいけん》をもとに、四百字以上五百字以内で、理由を示《しめ》しながら書きなさい。

〈注意〉
① 題名、氏名は書かずに、一行目から書き始めること。
② 原稿《げんこう》用紙の正しい使い方に従《したが》い、文字やかなづかいも正確《せいかく》に書くこと。

〔宮城県古川黎明中〕

学習日　月　日

問題の考え方

テーマである学校生活で「話し合い」をした場面を思い出してみましょう。自分の経験の中で、話し合いがうまくできたときのこと、あるいはできなかったときのことを参考に、どのようなことが原因《げんいん》で、うまくできたりできなかったりしたのかを考えて、「話し合いで大切なこと」を見つけ出します。

他にも、そのときのうれしかった経験や、くやしかった経験、はずかしかった思い出などからヒントを得《え》て「大切なこと」につなげてみるのも良いでしょう。

3 五年生の担任《たんにん》の先生から、六年生の家庭学習への取り組み方について紹介《しょうかい》してほしいと言われました。そこで、作文にまとめて、五年生の教室にけい示《じ》することにしました。あなたが伝えたいことを次の条件《じょうけん》に従って書きなさい。

〈条件〉

① 自分の経験や見たり聞いたりしたことと、それらを通して考えたことなどを書くこと。
② 内容《ないよう》のまとまりごとに段落《だんらく》を分けること。
③ 文章は四百字以上、五百字以内で書くこと。
④ 題名を書かないで本文から書き始めること。

〔秋田〕

問題の考え方

自分自身の経験に思い当たるものがない場合は、見たり聞いたりしたことや、本で読んだり映像《えいぞう》で見たことなどをもとにしてもかまいません。あなたが良いと思う「家庭学習への取り組み方」についての具体的な内容を書くようにします。

そこから自分が考えたことや伝えたいことについては、段落を変えて書きます。

---

4 あなたが、これまで努力してきたことや達成したことはどのようなことですか。そして、その努力したことや達成したことを通して、どのようなことを考えましたか。次のA～Fのことわざの中から一つ選び、そのことわざを文章の中で適切《てきせつ》に使って、具体的に書きなさい。また、あとの〈条件〉に従って、書きなさい。

A 石の上にも三年
B 急がば回れ
C 好きこそものの上手なれ
D 早起きは三文《さんもん》の得《とく》
E 善《ぜん》は急げ
F ちりも積もれば山となる

〈条件〉

① 選んだことわざの記号を書くこと。
② 文章全体を三段落または四段落で書くこと。
③ 四百字以上、五百字以内で書くこと。

〔山形県立東桜学館中〕

問題の考え方

まず初めに、それぞれのことわざの意味を考えましょう。意味をあやふやにしか覚えていないものは選ばないようにします。正しい意味を理解《りかい》していることわざの中で、自分の経験に照らし合わせて「努力」「達成」のキーワードが思い浮《う》かぶものを採用《さいよう》します。

文章を複数《ふくすう》の段落に分ける指定がなくても、はじめは自分の意見を簡潔《かんけつ》に書き、そのあとでくわしい内容と、そう考えた理由を分けて書くとまとめやすくなります。

5 あなたは小学生のときに多くの本を読んできたと思います。あなたにとって、良い本とはどのような本ですか。今までの経験《けいけん》をもとに書きなさい。
また、中学生になった自分に、読書についてのメッセージを送るとしたら、どのようなメッセージを送りますか。あわせて五百字以上六百字以内で書きなさい。

〔福井県立高志中〕

問題の考え方

書く内容《ないよう》が二つありますが、それぞれが内容の上でつながるように書くことを意識《いしき》しましょう。まずは、「良い本」についての考えをまとめます。本の具体名は挙げても挙げなくてもかまいませんが、「あなたは小学生のときに多くの本を読んできたと思います」「今までの経験をもとに」とあるので、小学生のときをふくめて、今までに本を読んできた経験から考えた「良い本」について書きます。

次に、中学生になった自分へのメッセージの部分は段落《だんらく》を変えて、それが「メッセージ」であることがはっきりわかるように書きます。

最後に、「良い本とはどのような本か」ということと、「中学生になった自分に送る読書についてのメッセージ」、それぞれにつながるようなまとめを入れるとよいでしょう。

---

6 太郎《たろう》さんが通う学校には「人と積極的にかかわろう」という目標があります。その目標を達成するためにはどうすればよいか、みんなで考えたところ、花子《はなこ》さんが「気持ちのよいあいさつをする」という意見を出しました。あなたならどのような意見を出しますか。花子さんの意見以外のあなたの意見を書きなさい。また、あなたが出した意見のくわしい内容と、そう考えたわけを、二百字以内で書きなさい。

〈注意〉

① 、や。や「　」なども一字に数える。
② 段落分けはしなくてよい。
③ 一マス目から書き始めること。

〔岡山県立岡山大安寺中〕

問題の考え方

何を書く必要があるのかを、問題文から正確《せいかく》に読み取ります。指示《しじ》された内容が多い時には、問題に線を引くなどして、もらさず書くように注意します。

テーマに対する自分の考えが思いつかないときは、「人と積極的にかかわる」とはどういうことか、「積極的」とは、「かかわる」とは、のように分けて考えて、発想の糸口を見つけてみましょう。

7 これからの生活では、さまざまな場面でリーダーを務《つと》める機会があります。そのようなとき、あなたはどのようなリーダーになろうと思いますか。四百字以上五百字以内で書きなさい。

〈条件《じょうけん》〉

① 作文は三段落構成《こうせい》で書くこと。
② 一段落目では、あなたが考える「リーダー」について書くこと。
③ 二段落目では、②のように考えるようになった理由を書くこと。
④ 三段落目では、②のような「リーダー」になるために、今後心がけていきたいことを書くこと。

〈注意〉

① 題名、氏名は書かずに、一行目から書き始めること。
② 原稿《げんこう》用紙の正しい使い方に従い、文字やかなづかいも正確に書くこと。

〔宮城県仙台二華中〕

問題の考え方

これまでに自分がリーダーを経験《けいけん》したことがある場合は、そのときにうまくいったこと、逆《ぎゃく》にうまくいかなかったことを思い出してみましょう。そこからどのようなリーダーが良いと思うかをまとめます。

これまでリーダーを経験したことがない場合は、自分が今までに出会ったリーダーの中で、よかった人はどのようなリーダーであったのかと考えると書きやすくなります。

書く内容の条件が多いときは、もらさないように気をつけて書きましょう。

8 次の文章を読んで、あとの問いに答えなさい。

私《わたし》たちがふだん何気なく使っている言葉でも、あらためて考えてみると、そこにさまざまな「問い」がうかんでくることがあります。たとえば次の点線で囲《かこ》まれた部分は、「泣く」という言葉にうかんでくる「問い」の例です。

【例】 泣く

〈「問い」の例〉

・どうして泣いたあとは気持ちがすっきりするのか。
・泣くのはいいことなのか、悪いことなのか。
・そもそも泣きたくなるのはどんな時か。
・どうして人は泣いている人の涙《なみだ》に弱いのか。
・大人は子どものように泣いてはいけないのか。

…

あたりまえの考え方からはなれて自由に発想することで、この例の他にもさまざまな「問い」がうかんでくることでしょう。どのようなことに「問い」をもつかは、その人の考え方やこれまでの経験によっても異《こと》なります。また、「問い」について考えるときは、自分とは異なる立場からも考えてみましょう。

(1) 「自立」という言葉について、あなたが考えた「問い」を三つ書きなさい。

(2) (1)で書いた「問い」の中から一つ選び、その「問い」に対するあなたの考えをわかりやすく六百字程度《ていど》で述《の》べなさい。

〔東洋大学京北中—改〕

問題の考え方

自分にとって「自立」とはどのような状態《じょうたい》をいうのか、なにをしたら「自立」していると言えるのか、自分の経験や身近な人の状況《じょうきょう》に置きかえて考えてみましょう。わかりやすく書くために、要点をまとめながら段落を分けて書くようにしましょう。

解答→別冊76ページ

時間 40分
得点 点
合格80点
学習日 月 日

1 次の文章を読んで、あとの問いに答えなさい。

雑草《ざっそう》の成功戦略《せんりゃく》を一言でいえば「※逆境《ぎゃっきょう》×変化×多様性《せい》」であるだろうと私《わたし》は考えている。それでは、逆境と変化と多様性という三つの要《よう》素《そ》について、それぞれ見ていくことにしよう。「逆境」とは①「逆境をプラスに転じる力」である。

たとえば、踏《ふ》まれながら生きることは、多くの人が雑草に持つイメージだろう。

中でもオオバコという雑草の戦略は※秀逸《しゅういつ》である。オオバコは、舗装《ほそう》されていない道路やグラウンドなど、踏まれやすい場所によく生えている。じつは、オオバコは踏まれやすい場所に好んで生えているのである。

オオバコは競争に弱い植物なので、他の植物が生えるような場所には生息できない。そこで、他の強い植物が生えることのできないような、踏まれる場所を選んで生えているのである。

オオバコは踏まれに強い構造《こうぞう》を持っている。

オオバコの葉は、とても柔《やわ》らかい。硬《かた》い葉は、踏まれた衝撃《しょうげき》で傷《きず》つきやすいが、柔らかい葉で衝撃を吸収《きゅうしゅう》するようになっているのである。しかし、柔らかいだけの葉では、踏まれたときにちぎれてしまう。そこで、オオバコは葉の中に硬い筋《すじ》を持っている。このように、柔らかさと硬さを併《あわ》せ持っているところが、オオバコが踏まれに強い秘密《ひみつ》である。

茎《くき》は、葉とは逆に外側が硬くなかなか切れない。しかし、茎の内側は柔らかいスポンジ状《じょう》になっていて、とてもしなやかである。茎もまた硬さと柔らかさを併せ持つことによって、踏まれに強くなっているのである。

ヘルメットが、外は固いが中はクッションがあって柔らかいのと、まったく同じ構造なのである。

「 X 」という言葉がある。

見るからに強そうなものが強いとは限《かぎ》らない。柔らかく見えるものが強いことがあるかも知れないのである。

昆虫学者《こんちゅうがくしゃ》として有名なファーブルは、じつは『ファーブル植物記』もしたためている。その植物記のなかで、ヨシとカシの木の物語が出てくる。

ヨシは水辺に生える細い草である。ヨシは突風《とっぷう》に倒《たお》れそうになったカシの木にこう語りかける。カシはいかにも立派《りっぱ》な大木だ。しかし、ヨシはカシに向かってこう語りかける。

「 Y 」

日本には「柳《やなぎ》に風」ということわざがある。カシのような大木は頑《がん》強《きょう》だが、強風が来たときには持ちこたえられずに折れてしまう。ところが、細くて弱そうに見える柳の枝《えだ》は風になびいて折れることはない。弱そうに見えるヨシが、強い風で折れてしまったという話は聞かない。柔らかく外からの力をかわすことは、強情《ごうじょう》に力くらべをするよりもずっと強いのである。

柔らかいことが強いということは、若い読者の方にはわかりにくいかも知れない。正面から風を受け止めて、それでも負けないことこそが、本当の強さである。ヨシのように強い力になびくことは、ずるい生き方だと若い皆《みな》さんは思うことだろう。

［Ａ］、風《ふ》が吹くこともまた自然の*節理である。風は風で吹き抜《ぬ》けなければならない。②自然の力に逆《さか》らうよりも、自然に従《したが》って自分を活《い》かすことが大切である。

この自然を受け入れられる「柔らかさこそ」が、本当の強さなのである。

オオバコは、柔らかさと強さを併《あわ》せ持って、踏まれに強い構造をしている。

［Ｂ］、オオバコのすごいところは、踏まれに対して強いというだけではない。

オオバコの種子は、雨などの水に濡《ぬ》れるとゼリー状の粘着液《ねんちゃくえき》を出して膨張《ぼうちょう》する。そして、人間の靴《くつ》や動物の足にくっついて、種子が運ばれるようになっているのである。オオバコの学名は*Plantago*。これは、足の裏《うら》で運ぶという意味である。タンポポが風に乗せて種子を運ぶように、オオバコは踏まれることで、種子を運ぶのである。

よく、道に沿《そ》ってどこまでもオオバコが生えているようすを見かけるが、それは、種子が車のタイヤなどについて広がっているからなのだ。

こうなると、オオバコにとって踏まれることは、耐《た》えることでも、克服《こくふく》すべきことでもない。もはや踏まれないと困《こま》るくらいまでに、踏まれることを利用しているのである。

「逆境をプラスに変える」というと、「物事を良い方向に考えよう」という*ポジティブシンキングを思い出す人もいるかも知れない。

［Ｃ］、雑草の戦略は、そんな気休めのものではない。もっと具体的に、③逆境を利用して成功するのである。

［Ｄ］、雑草が生えるような場所は、草刈《くさか》りされたり、耕《たがや》されたりする。ふつうに考えれば、草刈りや*耕起《こうき》は、植物にとっては生存《せいぞん》を危《あや》ぶまれるような大事件《じけん》である。しかし、雑草は違《ちが》う。草刈りや耕起をして、茎がちぎれちぎれに切断《せつだん》されてしまうと、ちぎれた断片《だんぺん》の一つ一つが根を出し、新たな芽を出して再生《さいせい》する。つまり、ちぎれちぎれになったことによって、雑草は増《ふ》えてしまうのである。

また、きれいに草むしりをしたつもりでも、しばらくすると、一斉《いっせい》に雑草が芽を出してくることもある。じつは、地面の下には、膨大《ぼうだい》な雑草の種子が芽を出すチャンスを伺《うかが》っている。一般《いっぱん》に種子は、暗いところで発芽をする性質《せいしつ》を持っているものが多いが、雑草の種子は光が当たると芽を出すものが多い。

草むしりをして、土がひっくり返されると、土の中に光が差し込《こ》む。光が当たるということは、ライバルとなる他の雑草が取り除《のぞ》かれたという合図でもある。そのため、地面の下の雑草の種子は、チャンス到《とう》来《らい》とばかりに我先《われさき》にと芽を出し始めるのである。

こうして、きれいに草取りをしたと思っても、それを合図にたくさんの雑草の種子が芽を出して、結果的に雑草が増えてしまうのである。

草刈りや草むしりは、雑草を除去《じょきょ》するための作業だから、雑草の生存にとっては逆境だが、雑草はそれを逆手《さかて》に取って、増殖《ぞうしょく》してしまうのである。何というしつこい存在《そんざい》なのだろう。

（稲垣栄洋《いながきひでひろ》「植物はなぜ動かないのか　弱くて強い植物のはなし」）

*逆境＝思うようにならず苦労の多い、不運な立場や環境《かんきょう》。
*秀逸＝他にぬきんでて、ひいですぐれること。　*節理＝物事のすじみち。
*ポジティブシンキング＝物事を良い方向に考える考え方。
*耕起＝土を掘《ほ》り返したり反転させたりして耕すこと。

(1) X に入る最も適切《てきせつ》な故事《こじ》成語を次から選び、記号で答えなさい。

ア 言うは易《やす》く、行うは難《かた》し　イ 井の中の蛙《かわず》大海《たいかい》を知らず

ウ 大は小を兼《か》ねる　エ 虎穴《こけつ》に入《い》らずんば虎子《こじ》を得《え》ず

オ 柔《じゅう》よく剛《ごう》を制《せい》す

［　　］

(2) Y に入る最も適切な一文を次から選び、記号で答えなさい。

ア「私はあなたほど突風に慣《な》れていない。いつもなびいているからね」

イ「私はあなたほど風が怖《こわ》くない。折れないように身をかがめるからね」

ウ「私はあなたほど立派な大木ではない。でも、生きているのは一緒《いっしょ》だよ」

エ「私はあなたほど幹《みき》が太くない。細々と生きているんだよ」

オ「私はあなたほど水がつらくない。いつも泳いでいるからね」

［　　］

(3) A ～ D について、その三カ所には、あとの**ア**～**オ**から同じ語一つが入り、一カ所だけ他と異《こと》なるものが入ります。その異なる語が入る空らんのアルファベットと、そこに入る記号を次から選び、記号で答えなさい。

ア すると　イ たとえば　ウ また

エ しかし　オ さて

［　　・　　］

(4) ――線①「逆境をプラスに転じる力」とありますが、「オオバコ」は、踏まれるという「逆境」を具体的にどのような「プラス」に転じていますか。文中の言葉を用いて六十一字以上七十字以内で書きなさい。

(5) ――線②「自然の力に逆らうよりも、自然に従って自分を活かすことが大切である」について次のように説明したとき、 Ⅰ ～ Ⅲ に入る言葉をあとから選び、それぞれ記号で答えなさい。

風が吹いたときに、それに Ⅰ に逆らって折れてしまうよりも、吹いてくる風に Ⅱ に Ⅲ ことで折れずに生きていくことができる。

ア 直接《ちょくせつ》　イ 柔軟《じゅうなん》　ウ なびく　エ 無理　オ かわす

カ 無難《ぶなん》　キ 順番　ク 強化　ケ たよる

Ⅰ［　　］　Ⅱ［　　］　Ⅲ［　　］

(6) ――線③「逆境を利用して成功する」とありますが、自分のこれまでの経験《けいけん》や、見聞きしたことで、「逆境」だと思っていたことが、

良い結果につながった例について、百一字以上百二十字以内で書きなさい。

(7) 文中の内容《ないよう》と合っているものを次から二つ選び、記号で答えなさい。

ア オオバコは競争に弱いので、他の植物と一緒に生息することは難《むずか》しい。

イ オオバコの葉は、とても柔らかいので、踏まれた衝撃で傷つきやすくなっている。

ウ オオバコは柔らかさと硬さをあわせ持っているため、ちぎれちぎれになっても増《ふ》えることができる。

エ オオバコは踏まれることで種子を運ぶため、踏まれないと困るくらいまでに、踏まれることを利用している。

オ オオバコが道に沿って生えているようすをよく見かけるのは、道沿いならば踏まれることが少ないからだ。

カ 草刈りや草むしりをすると、かえって雑草が増えるきっかけになるので、やらない方がよい。

〔　　・　　〕

〔公立国際学園中―改〕

2 次の――部のかたかなを漢字で書きなさい。

(1) よくケントウしてから決める。

(2) 災害《さいがい》へのタイサクを錬《ね》る。

(3) 台風で大雨ケイホウが出る。

(4) 適切なショチをする。

(5) シャソウを流れる景色を楽しむ。

(6) 商品のセンデンをする。

(7) 相手にソンダイな態度《たいど》をとる。

(8) 五万人の大カンシュウ。

(9) 先生の言葉を心にキザむ。

(10) 税金《ぜいきん》をきちんとオサめる。

(1)〔　　〕 (2)〔　　〕 (3)〔　　〕

(4)〔　　〕 (5)〔　　〕 (6)〔　　〕

(7)〔　　〕 (8)〔　　〕 (9)〔　　〕

(10)〔　　〕

〔東京女学館中〕

1 次の文章を読んで、あとの問いに答えなさい。

震災《しんさい》以降《いこう》、ラジオばかり聴《き》いている。八月のある日、小、中学生の夏休みの宿題が、番組のテーマになっていた。今でも読書感想文が宿題になっているらしく、読書が習慣《しゅうかん》になっていない子供《こども》たちにとっては、それがとても苦痛《くつう》らしい。①私《わたし》も本を読むのは大好きだったが、感想文を書かされるのは大嫌《だいきら》いだった。読みたくもない本を押《お》しつけられ、そのうえ感想文まで書かされるなんて、うんざりだと気乗りがしなかったが、その押しつけられた本を読んでみると意外と面白《おもしろ》く、先生が読めという本も、満更《まんざら》でもないと子供心に反省した。それからは課題図書は素直《すなお》に読み、感想文を提出《ていしゅつ》するようになったものだ。

放送中、小学生の母親からのメッセージが読まれた。宿題の読書感想文に頭を悩《なや》ませた息子《むすこ》が彼女《かのじょ》に、

「いいことを思いついた」

といった。課題図書は名作なので、だいたい映画《えいが》化されている。本は読まずにDVDを借りてきて、それを見て感想文を書けば楽だといったというのである。

それを読んだ、幼《おさな》い子供がいるらしい女性《じょせい》アナウンサーが、

「それはいい方法ですね」

といったので、私はびっくりした。一緒《いっしょ》に番組をやっている男性は、自身も文章を書き、本も出版《しゅっぱん》している人なので、

「えっ、どうしてですか」

と聞いた。すると彼女は、

「だって、本を読んで頭の中で想像《そうぞう》するって、大変じゃないですか」

などといったのである。呆《あき》れたのか男性も黙《だま》ってしまい、その話題はそれっきりになった。きっと彼女は自分の子供が読書感想文を書かされる年齢《ねんれい》になったら、

「本を読まなくたって、DVDを見て書けばいいわよ」

などと入れ知恵《ぢえ》するのだろう。

私は子供の頃《ころ》から本が大好きで、本なしでは過《す》ごせない生活を、数十年以上過ごしてきた。老眼《ろうがん》になり体力も落ちた今では、以前のようには読めなくなったが、それでも本は買い続けている。②画面ではなく、ちゃんと本を手にとって読みたい。しかし世の中には、本をまったく③読まないという人がいるのも事実なのだ。

知り合いの四十代の女性は、教科書や課題図書以外、本は手にしたことがなく、課題図書もろくに読まなかったので、読み終えた本はこれまでの人生で一冊《いっさつ》もない。どうして読まないのかと聞いたら、

「面倒《めんどう》くさくて」

と顔をしかめる。女性誌《し》はたまに買うものの、写真だけを X 見ていき、文字を読むのは値段《ねだん》とブランド名だけ。本文はまったく読まない。逆《ぎゃく》に彼女から、

「どうして本を読むんですか」

と聞かれたので、

「本はいちばん安い娯楽《ごらく》だと思うわ。五百円足らずの文庫本でも、読めばいろいろな人の人生を追体験できるし、知らない事柄《ことがら》も知ることができるし、過去《かこ》でも未来でも、すべての出来事が経験《けいけん》できるじゃない」

と力説したが、

「ふーん」

と気のない返事しか戻《もど》ってこなかった。

私は本を読む人は偉《えら》くて立派《りっぱ》といった考え方は嫌いで、本を読んで何も得《え》ないよりは、実体験で経験を積んだほうがよいと思っている。習うより慣《な》れよというけれど、簡単《かんたん》に本が買えなかった時代の日本人は、本を読んだ知識《ちしき》ではなく、自分が体を動かし、経験をしていろいろな考え方を身につけていた。本を読んでいる人が、読まない人よりも上という感覚はない。しかし、四十年以上生きてきて、一冊の本を選ぶ気も読む気もなかった人というのは、やはりちょっと理解《りかい》しにくい。

なにか読みたいなと思っても、どんな本を選んでいいかわからず、買って読む機会を失ったまま、［Y］時間が経《た》ってしまった人はいるだろう。しかし彼女の場合は、とにかく興味《きょうみ》がないのだ。他に趣味《しゅみ》を持っている人ならば、本を読む時間は持てないだろうと、

「家で時間があるときはどうしているの」

と聞いたら、

「ずっとテレビを見てます」

という。なので、芸能《げいのう》人の噂話《うわさばなし》やバラエティ番組にはとても詳《くわ》しい。自慢《じまん》できるほど詳しいのならまだしも、テレビをあまり見ない私でも知っているような事柄ばかりなので、詳しいといってもたいした内容《ないよう》ではないのだ。特に趣味はなく、インターネットは好きではないので、休みの日はぼーっとテレビを見ているか、情報《じょうほう》番組で見た、安いと評《ひょう》判《ばん》の店を食べ歩きしているといっていた。

（中略）

幼《おさな》い頃から身近に本があった人間には、当たり前でも、そうでない人々にとっては、本との距離《きょり》は遠い。編集者《へんしゅうしゃ》は普通《ふつう》の家庭よりも本の数が多いものだが、私の担当《たんとう》編集者の女性には、子供が二人いて、保《ほ》育園《いくえん》の友だちが家に遊びに来ると、

「わぁ、いっぱいある」

とまず棚《たな》に並《なら》んだ本を見て、声を上げるのだそうだ。そして彼《かれ》らは絵本を手に取って、興味深そうに開いている。彼らの家庭には本というものがないのである。なので彼らが自主的に本を読みたいとか、欲《ほ》しいといわなければ、図書館で借りたり、買ってもらえたりもしないし、彼らは保育園に置いてある本しか知らないで成長する可能性《かのうせい》が大なのだ。

「私たちは本を読むのが当たり前と思っていますけど、そうじゃない人たちも多いから、出版社《しゅっぱんしゃ》に勤《つと》めている身としては、いろいろ考えさせられます」

と母親である彼女はいっていた。

それらの話の後に耳にした、例のアナウンサーの発言なので、親が④そのような感覚ならば、子供に本を読み聞かせたり、読む機会を与《あた》えたりするなんて、あり得ないのではないだろうか。それにしても、アナウンサーになれるほどの人なのだから、偏差値《へんさち》も高くお勉強もしただろうに、いったいどういう人なのだろうかと、プロフィールを調べてみたら、趣味の欄《らん》に「読書」と書いてあった。彼女はいったい何をどう読んできたのだろうかと、二度びっくりした。

（中略）

最近は書店に行っても、それなりにお客さんがいて、本を購入《こうにゅう》している。図書館も以前は閑散《かんさん》としていたが、老若男女《ろうにゃくなんにょ》がたくさんやってきている。図書館は、貸《か》し出し件数《けんすう》が多く見込《みこ》まれる書籍《しょせき》だけを何十冊も購入《こうにゅう》し、地域《ちいき》の文化を担《にな》っているというよりも、無料の貸本《かしほん》業のようになっているのは問題だと私は感じている。無料なら読むという

人が多いのも問題だが、それでも本を読みたい人がいるのには救われる。

以前、小学校で毎日、読書の時間をもうけると聞いたとき、そのうち自主的に本を選ぶようになるのではというけれど、強制《きょうせい》的な感じがしていやだったが、⑤そのシステムが効果《こうか》をあげているようだ。誰《だれ》もが自主的に本を手にするわけではなく、読む癖《くせ》をつけたり訓練をさせないとだめだと、はじめてわかった。昔は子供《こども》がインドアで楽しめるのは、本くらいしかなかったからなぁと、紙の匂《にお》いを嗅《か》ぎながら本を読んだ頃《ころ》を思い出した。そして電子書籍《しょせき》なんぞ、想像もできなかったと考えると、長く生きてきたもんだと、つくづく感じるのである。

（群《むれ》ようこ「寄《よ》る年波には平泳ぎ」）

(1) X・Y に入る適切《てきせつ》な言葉を次から選び、それぞれ記号で答えなさい。

ア ずるずると　イ いらいらと　ウ わざわざと

エ ぱらぱらと　オ むざむざと　カ すらすらと

X［　　］ Y［　　］

(2) ――線①「本を読むのは大好きだった」と述《の》べる筆者にとって、読書の喜《よろこ》びとは、どういうことですか。文中から一文でさがし、はじめの五字をぬき出しなさい。

(3) ――線②「画面ではなく、ちゃんと本を手にとって読みたい」とありますが、DVDを見るのではなく、本を読みたいと筆者が願うのは、画面ではどういう楽しみがないからですか。「楽しみ。」に続く形で、文中から十字以内でぬき出しなさい。

楽しみ。

(4) ――線③「知り合いの四十代の女性」に対して、筆者はどういう印象《いんしょう》をもっていましたか。最も適切なものを次から選び、記号で答えなさい。

ア 写真しか見ず、文字は値段《ねだん》とブランド名だけで本文はまったく読まないなんて、悲しいとしかいいようがない。

イ 本を読んで何も得《え》ないよりは、実体験で経験《けいけん》を積んだほうがよいのだから、このような生き方があってもよい。

ウ 四十年以上生きてきて一冊《いっさつ》の本も読まなかったなんて、なぜそういう生き方になるのかということが気になる。

エ 私《わたし》でも知っているような事しか知らないのだから、テレビを見ている彼女《かのじょ》よりも本を読んでいる私の方が上だ。

［　　］

(5) ――線④「そのような感覚」とはどのような感覚ですか。最も適切なものを次から選び、記号で答えなさい。

ア 本を読むひまがあるなら勉強しなさいという感覚。

イ 本など読ませなくてもかまわないという感覚。

ウ 本よりテレビの方が役に立つという感覚。

エ 本を読むのが当たり前だという感覚。

［　　］

(6) ——線⑤「そのシステムが効果をあげている」であろうことは、筆者自身が同じような教育を受けた経験から裏《うら》づけられるのですが、筆者は、自身における効果をどのような言葉で述べていますか。文中から一文でさがし、はじめの五字をぬき出しなさい。

□□□□□

(7) 筆者は、これからの子供の教育において、重要なことはどういうことだと結論《けつろん》づけていますか。次の文の□に入る言葉を文中から二十字以内でさがし、ぬき出しなさい。

これからの子供には、本を□ということ。

□□□□□□□□□□
□□□□□□□□□□

（巣鴨中　改）

2 次の文章を読んで、あとの問いに答えなさい。

【A】蜂《はち》の羽音が
チューリップの花に消える
微風《そよかぜ》の中にひっそりと
客を迎《むか》えた赤い部屋
（三好達治《みよしたつじ》「チューリップ」）

【B】蟻《あり》が
蝶《ちょう》の羽をひいて行く
ああ
ヨットのようだ
（三好達治「土」）

【C】小舎《こや》の水車　藪《やぶ》かげに一株《ひとかぶ》の椿《つばき》
新しい轍《わだち》に蝶が下りる　それは向きをかえながら
静かな翼《つばさ》の抑揚《よくよう》に　私《わたし》の歩みを押《お》しとどめる
「踏切《ふみきり》よ　ここは……」　私は立ちどまる
（三好達治「信号」）

【D】砂原《すなはら》と空と寄り合ふ《う》九十九里の磯《いそ》行く人ら蟻のごとしも　伊藤左千夫《いとうさちお》

【E】やれ打つな蠅《はえ》が手をすり足をする　小林一茶《こばやしいっさ》

【F】金亀虫《こがねむし》擲《なげう》つ闇《やみ》の深さかな　高浜虚子《たかはまきょし》

(1) 次の①～③は【A】～【F】のいずれかの作品についての生徒の感想の一部です。それぞれどの作品のものかを考え、記号で答えなさい。

① 校庭でこのような光景を見たことがあるよ。よく読むと、白と黒、生と死など、いろいろな対比《たいひ》が感じられる作品だね。

② 夏の夜の実際《じっさい》の出来事が描《えが》かれているのかな。意外さに少しおどろいている作者の顔が思いうかぶように感じたよ。

③ まるで命ごいをしているかのようなしぐさにユーモアが感じられます。作者のやさしさがにじみ出た作品だと思います。

①［　　］　②［　　］　③［　　］

(2) 次の表現技法《ひょうげんぎほう》が使われている作品を【A】～【F】から二つずつ選び、記号で答えなさい。

①直喩法《ちょくゆほう》［　・　］　②体言止め［　・　］

(3) 【A】～【F】の作品の中で、虫の名前が出てきてもその虫が実際に登場していない作品を選び、記号で答えなさい。

［　　］

（東京都市大付中―改）

解答↓別冊78ページ

時間 40分
得点 点 合格80点
学習日 月 日

1 次の文章を読んで、あとの問いに答えなさい。

中学一年生の「太二《たいじ》（ぼく）」には、突然《とつぜん》会社をやめて豆腐屋《とうふや》になるために修行《しゅぎょう》をしている父、看護師《かんごし》の母、高校生の姉がいる。

太二は学校でテニス部に所属《しょぞく》しているが、テニス部では朝の練習で荒《あ》れたテニスコートの土を、昼休みに一年生部員がブラシを使って整備《せいび》することになっている。一年生二十四名の全員でやる必要はないので、「グーパーじゃんけん」をして、人数の少ない側になった部員がコート整備にあたる。ある日一年生部員の「武藤《むとう》」は、「末永《すえなが》」が集合時間に遅《おく》れているのをいいことに、「太二」をふくむ他の一年生に「パー」を出すように指示《しじ》し、遅れてきた「末永」はそのわなにはまり一人でコート整備をさせられてしまった。

父の麻婆《マーボー》豆腐でおなかはいっぱいになったものの、グーパーじゃんけんをおわらせるアイディアはおもいつかなかった。テニス部の連絡《れんらく》網《もう》はわたされていたので、いっそのこと中田《なかた》さんに話してしまおうと、ぼくは携帯電話《けいたいでんわ》を開いた。

しかし、キャプテンに*直談判《じかだんぱん》して当番制《せい》にかえてもらったとしても、それなら誰《だれ》が*チクったのだろうと、一年生部員のあいだに不信感が生まれてしまう。やはり自分たちで解決《かいけつ》するしかないと覚悟《かくご》を決めて携帯電話を閉《と》じたが、どうすればいいのかはわからなかった。

「神様、雨を降《ふ》らせて、明日の朝練を中止にしてください」

寝《ね》るまえに三度も祈《いの》ったのに、いつもと同じ午前六時に目覚まし時計におこされて雨戸を開けると、空はよく晴れていた。一階では母が朝ごはんのしたくをしていて、父は母が帰ってくるまえに仕事に行ったという。

「学校でなにかあったの？　おとうさんがメールをくれて、太二のことを心配していたから、おかあさん早引けしてきたのよ」

夜勤《やきん》のときは午前八時で交替《こうたい》だったとおもいだし、ぼくは母にあやまった。

「心配させてごめん。でも、なんでもないんだ。おかあさんは、きょうは休み？」

「夜勤あけだから、あさっての朝まで家にいるわよ」

「そうなんだ」と答えながら、今夜は父と母がそろっているのだとおもうと、やるだけのことはやってやろうと気合いがはいった。母がつくってくれたベーコンエッグとトーストの朝ごはんを食べて、ぼくはラケットを背負《せお》い、かけ足で学校にむかった。

朝練では、一年生対二年生の対抗戦《たいこうせん》をする。*シングルマッチで一ゲームを取ったほうの勝ち。四面のコートに分かれて、合計二十四試合をして、白星の多い学年はそのままコートで練習をつづける。負けた学年は球拾いと声だしにまわる。

力試しにはもってこいだが、二年生との実力差は大きくて、これまで一年生が勝ち越《こ》したことはなかった。武藤や末永でも三回に一回勝てるかどうかで、久保《くぼ》は一度も勝ったことがない。ぼくは勝率《しょうりつ》五割《わり》をキープしていたが、団体《だんたい》戦に出場するレギュラークラスには歯が立たなかった。ただし、一度だけ中田さんから金星をあげたことがある。*ベースラインでの打ちあいに持ちこんで、ねばりにねばって長い*ラリーをものにした。誰が相手であれ、①きのうからのモヤモヤを吹《ふ》き払《はら》うためにも、ぼくはどうしても勝ちたかった。

ところが、やる気とは裏腹《うらはら》に、ぼくは一ポイントも取れずに負けてしまった。武藤や末永もサーブがまるで決まらず、＊ダブルフォールトを連発して自滅《じめつ》。久保も、ほかの一年生たちも、手も足も出ないまま二年生にうち負かされて、これまでにない早さで勝負がついた。

「どうした一年。だらしがねえぞ」

キャプテンの中田さんに命じられて、ぼくたちはグラウンドを走らされた。いつも先頭をきっているので、みんなの姿《すがた》を見ずに走るのはなれていたが、今日だけは武藤や末永や久保がどんな顔でついてきているのか、気になってしかたがなかった。

誰もが、きのう末永を＊ハメたことを後悔《こうかい》しているのだ。足を止めて、一年生全員で話しあいをして、昼休みのコート整備を当番制にかえてもらうようにキャプテンに頼《たの》もうと言いたかったが、おもいきれないまま、ぼくはグラウンドを走りつづけた。

「よし、ラスト一周。ダッシュでまわってこい」

中田さんの声を合図に全力疾走《しっそう》となりぼくは最後まで先頭を守った。

「ボールはかたづけておいたからな。昼休みのコート整備はちゃんとやれよ」

八時二十分をすぎていたので、ネットのむこうは登校する生徒たちでいっぱいだった。武藤に、まちがっても今日はやるなよと［　　］を刺《さ》しておきたかったが、息が切れて、とても口をきくどころではなかった。

ラケットを持って四階まで階段《かいだん》をのぼりながら、ぼくは武藤と話さなくてよかったとおもった。ぼくが武藤を呼《よ》びとめていたら、ほかの一年生はぼくたちがなにを話しているのかと、気になってしかたがなかったにちがいない。武藤ではなく、久保か末永を呼びとめていても同じ不安が広がっていたはずだ。冷静に考えれば、きのうのことは一度きりの悪だくみとしておわらせるしかないわけだが、疑《うたが》いだせばきりがないのも事実だった。

もしかすると、みんなは今日も末永をハメようとしていて、自分だけがそれを知らされていないのかもしれない。もしかすると、きのうのしかえしに、末永がなにかしかけようとしているのかもしれない。もしかすると、二、三人の仲の良い者どうしでもうしあわせて、たとえ負けてもひとりにはならないように安全策《さく》をこうじているのかもしれない。

ウラでうちあわせ可能《かのう》な手口がつぎつぎ頭にうかび、これはおもっている以上に厄介《やっかい》だと、ぼくは頭を悩《なや》ませた。

やはりキャプテンの中田さんに助けてもらうしかない。そうおもったが、それをおもいとどまったのは、きのうから今日にかけて、一番きついおもいをしているのは末永だと気づいたからだ。末永以外の一年生部員二十三人は、自分が加担《かたん》した悪だくみのツケとして不安におちいっているにすぎない。それに対して末永は、今日もまたハメられるかもしれないという恐《おそ》れをかかえながら朝練に出てきたのだ。最終的に中田さんに頼むとしても、まずはみんなで末永にあやまり、そのうえで相談するのが筋《すじ》だろう。

そう結論《けつろん》したのは、三時間目のおわりぎわだった。おかげで授業《じゅぎょう》はまるで頭にはいっていなかったが、ぼくはようやく②自分のするべきことがわかった気がした。そこでチャイムが鳴り、トイレに行こうと廊《ろう》下《か》に出ると、武藤が顔をうつむかせてこっちに歩いてくる。

「よお」

「おっ、おお」

武藤はおどろき、気弱げな笑顔《えがお》をうかべた。そんな姿は見たことがなかったので、もしかすると自分から顧問《こもん》の浅井先生かキャプテンの中田さんにうちあけたのではないかと、ぼくはおもった。

それなら、昼休みに浅井先生か中田さんがテニスコートに来るはずだ。たっぷり怒《おこ》られるだろうが、それでケリがつくならかまわなかった。

給食の時間がおわり、ぼくはテニスコートにむかった。しかし集まったのは一年生だけだった。ぼくは落胆《らくたん》するのと同時に③自分の甘《あま》さに腹《はら》が立った。

いつものように二十四人で輪をつくったが、誰《だれ》の顔も緊張《きんちょう》で青ざめている。末永にいたっては、歯をくいしばりすぎて、こめかみとあごがぴくぴく動いていた。いまさらながら、ぼくは末永に悪いことをしたと反省した。

しかしこんな状況《じょうきょう》で、きのうはハメて悪かったと末永にあやまったら、どんな展開《てんかい》になるかわからない。武藤《むとう》をはじめとするみんなからは、よけいなことを言いやがってとうらまれて、末永だって怒《いか》りのやり場にこまるだろう。

だから、一番いいのは、このままふつうにグーパーじゃんけんをすることだった。うまく分かれてくれればいいが、偶然《ぐうぜん》、グーかパーがひとりになる可能性《かのうせい》だってある。ハメるつもりがないのに、末永がまたひとりになってしまったら、事態《じたい》はこじれて収拾《しゅうしゅう》がつかなくなる。

みんなは青ざめた顔のまま、じゃんけんをしようとしていた。どうか、グーとパーが均等《きんとう》に分かれてほしい。

こぶしを顔の横に持ってきたとき、ぼくの頭に父の姿がうかんだ。一緒《いっしょ》にテニススクールに通っていたころ、父は試合で会心の*ショットを決めると、応援《おうえん》しているぼくたちにむかってポーズをとった。ぼくや母も、同じポーズで父にこたえた。

「グーパー、じゃんけん」

かけ声にあわせて手をふりおろしたぼくはチョキをだしていた。本当はVサインのつもりだったが、この状況ではどうしたってチョキにしか見えない。ぼく以外はパーが十五人でグーが八人。末永はパーで、武藤と久保《くぼ》はグーをだしていた。

ぼくが顔をあげると、むかいにいた久保と目があった。

「太二、わかったよ。おれもチョキにするわ」

久保はそう言ってグーからチョキにかえると、とがらせた口から息を吐《は》いた。

「なあ、武藤。グーパーはもうやめよう」

久保に言われて、武藤はくちびるを隠《かく》すように口をむすび、④すばやくうなずいた。そして、武藤は握《にぎ》っていたこぶしから人差し指と中指を伸《の》ばすと、ぼくにむかってその手を突《つ》きだした。

武藤からのVサインをうけて、ぼくは末永にVサインを送った。末永は自分の手のひらを見つめながらパーをチョキにかえて、輪のなかにさしだした。

「明日からのコート整備《せいび》をどうするかは、放課後の練習のあとで決めよう。時間もないし、今日はチョキがブラシをかけるよ」

そう言って、ぼくが道具小屋にはいると、何人かの足音がつづいた。ふりかえると、久保と武藤と末永のあとにも四人がついてきて、ぼくは八本あるブラシを一本ずつ手わたした。

コート整備をするあいだ、誰も口をきかなかった。ぼくの横には久保がいて、ブラシとブラシが離《はな》れないように歩幅《ほはば》をあわせて歩いていると、きのうからのわだかまりが消えていく気がした。

となりのコートでは武藤と末永が並《なら》び、長身の二人は大股《おおまた》でブラシを引いていく。コートの端《はし》までくると、内側の武藤が歩幅を狭《せま》くしてきれいな弧《こ》を描《えが》き、直線にもどれば二人ともがまた大股になってブラシを引いていく。

ぼくたちはこれまでよりも強くなるだろう。⑤チーム全体としても、もっともっと強くなれるはずだ。

（佐川光晴《さがわみつはる》「四本のラケット」）

＊直談判＝自分の要求を通すために、直接《ちょくせつ》相手と話し合うこと。
＊チクった＝人の秘密《ひみつ》や失敗などを、こっそり別の人に言いつけた。
＊シングルマッチ＝一対一で対戦する形式の試合のこと。
＊ベースライン＝コートの一番後ろにある線。コート中央にあるネットと平行に引かれている。
＊ラリー＝対戦者同士が、ボールを連続して打ち合うこと。
＊ダブルフォールト＝サーブは二回打つことができるが、その二回とも失敗すること。この場合、相手にポイントが与《あた》えられる。
＊ハメた＝相手をだましてわなにはめた。　＊ショット＝ボールを打つこと。

(1) ――線①「きのうからのモヤモヤ」とありますが、このときの気持ちとして最も適切《てきせつ》なものを次から二つ選び、記号で答えなさい。

ア 一年生部員全員で末永をわなにかけ、一人でコート整備をさせてしまったことへの後悔《こうかい》。

イ 実力があるのにもかかわらず、レギュラークラスになかなか勝てないことへのくやしさ。

ウ 朝練が中止になるように三度も祈ったのに、そのかいなく晴れてしまったことへの失望。

エ コート整備の担当《たんとう》を当番制《せい》にしたいのに、変える方法が思いつかないことへのいらだち。

オ 父の転職《てんしょく》がきっかけとなって、家族四人がばらばらになってしまっていることへの不安。

カ 末永が他の部員と全く関わろうとせず、部内で浮《う》いた存在《そんざい》になっていることへの悲しみ。

［　・　］

(2) 文中の□に入るのに最も適切な言葉をひらがな二字で書きなさい。

(3) ――線②「自分のするべきこと」とありますが、これはどのようなことか、書きなさい。

(4) ――線③「自分の甘さ」とありますが、何を期待していたことが「甘さ」なのですか。文中の言葉を用いて三十字以内で書きなさい。

(5) ――線④「すばやくうなずいた」とありますが、この様子から「武藤」のどのような気持ちがうかがえますか。最も適切なものを次から選び、記号で答えなさい。

ア 久保を親友として強く信頼《しんらい》しているので、たとえ彼《かれ》の意見がどのようなものでも従《したが》おうとしている。

イ 久保の言葉があまりに突然《とつぜん》だったのですぐに理解《りかい》できず、よく考えないまま反射《はんしゃ》的に反応《はんのう》している。

ウ 納得《なっとく》はできないけれど周囲の圧力《あつりょく》に押《お》されて、仕方なく「グーパー」をやめることに同意している。

エ 自分が末永をわなにはめたことが発覚しそうなので、あわてて周りの意見に合わせようとしている。

オ 前日の行いを反省して自分も担当《たんとう》の決め方を変えたかったので、久保の提案《ていあん》に素直《すなお》に賛成《さんせい》している。

［　　］

(6) ――線⑤「チーム全体としても、もっともっと強くなれる」とありますが、なぜ「強くなれる」と感じたのですか。書きなさい。

［　　　　　　］

(7) 「ぼく」について述《の》べた文として最も適切《てきせつ》なものを次から選び、記号で答えなさい。

ア 強い実行力があって仲間からも信頼されており、少しも迷《まよ》うことなく自分の考えをつらぬき通している。

イ 周囲の人々の気持ちを深くくみ取ることができ、なやみながらも誠実《せいじつ》に正しい行動をしようとしている。

ウ いつでも最善《さいぜん》の方法を選ぶ判断《はんだん》力があり、難《むずか》しい問題についてはキャプテンや先生に頼《たよ》ることができる。

エ 今起きている問題を感情《かんじょう》に左右されずに見つめることができ、とても冷静に解決《かいけつ》への道を導《みちび》き出している。

オ 家族のつながりが弱くなっていることを不安に思っており、父に前の仕事にもどって欲《ほ》しいと思っている。

［　　］

〔カリタス女子中―改〕

---

2 次のことわざ・故事《こじ》成語の空らんに入る語の意味として最も適切なものをあとから選び、それぞれ記号で答えなさい。

(1) 針《はり》の□　(2) 猫《ねこ》に□　(3) □に腕押《うでお》し

ア 江戸《えど》時代の楕円《だえん》形の金貨。　イ わらで編《あ》んだ草履《ぞうり》状の履《は》き物《もの》。

ウ い草やわらなどで編んでつくった敷物《しきもの》。

エ 軒先《のきさき》や店の出入り口にかけたり、室内の仕切りなどに用いる布。

(1)［　　］ (2)［　　］ (3)［　　］

〔高輪中―改〕

3 次の問いに答えなさい。

(1) 次の――線部のかたかなを漢字で書きなさい。

① 事件のソウサが始まる。　② ガリレオは地動説をトナえた。

③ アタタかな春の日ざし。　④ みかんのシュッカが始まった。

①［　　］ ②［　　］ ③［　　］ ④［　　］

(2) 次の文の（　）にあてはまる最も適切な言葉をあとから選び、それぞれ記号で答えなさい。

① 父は大阪へ出張《しゅっちょう》に行ったが、すぐに（　）した。

② 私《わたし》がしかられていたら、兄が（　）を出した。

ア うなぎ上り　イ 助け船　ウ とんぼ返り

エ 泣き寝《ね》入り　オ 追い打ち　カ じだんだ

キ そぞろ歩き

①［　　］ ②［　　］

〔かえつ有明中―改〕

自由自在問題集

中学入試 国語

解答解説

受験研究社

第1章 文字

1 漢字の読み

ステップ1 まとめノート

本冊→6ページ

①音 ②訓 ③エ ④イ ⑤ア ⑥ウ
⑦ゆくえ ⑧めがね ⑨けしき ⑩まいご

解説

③「あまグ」で**訓読み＋音読み**（湯桶読み）。
④「うらやま」ですべて**訓読み**。
⑤「リクジョウ」ですべて**音読み**。
⑥「シあい」で**音読み＋訓読み**（重箱読み）。

ステップ2 実力問題

本冊→7ページ

1 (1)あまだ（れ） (2)ほうふ (3)たがや（す） (4)さほう
(5)きざ（む） (6)うやま（う） (7)きちょう
(8)ごんごどうだん (9)たよ（り） (10)こうはく

2 (1)むしゃ (2)えて (3)ほうべん (4)よそお（い） (5)あきな（い）

3 (1)いと (2)ちょうほう (3)やしろ (4)みずか（ら）
(5)いきお（い）

4 (1)くわだ（てる） (2)せきはい (3)じきそ (4)しゃふつ (5)ちき

解説

1 (1)「雨垂れ」は「屋根などからしたたり落ちる雨水」のこと。
(2)「豊富」は「ふんだんにあること」という意味。
(4)「作法」とは、「（正しい）方法・やり方」という意味。
(7)「貴重」は、「とても大切なこと。また、その様子」のこと。
(8)「言語道断」は「とんでもないこと・もってのほかのこと」を表す。「ごんごどうだん」と読みまちがえやすいので気をつけよう。

2 (1)「武者」を「ぶしゃ」と読まないように注意しよう。「武者」は「武士」を指す。「武者ぶるい」は「戦いなどの前に心が勇んでふるえ立つこと」。
(2)「得手」は「得意なこと」、「不得手」は「苦手なこと」。つまり、「得手不得手」は「得意なことと苦手なこと」という意味。
(3)「方便」とは「都合のよい手段《しゅだん》」。「うそも方便」は、「ときにはうそが必要なこともある」という意味で使われる言葉。
(4)「装い」は「身なりを美しく整えること。また、その姿」。
(5)「商ない」ではないことに注意しよう。

ココに注意

二つ以上の音読みがある漢字は熟語の読みがねらわれやすいので、代表的な熟語で読みを覚えよう。二つ以上訓読みがある漢字も出題されやすい。

3 (1)「意図」とは、「何かをしようとすること。もくろみ」という意味。
(2)「重宝」とは、「便利なためよく使うこと」という意味。
(3)「社（やしろ）」は「神社や神社の建物」のこと。訓読みである。
(4)「自ら」は「自分から・自分自身で」という意味。送りがなにも注意しよう。

4 (1)「企てる」は「計画を立てる」という意味。
(2)「惜敗」は「惜《お》しくも敗北する」、つまり、「試合などに少しの差で負けること」。
(3)「直訴」は「直接《ちょくせつ》、君主や将軍《しょうぐん》など目上の人に訴《うった》えること」。
(4)「煮沸」は「煮立《にた》たせること」。
(5)「知己」は「親友・知人」を指す。

ステップ3 発展問題

本冊→8〜9ページ

1 (1)げんじゅう (2)そな（える） (3)しきゅう (4)ふたん
(5)たず（ねる）

2 (1)こだち (2)おが（む） (3)しゅうにん (4)そ（らす）

(5)むぞうさ　(6)あやま(る)

3

例 (1)工(じんこう・くめん)　(2)重(じちょう・じゅうしん)

(3)画(めいが・かくさく)　(4)気(せいき・けはい)

(5)直(しょうじき・ちょっか)

4

(1)かんぱ　(2)ごくぼそ　(3)じょうせき　(4)ふきん

(5)かせん　(6)けびょう　(7)いっつい　(8)いそん(いぞん)

(9)もよ(り)　(10)めぐ(る)

5

例 色紙・生物

6

(1)とういつ　(2)しさつ　(3)かつあい　(4)いた(む)

(5)ぞうきばやし　(6)おごそ(か)　(7)さば(かれる)

(8)かたん　(9)つくえ　(10)そな(える)

7

(1)たいよ　(2)こくそう　(3)しゆう　(4)さ(く)

(5)いちじる(しい)　(6)きそ(う)

8

(1)反省・省略　(2)図書・地図　(3)楽園(苦楽)・楽団

(4)競馬・競合(競演)

9

(1)イ　(2)ア　(3)エ　(4)ウ　(5)イ

解説

1

(1)「厳重」は「いいかげんにせず、きびしい態度で物事にあたること」。

(3)「至急」は「きわめて急ぐこと」。

(4)「負担」は「義務《ぎむ》や責任《せきにん》などを引き受けること」。

(5)「訪ねる」は「家などを訪問《ほうもん》する」こと。

2

(1)「木立」は「こだち」と読み、「むらがり生えている木。また、木がかたまって生えているところ」を指す。

(5)「無造作」は「気軽に物事をやってのけるさま」を表す。「造作」は「手間や面倒《めんどう》がかかること」という意味である。

(6)「謝る」も**同訓異字**なので注意しよう。

3

空らんの下の漢字を使った**熟語**から考えてみるとわかりやすい。

(1)「□面」という「面」が下にくる熟語を思い出してみて、「人□」という**熟語**にもなる漢字をさがせばよい。「工面」は「工夫《くふう》して必要なお金を用意すること」。

4

(2)「自重」は「軽々しくふるまわないこと」。

(4)「生気」は「生き生きした活力」のこと。

(3)「定石」は「囲碁《いご》における決まった碁の打ち方・物事をするときの最もよいやり方」の意味。「ていせき」と読まないように気をつけよう。

(8)「依存」は、「ほかの物を頼《たよ》って存在《そんざい》すること」。「いぞん」とも読むが、「いそん」を伝統的《でんとうてき》な読みとして覚えておく必要がある。

ココに注意

特別な読み方をする熟語は入試に出題されやすいので、一つ一つ暗記していこう。

5

音・訓二つの読みがある熟語は、読みによって意味が変わってくる場合は特に注意しなければならない。例えば「生物」は「セイブツ」と読むと「生きもの」の意味だが、「なまもの」と読むと「煮たり焼いたりなどしていない、生のままの食べ物」の意味。

ポイントチェック

● 音・訓二つの読みがある熟語

例 色紙(シキシ・いろがみ)・生物(セイブツ・なまもの)

牧場(ボクジョウ・まきば)・見物(ケンブツ・みもの)

風車(フウシャ・かざぐるま)・足跡(ソクセキ・あしあと)

6

(3)「割愛」は「省略《しょうりゃく》すること」の意味。

(5)「雑木林」は「いろいろな木が入りまじっている林」を指す。

(8)「荷担」は本来「荷物をかつぐこと」の意味だが、「手助けする・味方になる」の意味でよく使われる。「加担」とも書く。

7

(2)「穀倉」とは「穀物を蓄《たくわ》えておく倉」のこと。「穀倉地帯」は「土地の質がよく、穀物がたくさん育つ地域《ちいき》」。

(3)「雌雄」は「雌《めす》」と「雄《おす》」のこと。「雌雄を決する」とは「勝敗を決める」という意味。

(5)「著しい」は「はっきりと目立つこと」。

8 それぞれの漢字に二つずつある**音読み**を確認する必要がある。(1)「省」は「セイ・ショウ」、(2)「図」は「ト・ズ」、(3)「楽」は「ラク・ガク」、(4)「競」は「キョウ・ケイ」。

9 (1)「団子《だんご》」は「団」が**音読み**、「子」は「こ」と同じで**訓読み**なので、音と訓（**重箱読み**）。
(2)「街頭《がいとう》」はすべて**音読み**。
(3)「手本」は「手」は**訓読み**、「本」は**音読み**なので、訓と音（**湯桶読み**）である。「ホン」を訓読みとしないよう注意。訓読みは「もと」。
(4)「品物」は、「品」も「物」も**訓読み**。
(5)「残高」は「残」は**音読み**で、「高」は**訓読み**なので、音と訓（**重箱読み**）。

ポイントチェック
- **重箱読み**…音読み＋訓読み（「ジュウ」が音読み、「ばこ」が訓読み）
- **湯桶読み**…訓読み＋音読み（「ゆ」が訓読み、「トウ」が音読み）

2 漢字の書き

ステップ1 まとめノート

本冊→10ページ

①同訓異字 ②同音異字 ③支 ④指 ⑤師 ⑥同音 ⑦同音異義語 ⑧紀行 ⑨機構 ⑩気候 ⑪形容 ⑫形容動

解説
⑤「師事」は「師として仕え、教えを受けること」という意味。
⑧「紀行《きこう》（文）」とは「旅行中の体験・感想などを書きつづった文章」のこと。
⑨「機構《きこう》」とは「組織《そしき》の仕組み」のこと。

ステップ2 実力問題

本冊→11ページ

1 (1)開幕 (2)模型 (3)点検 (4)俳優 (5)安否 (6)寒暖 (7)創造 (8)操作 (9)冷蔵 (10)専門 (11)推測 (12)辞書
2 (1)粉 (2)公 (3)改 (4)穀 (5)然
3 (1)務める (2)短く (3)幼少 (4)形相

解説
1 (3)「点検」は「一つ一つ検査すること」。
(5)「安否」は「無事かどうか」ということ。
(7)新しいものを初めてつくり出す場合は「創造」と書く。**同音異義語**に「想像」があるのでまぎらわしいが、「想像」は、「目の前にないことを心の中で思い浮《う》かべる」という意味。
(9)「冷蔵庫」の「蔵」を「臓《ぞう》」と書かないように注意。「蔵」の**訓読み**は「くら」で、「物をしまっておくところ」を指す。「臓」は**音読み**しかない漢字。**部首**は「**にくづき**」で、体の一部を表す漢字だとわかるので区別しやすい。「臓器・肝《かん》臓《ぞう》」などと用いる。

ココに注意
(7)のように同音異義語がある熟語は入試で出題されやすい。例文の中で覚え、熟語の意味をしっかり区別しよう。
(9)の「ゾウ」のように音読みが同じで、形も似《に》ている漢字がある場合はまぎらわしいので、熟語の形で覚える、部首で区別するなど、覚え方を工夫しよう。

2 (1)「粉砕」は「こなごなに打ちくだく・相手を徹底的《てっていてき》に打ち破《やぶ》る」ことを表す。
(2)「公私」は「おおやけとわたくし・政府《せいふ》と民間・社会と個人《こじん》」などの意味で、「公」と「私」という**反対の意味の二つの漢字から成る熟語**。
(3)「改心」は「心を入れかえること」を表す。
(5)「未然」は「まだそうならないこと・ことがまだ起こらないこと」を表す。

3 (1)「つとめる」と読む字はたくさんあるので、**同訓異字**に注意しよう。ここでは「役目を果たす」という意味なので「務める」。「務る」と書かないようにしよう。**名詞**にすると「務め」と、同じように「め」から送るのであわせて覚えると覚えやすい。
(4)「形相」は「顔つき。特に怒《いか》りなど激《はげ》しい気持ちの表れた顔つき」。

ポイントチェック

・「つとめる」の同訓異字
務める…役目として行う。役を演《えん》じる。例 主役を務める
勤める…与《あた》えられた仕事を行う。例 会社に勤める
努める…努力する。例 解決に努める・看護《かんご》に努める

ステップ3 発展問題

本冊↓12〜13ページ

1 (1)①エ ②体 ③適 ④等
(2)①**ウ** ②**ク** ③**キ** ④**ア**

2 (1)A負 B追 (2)A写 B移
(3)A音 B根 (4)A備 B供

3 (1)**エ** (2)**ウ** (3)**イ** (4)**ウ**

4 (1)胸中・明（かし） (2)善悪・観念

5 (1)**イ** (2)**ア** (3)**イ** (4)**ウ**

解説

1 (1)①「人口」ではなく「人工」。②「液態」ではなく「液体」。③「快的」ではなく「快適」。④「均当」ではなく「均等」。その漢字が使われている他の熟《じゅく》語《ご》を思い出してみて、漢字の意味が文にあてはまるかを考えよう。
(2)①は「群衆・軍隊」。②は「限定・減少」。③は「構図・講義」。④は「条例・常識」。「条例」は「県や市などが定めた法令」などを指す。

2 (1)Aは「負担《ふたん》する」という意味から、「負」、Bは「追跡《ついせき》」という熟語を思いつけば「追」が正解だとわかる。

3 (1)**エ**は「徳」だが、それ以外は「得」。
(2)**ウ**は「貯」だが、それ以外は「著」。
(3)**イ**は「央」だが、それ以外は「応」。
(4)**ウ**は「順」だが、それ以外は「準」である。

4 (2)「観念」はここでは「頭の中でえがいていること」などの意味。なお、「もうだめだと観念する」などの場合は、「あきらめる・覚悟《かくご》する」などの意味となるのであわせて覚えておこう。

5 (1)は「尊重」。**ア**「調整」、**イ**「重複」、**ウ**「前兆」、**エ**「登頂」。
(2)は「機会」。**ア**「会談」、**イ**「改革」、**ウ**「正解」、**エ**「全快」。「会談」は「面会して話し合う」ことを表す。
(3)は「景気」。**ア**「形勢」、**イ**「景観」、**ウ**「模型」、**エ**「直径」。
(4)は「退治」。**ア**「対応」、**イ**「待望」、**ウ**「減退」、**エ**「交代（替）」。

ココに注意

漢字には同音異字がたくさんあるので、漢字の書き取りでは例文全体の意味をまず正確にとらえたうえで、各漢字の意味に注意して区別しよう。

3 漢字の部首・筆順・画数

ステップ1 まとめノート

本冊↓14ページ

①部首 ②左 ③右 ④ごんべん ⑤ふるとり ⑥ちから
⑦画 ⑧筆順 ⑨九（画） ⑩十二（画） ⑪五（画）

解説

⑤「難」は右側にある部分、**つくり**が**部首**である。「**隹**」で「**ふるとり**」。
⑥部首は「**ちから**」。「動」「功」なども同じ部首。

ステップ2 実力問題

本冊↓15ページ

1 九（画目）

2 (1)①四（画目） ②四（画目） (2)①りっとう ②おおざと

3 (1)三（画目） (2)一（画目） (3)二（画目） (4)一（画目） (5)八（画目）

4 (1)**オ** (2)**ウ** (3)**ア** (4)**エ** (5)**イ**
(6)**ウ** (7)**オ** (8)**イ** (9)**ア** (10)**ウ**

5 (1)オ (2)エ (3)ア (4)イ

6 (1)エ (2)イ (3)ア

解説

1 「勢」の**筆順**は特に「丸」の部分がまぎらわしいので確認《かくにん》しておこう。
「丸」→ノ九丸

2 (2)①**「りっとう」**は漢字の右側につく**つくり**で、刀で切る動作や、切ったあとの状態を表す漢字に多い部首。②漢字の右側につく**つくり**で、**「おおざと」**。同じ形でも左側につく**へん**の場合は、**「こざとへん」**である。

ポイントチェック

・「阝」…漢字の左側につく「へん」→「こざとへん」
　　　漢字の右側につく「つくり」→「おおざと」

3 それぞれの筆順を**確認**しておこう。
(1)「由」→ 丨 冂 巾 由 由
(2)「出」→ 丨 十 中 出 出
(3)「馬」→ 丨 𠂉 Г 厈 馬 馬 馬 馬 馬 馬
(4)「賞」→ 丶 丷 ⺌ 尚 尚 賞 賞
(5)「衆」→ ノ 宀 血 血 衆 衆 衆 衆
筆順には、次のような原則《げんそく》的なきまりがあるので知っておくと便利だが、例外もあるので注意が必要である。

ポイントチェック

・**主な筆順のきまり**
①上から下へ書く　②左から右へ書く　③横の画を先に書く
④中心から左右へ書く　⑤外側から内側へ書く

4 それぞれの部首を示す。(1)は**「はこがまえ」**。(2)は**「おいかんむり(おいがしら)」**。(3)は**「さんずい」**、(4)は**「ひとあし(にんにょう)」**、(5)は**「おおざと」**。(6)は**「あみがしら(あみめ・よこめ)」**、(7)は**「ゆきがまえ(ぎょうがまえ)」**、(8)は**「おおがい」**、(9)は**「つちへん」**、(10)は**「くさかんむり」**。

5 (1)「忄」は**「りっしんべん」**で、心や精神に関わる漢字に多くふくまれる部首。(4)「廴」は**「えんにょう」**で、画数は三画。二画としてしまいやすいので気をつけよう。

6 (1)「冷」の部首は「冫」で**「にすい」**。「氵」の**「さんずい」**と同じように、水や液体に関わる漢字であることを示《しめ》す。
(2)「肥」「胸」の部首は「月」で**「にくづき」**。
(3)「快」の部首は「忄」で**「りっしんべん」**。「悲」の部首は「心」で**「こころ」**と呼ばれる。

ステップ3 発展問題

本冊→16～17ページ

1 (1)三(画目) (2)三(画目)

2 ア・エ・キ・ク

3 (1)エ (2)オ (3)カ (4)イ

4 (1)ア (2)オ (3)カ (4)キ

5 (1)(記号)ア (部首名)ごんべん (2)(記号)ウ (部首名)はつがしら (3)(記号)イ (部首名)こころ

6 (1)九(画目) (2)四(画目) (3)六(画目) (4)三(画目)

7 (1)(部首)灬 (部首名)ウ (2)(部首)阝 (部首名)エ (3)(部首)月 (部首名)オ

8 A エ B エ

9 (1)カ (2)サ (3)イ (4)オ (5)ケ

10 (1)反省 (2)見聞 (3)推移 (4)正味 (5)背後

解説

1 (1)「快」と(2)「郵」の**筆順**は次の通り。「郵」の**つくり**である**「おおざと」**の画数は三画なのでまちがわないようにしよう。
「快」→ 丶 忄 忄 忄 快 快 快
「郵」→ ノ 二 三 ⺘ 垂 垂 垂 垂 郵 郵 郵

2 イ「強」、ウ「教」、オ「進」、カ「経」、ケ「問」、コ「率」は十一画である。

3 (1)「席」は十画、(2)「園」は十三画、(3)「尊」は十二画、(4)「昼」は九画である。また、ア「暮」は十四画、イ「巻」は九画、ウ「陸」は十一画、エ「家」は十画、オ「傷」は十三画、カ「報」は十二画である。

ポイントチェック

・まちがえやすい画数の部首

「阝」こざとへん・「阝」おおざと（三画）
「辶」しんにょう（しんにゅう）（三画）
「廴」えんにょう（三画）
「弓」ゆみへん（三画）
「癶」はつがしら（五画）

4 **イ**は「口」、**ウ**は「月」、**エ**は「土」、**ク**は「禾」。(3)の部首は**「かばね」**ともいう。(4)の「礻」**（しめすへん）**は「神様や祭り」などの意味を表す。「衤」**（ころもへん）**と区別して覚えよう。

ココに注意

部首の形と名前だけでなく、「頁」は「頭・顔の動き」、「貝」は「お金に関すること」などの意味もあわせて覚えておこう。

5 (1)は**ア**「異議」。「異《こと》なった意見・反対意見」の意味である。(2)は**ウ**「発展」。「発」の部首は「癶」で、**「はつがしら」**と呼《よ》ばれる**かんむり**。(3)は**イ**「構想」。「構想」は「内容《ないよう》や組み立てを考えること」。「想」の部首は「心」で**「こころ」**である。

6 それぞれの漢字の筆順を確認しておこう。

(1)「慣」↓ 丶 丷 忄 忄 忄 忄 忄 忄 忄 慣 慣
(2)「物」↓ ノ 𠂉 牛 牛 牛 牜 物 物
(3)「帯」↓ 一 十 廾 卅 卅 卅 带 帯 帯 帯
(4)「希」↓ ノ メ 乂 产 产 肴 希

ココに注意

筆順には基本《きほん》的なきまりがあるが、例外的な筆順もあるので、自分で書いて覚えることが大切である。

7 (1)「灬」は漢字の下につく**あし**で、**「れんが（れっか）」**と呼ばれ、火に関する漢字であることを表す。
(2)「阝」は右側にある**つくり**なので**「おおざと」**。

8 「務」の部首は「力」で**「ちから」**。「矛《ほこ(ほこへん)》」を部首とする考え方もあるが、**【Aグループ】**に「矛」部の漢字がないので**「ちから」**を部首とする。**エ**「加」も同じ「力（ちから）」が部首である。また、**総画数**は十一画。**エ**「健」と同じ画数である。

9 (1)は**「りっとう」**。
(2)「辶」は**「しんにょう（しんにゅう）」**で、「道を行く・進む」などの意味に関連する漢字であることを示す。
(4)「頁」は**「おおがい」**で、頭や顔の動きなどに関わる漢字であることを表している。

10 (3)の「手」は「扌」に、(5)の「肉」は「月」に、部首ではなる。
(2)「見聞」は「見たり聞いたりすること・見たり聞いたりして得た知識《ちしき》」のこと。
(4)「正味」は実質《じっしつ》的な数量のこと。
(5)「月」は**「にくづき」**と呼ばれ、体に関する漢字であることを表す。

4 ローマ字

ステップ1 まとめノート

本冊↓18ページ

① Hokkaidô(HOKKAIDÔ)　② sen'in

解説

①**つまる音（そく音）**、つまり「っ」があるので、次の音「ka」のはじめの字「k」を二回書く。「どう」の部分には**のばす音（長音）**がふくまれるので、「dô」と上に**のばす音（長音）**を表す記号「^」をつける。
②**はねる音（はつ音）**「n」と**母音**「i」が続く。「senin」だと「せにん」と読んでしまうおそれがあるので、間に「'」をつける。

ステップ2 実力問題

本冊↓19ページ

1 (1) かいだん (2) おかあさん (3) にんぎょう (4) きょうと (5) ぎゅうにゅう (6) はっぱ

2 (1) denwa (2) zassi(zasshi) (3) syûten(shûten) (4) gaikokuzin(gaikokujin) (5) kôzyô(kôjô) (6) han'en (7) honban (8) ningen

3 (1) いっしょにがっこうへいこう。 (2) げんいんとけっか。 (3) やくそくのじかんになったよ。

4 (1) Syukudai(Shukudai) o(wo) suru. (2) Yûbinkyoku de kitte o(wo) kau. (3) Korre o(wo) mitekudasai. (4) Tôkyô kara ozisan(ojisan) ga kita.

解説

1 (2)「^」の記号は**のばす音(長音)**を表すので、「おかあさん」と読む。(3)二つめの「n」は**はねる音(はつ音)**「ん」を表す。

(6)「ppa」と「p」が重なるので、「っぱ」の音になる。

!ココに注意
そく音(小さい「っ」)は、次の音のはじめの字を二回重ねて表す。

2 (1) **はねる音(はつ音)**「ん」は、「n」で表す。

(2)「し」は「si」、または「shi」と二通りの書き方がある。**つまる音(そく音)**「っ」が入るので、次の音「si(shi)」のはじめの字「s」を二回書く。

(3)「しゅう」と**のばす音(長音)**があるので、「syu(shu)」の母音「u」の上に、**のばす音(長音)**を表す「^」をつける。第2表では、「しゅ」は「shu」である。

(4)「じ」は「zi」、または「ji」と書く。

(5)「じょ」は「zyo」、または「jo」と書く。

(6)「hanen」だと、「はねん」と読んでしまうおそれがあるので、「han'en」と「'」の記号をつけて、一字ずつ分けて読めるようにする。

!ココに注意
はねる音(はつ音)「ん」は「n」と書くが、その後に母音「あ・い・う・え・お」、つまり「a・i・u・e・o」が続く場合、「na・ni・nu・ne・no」と続けて読んでしまうおそれがあるので、「'」の記号を入れて一字ずつ分ける。

3 (1) **つまる音(そく音)**「っ」が入るので、次の音「syo」のはじめの字「s」と、次の音「ko」のはじめの字「k」とが二回書かれている。**のばす音(長音)**があるので、「ko」の「o」の上に「^」の記号がついている。

(2)「Genin」では、「げにん」と読んでしまうおそれがあるので、「Gen'in」と「'」の記号をつけて、分けて読めるようにしてある。

4 (2)「ゆう」と**のばす音(長音)**があるので、「yu」の母音「u」の上に、**のばす音(長音)**を表す「^」をつける。また、「切手」の「て」の前に**つまる音(そく音)**「っ」が入るので、次の音「te」のはじめの字「t」を二回書く。

理解度診断テスト

本冊↓20～21ページ

理解度診断 A…80点以上、B…50～79点、C…49点以下

1 (1) ①(お)そな(え) ②ほが(らか) ③こだち ④こがい ⑤たんもの
(2) ①(誤)清 (正)精 ②(誤)決 (正)結 ③(誤)積 (正)績 ④(誤)主 (正)首

2 (1) 無常 (2) 白菜 (3) 受動 (4) 精製 (5) 起工 (6) 口角 (7) 放任 (8) 成算 (9) 気絶 (10) 不当 (11) 機転 (12) 浴(びる)

3 (1) **イ** (2) **イ**

4 (1) ①試行 ②思考 (2) ①個人 ②故人 (3) ①対象 ②大賞

5 (1) 10 (2) 11 (3) 8 (4) 12

6 (1) **エ** (2) **オ**

8 7

例 筋・舌・時・許・鉱

(1) 刷る　(2) 便り　(3) 専念　(4) 預金　(5) 体勢

解説

1

(1) ②「朗らか」は、「心にこだわりがなく明るいさま」。

④「戸外」は「こがい」と読み、「家の外」の意味。「とがい」と読みまちがえないようにしよう。

⑤「反物」は「和服用の織物《おりもの》」のこと。

(2) ①**同音異義語**の問題。「清算」は「貸《か》し借りの結末をつけること・過去《かこ》の関係などにはっきりした結末をつけること」。この場合は、「細かく計算して過不足をなくす」という意味の「精算《せいさん》」が正しい。

④「首脳《しゅのう》」が正しい。「集団《しゅうだん》や組織《そしき》の主要な人物」の意味。

2

(3)「受動喫煙」とは、「他人が吸《す》ったたばこの煙《けむり》を吸うこと」。

(6)「口角」は「口の両はし」を指す。「口角泡を飛ばす」は「はげしく議論《ぎろん》する」という意味。

(7)「放任主義」は「それぞれの自由に任《まか》せて、干渉《かんしょう》しない」ことをいう。

(8)「成算」は「成功する見通し」のこと。**1**の(2)①「清算」「精算」と区別する。

(9)「気絶」は「一時的に気を失う」こと。

(11)「機転」は「とっさに対処《たいしょ》する心の動き」を表す。「機転を利かせる」は、「状況《じょうきょう》に応《おう》じ、すばやく適切《てきせつ》な判断《はんだん》をして行動すること」。「起点」や「基点」などの**同音異義語**に注意しよう。

4 3

「田」の発展したものや、「王」の発展したものは、例外的に横の画をあとに書く。

同音異義語の問題。

(1) ①「試行」は「試しにやってみる」こと。②「思考」は「考え」のこと。他にも「志向」「施行」「指向」など多くの**同音異義語**があるのでセットにして覚えておこう。

(2) ②「故人」はここでは「亡《な》くなった人」のこと。「古くからの友人」という意味もある。

(3) ①「対象」は「目標となるもの・相手」。他の同音異義語の「対照」は「他と照らし合わせること・比《くら》べたときにちがいが目立つこと」などの意味である。

ココに注意

同音異義語は入試でねらわれやすい代表格《だいひょうかく》。主なものは、例文ごと覚えて、それぞれの熟語《じゅくご》の意味をしっかり区別しておこう。

6 5

(2)「しんにょう（しんにゅう）」は三画なので注意しよう。

(1) **エ**「比」は四画だが、それ以外はすべて五画。(2) **オ**「何」は七画だが、それ以外はすべて六画である。(1) **イ**「以」、**エ**「比」、(2) **オ**「何」については筆順もまちがえやすいので注意しよう。

ポイントチェック

・**まちがえやすい筆順の漢字**

・「以」→ 丶 レ レ丶 以 以　・「比」→ 一 ト 𠃊 比

・「何」→ ノ 亻 仁 仃 佢 何

7

漢字パズルの問題。漢字が全部で十一個《こ》あるので、答えとなる五つの漢字のうち一つは、枠内の漢字を三つ組み合わせる必要がある。

8

(1)「刷る」は、「印刷する・布《ぬの》に模様《もよう》を染《そ》め出す」などの意味。(5)「たいせい」は同音異義語が多い言葉。ここでは、スポーツなどにおける不利な姿勢《しせい》という意味なので、「体勢」。

ポイントチェック

・**「たいせい」の同音異義語**

体勢…体の構《かま》え・姿勢。例 射撃《しゃげき》体勢　不利な体勢

大勢…おおよその形勢・世のなりゆき。例 大勢を決する

態勢《たいせい》…物事に対する身構え。例 攻撃《こうげき》態勢　受け入れ態勢

体制《たいせい》…社会や組織の仕組み。例 戦時体制　防災体制

第2章 言葉

1 熟語

ステップ1 まとめノート

本冊↓22ページ

①反対 ②主 ③打ち消し ④(2) ⑤(5) ⑥一

解説

④「収」「納」ともに、「おさめる」と読み、「物をしまっておく」という似た意味をもつ字。

⑤「店を開く」と読むことができ、上の字「開」の**目的語**が下の字「店」にあたる。

⑥「一進一退」は「進んだり戻《もど》ったりする・よくなったり悪くなったりする」という意味を表す**四字熟語**。「一挙一動」は「一つ一つのふるまい」。「一喜一憂」は「状況《じょうきょう》が変わるたびに喜んだり心配したりして落ちつかないこと」。

ステップ2 実力問題

本冊↓23ページ

1 (1)前代未聞 (2)異口同音 (3)用意周到

2 (1)①月 ②無 (2)①**イ** ②**ウ** ③**ア**

3 (1)**ウ・エ** (2)**イ・オ** (3)**ア・イ**

4 (1)**ウ** (2)**エ** (3)**カ** (4)**ア** (5)**イ**

解説

1 (1)「前代未聞《ぜんだいみもん》」は「今まで聞いたこともないようなめずらしいこと」を表す**四字熟語**。

(3)「用意周到《よういしゅうとう》」は「用意が行き届《とど》いて、手ぬかりがないこと」。「周《あまね》く」は「すべてにわたって広く」という意味。

2 (2)①「後見人」は「未成年者などのために保護《ほご》や財産《ざいさん》管理をする人」。③「資本家」は、「資本を貸《か》したり、労働者をやとったりする人」。

3 (1)「非」は、**ウ**「非公式」**エ**「非売品」、(2)「不」は、**イ**「不用心」**オ**「不注意」、(3)「無」は、**ア**「無計画」**イ**「無用心」で用いられる。

4 (1)「国営」は「国が営《いとな》む」という意味。

(2)「再会」は「再《ふたた》び会う」という意味。

(3)「無限」は上の漢字「無」が、下の漢字「限」を打ち消している。

(4)「回」は「回る」、「転」は「転がる」で**似た意味の漢字**が重なっている。

(5)「天地」は「天」と「地」という**対になる漢字**を重ねている。

ステップ3 発展問題

本冊↓24〜25ページ

1 (1)①一心不乱 ②千変万化 (2)①不 ②非 ③無

2 (1)**ケ** (2)**ク** (3)**キ** (4)**ア**

3 (1)耕・雨・**オ** (2)一・挙・**ア** (3)口・音・**エ** (4)八・美・**イ** (5)伝・心・**ウ**

4 (1)A**カ** B**オ** (2)A**ク** B**コ** (3)A**サ** B**セ** (4)A**ソ** B**キ** (5)A**イ** B**エ**

5 (1)千・万 (2)三・四 (3)一・千(三) (4)二・三 (5)千・千

6 (1)**ウ** (2)**イ** (3)**エ** (4)**ウ**

7 (1)**オ** (2)**ウ**

解説

1 (1)②「千変万化」は「さまざまに変化すること」を表す。

(2)①「手際」は「物事を処理《しょり》する腕前《うでまえ》」の意味。②「公式」を否定《ひてい》する**三字熟語**は「非公式」。③「無表情」で「表情のないこと、表情に乏《とぼ》しいこと」という意味になる。

ポイントチェック

・漢字や熟語の上について打ち消しの意味を加える漢字

不・無・非・未・否

2 (1)「図星」は「見込《みこ》んだところ・急所」の意味。「図星を指される」で、「秘密《ひみつ》や思わくなどをぴたりと言い当てられること」を意味する。

（4）「究明」は「追求して明らかにすること」。

3

（1）**四字熟語**の問題。どれも基本的なものなので漢字で書けるようにしておこう。「晴耕雨読《せいこううどく》」は「晴れた日は外で耕《たがや》し、雨の日は家で書を読むようなのどかな生活」をいう。

（2）「一挙一動」は「ちょっとした動作」のこと。

（3）「異口同音」は、「多くの人が口をそろえて同じことを言うこと」。

4

（2）A「物覚え」は「ものごとを覚えること」。

（4）B「救済《きゅうさい》」は「救い、助けること」。

（5）A「改定」は「制度や決まりなどを改めること」。B「特定」は「多くのものの中から特に指定すること」を表す。

5

（1）「千差万別」は「せんさばんべつ」と読み、「さまざまにちがっていること」という意味。読みもよく出題されるので注意しよう。

（2）「三寒四温《さんかんしおん》」は「冬、三日ほど寒い日が続いた後、四日ぐらい暖《あたた》かい日が続き、これがくり返されること」の意味である。

（3）「一日千秋《いちじつせんしゅう》」は「非常《ひじょう》に強く思い慕《した》うこと、待ち遠しいこと」を表す。

（4）「二束三文《にそくさんもん》」は「数が多くても値段《ねだん》が極《きわ》めて安いこと」の意味。

（5）「海千山千《うみせんやません》」は「世間で多くの経験《けいけん》を積んで悪賢《わるがしこ》くなった人」についていう言葉である。

!ココに注意

四字熟語には漢数字を使ったものがとても多いので、まとめて出題されることがある。読み方や意味だけでなく、言葉の由来も知っておくと覚えやすい。

6

（1）**ウ**「温暖」は**似《に》た意味の漢字**を重ねているが、それ以外は**反対の意味の漢字**を重ねてできた熟語。

（2）**イ**「洗顔」は、「顔を洗《あら》う」という文に直すことができ、「～を」の部分が下に来ている。つまり、上の漢字「洗」が動作、下の漢字「顔」がその**動作の目的や対象**を表す。それ以外の熟語は、上の漢字が下の漢字を**修飾《しゅうしょく》**している。

7

（1）「入門」は「門に入る」と読むことができ、上の漢字「入」が動作、下の漢字「門」がその**動作の目的や対象**を表す。ここでは**オ**「消灯」が「灯を消す」と読むことができ、同じ組み立てである。

（2）「生活」はどちらも「いかす」と読むことができる**似た意味の漢字**を重ねた熟語。似た意味の字を重ねているのは、「建物などをつくる」という**同じ意味の字**を重ねている**ウ**「建築」。

ポイントチェック

・**主な熟語の組み立て**

①同じ漢字を重ねたもの。
②似た意味の漢字を組み合わせたもの。
③意味が反対や対《つい》になる漢字を組み合わせたもの。
④上の漢字が下の漢字を修飾するもの。
⑤「～に」「～を」の部分が下にくるもの。
⑥上の漢字が主語、下の漢字が述語《じゅつご》になっているもの。
⑦上の漢字が下の漢字の意味を打ち消すもの。
⑧長い言葉を略《りゃく》したもの。

2 対義語・類義語

ステップ1 まとめノート

本冊↓26ページ

①対義 ②終着 ③退化 ④有名 ⑤類義
⑥同義 ⑦類 ⑧意（存） ⑨未

解説

③「進歩し発展《はってん》する」ことを表す「進化」の**対義語**は、「進化していたものが元の状態《じょうたい》に逆戻《ぎゃくもど》りする」などの意味の「退化《たいか》」。このように、漢字の一字だけが異《こと》なる**対義語**も多いので覚えておこう。

ポイントチェック

・**同じ漢字一字をふくむ対義語**

例 上品⇔下品、肯定《こうてい》⇔否《ひ》定、出港⇔入港、最高⇔最低、長所⇔短所

ステップ2 実力問題

本冊↓27ページ

1 (1)縮小 (2)不調 (3)○ (4)権利 (5)安全

2 (1)エ (2)キ (3)ケ (4)オ (5)イ (6)カ (7)ア (8)ク (9)ウ

3 (1)①失 ②公 (2)①支 ②完

4 (1)賛成 (2)対等(五分) (3)敏感 (4)損失(損害)

解説

1 (2)「失敗」の**対義語**は「成功」。(4)「自由」の**対義語**には「束縛《そくばく》」などがある。

2 (2)「幸運」の対義語は「不運」で、同じ漢字一字をふくむ対義語である。

(3)「可決」は「(国会などで)提出《ていしゅつ》された議案をよいものとして認《みと》めること」。「否決」は逆《ぎゃく》に「議案を承認《しょうにん》しないこと」を表す。

(8)「破壊」の対義語は「建設」である。

ココに注意

対義語を考えるときは、まずは、一字だけを変えて対義語にならないかを考えてみるとよい。

3 (1)②「公開」は「一般《いっぱん》に開放すること」、「公表」は「広く世間に発表すること」なので、似た意味をもつ**類義語**である。

(2)②「完備」は、「完全に備《そな》わっていること」。

4 (2)「互角」は「たがいの力に優劣《ゆうれつ》がないこと・五分五分」の意味を表す。よって「対等」や「五分」などが**類義語**にあたる。

(3)「鈍感」は、「感じ方や感覚が鈍《にぶ》いこと」。**対義語**の「敏感《びんかん》」は「感覚などが鋭《するど》いこと」を表す。

チェック! 自由自在

●**対義語**

悪意↔善意《ぜんい》、以上↔以下、出港↔入港、合成↔分解、洋式↔和式

●**類義語**

熱意ー情熱《じょうねつ》、決心ー決意、結果ー結末、格別《かくべつ》ー特別、地域《ちいき》ー地区

3 慣用句

ステップ1 まとめノート

本冊↓28ページ

①慣用句 ②耳 ③鼻 ④足 ⑤目 ⑥馬 ⑦虫 ⑧犬 ⑨牛 ⑩つる

ステップ2 実力問題

本冊↓29ページ

1 (1)風―エ (2)雲―イ (3)水―ア

2 (1)ウ―チ (2)キ―サ (3)エ―ソ (4)ア―セ (5)オ―ス

3 (1)口 (2)水 (3)足 (4)舌 (5)息

4 目

解説

1 (1)「彼《かれ》のその後の足取りを風のたよりに聞いた。」のように使う。

(2)「なんだか雲をつかむような話だ。」のように使う。

(3)「水をさすようで恐縮《きょうしゅく》ですが……」のように、人が話しているときに、相手にとって都合の悪い情報《じょうほう》を伝えるときなどにも使う。

2 (1)「油をしぼる」は、油をとる時に、しめ木にかけて押しつぶすところから来た言葉。失敗をひどく責《せ》めることをいう。

(2)「さばをよむ」は漢字では「鯖を読む」と書く。主に自分の利益になるように数をごまかす様子をいう。

(3)「えりを正す」は、衣服のみだれを直すという意味から来ている言葉。いいかげんな態度をあらため、気持ちをひきしめること。

(4)「くぎをさす」は釘《くぎ》をさしこんで、固定しておくという意味から来た言葉。「父はぼくに、『明日はテストがあるのだから、遅《おそ》くまでゲームをしないように』とくぎをさした。」のように使う。

(5)「うつつをぬかす」は「現を抜かす」と書く。「現」は「正気」の意味。正気を失うほど=心をうばわれるほど、何かに夢中になること。

3 (1)「口が軽い」はぺらぺらとよくしゃべり、言ってはいけないことまで言って

しまう様子。「口をすべらす」は言ってはいけないことをうっかり言ってしまう様子。「口がうまい」は口先で人を丸めこむのが上手であること。
(2)「水と油」は両者の性質が正反対で、うまく調和しない様子。「あの二人は水と油だ。」のように使う。「水に流す」は過去にあったことをなかったことにすること。「水のあわ」は、努力や苦労がむだになってしまうこと。
(3)「足がつく」は犯人《はんにん》や逃亡《とうぼう》者の足取りがわかること。「足が出る」は予算以上の出費となること。「足を引っ張る」は人の成功や前進の邪魔をすること。
(4)「舌《した》を出す」は裏《うら》で人をばかにすること。もしくは、自分の失敗に照れること。「舌が回る」はよどみなくしゃべる様子。「舌鼓《つづみ》を打つ」はあまりのおいしさに舌を鳴らすこと。
(5)「息を呑む」は驚《おどろ》いたり感動したりして、一瞬《いっしゅん》息を止める様子。「息が長い」は長期にわたって続いている様子。「息を殺す」は呼吸《こきゅう》の音がしないようにして、じっとしている様子。

4
「目配せをする」はまばたきや目の動きで意思を伝えたり合図をする様子。「目がない」は我《われ》をわすれて、分別がなくなるほど、それが好きであるということ。「うの目たかの目」は熱心にものを探《さが》し出そうとする様子やその目つきをいう。

ポイントチェック

・**慣用句**…二つ以上の語が結びついて、全体で特定の意味を表す。元の単語の意味とは関係のない意味を表すことが多いので、単語からその慣用句の意味を推測《すいそく》することはできない。出てきたときに意味をふくめて覚えるようにしよう。

4 ことわざ

ステップ1 まとめノート

本冊→30ページ

①ことわざ ②くい ③石 ④口 ⑤三度 ⑥仏 ⑦都 ⑧徳 ⑨母

解説
②「出るくいは打たれる」は「ぬきん出てすぐれている者は憎《にく》まれやすい」という意味の**ことわざ**である。③「石の上にも三年」は「何をするにもがまんが大切である」という意味の**ことわざ**。⑥「知らぬが仏」は「知っていれば平気ではいられないが、知らないからこそ仏のように穏《おだ》やかな気持ちでいられる」ことをいう。⑦「住めば都」は「住み慣《な》れればどんなところでもそれなりに快適《かいてき》に感じられる」という意味である。

ステップ2 実力問題

本冊→31ページ

1 (1)ウ (2)サ (3)ア (4)オ (5)イ (6)ク (7)コ (8)エ (9)ケ
2 (1)ア・(う) (2)ウ・(あ) (3)エ・(か) (4)オ・(お) (5)イ・(え) (6)カ・(い)

解説
1 (1)「かっぱの川流れ」は、「猿も木から落ちる」「弘法にも筆の誤り」などと同じ意味の**ことわざ**。三つをひとまとめにして覚えておこう。
(6)「医者の不養生」は、人には養生するようすすめる医者も、自分は案外いい加減《かげん》なことをしている例から、「理屈《りくつ》をよくわかっていて人にすすめる立場の人が、自分では実行しないこと」をいう。
2 (1)「浅い川も深く渡れ」は、「浅い川でも深い川を渡るときのように十分注意して渡らないと失敗する」という意味の**ことわざ**。
(2)「のれんに腕押《うでお》し」は、「相手に手ごたえがなく、張《は》り合いのないこと」の**たとえ**。同じように、**ウ**の「ぬかにくぎ」は、やわらかいぬかにくぎを打つことはできないことから、「手ごたえがなく、効《き》き目がないこと」をたとえていう。
(5)「骨折り損のくたびれ儲け」は、苦労して多くの時間を使ったのに得《え》たものは疲労《ひろう》だけということから、「疲《つか》れただけで利益《りえき》がないこと」をいう。

チェック！自由自在

● **あぶはちとらず＝二兎《と》を追うものは一兎をも得ず**
（あれもこれもと欲張《よくば》るとすべて失敗してしまう。）
● **おぼれる者はわらをもつかむ＝苦しい時の神だのみ**
（苦しくなった時には、どんな手段《しゅだん》にも頼《たよ》ろうとする。）
● **月とすっぽん＝提灯《ちょうちん》に釣《つ》り鐘《がね》**
（外見は似ていてもまったくつり合わず比較《ひかく》にならないこと。）

●雀《すずめ》百まで踊《おど》り忘《わす》れず＝三つ子の魂《たましい》百まで
（小さいときに身につけたことは年をとっても忘《わす》れない。）
●とうふにかすがい＝ぬかにくぎ＝のれんに腕押《うでお》し
（言って聞かせても手ごたえがなく、少しも効き目がない。）

5 故事成語

ステップ1 まとめノート

本冊↓32ページ

① 故事成語　② ウ

解説
② 「ぼく」と「弟」が争っている間に、「兄」がケーキを二つとも食べてしまったのだから、「漁夫の利」。「五十歩百歩」は「大きな差がないこと」を意味する故事成語。

ステップ2 実力問題

本冊↓33ページ

1 (1) 八　(2) 一　(3) 千　(4) 一　(5) 十
(6) 一　(7) 四　(8) 千　(9) 四

2 (1) ク　(2) コ　(3) カ　(4) エ　(5) サ
(6) オ　(7) ア　(8) ケ　(9) シ　(10) ウ
(11) イ　(12) キ

解説
1 (3) 「千載一遇のチャンス」のように使う。
(9) 「四面楚歌」は、楚の国の武将《ぶしょう》が、敵《てき》に包囲されたときに、周囲から故郷《こきょう》の楚の歌が聞こえてきたので、楚の国が相手の国に降伏《こうふく》したのだと思って絶望したという故事による。
2 (2) 「蛍雪の功」は、昔、中国の晋《しん》の車胤《しゃいん》という人が、家が貧《まず》しく油を買えなかったため、蛍《ほたる》を集めてその光で書物を読んで勉強し、出世したという故事によるもの。

(3) 「呉越同舟」は、昔、呉の国と越の国は非常に仲が悪かったが、その二つの国の人が、乗り合わせた船が嵐《あらし》にあった際、力を合わせて助け合ったという故事による。
(4) 「株《かぶ》を守りて兎《うさぎ》を待つ」とも言う。兎が切り株にぶつかって死んだのを見た男が、働かずにその切り株を見張《は》って、また兎を手に入れようとしたという故事によるもの。
(6) 「他山の石を以《もっ》て玉を攻《おさ》むべし」ともいう。よその山から出た石でも、自分の玉をみがくことができる、という意味から転じて、他人の誤った言動も、自分の才能《さいのう》や人格《じんかく》をみがく材料とすることができる、という意味として使われるようになった故事成語。
(7) 略《りゃく》して「疑心暗鬼」のみで使うことも多い。心に疑いを持っていると、暗闇《くらやみ》にいもしない鬼《おに》の姿《すがた》を見たりすることもある、の意から転じて、疑う心を持っていると、なんでもないことまで疑わしく思えてくるものだという意味で使われるようになった。
(10) 中国の春秋《しゅんじゅう》時代に、呉王の夫差《ふさ》が父の仇《あだ》を討《う》つために薪《たきぎ》の上に寝《ね》て、自分の復讐心《ふくしゅうしん》をかきたて、その後、その夫差に負けた越王の勾践《こうせん》が、苦い胆《きも》を嘗《な》めて、復讐の念を忘《わす》れないようにしたという故事による。
(11) 「人間万事塞翁《さいおう》が馬」ともいう。昔、国境《こっきょう》の塞《とりで》に住んでいた老人の馬が逃《に》げてしまった。その後、老人の馬は名馬をつれて戻《もど》ってきた。老人の子が喜んでその名馬に乗っていたが、ある日、落馬して足を負傷《ふしょう》してしまった。やがて、戦争となり、多くの若者《わかもの》が戦いに出て戦死したが、老人の子は、落馬の時のけがのせいで足をひきずっていたために、戦いに行かずにすみ、無事であった。という故事による。
(12) 虎《とら》が狐をつかまえて食べようとしたときに、狐が虎に向かって、「天の神が私《わたし》を百獣《ひゃくじゅう》の長としたのです。私を食べると天の神に背《そむ》くことになりますよ。うそだと思うなら、私のあとをついてきてごらんなさい。みなが私を見て逃げますから」と言った。虎が狐のあとをついていくと、動物たちがみな逃げていったので、虎は、動物たちが自分をおそれて逃げていったことに気づかず、狐を恐《おそ》れて逃げたのだと信じてしまった、という故事による。

ポイントチェック

故事成語は、故事をもとにしてできたものなので、言葉だけで覚えるよりも、元の故事や由来を知ったほうが記憶《きおく》に残りやすい。「守株」のように、元の故事成語を略したものは、言葉だけでは意味がわからないことが多い。元の言葉や由来なども知るようにしよう。

理解度診断テスト

本冊↓34～35ページ

理解度診断 A…70点以上、B…50～69点、C…49点以下

1 **イ・カ**
2 (1)故 (2)良 (3)工 (4)意 (5)向 (6)自 (7)努 (8)不
3 (1)所 (2)進 (3)尊
4 (1)**ケ** (2)**コ** (3)**ウ** (4)**イ** (5)**キ** (6)**オ** (7)**エ**
5 (1)白昼夢 (2)試金石 (3)生兵法 (4)茶飯事
6 (3)・(5)
7 (1)偶 (2)異 (3)安 (4)完 (5)豊 (6)乗 (7)消 (8)予
8 (1)①一 ②七 ③九 (2)①赤 ②銀 ③青
9 (1)警 (2)苦 (3)蒸 (4)流 (5)制《せい》 (6)芸 (7)文 (8)費 (9)向 (10)意

解説

1 **ア**「二つ返事」は、「ためらうことなくすぐ承知《しょうち》すること」。**イ**「水を得た鳥」は「水を得た魚」の誤《あやま》りで、「活躍《かつやく》の場を得て生き生きとし、力を十分に出し切れている状態《じょうたい》」を表す**四字熟語**。**エ**「腰を折る」は「途中《とちゅう》でさまたげる」という意味の**慣用句**。**オ**「役不足」は「その人の力量にくらべて簡単《かんたん》すぎること」。「力不足」（与《あた》えられた職務《しょくむ》を果たす力が足りないこと）という表現とまぎらわしいので気をつけよう。**カ**「余念がない」は「ほかのことを考えず、一つのことに集中する」という意味なので、例文に合わない。ここでは「余裕《よゆう》がない」が適切。

ココに注意

「役不足」と「力不足」はまったく反対の意味なので注意しよう。

2 (3)「創意」は「新たに物事を考え出す心」の意味。「創意工夫」で「独創《どくそう》的なアイディアを見出《みいだ》し、新たな方法を考え出す」という意味の**四字熟語**になる。

3 (3)「重視」は「あることを重大なこととして重くみること」という意味。「尊《そん》重《ちょう》」は「尊《とうと》び重んじること」。「重視」の**対義語**は「軽視」である。

4 (1)「雀の涙」は「ごくわずかなもの」の**たとえ**。

(2)「閑古鳥」はカッコウのことであり、「閑古鳥が鳴く」で「客が来なくて商売がひどくひまなこと」の**たとえ**である。

(3)「犬も食わない」は「誰《だれ》も好まず、相手にしないこと」を表す。(5)「鶴の一声」は「権威《けんい》ある者や有力者などの、周りを威圧《いあつ》し、従《したが》わせる一言」。

5 **三字熟語**の問題。**三字熟語**は**四字熟語**に比《くら》べると種類は多くないが、見慣《みな》れないものも多く難しく感じるかもしれない。この機会にしっかり覚えておこう。

(1)「白昼夢《はくちゅうむ》」は「真昼に見る夢《ゆめ》・非《ひ》現実的な空想」のこと。

(2)「試金石」は、「貴金属《ききんぞく》の判定《はんてい》に使うかたい石」や「価値《かち》や能力《のうりょく》を試《ため》す物事」という意味。

(3)「生兵法《なまびょうほう》」は「十分身についていない武術《ぶじゅつ》・知識」のこと。

(4)「茶飯事」は「日常《にちじょう》ふつうのこと・ごくありふれたこと」を表す。「日常茶飯（事）」という**四字熟語**または**五字熟語**の形で「ありふれた平凡《へいぼん》な物事」の意味を表すことも多いので合わせて覚えておこう。

6 (1)「百発百中」は、「矢などがすべて命中すること・計画や予想が全部成功すること」の意味。

(2)「四苦八苦」は、「ひどく苦しむこと」。

(3)「一石二鳥」は、「一つのことで同時に二つの利益を手に入れること。」

(4)「一進一退」は「進んだりあと戻《もど》りしたりすること」の意味である。

(5)「三寒四温」は「冬から春先にかけて三日間寒い日が続いたあと、四日間暖《あたた》かい日が続く気候のこと」を意味する。

7 (1)「必然」は「必ずそうなること」。**対義語**の「偶然《ぐうぜん》」は「何の因果関係もなく予期しない出来事が起こるさま」。

8 (1)①「一寸先は闇」は「ちょっと先のこともまったく予知できないこと」。②

「七十五日」は「人のうわさが消えるまでの日数」。③「九死に一生を得る」は、十のうち九が死、残りの一が助かるということで「死にそうなほど危《あぶ》ないところをやっとのことで助かること」。

9

(2)①「赤恥《あかはじ》」は「ひどい恥」のことである。

外来語の問題。(1)「アラーム」は「警報《けいほう》」のこと。「目覚まし時計（の音）」という意味もある。

(2)「クレーム」は「苦情・文句《もんく》」のこと。日本語でも「お客がお店にクレームをいう」のように使われる。

(4)「ブーム」は「一時的に流行すること。急に人気になること」という意味でよく使われる。

第3章 言葉のきまり

1 文の組み立て

ステップ1 まとめノート

本冊↓36ページ

①複文 ②主 ③述 ④修飾 ⑤見える

解説

①**主語**「母は」、**述語**「食べた」という一回目の主語と述語の関係に加え、間に、**主語**「祖父が」、**述語**「育てた」という二回目の主語と述語の関係がふくまれているので**複文**。

⑤「上に」は、どこに「見える」のかということ、つまり**述語**をくわしく説明しているので、「見える」をぬき出す。

ステップ2 実力問題

本冊↓37ページ

1 (1)**イ** (2)**ウ** (3)**ウ** (4)**ア**

2 (1)**ア** (2)**エ** (3)**イ** (4)**オ**

3 (1)上の (2)着ています (3)建物は (4)ごらん (5)降るらしい

4 (1)**オ** (2)**イ** (3)**オ**

解説

1 (1)「私」が「楽しみにしている」ので**イ**。

(2)「空気」の状態《じょうたい》を表すので**ウ**。

(3)**主語**と**述語**を正しくとらえる。**主語**が「景色が」、**述語**が「きれいです」なので、「景色」の状態を表す文。

(4)「日記は」（何が）「ものです」（何だ）という型。

ココに注意

文の型を答える問題では、まず主語と述語を正しくつかもう。

2 (2)「リボンは」「プレゼントです」という形である。

(3)主語がわかりにくい場合は、まず述語を見つけよう。この文では、**述語**は、動作を表す「つけています」である。したがって、この文の**主語**は、「今日は」ではなく、リボンを「おそろいで」「つけ」るという動作をしている「姉も」である。

ココに注意

主語が見つけにくい文では、まずは述語をさがし、その動作や状態は誰《だれ》（何）のことなのかをとらえればよい。

3 (1)「つくえの」は、何の「上」かということをくわしく説明しているのだから、「上の」にかかる。

(2)「私は」は**主語**なので、「着ています」という**述語**にかかる。なお、この文は、「母の編んだ」という主語と述語の関係が、「私はセーターを着ています。」という文の一部にふくまれている**複文**である。

ポイントチェック

複文…一つの文の中で、主語と述語の関係が二回以上成り立つ文。一方の文が、もう一方の文の一部としてふくまれる。

例　ぼくは、父が　とった　写真を　見た。
主語　主語　述語　述語

(3)「建物は」という主語と「家だ」という述語による**単文**。「ある」と「立派な」は、「建物」に自然につながるので「建物」をくわしく説明している。ちなみに、「丘の」は「上に」にかかり、「上に」は「ある」にそれぞれかかっている。

ココに注意

「かかりうけ」になっている部分同士は、修飾する言葉を、修飾される言葉の直前にもってきても、意味が自然につながる。

(4)語順を変えると、「あそこでカシオペア座が光るのをごらん。」という文になる。「光るのを」は「ごらん」をくわしく説明している。

(5)「〜によれば」「〜らしい」というつながりから考えることができる。

4

(1)「ひらひらと」は「散っている」の前にもってくると「ひらひらと散っている」と自然につながる。

(2)「海の」「かなたに」とつながる。

(3)「草花が」「ぬれている」とつながる。「草花が」は主語で、「ぬれている」が述語にあたる。

ステップ3　発展問題

本冊→38〜39ページ

1 (1)じっくり　(2)①左側に　②買った

2 (1)①**イ**　②**ア**　③**エ**　(2)①**エ**　②**イ**　③**ウ**

3 (1)(主語)**イ**　(述語)**オ**　(2)(主語)**ア**　(述語)**オ**　(3)(主語)**エ**　(述語)**オ**　(4)(主語)**エ**　(述語)**ア**　(5)(主語)×　(述語)**エ**

4 (1)(主語)**ウ**　(述語)**ク**　(2)(主語)**イ**　(述語)**ウ**　(3)(主語)×　(述語)**エ**

5 (1)**イ**　(2)**エ**　(3)**ア**　(4)**イ**　(5)**ウ**

6 (1)**イ**　(2)**エ**

7 (1)**オ**　(2)**エ**　(3)**キ**　(4)**イ**　(5)**オ**

解説

1 (1)単語に分けると、「どう／やっ／たら／うまく／いく／か／を／じっくり／考え／よう」となる。

(2)①「もっと」は「左側」を強調した表現なので、「左側に」を**修飾**《しゅうしょく》している。

2 (1)①述語は「なでた」なので、何が「なでた」のかを考える。

(2)①「突然」は、いつ「聞かれた」のかということを説明しているので、**エ**「聞かれたので」にかかる。「突然」「聞かれたので」とスムーズにつながる。

3 (1)**述語**が「起きた」なので、「起き」るという動作をした「弟が」が**主語**。

(2)**述語**である「好きだ」という気持ちになっている「僕は」が主語。

(4)**倒置**《とうち》の文であることに注意する。語順を変えると、「窓から見える景色はきれいだなあ。」となる。

(5)「行きなさい」が**述語**である。**会話文**で、しかも、命令している文なので、**主語**(「あなたは」「君は」など)は**省略**《しょうりゃく》されている。

ココに注意

会話文では、主語や述語が省かれていることが多い。主語や述語が省かれている文を、「省略の文」という。

4 (1)述語は「変化する」なので、何が「変化する」のかを考える。「虫」が変化するともとれるが、「虫の」「変化する」というつながりは不自然であることから、ここでは合わないことがわかる。

(3)だれが「見ていた」のかが書かれていないので、主語が**省略**されているといえる。

5 (1)「あの」は「映画」をくわしく説明している。

(2)「いた」は、前の「泣いて」に補助的な意味を加えているので、**補助の関係**。

(5)「コロちゃん」と「タロちゃん」が対等な関係で並立している。

ココに注意

「補助の関係」とは、前の言葉が主な意味を表し、あとの言葉は前の言葉に補助的な意味をそえるだけの関係である。

6 (1)「やっと」は、いつ「よくなった」のかということをくわしく説明しているので、**イ**「よくなったので」にかかる。

7

(1)「何を」「どうする」という形で、「本を」「読もうと」とつながる。
(2)「今日」はいつ「さいた」のかということをくわしく説明している。
(3)「今でも」「思い出す」と、つなぐことができる。
(4)「何を」「どうする」という形で、「教科書を」「開くと」とつながる。
(5)「花が」は**主語**なので、**述語**「ちってしまった」にかかる。

2 言葉の種類とはたらき

ステップ1 まとめノート

本冊↓40ページ

①品詞 ②名詞 ③形容詞 ④名 ⑤動詞
⑥連体詞 ⑦副詞

解説

②**名詞**は活用がない**自立語**で、**主語**や**述語**《じゅつご》、**修飾語**、**独立語**になる。
③物事の性質や状態を述べ、活用があり、言い切りの形が「〜い」で終わるので、**形容詞**。
⑥「あらゆる国」のように体言を修飾し、活用がないので**連体詞**。

ステップ2 実力問題

本冊↓41ページ

1 (1)**エ** (2)**イ** (3)**オ** (4)**ウ**
2 **ア**
3 (1)**ア** (2)**エ** (3)**イ** (4)**ウ** (5)**カ** (6)**オ**
4 **ウ**

解説

1 (1)**エ**は**名詞**で、他はすべて**形容詞**。**形容詞**は言い切りの形が「〜い」の形になる。「心づかい」はまぎらわしいが、物事の状態を表す言葉ではないうえに活用しないので**名詞**である。
(2)「したく」は「仕度・支度」と書く**名詞**。他はすべて**動詞**である。
(3)「全然」は**副詞**で、あとに「〜ない」など打ち消しを表す表現をともなう。他はすべて**名詞**。
(4)「もし」は**副詞**で、あとに「〜なら(ば)」などをともなって仮定《かてい》を表す。他は**接続詞**である。

ココに注意
形容詞は活用がある自立語で、物の状態や性質を表す。言い切りの形(基本形《きほんけい》)は「〜い」である。

2 **ア**「こまかい」は**形容詞**。「こまかかった」などと活用することからもわかる。**名詞**の場合は**オ**「こまかさ」となる。

3 (1)空らんの前の内容が、あとの内容の原因《げんいん》・理由になっている。
(3)空らんの前後が反対(逆)の内容になっている。
(4)空らんのあとの内容が、前の内容の理由になっている。
(6)空らんのあとで、内容を新たにつけ加えている。

ポイントチェック
・**主な接続語**
・「**だから**」「**すると**」…前のことがらが原因であとのことがらが起こることを表す。(**順接**)
・「**しかし**」「**だが**」…前後のことがらが反対(逆)の内容を表す。(**逆接**)
・「**ところで**」…話題を新しいものに変えることを表す。(**転換**)
・「**あるいは**」…二つ以上から一つだけを選ぶことを表す。(**選択**)

4 「おもむろに」は「取り出した」をくわしく説明しているので、**用言**を修飾し、状態を表す**副詞**。**ア**は**形容詞**「懐かしい」の**連体形**である。**イ**は活用しないので、「大きな」という**連体詞**。「大きい」という**形容詞**とまちがえないようにしよう。**エ**は「心豊かだ」という**形容動詞**の**連体形**。**ア・イ・エ**はすべて直後の**名詞**を**修飾**している。残る**ウ**は、**動詞**の「たどりついた」を**修飾**しているので、**副詞**だとわかる。

ココに注意
副詞は主に用言(動詞・形容詞・形容動詞)を修飾する言葉。

ポイントチェック

・**大きい**…形容詞。「大きかった」「大きければ」のように活用する。
・**大きな**…連体詞。活用せず、「大きな家」のように名詞を修飾する。

ステップ3 発展問題

本冊↓42〜43ページ

1 (1)**ア** (2)**エ** (3)**エ** (4)**ウ**
2 (1)**カ** (2)**エ** (3)**オ** (4)**ア**
3 (1)固さ (2)春めく (3)涙ぐむ (4)尊ぶ (5)誇らしい
4 (1)**ウ** (2)**エ**
5 **ア**
6 (1)**ウ** (2)**ア** (3)**イ** (4)**イ** (5)**エ**

解説

1 (1)それぞれ**自動詞**と**他動詞**の組み合わせ。**イ〜エ**は、それぞれ同じ動作・作用についての**自動詞・他動詞**の組み合わせだが、**ア**は、「分かる」は「理解《りかい》する」という意味、「分ける」は「分割《ぶんかつ》する」という意味なので、種類がちがう言葉の組み合わせになっている。
(2)**ア〜ウ**は、動詞と、それをもとにした**可能動詞**の組み合わせ。**エ**のみ、**使役《しえき》の意味**をもつ動詞になっている。
(3)**ア**は「痛い」、**イ**は「暑い」、**ウ**は「強い」のように、**ア〜ウ**にはそれぞれ同様の意味をもつ**形容《けいよう》詞**があるが、**エ**にはない。つまり、**エ**以外は、**形容《けいよう》詞**が**動詞化**したものだといえる。
(4)すべて**動詞**の過去《かこ》形になっているが、**言い切りの形（基本《きほん》形）**に直すと、**ア**「勝つ」、**イ**「立つ」、**ウ**「割る」、**エ**「待つ」となる。**ア・イ・エ**は「つ」で終わる（タ行で活用する）のに**ウ**は「る」で終わる（ラ行で活用する）とわかる。

ポイントチェック

・**自動詞**…「〜が」を補《おぎな》うことができ、それ自身の動作・作用を表す。
・**他動詞**…「〜を」を補うことができ、他に対する働きかけとしての動作・作用を表す。

2 (1)空らんの前の内容を、あとで言いかえることを表す。
(4)空らんのあとで、前の内容の理由を説明している。

3 (1)**形容詞**「固い」を**名詞**にすればよい。
(2)「春」を**動詞**にする。「春めく」で、「春らしくなる」という意味の**動詞**。
(3)「涙《なみだ》」を**動詞**にする。「涙ぐむ」で、「涙を目にうかべる」という意味の**動詞**。
(4)**動詞**にするので「尊《とうと》ぶ」が正しい。
(5)「赤い」「耐えがたい」などすべて**形容詞**なので、「誇《ほこ》る」を**形容詞**にする。なお、名詞は「誇り」。

4 (1)**ア**「まるで〜ようだ」という形で、**たとえ**を表している。**イ**「おそらく」は、あとに「〜だろう」のような**推量《すいりょう》**の表現《ひょうげん》をともなう。**ウ**「たとえ」は、下に「〜ても」などをともない、**逆接《ぎゃくせつ》の仮定《かてい》**を表す**副詞**。したがって、**ウ**は誤り。
(2)**ア**「なんとか」は、あとに「〜たい」などの**願望**や**依頼《いらい》**の表現をともなうときは、「どうにか・苦労しても」という意味になる。**エ**「まさか」は、下に「〜ないだろう」などの**打ち消しの推量**の表現をともなって使われる言葉。

5 **ア**は**断定《だんてい》**を表す**助動詞**「だ」の**連用形**。「私は女だ。あなたは男だ。」という意味である。**イ・ウ・エ**は活用しないので、**助詞**「で」。**イ**と**エ**は**場所**を、**ウ**は「〜のせいで」という**原因《げんいん》**を表している。

ポイントチェック

「で」の識別《しきべつ》
・**断定の助動詞「だ」の連用形**…「だ」に置きかえると文が終わる。
　例 今日は休みで、明日から仕事だ。→今日は休みだ。
・**格助詞「で」** 例 意味を辞書で調べた。
・**形容動詞の一部** 例 今日の波はおだやかで、音もない。
・**接続助詞「て」の濁《にご》ったもの** 例 本を読んでいる。

6 (1)**ア・イ・エ**は**自発**を表す**助動詞**「れる」。**ウ**は**尊敬《そんけい》**を表す**助動詞**「れる」。
(2)**ア**は**推定**を表す「そうだ」。それ以外はすべて**伝聞**を表す**助動詞**「そうだ」。
(3)**ア・ウ・エ**は「ぬ」に置きかえることができる、**打ち消し**の**助動詞**「ない」。**イ**は「美しく(は)ない」と、間に「は」を補うことができるので、**補助《ほじょ》形容詞(形式形容詞)**。
(4)**ア・ウ・エ**は**主語(主格)**を表す**格助詞**「が」。**イ**は**逆接**を表す**接続助詞**「が」である。

(5)すべて**接続助詞**「て」であるが、**ア〜ウは原因・理由**を表す。**エは対等・並列《へいれつ》**を表す。

ポイントチェック

・**「ない」の識別**
・**打ち消しの助動詞「ない」**…助動詞「ぬ」で言いかえても、意味が変わらない。
例 おやつは食べない。＝おやつは食べぬ。
・**形容詞「ない」** 例 財布《さいふ》がかばんの中にない。
・**形容詞のあとについて、補助の関係をつくる補助形容詞（形式形容詞）「ない」**
…間に「は」を補っても意味が変わらない。 例 私はうれしくない。
・**形容詞の一部** 例 この本はつまらない。

3 敬語

ステップ1 まとめノート

本冊→44ページ

① 敬語 ② 尊敬語 ③ 謙譲語 ④ 謙譲語 ⑤ 見る ⑥ 会う

解説

④「お聞きする」は「お〜する」の形で相手への敬意を表す**謙譲語《けんじょうご》**である。「うかがう」も同じ意味になる。
⑤「ご覧になる」は「見る」の**尊敬語**。「校長先生が授業《じゅぎょう》をご覧になる」などと使う。
⑥「お目にかかる」は「会う」の**謙譲語**で、目上の人に会う場合に使う。

ステップ2 実力問題

本冊→45ページ

1 (1)**ア** (2)**ウ** (3)**イ** (4)**エ**
2 (1)**イ** (2)**イ** (3)**ア** (4)**イ**
3 (1)例 いらっしゃい (2)例 うかがい (3)例 めしあがって
(4)例 いただき (5)例 おいでになる

解説

1 (1)**自分の動作**なので、謙譲語にする必要がある。「聞く」の謙譲語は「うかがう」。なお、**ウ**「いただく」は、「もらう」などの謙譲語、**エ**「拝見する」は「見る」の謙譲語である。
(2)**自分の動作**なので、謙譲語「いただく」を使う。**ア**「召し上がる」は「食べる」などの尊敬語。**イ**「くださる」は「あたえる・くれる」などの尊敬語。**エ**「たまわる」は「もらう」などの謙譲語である。また、「あたえる」などの尊敬語でもある。
(3)相手である**「高橋さん」が行う（予定の）動作**なので、尊敬語にする。「来る」の尊敬語は「いらっしゃる」。**ア**「参上する」は「行く」の謙譲語。**エ**「うかがう」は「行く」などの謙譲語。
(4)**見たのは「私」**なので、「見る」を謙譲語の「拝見する」にする。**イ**「お召しになる」は「着る」の尊敬語。**ウ**「ご覧になる」は「見る」の尊敬語。

ココに注意
尊敬語は相手への敬意を表す言葉なので、相手や話題の人物の動作を表現する場合に使い、自分の動作には使わない。自分や身内の動作に用いるのは謙譲語である。

2 (1)**「おほめの言葉」を言うのは相手**なので、尊敬語「おっしゃる」を使うのが適切《てきせつ》。
(2)**ア**は尊敬語「おっしゃる」と尊敬の助動詞「れ（る）」を重ねている。尊敬語を重ねるのは不適切なので、**ア**は誤《あやま》り。
(3)**「先生」の動作**なので尊敬語を選ぶ。「いらっしゃる」は「行く」「来る」などの尊敬語。文末の「ます」は丁寧語《ていねいご》である。なお、「参る」は「行く・来る」などの謙譲語。
(4)**話を聞いている人への敬意を表す**ので、尊敬語として適切なのは「お〜下さい」のほう。「頂く」は「もらう」の謙譲語。

ココに注意
会話文では、話し手と聞き手のどちらが動作を行うかということに注意して、敬語を使い分ける必要がある。

ポイントチェック

・**尊敬語**…話の相手や、話題の人物など、相手への敬意を表す。相手の動作を敬って言う場合に用いる。
・**謙譲語**…相手(聞き手)や話題の人物への敬意を表す。自分や身内の動作をへりくだって言う場合に用いる。
・**丁寧語**…聞き手への敬意を表す。文末に「です」「ます」「ございます」を使う。

3
(1)**来たのは「鈴木様」**なので、尊敬語「いらっしゃる」を使い、「ました」につながるので「いらっしゃい」と活用させる。「おいでになり」などでもよい。
(3)**「食べる」のは話しかけられている人**なので、尊敬語「めしあがる」を使い、「めしあがってください」「おめしあがりください」などとする。
(4)今度は**自分が食べることについて言っている**ので、謙譲語「いただく」を使い、「いただきます」などとする。
(5)「何日間いる」のかとたずねているので、**話しかけられている人への敬意**を表し、尊敬語「いらっしゃる」や「おいでになる」などとする。

ココに注意
会話文では、尊敬語と丁寧語が組み合わさることが多い。尊敬語を丁寧の助動詞「ます」につなげるときは連用形に活用させよう。

理解度診断テスト

本冊→46～48ページ

理解度診断 A…70点以上、B…50～69点、C…49点以下

1 (1)A 例 私は太郎さんと二人で花子さんに明日の予定を説明した。
B 例 お母さんが私を大好きだと思っている。
(2)私は (3)読点 (4)**ウ** (5)④の ⑤を

2 (1)**ウ** (2)**イ** (3)**ア** (4)**イ** (5)**ウ** (6)**ア** (7)**ア** (8)**ウ** (9)**ウ** (10)**イ**

3 (1)**ウ** (2)**イ** (3)**エ** (4)**オ** (5)**エ**

4 (1)**ウ** (2)**エ** (3)**ア** (4)**イ** (5)**ウ**

5 (1)**イ** (2)**ア** (3)**エ** (4)**ウ**

6 (1)**ア** 例 いらっしゃる **イ** 例 参り
(2)**ア** 例 いたし **イ** 例 なさい

7 **イ**

解説

1 意味を二通りに受け取ることができるまぎらわしい文についての問題である。
(1)**A**「私」が**「太郎さんと」**いっしょに「花子さんに」説明したという場合である。
(2)「私は、太郎さんと花子さんに明日の予定を説明した。」と**読点を打てば**、「太郎さんと花子さん」が一つのまとまりになり、一つ目の意味になる。ちなみに二つ目の意味にするには、「私は太郎さんと、花子さんに……」とすればよい。
(3)この例では、読点を打つことで文の意味を区別している。
(4)二段落《だんらく》目の最初に「同じような例として」とあるので、一段落目で紹介《しょうかい》した文に似《に》た事例として「私が大好きなお母さん。」を挙げているが、読点を打つだけでは意味の区別がつかないという点では異なると**補足《ほそく》**しているので、「ただし」が最も適切。

ココに注意
読んだ人にかんちがいされるかもしれないあいまいな表現《ひょうげん》がないか、読点の位置や助詞の使い方に気をつけよう。記述問題の答えや作文を書く場合などは、特に注意すること。

2 まずは、主語と述語を正しくとらえたうえで、述語の形から見分ける。(1)述語が「雨だ」にあたるので、**「雨」なのは何か**と考えると、主語は「天気は」になる。「雨」は名詞なので、「何が(は)何だ。」という構成である。
(3)否定《ひてい》表現になってはいるが、「バス」の動作を表しているので、「何が(は)どうする。」の形。
(5)主語は「あれは」、述語は「建物です」。
(9)倒置《とうち》の文になっているので、ふつうの形にもどすとわかりやすい。「かたづけてくれたのは」が主語で、「あなたでしたか」が述語。「あなた」は「何」にあたる。「あなたがかたづけてくれた」の場合は「何が(は)どうする」となり、文の構成が変わるので注意する。

3 (2)「する」の主語、つまり**「草むしりをする」のは「ぼく」**である。
(4)「やっと」「届いた」とすると**意味が自然につながる。**
(5)「切る」「音だけが」とすると**意味が自然につながる。**

4 (1)**ア・イ・エ**の「だ」は助動詞「た」の音が濁《にご》ったものである。**ウ**は**「とんだ」という一語**で、連体詞。この「とんだ」は「とんで」などと活用することはない。
(2)**ア・イ・ウ**は、「進まぬ」のように、**「ない」を「ぬ」に置きかえても意味が変わらない**ので、打ち消しの助動詞「ない」。**エ**の「ない」は「寒く（は）ない」のように、直前に「は」を補《おぎな》うことができるので、補助形容詞《けいようし》（形式形容詞）。
(3)**ア**は**「走れる」という一語**で、「走ることができる」という可能動詞。**イ・ウ・エ**は助動詞「れる」。
(4)**ア・ウ・エは動詞の連用形や形容詞の語幹《ごかん》に接続《せつぞく》している**ので様態《ようたい》の助動詞「そうだ」、**イは動詞の終止形に接続している**ので伝聞の助動詞「そうだ」。
(5)**ア・イ・エ**は形容動詞の一部だが、**ウ**は場所を示《しめ》す格助詞《かくじょし》「に」である。

5 (1)助詞「ばかり」の用法の識別《しきべつ》。(1)は「笑っているだけ」と言いかえることができるので、限定《げんてい》を表す助詞「ばかり」である。**イ**も「いつも大きなことだけ言っている」と言いかえることができる。**ア**は「二万円**ほど**」と言いかえられ、だいたいの程度《ていど》を表す。**ウ**と**エ**は、**「〜したところ」**という意味を表す。
(2)助詞「ながら」の識別。「知っている**のに**」と言いかえることができる、逆《ぎゃく》接《せつ》を表す用法。**ア**も「能力がある**のに**」と言いかえられるので同じ。**イ**は「なみだ**とともに**」という意味、**ウ**は「昔**と変わらないまま**」という意味、**エ**は動作を**同時進行している**ことを表す。
(3)は「一歩ずつ**だけでも**」と言いかえることができる。同じように、**エ**も「一度**だけでも**」と言いかえることができる。**ア**は「ラーメン**か何か**」と言いかえられ、例として挙げたことがらを表す。**イ**は「〜なのに」という逆接の意味を表す。**ウ**は「だれ**であっても**」と言いかえられ、例を挙げて他を類推させる。
(4)は推定の助動詞。同じ用法なのは、**ウ**。**イ**は**「かわいらしい」で一語の形容詞**である。**ア**と**エ**の「らしい」は「いかにも〜だ」という意味を加える語である。

ココに注意
「らしい」には、推定の助動詞「らしい」のほか、「〜らしい」という形容詞の一部、さらに、名詞などについて形容詞をつくる接尾語《せつびご》「らしい」がある。

6 敬語について考える場合は、動作をする人に着目する。
(1)**ア「来る」のは「先生」**なので尊敬語《そんけいご》にする。**イ**は**自分の父（身内）の動作**なので謙譲語《けんじょうご》にする。丁寧《ていねい》の助動詞「ます」に続くので、連用形にする必要がある。
(2)**ア「掃除」を「する」のは「私」**なので謙譲語にする。丁寧の助動詞「ます」に続くので連用形にする。**イ**疑問《ぎもん》文なので、**話し相手つまり聞き手への敬意を表す**ために尊敬語にする。「ます」に続くので連用形にする。

7 **身内である父についての表現には謙譲語を使う**ことに注意する。よって、父に尊敬語を使っている(2)は誤り。「元気にしております」などの謙譲語にすべきである。また、(3)「参りますか」が不適切。相手の父親のことは、尊敬語を使って言うべきである。

ココに注意
「参る」は「来る・行く」の謙譲語。自分や身内の動作を述《の》べるときに使う。

第4章 文章を読み取る基本

1 指示語・接続語をとらえる

ステップ1 まとめノート
本冊→50ページ

① 指示語 ② 前 ③ 本 ④ 接続語 ⑤ **ウ**

ステップ2 実力問題
本冊→51ページ

1 (1) A **ア** B **エ** C **ウ** D **イ**
(2) 自分が何らかの役に立っているという実感（19字）

解説
1 (1)A 前の文で「日本人たちのみてきた西欧」がどのようなものだったかを述べ、あとの文でそれは「誤解だったのではないか」と否定《ひてい》していることから、逆接の働きをもつ言葉を選ぶ。

Bすぐあとで「イギリスで独り暮らしをしている老人」の話を具体例として取り上げていることから考える。

C [C]をふくむ一文では「西欧は個人主義をひとつの原理にしている」ことをいったん受け止めている。そのうえで、すぐあとの一文で「しかし〜」と続けて、自分の意見につなげている点に着目する。

D前の段落で、西欧社会では「協同社会の役割は、庶民になればなるほど強くなっていく」ことが述《の》べられている。この内容を認《みと》めつつ、[D]をふくむ一文では「上流階級になると、助け合う仲間の社会をつくることはない」と、「上流階級」という例外について内容を補足している点に着目する。

ポイントチェック

論説文では、「もちろん(確かに)〜。しかし…。」という形がよく使われる。「もちろん(確かに)〜。」で、相手の意見などをいったん認めたうえで、「しかし…。」と自分の意見につなげる表現方法である。この形が使われた場合、筆者の言いたいことは「しかし」のあとにくることを覚えておこう。

(2)まず、指示語「それ」をふくむ一文をすべて読み、指示内容のあたりをつける。「それ」の指示内容は、「持ち得ないときに人間が孤独になるもの」である。前からこの内容を探《さが》すと、「役立っているという実感」とある。ただし、今回は字数「二十字以内」で「最もわかりやすく説明されている部分」という条件《じょうけん》があることに注意しよう。もう少し前から、「実感」についてよりわかりやすく説明されている部分をぬき出す。

ステップ3 発展問題

本冊↓52〜53ページ

1

(1) 社会
(2) **オ**
(3) A**オ** B**イ** C**ア** D**エ**
(4) **ア**
(5) 例 みんなにチャンスが開かれているから。(18字)

解説

1

(1)指示語「それ」をふくむ一文をすべて読み、指示内容《しじないよう》のあたりをつける。筆者は何を「『ルール』のあつまりとして見る、という考え方」が大事だと述《の》べているのだろうか。あたりをつけた指示内容を「それ」にあてはめ、意味が通るかどうか確認《かくにん》しよう。

(2)特別授業の目的は、哲学者として「社会とは何か」を教えることなので、**オ**の「仲間と交流を深めることによってクラスの一体感を高める」は誤り。文中に「このゲーム自体とても面白いので、…朝までやってしまったりする」とあるが、仲間と楽しむことがこのゲームの目的ではないので、注意する。

(3)A「基本的に一人ずつ順番にカードを場に捨てていって、手持ちがなくなれば上がりです」という前の文の内容に、あとの文が「前の人のカードより強い札でないと、捨てられません」という条件《じょうけん》を補足《ほそく》している点に着目する。

B [B]より前の五つの段落《だんらく》では、「『大貧民』というゲーム」について、そのルールや面白さをくわしく説明し、あとの文では話題を変えていることから考える。

C「一番下にいるとなんとかはい上がりたいのだけど、なかなか上がれない」という前の文について、あとの文が説明を加えている点に着目する。

D「世の中の現実の厳しさというものを身にしみて感じる」という前の文に対して、あとの文では「いつか形勢を逆転して、王様の地位まで上ってやるという欲望も湧《わ》いてくる」と反対の内容を述べていることから考える。

ココに注意

ウの「むしろ」は、前の内容よりあとの内容のほうが適切だと判断《はんだん》するときに用いられる。

例 この道は混雑《こんざつ》していて車で行くとなかなか進めない。むしろ歩いたほうが早く着く。

(4) [I]をふくむ段落と、次の段落に着目する。「大富豪、富豪、平民(複数)、貧民、大貧民」という順位がはっきりと決まり、「大富豪と富豪」とは違《ちが》って、「貧民階級」はますます不利になっていくということを説明するのに、最も適した内容を選ぶ。次の段落の最後の一文「いわば『論より差別』みたいなゲームなんですね」も手がかりにしよう。

(5)——線③をふくむ段落の最初の一文に着目する。理由が問われているので、文末を「〜から。」などとすることに注意する。

2 話題・段落の要点をとらえる

ステップ1 まとめノート
本冊→54ページ

① 段落　② 形式段落　③ 意味段落　④ 要点　⑤ 話題　⑥ たとえば

解説
⑥前の段落で述べられている「それぞれの都道府県のシンボルとなる花」の具体例として、「富山県」の「チューリップ」があとの段落で挙げられている。

ステップ2 実力問題
本冊→55ページ

1 (1) エ

解説
1 (1) 5段落の「こうした奇妙な現象」の「こうした」が指すのは、一つ前の4段落の内容全体である。「自分の『性格』について」のアンケートでは、日本人でも自己評価が高くなるという4段落の内容を受け、5段落では、「こうした奇妙な現象」が起こる理由について説明していることに着目する。

ステップ3 発展問題
本冊→56〜57ページ

1 (1) 高度成長と〜感じさせた（もの。）
(2) イ　(3) ウ　(4) エ　(5) オ　(6) ア

解説
1 (1)「戦後の高度成長から、人々は日本の『力』を感じた」という直前の段落の内容をふまえ、指示《しじ》内容を明らかにする。
(2) 3段落以降《いこう》の内容は、「原子力発電」に起こった一連の過程へと移《うつ》っていくが、1・2段落の内容と「同じようなこと」として位置づけられている点に注意する。人々は、「安全神話」のもとで「原子力発電」が建設される過程にも日本の「力」を感じていた、という共通点をとらえる。**イ**の「日本の技術」＝「日本の『力』」と結びつく。
(3)「世界最先端の技術」という発想そのものを否定《ひてい》する根拠《こんきょ》が、直後でたとえを用いながら述べられている。
(4) **それぞれの段落の内容から、段落と段落のつながり方を考える。**「とすると」は、前の段落を受け、その内容を前提にしてあとに続ける言葉。直前の5段落では、料理を例に挙げ、「自然や風土の違いによって変化する」生産物には「『世界最先端』は存在しない」ことを述べている。6段落ではこの内容を前提に、「とすると、『世界最先端』はないのだろうか」と疑問《ぎもん》を投げかけたうえで、「誰もが同じものをつくろうとしているとき」には「世界最先端」が存在することを述べているのである。
(5) 6段落で述べた、「世界最先端」の存在する「誰もが同じもの」について、7段落では「人間たちがおこなっている労働や生産のなかのごく一部にすぎない」と述べたうえで、その「ごく一部のものの『世界最先端』」を「日本は世界最先端」と読み替えていると指摘《してき》している。本来は、「ごく一部のもの」にしかあてはまらない「世界最先端」という考え方を拡大解釈して、「日本は世界最先端」といおうとしていることを指摘しているのである。したがって、**オ**の「世界一優秀だと拡大解釈する」という点が合う。
(6) 文章全体を三つの意味段落に分けると、①…「戦後の日本」に起こったできごと、②…「原子力発電」に起こったできごと、③…①②を受けた、筆者の批《ひ》判《はん》的な考え、となる。

3 必要な細部の読み取り方

ステップ1 まとめノート
本冊→58ページ

① 細部　② 指示語　③ 主語　④ 述語
⑤ 例 農村で森や林が切り開かれ、都市で高いビルがふえるようになったから。

ステップ2 実力問題

本冊↓59ページ

1
(1) からだが積極的に動かなくなる
(2) ① 大学の授業〜のである。
② 要約する能力
複数の本を系統立てて配列する力
総合的な段取り力

解説 1

(1)――線aのあとに**「しかし、だからといって」とあるのに着目する。**インターネットによる情報収集の技術を駆使できることは重要であるとする一方で、それにかたよると、「からだが積極的に動かなくなる弊害」が時に起こると指摘《してき》している。

(2)①「神保町忍者部隊」という「実践」の具体的内容になっている箇所《かしょ》を、一文ごとにていねいに読み、過不足《かふそく》がないようにぬき出す。「これには、本を書店で短時間に要約する要約力が求められる。」という文以降《いこう》では、実践によって鍛えられる《三つの力》について述べられているので、**その直前の文で区切りをつける。**

②第二段落の後半の「これには、本を書店で短時間に要約する要約力が求められる。」という文以降に列挙されている《三つの力》をそれぞれ答える。「要約する能力とともに、複数の本を系統立てて配列する力も求められる。」というように**細部の言葉に注目**し、制限《せいげん》字数に合わせてぬき出す。

ポイントチェック

文と文のつながりに注意して、ていねいに文章を読む。接続語や指示語に着目する。

ステップ3 発展問題

本冊↓60〜61ページ

1
(1) 例 クリやトチの木の枝
(2) エ
(3) ㋐ 減らす ㋑ 道路 ㋒ 建設
(4) A オ B ア C イ
(5) 何か問題が〜という思想
(6) ① 生産性
② 例 天然林を伐採し、人工林をつくった。(17字)
(7) ウ

解説 1

(1)「クマの座蒲団」の材料が何であるかを問われている点に注意する。「ツキノワグマ」はクリやトチの実を食べるとき、木に登って周囲に手を伸ばし、枝ごと折ってそれらの実を食べる。そのときに残った「枝」が、「座蒲団」を作る材料となる。「座蒲団」は、クリやトチの木の枝々を寄《よ》せ集めてこしらえたものである。

(2)直後に「なぜなら人間の森へのかかわり方によって、森は変貌をとげていくからである」とある。森は、人間が集団《しゅうだん》の中で影響を受けるのと同じように、**人間との関係において「変貌をとげていく」存在なのだから、**「社会的」な存在としてとらえることができる。

(3)第四段落で「何か問題がおきたときには、より多くのものを建設することによって問題を解決する」という当時の「日本の政策」が紹介《しょうかい》されている。**続く第五段落は、この思想をもとにした具体例が述べられている段落**なので、この点をふまえながら㋐〜㋒に入る言葉を考える。㋒には「導入」も入りそうだが、「建設することによって」問題を解決することの具体例なので、やはり「建設」がふさわしい。

(4)A「もしかすると〜のではないか」とつながる。同じ一文の中にある**「この考え方」とは、第四段落で述べられた「建設の思想」を受けている**点もあわせて考える。B前の段落では、「拡大造林」が「善」として進められたとあり、Bのあとでは、その誤《あやま》りに気づいたと反対の内容《ないよう》になっているので、**ア**「ところが」がふさわしい。C荒山さんが「自然に芽生えてきた木を育てる」理由が前の段落で述べられているので、順接《じゅんせつ》の**イ**「だから」が入る。

(5)「思想」の説明をさがすので「〜思想」「〜考え方」などの表現に着目する。「建設の思想」については、第四段落で紹介されている。

(6)傍線《ぼうせん》部の「このような考え方」は、「建設の思想」を指している。
①「建設の思想」のもとで、森林に求められたのは「生産性」である。
②森林では、「建設の思想」は、天然林を伐採し、人工林をつくる「拡大造林」という形で「適用」されたのである。
(7)「建設の思想」を「適用」された森林は、木材の「生産性」は高まったものの、「他の動植物にとって好ましくない」など、さまざまな問題点が生じた、ということからe・fに入る言葉を考える。

4 心情・場面・情景の読み取り方

ステップ1 まとめノート
本冊→62ページ

①場面　②情景　③心情　④例 緊張（している）

ステップ2 実力問題
本冊→63ページ

1 (1)例 孤児院を出て、祖母の家で暮らせるかもしれないという「ぼく」の希望。

解説
1 (1)「ぼく」は、祖母に「ここへ置いてください」という願いを自分でもおどろくほど「すらすらと」切り出すことができ、祖母からよい返事をもらえそうな予感を感じていた点をおさえる。**このような「ぼく」の心情が、縁側から入ってきた「蛍」や、聖歌の中の「星」に重ねて表現《ひょうげん》されている**のである。

ポイントチェック
文中に描かれている情景には登場人物の心情や、その他の重要なことがらが表されている場合がある。

ステップ3 発展問題
本冊→64～65ページ

1 (1)例 同じ気持ちで的に向かう大切な仲間がいて、自分は一人きりではないと感じるから。(38字)
(2)例 仲間と呼吸を合わせながら、矢を射ることに熱中していた状態。
(3)次の矢は～中てた。
(4)①例 弓道を通じて、仲間との深いきずなを実感した喜び。(24字)
②なんとも言えない強い（気持ち。）

解説
1 (1)実良は、「個人競技だとばかり思っていた弓道が、実はそうではないこと」に気づき、**同じ的に向かう仲間こそが自分にとって何より大切で、自分は「一人きりではない」と感じている**のである。
(2)仲間と呼吸を合わせ、一本一本の矢を射ることに熱中していて、気がつくと手元の矢が「最後の一本」になっていた、ということである。
(3)**文章全体が、1実良の視点から描いた場面、2春の視点から描いた場面、3早弥の視点から描いた場面、の三つに分けられる。**実良が矢を射ている様子を1からさがし、過不足《かふそく》なくぬき出す。
(4)①「熱さ」とは、直後に「実良が熱い。春も熱い。三人の重なったところがもっと熱い。」とあることから、**早弥と実良と春の三人の心がひとつに結ばれた「喜びと感動」を表現したものである**と考えられる。
②①でおさえた内容《ないよう》から、**この物語の主題は「仲間とのきずな」である**ことがわかる。実良の視点から描いた場面より、これと似《に》た気持ちをさがすと、「このごろ気づいたことがある」で始まる段落に「なんとも言えない強い気持ち」という表現が見つかる。

5 主題・要旨の読み取りと要約のしかた

ステップ1 まとめノート
本冊→66ページ

①主題　②要旨　③話題
④例「私」はけんかから親友の大切さを学んだ。(20字)

ステップ2 実力問題

本冊↓67ページ

1 (1) **イ** (2) **イ** (3) 例 真実を頭で理解してはいても、それを心の底から実感するのは簡単ではないということ。(40字)

解説 **1** 文章のはじめに「真実を頭で理解してはいても、それを心の底から実感するのは簡単ではありません」という要旨が述《の》べられ、その証明《しょうめい》として密接《みっせつ》なつながりのある具体例が二種類挙げられている文章構成《こうせい》をとらえる。

(1) 傍線《ぼうせん》部の内容《ないよう》は具体例なので、文章の最初に述べられている筆者の主張《しゅちょう》をもとに考える。

(2) 第一段落で述べられている主張に対して、第二段落以降《いこう》では具体例を挙げて説明している。この段落どうしの関係から、空らんに入る言葉を考える。

(3) この文章は、**「筆者の主張→具体例①→具体例②」**という文章構成になっている。この文章の中心となる内容は文章の最初に書かれているので、そこを使ってまとめる。

ポイントチェック

・**要旨の読み取り方**
・考えの中心をまとめた文または段落をさがす。
・文章全体の構成をとらえる。

チェック! 自由自在

●**そして(順接)** ●**しかし/ところが(逆接《ぎゃくせつ》)**
●**つまり/このように(まとめ)**

ステップ3 発展問題

本冊↓68～69ページ

1 (1) 例 エネルギーの消費を押さえている割には疲れて見える人。(26字)
(2) **エ**
(3) **エ**

解説 **1** (1) ——線部の「エネルギーがあり余っているのか、と思う人」と対照的な例として筆者が挙げたのは、直前の段落にある「省エネの見本のような人」である。この人の特徴《とくちょう》をとらえ、字数内にまとめる。

(2) 空らんA、Bをふくむ段落《だんらく》の始まりで「以上のことは」とまとめられていることに着目する。第五、六段落では、筆者がここまで「碁」や「テニス」の例を挙げながら考えてきた、人間の心のエネルギーは「単純計算が成立しない」ということの根拠《こんきょ》を示《しめ》している。この点をふまえ、また、AでもなくBでもないものとして「生きものである」と述べられていることにも着目して、A、Bに入れる言葉を決める。

(3) 文章全体から、筆者の考えを読み取る。**エ**は最終段落で筆者が「心のエネルギーを節約しようとするよりも、むしろ、上手に流してゆこうとする方が、効率もよい」とまとめている内容に合っている。**ア**は「今までとはちがうエネルギーが自然に出る」が誤《あやま》り。**イ**、**ウ**は選択肢《せんたくし》全体の内容が本文と合わないので誤りである。

6 表やグラフと関連づけて読む

ステップ1 まとめノート

本冊↓70ページ

① 棒グラフ ② 折れ線グラフ ③ 円グラフ ④ **ウ**

ステップ2 実力問題

本冊↓71ページ

1 (1) ① **ウ** ② **ア**

解説 **1** (1) 文中で示されているそれぞれの実験結果と与えられたグラフとを関連づけながら考える。①の実験では、「最終的に一種類だけが生き残り、もう一種類のゾウリムシは駆逐されて滅んでしまう」という結果になった。よって、日数が経つにつれて、一方の数が減り、最終的にゼロになっているグラフを選ぶ。②の実験では、「二種類のゾウリムシは一つの水槽の中で共存」するという結果になった。よって、日数が経っても、どちらもゼロになっていないグラフを選ぶ。

ココに注意

グラフでは、まず縦軸《たてじく》と横軸がそれぞれ何を指すのかを確認《かくにん》しておこう。

ステップ3 発展問題

本冊→72〜73ページ

1

(1) 例 **資料1**から、カタカナ語の意味が分からずに困ることが「よくある」「たまにある」と回答する人の合計の割合は、年代が上がるにつれて増加することが読み取れます。六十歳以上では「よくある」「たまにある」と回答する人が三割以上にのぼっています。このことから、特に年代が上の方と接するときには、カタカナ語の使用に注意が必要です。**資料2**の二段目にあるように、「一般への定着が十分でなく、日本語に言いかえた方が分かりやすくなる語」は、そのつど日本語に言いかえて伝えるのがよいと思います。また、三段目にあるように、「分かりやすい言いかえ語がない語」については、注釈をつけるなど、分かりやすくする工夫が必要だと思います。(292字)

2

(1) 例 具体的な数字を示しながら説明すること。(19字)

(2) A 例 電気による二酸化炭素はい出量が多くなっています (23字)

B 例 家庭でのエネルギー消費量の約半分は電気です (21字)

解説

1

(1)「先生の助言に従って」発表原稿を作成するので、会話文から先生の助言内容をおさえておく。「**資料1**から年齢に関する特徴的なことを述べ」る、「**資料2**をもとに、カタカナ語を使う際に気をつけたいことをいくつか述べる」という二点について、グラフから読み取れることをまとめていこう。**資料1**からは、年齢(横軸《よこじく》)が上がるにつれて、「よくある」「たまにある」と回答する人の合計の割合(縦軸)が高くなることをとらえよう。六十歳以上の人が「よくある」と回答する割合は目立って高いことから、その点もおさえておけるとよい。また、**資料2**からは、「気をつけたいことをいくつか」述べる必要があるので、二段目と三段目の内容をバランスよくまとめよう。

2

(1) ①段落では、「一九〇〇年から二〇〇〇年の間に十五センチメートル以上海面が上昇した」、「二一〇〇年までに海面は今より二十六センチメートルから八十二センチメートルも上昇する」という部分、②段落では、「日本は二〇一三年度のはい出量を基準として、……中でも家庭については四十パーセントのさく減を目標にしてい」るという部分で、具体的な数字が示されている。具体的な数字が用いられることで、聞き手は共通のイメージをもつことができる。内容に真実味も出て、説得力が高まる。

(2) A **【資料一】**から、縦軸の一番上にある「電気」による二酸化炭素はい出量が、ガスや灯油と比べて多いことを読み取る。

B **【資料二】**から、円グラフのほぼ右半分を「電気」が占《し》めていることを読み取る。

ポイントチェック

表やグラフから読み取ったことをまとめるときには、細かい数字をすべて示すと文字数が足りなくなるので、必要な数字のみを引用し、要点をしぼるようにしよう。

理解度診断テスト

本冊↓74～77ページ

理解度診断 A…70点以上、B…50～69点、C…49点以下

1

(1) **イ**

(2) 例 機能だけが求められ、多くの人が関わる実体としての存在が失われたこと。（34字）

(3) **ア**

(4) **ウ**

(5) 人間関係のおそるべき荒廃（12字）

(6) 報酬

(7) **イ**

(8) 歴史

(9) ① 機能
② 例 歴史によって生み出された存在の確かさ。（19字）
③ 例 「実体」の生み親である歴史というものを考え直してみること。（30字）

(10) **エ**

解説

1 (1) 同じ段落《だんらく》に「何人もの人間がこれ（デコボコのコップ）で喉をうるおしたという歴史」があったとあり、その歴史が「実体としてのコップを、ほんとうのものとしてのコップを、つくりあげていた」と述べられている。この記述をもとに傍線部《ぼうせん》の意味をとらえると、「神の息吹きとしてそこにあった」とは、歴史とのつながり（ここでは、そのコップで水を飲んだ人々とのつながり）を実感させる神聖《しんせい》なものとして存在したという趣旨《しゅし》であると判断《はんだん》できる。

(2) 筆者の子供時代、水飲み場に置かれていたデコボコのコップと**対照的な例として**、「使い捨ての紙」コップや「電動式のエンピツけずり」が挙げられている。この対比《たいひ》をふまえると、「歴史とは無縁になった」とは、**人々がその対象の機能という面にだけ目を向け、多くの人がそれを愛用するということがなくなった**、という趣旨が読み取れる。

(3) 「二律背反」とは、同じ根拠《こんきょ》にもとづいているはずの二つのことがらが、互《たが》いに矛盾《むじゅん》してしまうこと。現代建築は「便利だが住みにくい」という状態におちいっていることを「奇妙な二律背反」といっている。**ア**「あちらを立てればこちらが立たず」が適切である。

(4) 機能面にばかり目が向けられ、実体が失われた、という要旨から、ハイデッガーのいう「居住」／「詩」とは、筆者のいう「機能」／「実体」として置きかえられる。「すべて機能という点に神経を集中して設計」され、「住みにくく」なった現代都市のありさまと対比させると、**「詩的」という表現は「住みやすさ」「居心地の良さ」を表す**とわかる。このような表現は、**ウ**の「居住空間と調和した状態」に合う。

(5) 「人間をひとつの実体としてではなく、一個の機能としてしか考えないような人間の扱い方」がもたらす結果として、筆者は次の段落で具体例を挙げ、「人間関係のおそるべき荒廃」である、とまとめている。

(6) 要旨から考えると、空らんには、「しっぺがえし」「仕返し」という意味の言葉が入る。このような**「人間関係のおそるべき荒廃」は「使い捨て」の行き過ぎた結果だと述べている**ので、第十段落の「報酬」が適切である。

(7) 要旨から考えると、「つぎ」／「原形」→「機能」／「実体」と対応《たいおう》する。「使い捨て精神」に支配され、たった一つの「原形」に、「つぎを当てる」ことで同じものを次々と生産できると錯覚している現代文明のおろかしさを、「つぎは、あくまでもつぎでしかない」というたとえで批判《ひはん》しているのである。

(8) 筆者は文中で、ものを「実体」として存在させることができる根源《こんげん》は「歴史」であり、ものを使い捨てることは「『歴史』の抹殺」であると述べている。

(9) ① 「実体」と対照的に用いられている言葉は「機能」である。はじめにこの二つの言葉が対比されているのは、本文十五～十七行目の一文である。

② Aのあとの二つの段落で、「歴史」と「実体」の関連について述べられている点と、**筆者が挙げた「デコボコのコップ」「ビルや都市における機能主義」「人間の使い捨て」などの具体例をつなぎ合わせておさえる。**「実体」とは、あるものがもたらしてくれる利益《りえき》や便利さではなく、そこに確《たし》かに**存在**しているものそのものの重みを表している。それは、そこにものが存在しつづける**歴史**に

よって生み出されるのである。

③——線fの前の段落の内容をとらえる。「実体」を喪失した社会に生きる私たちにとって「いちばん大切なこと」は、「あらためて『歴史』というものを考え直してみるということ」であると述べられている。この点を中心に字数内にまとめる。

⑽**ア**は、「ものを大切にしなければならないということを教えてくれた」という点が誤《あやま》り。要旨《ようし》から判断すると、教えられたのはむしろ、「実体」とは何であるか、またその重みや貴《とうと》さについてである。**イ**は、筆者は便利さばかりに目を向けた「使い捨て」の行き過《す》ぎについて批判《ひはん》しているが、一方で「古いものはいいものだ、といおうとしているのではない」「便利な道具のほうがいいにきまっている」とも述べているので、古いことが便利さよりも重要という部分が誤りである。**ウ**は、「『使い捨て文明』を良しとした日本人は、ついにアメリカと手を組むようになってしまった」という部分が、第九段落の内容と順序《じゅんじょ》が異なっている。

ポイントチェック

具体例などを通して、筆者があることを説明するタイプの文章の場合、筆者の主張《しゅちょう》と具体例との関係について問われることが多い。

1 説明文の読み方

読解のポイント

文章のはじめに筆者の提案《ていあん》したい本の読み方を紹介《しょうかい》し、その読み方をくわしく説明している。文章全体の構成《こうせい》と要旨をとらえるようにする。

ステップ2 実力問題

本冊→80〜81ページ

※ステップ1 まとめノートの解答は左ページ。

1 次の文章を読んで、あとの問いに答えなさい。

子どもの頃《ころ》に声を出して読む段階があった人でも、次に線を引く段階に通常《つうじょう》は移《うつ》らない。ただ目で字を追うだけになるのが普通《ふつう》だ。しかし、私《わたし》は本を自分のものにするためには、線を引きながら読む方法は［A］だと考えている。線を引くというのは、自分を［B］に本の内容に関わらせていく明確《めいかく》な行動だ。ただ読んでいるのでは、メリハリがなく［C］になってしまう。どこに線を引こうかと考えながら読むことで、読みは積極的になる。

実際《じっさい》に線を引くときには、勇気がいる。自分自身の価値《かち》観や判断《はんだん》がそこに表れ、印として残ってしまうからだ。他の人に、もしかしたら見られてしまうかもしれないという恥《は》ずかしさも含《ふく》まれている。的外れなところに引いてしまえばみっともない、という気持ちを乗り越《こ》えて、線を勇気を持って引く。この一回一回の積み重ねが、本を読む力を鍛《きた》える。

本を自分のものにするということは、［D］には、その本の中に重要な自分にピンとくる文章を見つけるということだ。一つもピンとくるところがなければ、その本は自分には縁《えん》がなかったということになる。本を読んでいくと、共感できる文章に出会うことがある。まずは、そこから線を引いていく。誰《だれ》かに見られることなど考えずに、思い切って勇気を持ってしっかり引く。線を引くのも慣《な》れだ。

線を引いてしまえば、それは自分の本になる。①他の人が線を引いたあとの本を読むのはつらい。自分の刻印《こくいん》を残した本は、いとおしくなる。

たとえば、旅行先の地図を考えてみよう。最初に見たときには、のっぺりとしたただの地図だ。しかし、現地《げんち》に行ってみて、実際に足を運んだところに赤く○を付けていったとする。経路《けいろ》を矢印で地図に書き込《こ》んでもいい。素晴《すば》らしく印象に残ったところは、三重丸で囲んだり、行った店の名や出会った人の名を書き込む。そうやってみると、地図は「自分の地図」になる。すると、旅行が終わった後にも、その地図は捨《す》てがたいものになる。あとから見返してみると、そのときの思い出が、自分のチェックポイントから蘇《よみがえ》ってくる。何もチェックをせずにおいた地図は、捨てても惜《お》しくない。また手に入るからだ。しかし、一番その町に馴染《なじ》んでいたときにつけた印は、あとからではなかなかつけにくい価値を持っている。本の場合も同じだ。

本に対しては、一期一会《いちごいちえ》で臨《のぞ》むと、出会いの質《しつ》は高くなる。いつでもまた読むことができる、というのは本の利点ではある。しかし、「この本に出会うのは最初で最後かもしれない」と思いながら読むことによって、出会いの緊張《きんちょう》感は高まる。線を引くときにも、たとえ他の人にとってはここは重要でなくとも、自分には大事なところなんだ、と確信して引くのであれば問題はない。

そうしてたくさん自分の判断力を込めて線を引いた本は、あとから見返すときに、非常《ひじょう》に価値が出る。読み返すのに、初めて読んだときの数分の一、あるいは十分の一程度《ていど》の労力で、内容を見返すことができるのだ。線をまったく引かないで読んでしまった本は、見返してみても記憶《きおく》を呼《よ》び起こすのに時間がかかる。しかし、ところどころにしっかりと線が引いてあれば、それを手がかりにして、読んだときの記憶を呼び起こしやすくなる。また、線を引いたところだけを辿《たど》って読んでいけば、一応《いちおう》の内容はつかめる。これは、ほとんど時間のかか

ココをおさえる

最初の段落に筆者の基本《きほん》的な考え方が述べられている。筆者の考えもふくまれた説明文といえる。

(1) この部分から、筆者は線を引きながら本を読むことには、利点があり、その行為《こうい》を大切であると考えていることがわかる。この点をふまえ、Aに入る言葉を考える。B・Cは、「線を引きながら読む」ことと「ただ読んでいる」ことを対比《たいひ》しているので、反対の意味の言葉が入る。Dは「**〜ということは、〜ということだ。**」という前後の言い回しをもとに判断する。

ココをおさえる

この部分では、本に線を引くことで、愛着がわく様子を、地図に印をつけることに置きかえて説明している。**段落ごとの要点をおさえ、段落間の関係を理解する。**

(2) 第二段落にまとめられている表現と、第五段落で述べられている、地図に印をつけると思い出が蘇り、愛着がわくという具体例とを関連させて考えてみる。

ココをおさえる

この段落以降《いこう》、「緊張」しながら、「自分の判断力」を込めて線を引くことによってもたらされるものを、何点かに分けてくわしく説明している。

(1)
ア「受動的」とは、「他からの働きかけを受ける様子」。または、「自分の意志《いし》ではなく、他からの働きかけを待つ様子」。

(2)
他人の価値観や判断が印として残るという内容が書けていれば正解。

らない作業だ。

何回か反復《はんぷく》して本を把握《はあく》することによって、本の内容は定着してくる。一度読んだだけで記憶するというのは、なかなか難《むずか》しいものだ。線を引いた箇所《かしょ》だけでもいいから何度も見ていると、だんだんその文章に慣れてくる。

緊張感をもって読んだ本は、読み返す価値がある。本を買ってきれいなまま斜《なな》め読みし、また売ってしまうというやり方は、一見効率《こうりつ》がいいようだが、私から見ると、実に無駄《むだ》の多い読書だ。もちろん、娯《ご》楽本《らくぼん》ならそれでいい。しかし、緊張感ある読書をした場合には、その本を簡単《かんたん》に手放すのは惜しい。とりわけ、自分の自己《じこ》形成に関わった本は、線を引いた形でとっておきたい。十年後、二十年後に読み返したときに、発見があったり感慨《かんがい》をもよおしたりしやすい。誰でも自分に対しては興味《きょうみ》がある。自分が線を引いた本は、②あとから否定《ひてい》するにしても、関心を喚起《かんき》するものだ。

（齋藤《さいとう》 孝《たかし》「読書力」）

(1) 〔空所補充《ほじゅう》〕 A ～ D に入る最も適切《てきせつ》な言葉を次から選び、それぞれ記号で答えなさい。

ア 受動的　**イ** 精神《せいしん》的　**ウ** 具体的　**エ** 抽象《ちゅうしょう》的
オ 積極的　**カ** 感情《かんじょう》的　**キ** 理論《りろん》的　**ク** 効果的

A〔 **ク** 〕 B〔 **オ** 〕 C〔 **ア** 〕 D〔 **ウ** 〕

(2) 〔内容の理解《りかい》〕 ――線①「他の人が線を引いたあとの本を読むのはつらい」とありますが、その理由を文中の言葉を用いて三十字以内で書きなさい。

例 線を引いた人の価値観や判断が表れ、印として残っているから。

(3) 〔内容の理解〕 ――線②「あとから否定する」とありますが、何を否定するのですか。文中から六字でぬき出しなさい。

自分の判断力

重要
(4) 〔要旨〕 筆者が文中で述《の》べている考えとして正しいものを、次からすべて選び、記号で答えなさい。

ア 本を読むときに自分にとって大切なところをさがし、線を引きながら読むという作業を続けていると、その本は自分にとって価値のあるものとなる。

イ 本を読み返したときに本の内容を思い起こすことが短時間でできるようにするためには、ここは自分にとって重要だと思うところに線を引いておくことが望ましい。

ウ この本を読むのはこれが最初で最後だという気持ちで、大切なところに線を引きながら本を読んでいくと、一度読んだだけでも本の内容を確実に理解することができる。

エ 線を引いてしまった本はもう売ることはできないが、それをあきらめてでも、自分が大切だと思ったところには線を引いていく勇気を持たなければいけない。

オ 他の人がどう思うかを気にすることなく、ここと思うところには線を引きながら本を読むという作業を続けていくことで、本を読む力は備《そな》わってくるものである。

〔 **ア・イ・オ** 〕

〔日本大第一中―改〕

ステップ1 まとめノート

本冊 ↓ 78～79ページ

①説明文　②解説文　③話題　④**例**地球上にたくさんの空気がある理由。　⑤接続語　⑥要旨　⑦結論　⑧具体例とまとめの関係

---

(3) 直接《ちょくせつ》には十年も二十年も昔の自分が引いた線を「否定する」ということである。〝自分の引いた線〟とは何を指しているのかを文章からさがす。

(4) 注意！ 設問《せつもん》に「すべて」とあることに注意する。

アは第七段落・第九段落の内容と、**イ**は第七段落の内容と、**オ**は第二段落の内容と一致《いっち》する。

ウは、「一度読んだだけでも～」が一致しない。**エ**は、筆者は読んだ本を売ってしまうというやり方をすすめていないので、そもそも一致していない。

第1章 第2章 第3章 第4章 第5章 第6章 第7章 第8章 中学入試予想問題

1 説明文の読み方

ステップ3 発展問題

本冊→82〜83ページ

1 次の文章を読んで、あとの問いに答えなさい。

雑穀《ざっこく》の稗《ひえ》と同じ仲間だが、食用にはならない野生のヒエの仲間は総《そう》じてノビエ（野稗《のびえ》）と呼ばれている。タイヌビエは、「田犬稗《たいぬびえ》」の意味で、ノビエのなかでも田んぼを専門《せんもん》のすみかとしている雑草である。一般《いっぱん》に陸上で生活するノビエの仲間が発芽するためには酸素《さんそ》が必要である。酸素がない環境《かんきょう》では発芽することはできないのだ。ところが田んぼで生活するタイヌビエは酸素がなくても発芽することができる。そのため水を張《は》った田んぼでも発芽できる。

タイヌビエは古くから田んぼをすみかとし、田んぼに適応《てきおう》して進化を遂《と》げてきたと考えられている。日本には、大陸から稲作《いなさく》が伝来した時期にコメに混《ま》じってやってきたといわれている。縄文《じょうもん》時代末期の遺《い》跡《せき》からはすでにタイヌビエの種子が発見されている。まさに古き歴史《れきし》を持つ田んぼの雑草の名門なのだ。

田んぼは、雑草にとってはかなり厳《きび》しい環境である。米作りのために、昔は何度も何度も頻繁《ひんぱん》に、しかもていねいに草取りが行《おこ》なわれた。そんななかを生き抜《ぬ》かなければならないのだ。ごく小さな雑草ならば身を伏《ふ》せて逃《のが》れることもできただろうが、体の大きいタイヌビエには逃《に》げ場がない。①タイヌビエはどうやって身を守ればよいのだろうか。

ものまねで身を立てている芸人がいる。「芸は身を助ける」ではないが、実はタイヌビエも、ものまね芸で成功を収《おさ》めている。タイヌビエは、見た目にイネとそっくりな姿《すがた》をしている。そうして農家の目を欺《あざむ》いて田の草取りを切り抜けるのである。②「木を隠《かく》すときは森へ隠せ」の喩《たと》えどおり、田んぼにたくさんあるイネに紛《まぎ》れることで、タイヌビエはみごとに身を隠してしまうのである。カメレオンがまわりの風景と同化したり、ナナフシが木の枝《えだ》に似《に》た体や手足を持つように、別のものに姿を似せて身を隠すことを「擬態《ぎたい》」という。タイヌビエはイネに姿を似せる「擬態雑草」といわれている。

プロの農家でも簡単《かんたん》には区別できないくらいだから、子どもたちの田んぼ体験では、見間違《みまちが》えてイネを抜いてしまう子どもがいたり、イネが順調に生育していると思っているとほとんどヒエだったり、というエピソードは尽《つ》きない。しかし、タイヌビエがただイネの姿に身をやつし、［A］生きているかといえばそうではない。身を隠しながらも田んぼの肥料《ひりょう》をいっぱい吸《す》って、来たるべきときに備《そな》えて着実に準《じゅん》備《び》しているのである。

やがてタイヌビエが正体をあらわすときがやってくる。タイヌビエは蓄《たくわ》えた力で一気に茎《くき》を伸《の》ばして、イネが出穂《しゅっすい》する前に穂《ほ》を出してしまうのである。その登場は③鮮《あざ》やかすぎるほど鮮やかである。タイヌビエとイネとはもともとまったく別の種類だから、穂の形は似ても似つかない。本性《ほんしょう》をあらわしたタイヌビエの存在《そんざい》に人間が気がついたときは、もう遅《おそ》い。タイヌビエは、あっという間にバラバラと田んぼ一面に種子を落としてしまうのである。

④宝石を守っていた多くの警官《けいかん》の一人こそが、実は変装《へんそう》した怪盗《かいとう》だった。そんな探偵《たんてい》小説を思わせるほどの鮮やかな変身に、高々と穂を伸ばしたタイヌビエの高笑いが聞こえてきそうである。きっと来年も多くのタイヌビエが芽生えて、草取りする人間を苦しめることだろう。こうなると人間にできるのは、もはや［B］ことだけなのだ。

タイヌビエは、この勝利の味が忘《わす》れられなくなってしまったのだろう。特殊《とくしゅ》な環境である田んぼでのサバイバル術《じゅつ》を徹底《てってい》的に発達させるうちに、ついには田んぼ以外の場所では暮《く》らせなくなってしまった。不思議なことにタイヌビエは田んぼ以外の場所ではほとんど見ること

ココをおさえる 最初の二つの段落でタイヌビエについて細かい説明がされている。文章全体に目を向けても、筆者の考えはあまり述べられておらず、**客観的に事実をまとめた説明文**といえる。

ココをおさえる この段落の**要点**をおさえる。雑草にとって「かなり厳しい環境」である田んぼの中で、タイヌビエがどうやって「草取り」から身を守るのかという、このあとに続く大切な**話題**が提示《ていじ》されている。

(2) この言葉に注目し、直後を読むと、「木」→タイヌビエ／「森」→イネの対応《たいおう》がわかる。

読解のポイント 話題になっていることがらをおさえ、そのことがらについて、どのようなことを説明しているのか、段落《だんらく》ごとに要点をとらえ、読み取るようにする。

ココをおさえる 第四段落には前の段落に示《しめ》された話題（問題の投げかけ）に対応した答えが記されている。段落どうしの関係をおさえる。

(3) この表現をおさえ、直前の内容《ないよう》を対比《たいひ》させると、「苦労して」という趣旨《しゅし》の言葉が入ることがわかる。

ココをおさえる この段落は、「タイヌビエが正体をあらわしたときの様子」について具体的に説明している。

(5) **注意！** 共通点をとらえる問題であることに注意する。タイヌビエが「擬態雑草」である点（第四段落の**要点**）をふまえて考える。

はできない。田んぼの外で生きる術《すべ》を忘れてしまったタイヌビエにとって、⑤皮肉なことに敵対《てきたい》しているはずの人間はなくてはならない存在になってしまったのだ。

　水田で繰《く》り広げられる知恵《ちえ》くらべ。人間とタイヌビエとは、もうこんな戦いを何千年にも渡《わた》って繰り広げてきた。まさに伝統《でんとう》の一戦と呼ぶにふさわしい戦いである。タイヌビエはもはや人類の永遠《えいえん》のライバルであるといっても言いすぎではないだろう。

（稲垣栄洋《いながきひでひろ》「身近な雑草のゆかいな生き方」）

(1) ――線①「タイヌビエはどうやって身を守ればよいのだろうか」とありますが、何から身を守るのですか。文中からぬき出しなさい。

［草取り（する人間）］

(2) ――線②「木を隠すときは森へ隠せ」とありますが、「木」「森」はそれぞれ何のたとえですか。文中からぬき出しなさい。

木［タイヌビエ］

森［田んぼにたくさんあるイネ］

(3) [A]に入る最も適切《てきせつ》な言葉を次から選び、記号で答えなさい。

ア やっとの思いで　イ 自信を持って

ウ のんきな様子で　エ わがもの顔で

［ア］

(4) ――線③「鮮やかすぎるほど鮮やかである」とありますが、ここでの「鮮やか」はどのような意味で使われていますか。最も適切なものを次から選び、記号で答えなさい。

ア 新しくて気持ちがよい　イ 胸《むね》がすくほどみごとである

ウ 明るくはきはきしている　エ いろどりがきれいである

［イ］

(5) ――線④「宝石を守っていた多くの警官の一人こそが、実は変装した怪盗だった」とありますが、「多くの警官」「変装した怪盗」はそれぞれ何のたとえですか。文中の言葉を用いて書きなさい。

多くの警官［例 田んぼにたくさんあるイネ］

変装した怪盗［例 イネに姿を似せたタイヌビエ］

(6) [B]に入る最も適切な言葉を次から選び、記号で答えなさい。

ア 目くばせする　イ 歯ぎしりする

ウ 手ぐすねをひく　エ 足をあらう

［イ］

難問

(7) ――線⑤「皮肉なこと」とありますが、なぜ皮肉なのですか。単なる引用ではなく、わかりやすく書きなさい。

［例 草取りをする人間から身を守るために進化した結果、人間のいる田んぼでしか生きられなくなったから。］

(8) この文章のタイトルとして最も適切なものを次から選び、記号で答えなさい。

ア「タイヌビエ　地べたで確実《かくじつ》に生き残るには」

イ「タイヌビエ　自然界の偉大《いだい》な手品師《てじなし》」

ウ「タイヌビエ　効果《こうか》的に身を隠す方法とは」

エ「タイヌビエ　ひねくれ者のねじれた戦略《せんりゃく》」

［ウ］

（恵泉女学園中―改）

ココをおさえる

最後の二段落は、問題の投げかけに対する説明をひと通り終えたあと、その内容を受け、全体の**総まとめ**をしている段落である。

(1) タイヌビエの存在をおびやかすものは、農家の人々が行う「草取り」である。

(4) タイヌビエが一気に蓄えた力を使って穂を出す姿が、この上なく鮮やかで感心させられる、という筆者の気持ちを読み取る。「胸がすく」は心のつかえがとれてすっきりする、という意味。

(6) タイヌビエの「擬態」にまんまとだまされ、してやられた人間の気持ちを考える。

(7) ①タイヌビエにとって、人間は本来は敵である。②タイヌビエは人間のいる田んぼをたよるしか生きる術がない。「単なる引用」ではなく、①・②を対比した説明になっていれば正解《せいかい》。

(8) **文章構成《こうせい》**をとらえ、**要旨《ようし》**をつかむ。第三段落で投げかけた問題→その説明（第七段落まで）の対応をとらえると、"タイヌビエは、**擬態を徹底的に高めて、身を守っている**"ということが要旨であると判《はん》断《だん》できる。これを端的《たんてき》に述べたものを選ぶ。

2 論説文の読み方

読解のポイント
筆者の主張と説明の関連や、具体例と主張の対応関係に着目しながら文章の組み立てをおさえ、要旨《ようし》をつかむ。社会や人間に対する筆者の考え方を読み取るようにする。

ステップ2 実力問題

本冊↓86〜87ページ

※ステップ1 まとめノートの解答は左ページ。

1 次の文章を読んで、あとの問いに答えなさい。

「社会人入学」や「社会人野球」「社会人のマナー」というような言葉をよく目にする。コーラスのコンクールに、「社会人の部」というのもあるし、図書館の閲覧室《えつらんしつ》には「社会人席」というのもある。①社会人とはいったい何だろう？

社会人という言葉は、たぶん学校を卒業して就職《しゅうしょく》し、自立した社会生活を始める時に、とりわけ意識《いしき》されるのではないだろうか。その逆《ぎゃく》に定年退職《たいしょく》して勤《つと》め先を去り、社会の中の個人《こじん》に戻《もど》って暮《く》らすときに、また違《ちが》った意味で再《ふたた》び意識される言葉かもしれない。

現在《げんざい》は社会人になる第一歩としての就職が難《むずか》しい時代である。安定した職に就《つ》いた人は、ほぼ六割《わり》弱という推計《すいけい》もある。それでは就職できなかった人は社会人ではないのだろうか。失業者や、定年退職した人や、主婦《しゅふ》や高齢者《こうれいしゃ》、障害《しょうがい》を持った人は社会人ではないのだろうか？

そんなことはない。この社会に生きている人は、ともに社会をつくっていく仲間として、社会の構成員の一人として、みな社会人なのである。

私《わたし》たちは、個人であると同時に社会人であり、自然の一部として生きている自然人でもある。この三つはどれも切り離《はな》すことができない一体のものとして、②人間を人間たらしめている要素《ようそ》なのだ。この三つが偏《かたよ》りなく撚《よ》り合わされて私たちの人生の意味と目的を支《ささ》えているときに、私たちは、たぶん豊《ゆた》かな幸福感を持つことができるのだと思う。

社会的動物である私たちは意識してもいなくても、社会とのかかわりの中でしか生きていけない。現実に個人が、どんな人生を全《まっと》うするかは、社会のあり方によって大きく左右される。

現在では特に地縁《ちえん》・血縁が弱まり、非婚《ひこん》の人が多くなり、高齢化社会と重なって、一人暮らし世帯が、全世帯数の過半《かはん》をしめるようになっている。他方では会社員としてのつながりもない非正規《ひせいき》労働者が四割に迫《せま》る。まさに個人化社会である。もし、思わぬ人生の事故《じこ》に見舞《みま》われた時、社会からの支えがなかったら、生き延《の》びることも人生の建て直しも不可能《ふかのう》だろう。

しかし、その社会を作っているものこそは、私たち個人なのである。とくに、民主主義《しゅぎ》社会が必要とするのは、自由の中にしっかりと立つ個人の積極的な社会参加であり、同じ人間としてのつながりを大切に思う社会人としての連帯意識である。

資本《しほん》主義社会は、自分の暮らしや、人生計画をより良いものにしたいという個人的欲望《よくぼう》—とりわけ所得に関心と努力を集中させる。自己《じこ》責任《せきにん》や競争を基本《きほん》的価値《かち》とする市場経済《けいざい》の社会は、経済や個人の行動を表面的には活性化《かっせいか》させるが、その反面、共同して社会をより良くしていこうとする意志《いし》や、人間的な相互扶助《そうごふじょ》にたいする関心を希薄《きはく》にする。

もし、自由主義市場経済が国民所得の総額《そうがく》を効率《こうりつ》的に増《ふ》やしたとしても、格差《かくさ》社会がひろがれば、貧困《ひんこん》から抜《ぬ》け出せず、「私はこのように生きたい」という希望さえも語れない社会になるのだ。

③個人の満足の総計が、結果的に満足できる社会を作るわけではない。「合成の誤謬《ごびゅう》*」といわれる社会現象は、例えば個人にとっては便利な車社会が公共交通を廃止《はいし》に追い込《こ》み、道路の混雑《こんざつ》現象を引き起こし、地球温暖《おんだん》化を増幅《ぞうふく》し、さらに運動不足の個人の健康まで考えると、必

ココをおさえる
最初の段落《だんらく》に問題提起《ていき》の文がある。

(1) この部分に「社会人とはいったい何だろう？」という問題提起に対する筆者の答えがはっきりと述《の》べられている。

(2) 直前の「この三つは……一体のものとして」に着目し、指示語《しじ》の指す内容をさがす。「この三つ」は、「個人」「社会人」「自然人」を受けた言葉である。この段落は「**〜だと思う**」と結ばれているので、筆者の主張が述べられている段落だとわかる。

(3) 「**抽象《ちゅうしょう》的な表現→具体例→まとめ**」という流れになっていることに着目して、具体例がいくつあるかをおさえる。

ずしも社会の福祉《ふくし》に貢献《こうけん》する結果を生んでいないことがわかる。個々の企業《きぎょう》にとって、いつでも解雇《かいこ》できる低賃金《ていちんぎん》の非正規労働者は利潤《りじゅん》を上げるためには好都合であったとしても、社会的には社会の崩壊《ほうかい》を招《まね》くほどの大きなマイナスを生んでいる。あるいは勤勉《きんべん》に野菜づくりに励《はげ》んだ農家が、過剰供給《かじょうきょうきゅう》のゆえに価格《かかく》の暴落《ぼうらく》で農産物を廃棄《はいき》しなければならないこともある。

今や個人の領域《りょういき》のみで当否《とうひ》を判断《はんだん》できるものは何もないというべきだろう。私たちは社会とのかかわり、未来とのかかわりの中でのみ判断でき、生きる意味や目的を見出《みいだ》すことができるのだ。

私たちは自由競争の資本主義社会の中で日常《にちじょう》を生きているので、その水面下で競争とは反対の、無償《むしょう》の協力や、助けあいや、エコロジー活動が社会を維持《いじ》し、支えていることを忘《わす》れがちになる。水面下で社会を支えている無償の社会貢献や、助けあいは、むしろ社会的動物である私たちの本性《ほんしょう》に由来する行為《こうい》なので、説明を必要としない当然の行為として特別に意識《いしき》されることなく、いつもはいわば冬眠状態《とうみんじょうたい》にある。それが、災害《さいがい》や原発事故という社会的な大問題に遭遇《そうぐう》すると、初めて表舞台《おもてぶたい》に現《あらわ》れて、私たちが社会人としてつながりのなかにあることを目覚めさせる。そして、支え合う人間関係こそ、喜びと生きがいにつながるのだと自覚されることになる。

その喜びを実証《じっしょう》するかのように、誰《だれ》かの役に立っていると思う行為が、健康と長寿《ちょうじゅ》にも大きな影響《えいきょう》力を持っているという。社会学者や地方自治体のコホート*調査《ちょうさ》はそう報告《ほうこく》している。

社会は、歴史《れきし》が積み重ねてきた、国境《こっきょう》を越《こ》える知恵《ちえ》と経験《けいけん》の宝庫《ほうこ》である。そこから何かを得《え》、またそこに何かを付け加えることなくして、何の生きる意味があるというのだろう。社会に支えられると同時に、社会をより良く変えていく社会人の生き方の中に、未来への希望を見出したい。

（暉峻淑子《てるおかいつこ》「社会人の生き方」）

ココをおさえる
最終段落には、結論として、筆者の願いが述べられている。

＊誤謬＝まちがい。
＊コホート調査＝特定の集団《しゅうだん》を対象にして、長期間続けて行う調査研究の方法。

重要 (1) 〔内容《ないよう》の理解〕——線①「社会人とはいったい何だろう？」とありますが、その答えとなっている一文を文中からさがし、はじめの六字をぬき出しなさい。

| こ | の | 社 | 会 | に | 生 |

(2) 〔内容の理解〕——線②「人間を人間たらしめている要素」にあてはまる言葉を、文中より三つぬき出しなさい。

［ 個人 ］［ 社会人 ］［ 自然人 ］

(3) 〔具体例〕——線③「個人の満足の総計が、結果的に満足できる社会を作るわけではない」とありますが、その説明として筆者が挙げている具体例の数を漢数字で答えなさい。

［ 三 ］

重要 (4) 〔筆者の主張〕望ましい社会人の生き方について、筆者の主張にあてはまらないものを次から一つ選び、記号で答えなさい。

ア 人間は社会の中で生きているので社会を変革《へんかく》することは不可能である。

イ 人間は社会という知恵と経験の宝庫から学んでこそ生きる意味がある。

ウ 誰《だれ》かの役に立っていると思う行為は人間の喜びや生きがいにつながる。

エ 人間は社会に支えられながら社会をより良く変えていける存在である。

［ ア ］

〔共立女子第二中—改〕

ステップ1 まとめノート

本冊↓84〜85ページ

①論説文　②主張　③説明　④問題提起　⑤現代社会では他人と一切の人間関係を築かなくても生きていける(ようにはなった)　⑥例 インターネットやテレビから情報が手に入ること。⑦例 人に会わずに生活に必要な物が買えること。⑧例「人間として生きる」ことの本質は、人間関係を築き、維持しようとする姿の中にある。

(4) 「あてはまらないもの」を選ぶことに注意。文章の終わりのほうに書かれている内容から、筆者の主張を読み取る。**ア**は、最後の段落の内容と合《がっ》致《ち》しない。**イ**と**エ**は、最後の段落の内容と合致する。**ウ**は、最後から三つめの段落の内容と合致する。

2 論説文の読み方

第5章 いろいろな文章を読む

読解のポイント 具体例と主張《しゅちょう》の対応《たいおう》関係に注目しながら文章の組み立てをとらえ、要旨《ようし》をつかむ。筆者が技術の利用について、どのような点に問題を感じているのかを読み取る。

ステップ3 発展問題

本冊→88〜89ページ

1 次の文章を読んで、あとの問いに答えなさい。

愛知《あいち》万博では、微生物《びせいぶつ》によって分解《ぶんかい》される生分解性《せい》プラスチックでできた食器やゴミ袋《ぶくろ》を使用したことによって、七二〇トン分の二酸化《にさんか》炭素《たんそ》の排出《はいしゅつ》を削減《さくげん》できたという。トウモロコシを原料とするコップや皿などの食器二〇〇〇万個《こ》、ゴミ袋五五万枚を使ったためだ。何度も使い回せる食器で余分《よぶん》なゴミを減《へ》らす、二酸化炭素を出さないような製品《せいひん》に変える、などの技術《ぎじゅつ》のおかげである。環境《かんきょう》との共生を謳《*うた》った愛知万博らしい成果であったと言える。

しかし、ふと疑問《ぎもん》に思うこともある。①道徳《どうとく》が技術に肩代《かたが》わりされていくことで良いのだろうか、という疑問である。愛知万博では、食器やゴミ袋に環境に優《やさ》しいものが使われるようになって、何も気にすることなく容器《ようき》を捨《す》てることができた。これが堆肥《たいひ》になると思えば、使い捨てすることの後ろめたさを薄《うす》れさせてしまったのだ。技術が道徳の代行をしてくれたためである。

本来、私《わたし》たちの良心と行動によって地球環境を守るよう求められている。地球に優しいと自ら感じたことを自発的に実行し、生活まで変えていこうとする覚悟《かくご》が重要なのである。そのような意識《いしき》は人間が持つべき「道徳」として定着しつつある。道徳と言えば堅苦《かたくる》しいが、人間としての行動の規範《*きはん》のことで、そのような発想（環境倫理《りんり》というべきかもしれない）を身につけた人間が増《ふ》えていくことこそが②人類の未来への希望とも言えるだろう。

ところが、そのような個人の道徳心を自然に育てるのではなく、③技術によって問題が発生しないように前もって手を打っていくことが増えている。それによって表面的には道徳が機能《きのう》しているかのような状《じょう》態《たい》が作り出されるのである。

映画館《えいがかん》や学校では通信妨害《ぼうがい》電波を発信して、ケータイを実質《じっしつ》的に使えなくする方法が広がり始めている。これによって映画館や学校の静《せい》寂《じゃく》が守られるというわけだ。また、クルマの速度制御装置《せいぎょそうち》を制限《せいげん》速度以下になるよう設定《せってい》しておけば、スピード違反《いはん》をしなくて済《す》む。速度制御装置を取り付けようと考えたのは道徳心から来たものだが、後はそれにお任《まか》せしておけばもはやクルマのスピードのことを考える必要がない。

確《たし》かに、それらによって公衆《こうしゅう》の平和と安全が保《たも》たれ、地球環境に優しい行為《こうい》が自動的になされるようになるのだから、結構《けっこう》なことと言うべきかもしれない。

しかし、④技術が発達すれば、その分だけ私たちの能力が失われていくことに注意する必要がある。鉛筆《えんぴつ》がシャープペンシルに取り替《か》わって子どもたちはナイフを使うことができなくなり、クルマを使うことが増えて走力が衰《おとろ》え、エアコンがあらゆる場所に普及《ふきゅう》して体が汗《あせ》をかかなくなった。パソコンを使うようになって漢字の書き方を忘《わす》れることも増えた。技術が手や足や体や頭脳《ずのう》の役割《やくわり》を肩代わりしてくれることによって、知らず知らずのうちに私たちが原初的に持っていた能力を失っているのだ。

これと同じだとすれば、技術が道徳の代行をするうちに、私たちが生来的に持ち、あるいは成長の過程《かてい》で獲得《かくとく》してきた道徳的な判断《はんだん》力が衰えていくことにならないだろうか。大勢《おおぜい》の人がいる場でケータイを使わないのは、人に迷惑《めいわく》になるための配慮《はいりょ》ではなく、妨害電波があるためになってしまう。スピード違反をしないのは、事故《じこ》で人を殺しかねないためではなく、速度制限装置が働いてくれるためになるかもしれない。本来の道徳的な目標が忘れられ、ただ技術が命じるままに行

ココをおさえる 問題提起《ていき》の中に、**筆者の主張**も込《こ》められている。

(1)① 具体例や同じことを言いかえた部分に着目して、表現《ひょうげん》の意味を考える。

(2) 直前の「……ことこそが」に着目する。「そのような意識」「そのような発想」といった指示《しじ》語に気をつけながら、「未来への希望」のくわしい内容《ないよう》を考える。

ココをおさえる 「確かに……しかし……」の形になっていることに着目する。この段《だん》落《らく》の**具体例**は、〃人間の持つ能力を技術で置き換える〃ことについて、筆者が考える問題点を説明している。

ココをおさえる **段落のつなぎ方**に注目する。〃技術によって私たちの能力が失われていく〃ことと同じように、「道徳的な判断力が衰えていくことにならないだろうか」とつながっていく。

動していているだけになりかねないのだ。

このような技術はまだ一部でしか使われていないから考え過《す》ぎと思われそうだが、⑤それが全面的に広がって当たり前になってしまったらどうなるかを想像《そうぞう》する必要があるだろう。ひょっとすると、人々は道徳心を失ったロボット同然の行動しかしなくなるかもしれない。

回りくどいようだが、人々の道徳心を育て、どのように判断すべきかを決めていける人間であり続けねば、社会は荒廃《こうはい》してしまうだろう。⑥道徳を技術で置き換《か》えることの危《あぶ》なさを考えておくべきではないだろうか。

（池内《いけうち》　了《さとる》「科学の落《お》とし穴《あな》―ウソではないがホントでもない」）

＊謳った＝そのことをはっきりと取り上げた。
＊規範＝従《したが》うことが求められる行動。

(4) ――線⑤をふくむ一文に着目すると、「それ」が指しているのは「このような技術」であるとわかる。そこで、「このような技術」の内容を考える。

ココをおさえる　「……べきではないだろうか」という主張を述《の》べる形に着目する。結論《けつろん》として筆者の主張がくり返されている。

(1) ――線①「道徳が技術に肩代わりされて」、③「技術によって……手を打っていく」とは、それぞれどのような状態《じょうたい》になることですか。最も適切《てきせつ》なものを次から選び、記号で答えなさい。

①
ア 道徳が技術の代わりになって
イ 技術が道徳の代わりになって
ウ 道徳が技術よりも優位《ゆうい》になって
エ 技術が道徳よりも優位になって

［ **イ** ］

③
ア 技術のせいで問題が発生しないように、前もって必要な方法を準備《じゅんび》していく
イ 技術のせいで問題が発生しないように、前もって必要な方法を予想していく
ウ 問題が発生しないように、技術を使って前もって必要な方法を準備していく
エ 問題が発生しないように、技術を使って前もって必要な方法を予想していく

［ **ウ** ］

(2) ――線②「人類の未来への希望」とありますが、筆者はどのようなことが「人類の未来への希望」だと考えていますか。文中の言葉を用いて六十字以内で書きなさい。

例 地球に優しいと自ら感じたことを自発的に実行し、生活まで変えていこうとする発想を身につけた人間が増えていくこと。

独創的
(3) ――線④「技術が発達すれば、その分だけ私たちの能力が失われていくこと」の例として、どのようなことが考えられますか。文中に挙げられている例とは異《こと》なる例を一つ、考えて書きなさい。

［ **例** 電たくを使うと暗算をする力が落ちること。 ］

(4) ――線⑤「それ」とはどのようなことを指していますか。文中の言葉を用いて十字程度で書きなさい。

例 道徳の肩代わりをする技術

難問
(5) ――線⑥「道徳を技術で置き換えることの危なさ」とありますが、どのような点が危ないのですか。書きなさい。

［ **例** 技術が道徳の代行をするうちに、私たちが持つべき本来の道徳心が身につかなくなり、私たちの道徳的な判断力が衰えてしまうことで社会が荒廃してしまう点。 ］

〔白百合学園中―改〕

(3) ①「技術」の例
②①によって「失われる私たちの能力」
のそれぞれを具体的に書いていれば正解《せいかい》。

注意！ 本文とは異なる例にすること。

(4) 「技術が道徳を肩代わりすること」「技術が道徳を代行すること」のいずれかの表現であれば正解。

(5) ①「道徳的な目標を忘れる」＝「道徳心が身につかなくなる」
②「道徳的な判断力が衰える」
③①・②の結果、「社会が荒廃する」
以上の内容を、（①＋②）→③の形でまとめる。

3 物語の読み方

第5章　いろいろな文章を読む

読解のポイント
物語の読み取りでは、まず場面を正確におさえることが必要である。その場面で起こっている出来事から、登場人物の心情を考えるようにする。

ステップ2　実力問題

本冊→92〜93ページ

※ステップ1 まとめノートの解答は左ページ。

1 次の文章を読んで、あとの問いに答えなさい。

a とうさんのやり方はいつも唐突《※とうとつ》だ。

夏休みも終わりに近い、ひときわ日ざしの強い日の午後だった。灯台へとつづく防波堤《ぼうはてい》には、ゆらゆらとかげろうがたっていた。暑さをものともせず、わたしたちは磯遊《いそあそ》びに熱中していた。お盆《ぼん》を過《す》ぎた海はクラゲでいっぱいで、よしひろたちも、もう海で泳げないのだ。

護岸《ごがん》の道に一台の大型トラックが止まった。ボディに〝ずっ飛び運《うん》輸《ゆ》〟のロゴマーク。休憩《きゅうけい》かなと見るともなく見ていたら、スルスルと窓《まど》が開いてひげづらの男が顔をだした。

「おーい、なつき、よしひろ。帰るぞ。」

――とうさんの声？　うそ！

すっかり日に焼けているから、わからなかった。

「岡山《おかやま》に帰るん？」

留《とめ》さんに改良してもらった短いモリを岩場にほうりだすと、よしひろがかけだした。あわててわたしもあとを追う。

「すんげえー。とうさん、どしたん、このトラック。」

追いついたときには、サルみたいに興奮《こうふん》したよしひろは、自分のお腹《なか》の高さまであるステップに足をかけていた。

「ええじゃろ。会社のだ。運転席の後ろ、のぞいてみ。ベッドもあるぞ。」

「ほんまじゃあ、すっげえ。おーい、きてみー。」

事情《じじょう》がのみこめなくてつっ立っているわたしをおしのけて、地元の子どもたちが次々とトラックに乗りこんだ。最初はあっけにとられていたとうさんも、しまいにはわらいだして、足の届《とど》かない子に手を貸《か》してやっていた。興奮してはねまわる子どもたちを満載《まんさい》したトラックは、ゆらゆらと大きな車体をゆらした。

「……帰るって、いまから？」

「おう。島根《しまね》まで引っ越《こ》し荷物を届けての帰りじゃ。ゆっくりはしとられん。」

こんなの、ない。勝手すぎる！　それでもやっぱり、岡山に帰れるのはうれしかった。よろこんでいいのかおこればいいのかさっぱりわからなくて、日にさらされたように真っ白な頭のまま、わたしは護岸の道に立ちつくしていた。

「晩飯《ばんめし》くらい、たべていけばいいだに……。」

いつもはしゃきしゃきした話し方のばあちゃんが、b めずらしく口ごもっていた。

「そうもいかん。明日も早いんじゃ。」

「ほんで、家は見つかったんか。」

「おう。高岡《たかおか》さんの知り合いが、古い家を貸してくれた。小さい庭もあるけえ、犬も飼《こ》うてええそうじゃ。」

「……ほうか。」

しゃべりながらとうさんは、いそがしく冷蔵庫《れいぞうこ》をあけたり閉《し》めたりして、中にあった残り物を口につめこんだ。

あわただしく帰り支度《じたく》にとりかかった。いつの間にか荷物が増《ふ》えていた。潮《しお》だまりでひろった、大きさも色も形もさまざまな巻《ま》き貝《がい》や二《に》枚貝《まいがい》たち。それらをリュックのすきまにぎゅうぎゅうおしこんだとたん、実感がわいた。恵理《えり》に会える。うれしーい。すごいスピードで心

(1) この表現《ひょうげん》から、「とうさん」の登場が、突然《とつぜん》の出来事だったことがわかる。

(1)② 唐突な「とうさん」の行動に対する「わたし」の反発が読み取れる。

(2)① 突然の別れに、引き留《と》めたいと思う「ばあちゃん」の気持ちが表れている。

(2)② 「いとおしげに」という表現から、かわいい孫と別れなければならない「ばあちゃん」のさびしさが読み取れる。

(3) (2)②のような「ばあちゃん」の姿《すがた》を目にして、「わたし」は「ばあちゃん」のさびしさに気づいたのである。また、ここでは、とうさんから岡山へ帰ることを知らされ、あっという間に気持ちを岡山の生活へ向けてしまった「わたし」が、自分たちが岡山へ帰ると「ばあちゃん」がひとりになると気づいたときの心情をおさえる。

はどんどん岡山の生活へもどっていく。新しい家って、どんなんだろう？　庭のある家に住むのって、初めて。こんどは自分の部屋、持てるかな。よしひろと二段《だん》ベッドで寝《ね》るのは、もううんざり。ねえ、ばあちゃん、どう思う？　興奮ぎみに声をかけようとして、ᶜハッとした。

いそいでとりこんだわたしたちの洗濯物《せんたくもの》をたたんでいるばあちゃんの背中《せなか》が丸い。よしひろのT《ティー》シャツを、まるで手のひらでアイロンをあてるようにいとおしげになでさすっている。――そうか。……ばあちゃん、またひとりになるんだ。気づいたとたん、恥《は》ずかしくなった。あっという間に気持ちを、ばあちゃんから岡山の生活へとシフトさせていた自分を恥じた。「うわぁー。」とさけびたくなった。顔をあげたら、じっとわたしを見つめるばあちゃんの目と出会った。

――いらんこと考えんと、前だけ見て歩け。

ばあちゃんの□目が、そういっていた。気持ちがしんと静まった。

――わかった。そうする。

それから、なにもなかったようにわたしたちは荷作りをつづけた。

（八束澄子《やつかすみこ》「海で見つけたこと」）

＊唐突＝びっくりするほど急だ。だしぬけ。

重要 **(1)**〔内容《ないよう》の理解《りかい》〕――線a「とうさんのやり方はいつも唐突だ」について、次の①・②の問いに答えなさい。

① この場面において、唐突なこととは具体的にどのようなことですか。十字以内で書きなさい。

例 今すぐ岡山に帰ること

② 唐突なことについて、「わたし」の思いが述《の》べられている形式段落をさがし、そのはじめの四字をぬき出しなさい。

こんなの

重要 **(2)**〔心情《しんじょう》の理解〕――線b「めずらしく口ごもっていた」について、次の①・②の問いに答えなさい。

① このときのばあちゃんの気持ちを書きなさい。

〔例 孫たちが急に帰ることになり、さびしい気持ちになっている。〕

② ①のような気持ちをよく表している「ばあちゃん」の動作を、文中から十四字でぬき出しなさい。

いとおしげになでさすっている

(3)〔内容の理解〕――線c「ハッとした」とは、どのようなことに気づいたからですか。気づいたことの書いてある部分を文中から二十字以内でぬき出しなさい。

ばあちゃん、またひとりになるんだ

(4)〔人物像《ぞう》〕□に入る最も適切《てきせつ》な言葉を次から選び、記号で答えなさい。

ア さみしい　イ 冷たい

ウ 強い　エ 暗い

〔ウ〕

（玉川聖学院中―改）

ステップ1 まとめノート

本冊↓90〜91ページ

①物語 ②場面 ③人物像 ④出来事 ⑤心情 ⑥行動
⑦表情 ⑧主題 ⑨イ ⑩（ぼくの）心臓はどきどきと音を立て、てのひらにはじっとりと汗がにじんできた

(2)① 「出来事＋気持ち」の形で答えを書く。

(4) ばあちゃんの目は、「わたし」にどのようなことをうったえかけてきたのか、それに対して、「わたし」がどのような気持ちになったのかを考える。

3 物語の読み方

第5章　いろいろな文章を読む

読解のポイント
作品の背景《はいけい》をとらえ登場人物の情報《じょうほう》と関係を整理する練習を積む。そのうえで、問われた部分の心情や行動の理由を考える習慣《しゅうかん》を身につけることが大切である。

ステップ3 発展問題

本冊↓94〜95ページ

1 次の文章を読んで、あとの問いに答えなさい。

ぼくはうつむいたまま一気にしゃべった。十六歳《さい》の夏の日。秋のはじめの決行。はじめて本読みで夜を明かしたこと。拙《つたな》い感想。三年前書きはじめた原稿《げんこう》。幾度《いくど》も書きなおした言葉。とんでもないことになったと思った授賞式《じゅしょうしき》。夜襲《おそ》いかかってくる不安。単行本と、それを手にして思い出したおばあさんのこと。

「本当にすみませんでした」

ぼくは財布《さいふ》から本の代金を取り出してソファテーブルに置き、深く頭を下げた。呆《あき》れられるか、ののしられるか、帰れと言われるか、じっと待っていると、子どものような笑い声が聞こえてきた。驚《おどろ》いて顔を上げると、女の人は腰《こし》をおりまげて笑っていた。ひとしきり笑ったあとで、話し出した。

「じつはね、あなただけじゃないの。この町に住んでいた子どもの何人かは、うちから本を持ってってると思うわよ。祖母《そぼ》の具合が悪くなって、それで私《わたし》たち、同居《どうきょ》するために引っ越《こ》してきたんだけれど、はじめてあの店を見て、私だって驚いちゃった。持ってけ泥棒《どろぼう》って言ってるような本屋じゃない。しかも祖母はずうっと本を読んでるし。私も幾度か店番をしたことがあって、何人か、つかまえたのよ、本泥棒」

女の人はまた笑い出した。「それだけじゃないの。返しにくる人も見つけたことあるの。持っていったものの、読み終えて気がとがめて、返しにきたんでしょうね。まったく、図書館じゃあるまいし。こうしてお金を持って訪《たず》ねてきてくれた人も、あなただけじゃないの。祖母が生きているあいだも、何人かいたわ。じつは数年前、これこれこういう本を盗《ぬす》んでしまった、って。もちろん、そんな人ばかりじゃないだろうけどね、そんな人がいたのもたしかよ。あなたみたいにね」それから女の人はふとぼくを見て、

「作家になった人というのははじめてだけれど」と思いついたようにつけ足した。

「本当にすみません」もう一度頭を下げると、

「見ますか、ミツザワ書店」女の人は立ち上がって手招《てまね》きをした。玄関《げんかん》から続く廊下《ろうか》の突《つ》き当たりが、店と続いているらしかった。女の人は塗装《とそう》の剝《は》げた木製《もくせい》のドアを開け、明かりをつける。

本の持つ独特《どくとく》のにおい、紙とインクの埃《ほこり》っぽいような、甘《あま》い菓子《かし》のようなにおいがぼくを包みこみ、目の前に、あのなつかしいミツザワ書店がそのまま立ちあらわれる。

「店は閉《し》めているけれど、そのままにしているんです。片《かた》づけるのも処分《しょぶん》するのも面倒《めんどう》だというのが本音ですけど。ほとんど倉庫ですね」

女の人とともに、店内に足を踏《ふ》み入れた。床《ゆか》から積み上げられた本、平台に無造作《むぞうさ》に積まれた本、レジ台で壁《かべ》を作る本、棚《たな》にぎゅうぎゅうに押《お》しこまれた本――。記憶《きおく》と異《こと》なるのは光だけだった。ガラス戸から黄色っぽい光がさしこんでいた薄暗《うすぐら》いミツザワ書店は、今、蛍光灯《けいこうとう》ののっぺりした明かりに照らし出されている。

「祖母は本当に本を読むのが好きな人でね。お正月なんかに集まっても、ひとりで本を読んでましたよ、子どもみたいに。読む本のジャンルもばらばら。ミステリーのこともあれば、時代小説のこともあったし、あるとき私がのぞきこんだら、ＵＦＯは本当に存在《そんざい》するか、なんて本を読んでいたこともあった。祖母が祖父と結婚《けっこん》した理由っていうのも、祖父が本屋の跡取《あとと》り息子《むすこ》だったからなんですって。祖父が亡《な》くなってからは、自分の読みたい本ばかり注文して、片《かた》っ端《ぱし》から読んで。売り物なのにね」

女の人は積み上げられた本の表紙を、そっと撫《な》でさすりながら言葉

ココをおさえる
この段落《だんらく》に「ぼく」と「ミツザワ書店」との因縁《いんねん》が描写《びょうしゃ》されている。「ぼく」という人物について、**重要な情報**が得《え》られる箇所《かしょ》である。

ココをおさえる
これらの**動作**や**会話**から、「女の人」が、「本泥棒」をなつかしい思い出として、むしろ祖母の思い出を彩《いろど》るほほえましいものと受け止めていることがわかる。

(3) ここからの「女の人」の話から、「おばあさん」にとって本がどのような存在であったかが読み取れる。

をつなぐ。

「私、子どものころおばあちゃんに訊《き》いたことがあるの。本のどこがそんなにおもしろいの、って。おばあちゃん、何を訊いてるんだって顔で私を見て、『だってあんた、開くだけでどこへでも連れてってくれるものなんか、本しかないだろう』って言うんです。この町で生まれて、東京《とうきょう》へも外国へもいったことがない、そんな祖母にとって、本っていうのは、□だったのかもしれないですよね」

それを言うなら子どものころのぼくにとって、ミツザワ書店こそ□だったとぼくは思ったけれど、口には出さなかった。そのかわり、棚を見るふりをして通路を歩き、茶封筒《ちゃぶうとう》から自分の単行本をすばやく抜《ぬ》き取り、塔《とう》になった本の一番上にそっと置いた。

「おばあちゃんは本屋じゃなくて図書館で働くべきだったわね」

「でも、それじゃ、すぐクビになっちゃいますよ。仕事を放り出して本を読み耽《ふけ》っちゃうんだから」思わず言うと、女の人はまた楽しそうに笑った。

本で満たされた店内をぼくはもう一度眺《なが》めまわす。埃をかぶった本は、すべて呼吸《こきゅう》をしているように思えた。ひっそりと、時間を吸《す》いこみ、吐《は》き出し、だれかに読まれるのをじっと待っているかのように。そのなかに混《ま》じったぼくの本は、いかにも新参者《しんざんもの》という風情《ふぜい》で、居心《いごこ》地《ち》悪そうだった。しかし幸福そうでもあった。作家という不釣合《ふつりあ》いな仕事をはじめたばかりのぼくのように。

（角田光代《かくたみつよ》「ミツザワ書店」）

(1) 文中に二か所ある□には同じ言葉が入ります。最も適切《てきせつ》なものを次から選び、記号で答えなさい。

ア 人生の道しるべ　**イ** 社会の縮図《しゅくず》　**ウ** 空想の玉手箱
エ 未来への懸《か》け橋　**オ** 世界への扉《とびら》

［ **オ** ］

(2) ――線部「本で満たされた店内をぼくはもう一度眺めまわす」とありますが、このときの「ぼく」の気持ちとして最も適切なものを次から選び、記号で答えなさい。

ア 本読みに耽っていた「おばあさん」を回想しながら、「おばあさん」は本読みのおもしろさを教えようとしていたのだと気づき、今では作家にまでなれたことを感謝《かんしゃ》したいと思う気持ち。

イ 本好きだった「おばあさん」を思い出しながら、自分もこの店で本読みの楽しさを知ったのだと確信《かくしん》し、作家になった自分の作品をだれかに読んでもらえたらうれしいと思う気持ち。

ウ 大切な本を盗まれたあわれな「おばあさん」を思いながら、謝《しゃ》罪《ざい》できなかったことを改めて後悔《こうかい》し、自分の作品を店の本に混ぜることでせめて罪《つみ》をつぐなおうと思う気持ち。

エ 本を読むことだけが楽しみだった「おばあさん」を思い起こしながら、もう本を読めない「おばあさん」の無念さを感じ取り、自分の作品を置くことで供養《くよう》にしようと思う気持ち。

［ **イ** ］

難問
(3) 「おばあさん」にとって「ミツザワ書店」はどのような店だったのですか。本文全体を読んで、具体的に五十字以内で書きなさい。

例 多くの本に囲まれて、大好きな読書を自由に楽しめ、本の世界をぞんぶんに味わうことができる夢のような店。

（市川中―改）

---

(1) この表現から「おばあさん」にとって「本」が世界のどこへでも開かれる「扉」であったことがわかる。

(2) 本が「だれかに読まれるのをじっと待っている」という表現《ひょうげん》や、作家になったばかりの自分と、「新参者という風情」の自分の本とを重ね合わせている表現に着目する。

(1) 「開くだけ」という祖母の言葉のもつイメージとぴったりくるのは、**オ**「世界への扉」である。

(3) 「大好きな読書を心ゆくまで楽しめる店」という趣旨《しゅし》でまとめていれば正解《せいかい》。

注意！ 「具体的に」と条件がついているので、「ミツザワ書店」の店内が〝たくさんの本〟で満たされていた点を盛《も》り込《こ》み、情景がくっきりと浮《う》かぶ内容《ないよう》に仕上げる。

読解のポイント

筆者の体験と意見や感想、および主題をとらえる練習を積む。特に文章中で複数の体験が挙げられている場合、それらを読み比《くら》べることで主題が浮《う》かび上がる場合が多い。

ステップ2 実力問題

本冊↓98～99ページ

※ステップ1まとめノートの解答は左ページ。

1 次の文章を読んで、あとの問いに答えなさい。

駅ということばも、［A］すべての人にとって、さまざまな思い出を抱《いだ》かせているだろう。

わたしの、そのひとつは子どものころ、父親の転勤《てんきん》にともなって東京から広島へ長旅をした時のことだ。［B］夜行列車で東京を発《た》った。寝台車《しんだいしゃ》がものめずらしく、最初のうちは喜《よろこ》んでいたが、いつか眠《ねむ》ってしまった。ガタゴトと伝わってくる振動《しんどう》も、この時には［C］快《こころよ》い体感だったと記憶《きおく》する。

と、ふと目がさめた。駅に停《と》まっている。そっとカーテンをあけて、小さな窓《まど》から外を見ると、まさに眠っている夜の駅があった。［D］画《え》のようであった。

今にして思うことだが、わたしが好きなシュールレアリスムの画家、P・デルボーの画と似《に》ている。彼《かれ》も鉄道少年だったといわれるように列車をよく描《えが》いた。

森閑《しんかん》として、人ひとりいないホームが白々と広がり、あたりを夜の闇《やみ》が包んでいた。どこだろうと思って看板《かんばん》をさがすと「きょうと」とあった。吊《つ》り下げられたホームの時計は、［E］十二時にふたつの針《はり》が重なろうとしていた。

「ああ、きょうとか」と今までは地名でしかなかったものが、a とつぜん風景となった。その印象《いんしょう》が強烈《きょうれつ》だったのだろう。何か体が浮《う》くようになった実感を今でも忘《わす》れない。

そして、むかしの人の夜の駅はどうだったのだろうと思う。なにしろ駅という馬扁《うまへん》の字をいまだに使っているように、むかしは交通手段《しゅだん》としての馬を置いた所が駅だったのだから、プラットホームもない。風景はまったく別のはずだ。

そんな一筋《ひとすじ》の線をたどってみると、むかしの夜の駅を、芭蕉《ばしょう》の句《く》から思い起こすことができる。

蚤虱《のみしらみ》　馬の尿《ばり》する　枕《まくら》もと

b 有名な奥州《おうしゅう》の旅で芭蕉が国境《こっきょう》の役人（封人《ほうじん》といった）の家に泊《と》めてもらった時のことだというし、尿前《しとまえ》の関を越《こ》えた後というから、駅ごとに旅を重ねていった途中《とちゅう》の感懐《かんかい》だとわかる（実際《じっさい》は庄屋《しょうや》に泊《とま》ったらしい）。

さあこちらは夜の駅の哀愁《あいしゅう》とは大違《おおちが》い。ノミ・シラミに食われるわ、馬は大きな音をたてて放尿《ほうにょう》するわと、騒々《そうぞう》しい。これより少し時代が後の『東海道中膝栗毛《とうかいどうちゅうひざくりげ》』でも、馬子《まご》は馬と同居《どうきょ》しているから、実際の経験《けいけん》でもあっただろう。

わたしもウィーンの路上で目の前の馬車をひく馬が、大量に放尿して思わず飛びのいたことがある。

それほどに哀愁とはほど遠いが、やはり苦笑《くしょう》しながら旅愁をかみしめている作者の姿《すがた》があるではないか。作者は躍起《やっき》になって［　］物をかき集めているようで、ほほえましい。

交通手段も変《かわ》り、風景も一変しているが、ひとしく夜の駅体験が、旅情《りょじょう》として流れているように思う。

移動《いどう》しつづける旅の中で、ほんとうの旅を味わうのは一息ついた夜なのであろう。

ココをおさえる

「そして」の前後で、筆者の体験から「むかしの人」の「夜の駅体験」に切り替《か》わっている点に注意する。筆者は自分の体験から「むかしの人」に思いをはせている。

(4) 「作者」とはだれを指しているのかを考え、その「作者」の作品に書かれた内容を手がかりにする。この「作者」が書いているむかしの「夜の駅」は、筆者が子ども時代の「夜の駅」で感じた「哀愁」とは一見対照的であるが、最終的には、今もむかしも「旅情」という共通したひとつの思いとしてまとめられている。

(5) 体験から考えたことをまとめている。この文章では、**主題がはっきりと文中に示《しめ》されている**点に特徴《とくちょう》がある。

夜の駅は、旅路の節目《ふしめ》節目で、c旅情をまとめつづける場所ではなかったか。

（中西《なかにし》 進《すすむ》「夜の駅」）

(1)〔空所補充《ほじゅう》〕文中の[A]〜[E]に入る適切《てきせつ》な言葉をそれぞれ次から選び、記号で答えなさい。ただし、同じ記号は二度使えません。

ア けっして　イ おそらく　ウ まさに
エ まるで　オ むしろ　カ いわゆる

A〔イ〕　B〔カ〕　C〔オ〕　D〔エ〕　E〔ウ〕

重要
(2)〔内容《ないよう》の理解《りかい》〕——線a「今までは地名でしかなかったものが、とつぜん風景となった」について説明した次の文について、次の①・②の問いに答えなさい。

[ア]としてその地名を知っていただけのものが、実際に京都で味わった[イ]を通して、急に[ウ]をともなった[エ]なイメージを抱くようになった、ということ。

①[ア]・[エ]に入る最も適切な言葉をそれぞれ次から選び、記号で答えなさい。

ア 知識《ちしき》　イ 常識《じょうしき》　ウ 趣味《しゅみ》　エ 空想
オ 学術《がくじゅつ》的　カ 抽象《ちゅうしょう》的　キ 現代《げんだい》的　ク 具体的

ア〔ア〕　エ〔ク〕

②[イ]・[ウ]に入る最も適切な表現《ひょうげん》を文中からさがし、イは五字、ウは二字でぬき出しなさい。

イ［夜の駅体験］　ウ［実感］

(3)〔文学史《ぶんがくし》〕——線b「有名な奥州の旅」とありますが、この旅のことを記した芭蕉の紀行文集の名前を書きなさい。

〔おくのほそ道（奥の細道）〕

(4)〔空所補充〕文中の[　]に入る最も適切な言葉を次から選び、記号で答えなさい。

ア 身近な　イ 迷惑《めいわく》な　ウ 愉快《ゆかい》な
エ 下品な　オ 古風な

〔イ〕

重要
(5)〔主題〕——線c「旅情をまとめつづける場所」とありますが、なぜ「まとめる」ではなく、「まとめつづける」と筆者はいっているのですか。その理由として最も適切なものを次から選び、記号で答えなさい。

ア むかしから今まで、多くの旅人が夜の駅で同じような旅情をまとめてきたから。
イ 旅の思いはさまざまで、たった一夜だけでは旅情をまとめきれないから。
ウ 人生は旅なので、生きている間は旅情をずっとまとめることになるから。
エ 旅の夜は安眠《あんみん》できず、結局起きて旅情をまとめつづけることになるから。
オ 旅のつづく間、夜をむかえるたびに旅情をまとめていくことになるから。

（慶應義塾普通部）

〔ア〕

ステップ1 まとめノート

本冊↓96〜97ページ

①随筆　②体験　③意見　④感想
⑤そのような〜たのである（けれど、そ〜のである。）

(1) A「おそらく…だろう」と呼応《こおう》する。
B「世間一般《いっぱん》でいうところの」という意味の「いわゆる」が入る。
C本来、不快《ふかい》なものである「振動」が、旅路では「むしろ」快く感じられたのである。
D「まるで…ようであった」と呼応する。
E「まさに…うとしていた」と呼応する。

(2)「今までは地名でしかなかった」ということは、ただ京都という場所の名前を知っているだけだったということ。ところが、夜の駅を見たことで、京都について、具体的なイメージをもつことができたのである。このことを「風景となった」と表現している。

(3) 松尾《まつお》芭蕉の紀行文集の名前は、「おくのほそ道」である。

(5) 主題の問題。筆者は文章の最後で、むかしも今も「ひとしく夜の駅体験が、旅情として流れている」として、古《いにしえ》の旅人も今の旅人と変わらない点を強調している。その点をふまえると、アが適切。

読解のポイント
筆者が自分の体験の中でも、特にどのような出来事に心を動かされたのかを読み取り、そこから、筆者のものの見方や考え方をおさえる。

ステップ3 発展問題

本冊→100〜101ページ

1 次の文章を読んで、あとの問いに答えなさい。

小学生の頃《ころ》、社会科の時間にバスを連ねて出掛《でか》ける工場見学が好きだった。遠足で植物園や古墳《こふん》やプラネタリウムへ行くよりも、ずっとわくわくした。何を作っている工場であろうが、工場と名前の付く場所には、未知の世界を予感させる魅力《みりょく》がある。

コンビナートの製鉄所《せいてつじょ》、新聞の印刷所、酸《す》っぱい匂《にお》いのする蔵元《くらもと》*、学生服専門《せんもん》の縫製《ほうせい》会社、牧場の中のチーズとバターの製造所《せいぞうしょ》……。かつて訪問《ほうもん》した工場を一つ一つ思い浮《う》かべてゆくと、自分の住んでいる世界がいかに複雑《ふくざつ》な構造《こうぞう》を持っているか、実感することができる。あるいは、自分が実際《じっさい》目にしている世界が、［　　］を思い知る。

①新聞やチーズはごくありふれた物なのに、それが製造されている現《げん》場《ば》があんなにも日常《にちじょう》からかけ離《はな》れているのは何故《なぜ》だろう。どんな種類の工場でも、一歩足を踏《ふ》み入れた瞬間《しゅんかん》、どこか遠い場所へ旅してきたような気分になる。

まず天井《てんじょう》の高さに圧倒《あっとう》される。ただ高いというだけで、普段見慣《ふだんみな》れている天井とは意味合いが違《ちが》って見える。天に向かってそびえる教会の塔《とう》を、はるばるとした気持《きもち》で眺《なが》めるのに似《に》ている。もちろん工場の天井が高いのは、神様に近付くためではなく、巨大《きょだい》な機械を動かしたり、換気《かんき》を良くしたりするためなのは分かっている。けれどやはり工場と教会は似ていると思う。懸命《けんめい》に物を作り出そうとしている人間たちの熱気に触《ふ》れると、しばしば私《わたし》は両手を合わせ、感謝《かんしゃ》の祈《いの》りを捧《ささ》げたくなる。

それからあの音だ。静かな工場も、どこかにはあるのかもしれないが、補聴器《ほちょうき》を作る工場？）。しかし私の知っている工場はどこもすさまじい音を発していた。しかもそれが途切《とぎ》れない。ベルトコンベヤーは流れ続け、ミシンは糸を吐《は》き出し続け、モーターは唸《うな》り続ける。規則《きそく》正しい機械音の合間に、所々、火花が飛び散ったり、異常《いじょう》を知らせるブザーが鳴り響《ひび》いたりして、絶妙《ぜつみょう》のアクセントを付け加える。

（中略《ちゅうりゃく》）

私の記憶《きおく》に最も印象《いんしょう》深く残っているのは、小学五年生の時に訪《おとず》れた、キムラヤのパン工場である。食べ物関係は、徹底《てってい》した清潔《せいけつ》さが神秘《しんぴ》的でさえあるのだが、思い出深い理由はそこにあるのではない。頭上にはり巡《めぐ》らされたベルトコンベヤーから、コッペパンが一個《こ》、落下してきたのだ。

よくあるアクシデントなのかどうかは分からない。とにかく、ローラーの上をコロコロ転がっていたコッペパンが、何かの拍子《ひょうし》に向きがおかしくなり、不意にT君の手の中へ、滑《すべ》り落ちてきたのだった。まだ湯気の上がっているそのパンを両手に捧げ持ち、うれしいような困《こま》ったような様子で立ちすくんでいたT君の表情《ひょうじょう》が、今でも忘《わす》れられない。

T君はいろいろな意味で目立つ存在《そんざい》だった。スポーツ万能《ばんのう》で、勉強もでき、顔もハンサムだった。なのにそうした自分を素直《すなお》にアピールせず、特に教師《きょうし》に対しては、わざと反抗《はんこう》的な醒《さ》めた態度《たいど》を取った。そこがまた同級生たちの目には、大人びて見えた。その場にいるだけで、本人が望もうと望むまいと、否応《いやおう》なく皆《みな》の視線《しせん》を集めてしまうタイプの男の子だった。

そのT君の元へ、コッペパンが落ちてきたことに②意義《いぎ》があった。二百人近くいる小学生の中から、他の誰《だれ》でもなく、彼《かれ》だけが特別に選ばれた。

優秀《ゆうしゅう》であるにもかかわらず、必ずしも全員の教師たちから愛されて

ココをおさえる
小学生の頃の「私」の「工場」に対する思い入れの深さがつづられている。筆者独自《どくじ》のものの見方・感じ方に注目する。

(1)・(4)
「工場見学」という非日常的な体験をするたびに、「私」がこのような気分になり、視《し》野《や》が広がっていったことを読み取る。

ココをおさえる
「私」が工場のどういうところにひきつけられているのか、その点もおさえておく。

(2)
――線①の理由として、あとに続く二つの段落《だんらく》で、「まず～」「それから～」と述《の》べているのである。

ココをおさえる
この段落から具体的な一つの体験に入る。〝キムラヤのパン工場〟での体験に関して、どのようなところが、なぜ最も印象に残ったのか、気をつけて読む。

(3)「私」はT君の優秀さが隠れた努力に支えられていたのを知っていたため、彼が教師たちから「理不尽」な目にあうのをつらく感じていた。それゆえ、彼の手中にコッペパンが、彼を選ぶように滑り落ちてきたという偶然が、「ささやかな祝福」として感じられたのである。

ココをおさえる 最後に文章の主題が全文の感想という形で述べられている。**この感想も筆者独自のものの見方**が強く出たものといえる。

いる訳《わけ》ではなかったT君は、時に理不尽《りふじん》な理由で罰《ばっ》を受けた。例えば、目付きが悪いとか、制服《せいふく》の下からセーターがのぞいて見えるとかいう理由で。

私は彼が生まれつき何でもできる訳ではなく、隠《かく》れたところできちんと努力しているのを知っていた。持久走《じきゅうそう》大会の前に、誰もいない朝早い公園で、一人練習しているのを、偶然目撃《ぐうぜんもくげき》したからだ。T君が教師たちに疎《うと》まれている場面に接《せっ》するたび、私は公園を走っている彼の姿《すがた》を思い浮かべ、無力な自分に胸《むね》を痛《いた》めた。

コッペパンは最も相応《ふさわ》しい子供《こども》の手に舞《ま》い落ちたと言える。あの日、キムラヤのパン工場は、一人の男の子に、ささやかな祝福を与《あた》えたのである。

今も世界のそこかしこで、工場が動いている。世界を構成するための物を作り出している。③世界は私が思うよりずっと強固にできているのだ、と安心した気分になる。

（小川洋子《おがわようこ》「工場見学」）

＊蔵元＝酒造《づく》りなどをする家や会社。

(1) 文中の□に入る最も適切《てきせつ》な言葉を次から選び、記号で答えなさい。

ア いかにほんの小さな部分でしかないか
イ いかに巨大な機械ばかりなのか
ウ なんと発展《はってん》した社会だったのか
エ なんと複雑な物ばかりだったのか

［ **ア** ］

(2) ——線①「新聞やチーズは……何故だろう」とありますが、工場が日常からかけ離れているのはなぜですか。その理由となるものを二つ、「工場の」に続く形でそれぞれ六字以内でぬき出しなさい。

工場の 天井の高さ
工場の すさまじい音

(3) ——線②「意義があった」とありますが、具体的にどのような意義があったのですか。最も適切なものを次から選び、記号で答えなさい。

ア 持久走大会のために努力するT君に対して、激励《げきれい》の意味が込《こ》められているということ。
イ こうした偶然《ぐうぜん》もふくめて、T君は良くも悪くも常《つね》に注目を集めるということ。
ウ 醒めていて大人びて見えるT君に対して、子どもらしいハプニングが起きたということ。
エ 周りに誤解《ごかい》されやすいT君を選んで、小さな幸せが降《ふ》ってきたということ。

［ **エ** ］

難問

(4) ——線③「世界は……強固にできている」と筆者が考えるのはなぜですか。最も適切なものを次から選び、記号で答えなさい。

ア 世界のあらゆるところで常に工場が動き続け、人に静寂《せいじゃく》を感じさせるから。
イ 人に見えないところで努力する人間には、必ず見返りがあることがわかるから。
ウ 工場が世界中にあることで、人はどこか遠くへ旅する気分になれるから。
エ ごくありふれた日常は、複雑な構造によって支《ささ》えられていると実感できるから。

［ **エ** ］

〔大妻中野中―改〕

(3)「私」は、T君をどのようにとらえていたのか、**筆者の視点**に立つと、時に理不尽な目にあっているT君にコッペパンが降るという神様の祝福により、ちょうどバランスがとれた、ということになる。

5 いろいろな文章の読み方

第5章　いろいろな文章を読む

読解のポイント
生活文では、初めに生活の中での出来事が紹介《しょうかい》されることが多いので、状況《じょうきょう》を正確《せいかく》につかむことが大切である。これを前提《ぜんてい》にして、書き手の感想や考えが書かれているので、ていねいに読み取ろう。

ステップ2　実力問題

本冊→104～105ページ

※ステップ1 まとめノート の解答は左ページ。

1 次の文章を読んで、あとの問いに答えなさい。

　バスがいかにものんびりと走っていた。富士五湖《ふじごこ》の近くらしい。あるところに来ると木立《こだち》が切れて、＊豁然《かつぜん》とした風景になった。右手に黒いかたまりが見える。

　小学生をつれている母親らしい人が、

「ほら、富士山よ」

と教えた。こどもは、

「ちがう、あんなの富士山じゃない！」

と叫《さけ》ぶ。

　まわりを気にしたのであろう、母親が、

「富士山ですよ」

と声をつよめたが、こどもは①動じない。

「あんなの、[A]の富士山だ！」

と②がんばる。聞いていて笑いをもらした人もあったらしい。母親は③いくらか声をはげまして、

「[B]の富士山ですよ、いやな子ね、この子……」

と言って、口をつぐんだ。

　④少年は富士山を知っている、知っていると思っている。[C]くかすんだ遠景の富士である。それが[D]の富士山だ。

　いま、バスから見えるのは巨大《きょだい》な[E]のかたまりである。むしろ＊醜悪《しゅうあく》である。[F]の富士山であるに決まっている。

　写真で富士山を知っているのが仇《あだ》になって、ホンモノの富士山を否《ひ》定《てい》する、というのは、この少年だけのことではない。先入観があると本当のことが見えなくなってしまうのは、人間の宿命のようなものかもしれない。

　知識《ちしき》の豊富《ほうふ》な人間が、間違《まちが》った考えに迷《まよ》いこむのは、先入観に目をくらまされているからである。知らなければいいのである。実際《じっさい》から＊遊離《ゆうり》した知識は色メガネのようなもので、実際を見るのに、ときとして、妨《さまた》げになる。

　先の少年にしても、＊なまじ富士山の写真を見たことがなければ、言われるままに[G]い山を富士山だと認《みと》めたであろう。先入観があったから、ホンモノを認めることができなかったのである。

　一般《いっぱん》に、ものの形、姿《すがた》などは、見るものの距離《きょり》によって変化する。[H]いものほどよくわかるけれども、多少うるさい感じである。

　山にしても、ふもとに立って山頂《さんちょう》を見ると、全体像《ぞう》は見えないで、間近《まぢか》のものが全体を見るのを邪魔《じゃま》する。

　すこしはなれて見ると、⑤山が山の形をしていることがわかる。細かいところはわからないが、ふもとにいてはわからなかった＊稜線《りょうせん》がはっきりする。

　その代わり、いくらか色が変わる。青々していた木々も、黒っぽくかすむように思われる。

　さらに遠くから望むと、色は[I]くなり、こまかいところはその[J]に吸《す》い込まれるのであろうか、美しく[K]くかすむのである。

　バスの少年の知っていた富士は、この青くかすむ富士だったのである。遠景の富士山だった。間近に望まれる黒いかたまりと同一の山であると認めることはできない。[L]なのである。

ココをおさえる
初めに話題の中心をとらえる。

(1) こどもの意見、母親の意見は、それぞれ初めから終わりまで変わっていない。目の前に見えている富士山を認めているかどうかを判断《はんだん》する。

(2) 少年が写真で見ていたのは遠景の富士。

(6) 少年の態度《たいど》を評《ひょう》して言っている。

ココをおさえる
少年と母親の行きちがいが起こった原因《げんいん》についての考えを、くわしく説明している。

(7) 「稜線」は、山のりんかく。

(3) 「すこしはなれて見ると」「さらに遠くから望むと」と、あとへ行くほど遠景になっている。

(2) 少年のイメージを言っているのか、目の前に見えている富士山を言っているのかによって、色がちがう。

(1) 文中の説明にある「ホンモノ」は**イ**「ホント」と同じ。
注意! 空らんの記号をまちがえないように。

(2) 近くか遠くかによって、色がちがう。**イ**「白」は出てこない。

(3) 続く部分の「遠く」と対照されている。

(4) バスの少年の態度についての、書き手の感想を表した言葉である。

＊豁然＝視界《しかい》が大きく開けるさま。
＊醜悪＝見た目がみにくいこと。
＊遊離＝他のものと離《はな》れて存在《そんざい》すること。
＊なまじ＝中途半端《ちゅうとはんぱ》に。
＊稜線＝山の峰《みね》から峰へと続く線。尾根《おね》。

（外山滋比古《とやましげひこ》『マコトよりウソ』の法則《ほうそく》）

(1) 〔空所補充《ほじゅう》〕文中の A・B・D・F に入る最も適《てき》切《せつ》な言葉をそれぞれ次から選び、記号で答えなさい。

ア ウソ　**イ** ホント

A［**ア**］　B［**イ**］　D［**イ**］　F［**ア**］

(2) 〔空所補充〕文中の C・E・G・I・J・K に入る最も適切な言葉をそれぞれ次から選び、記号で答えなさい。

ア 青　**イ** 白　**ウ** 黒

C［**ア**］　E［**ウ**］　G［**ウ**］　I［**ア**］
J［**ア**］　K［**ア**］

(3) 〔空所補充〕文中の H に入る最も適切な言葉を次から選び、記号で答えなさい。

ア 遠　**イ** 近　［**イ**］

(4) 〔空所補充〕文中の L に入る最も適切な言葉を次から選び、記号で答えなさい。

ア 正直　**イ** 愚《おろ》か　**ウ** 幼稚《ようち》
エ 強情《ごうじょう》　**オ** ウソつき　［**ア**］

---

(5) 〔語句の意味〕——線①「動じない」・②「がんばる」・③「はげまして」の語句の意味として最も適切なものをそれぞれ次から選び、記号で答えなさい。

① **ア** 動かない　**イ** 気にしない
　ウ 感動しない　**エ** 口をきかない
② **ア** 努力する　**イ** 言い張《は》る
　ウ 周りに説明する　**エ** 泣き叫ぶ
③ **ア** 強めて　**イ** 和《やわ》らげて
　ウ 落として　**エ** 変えて

①［**イ**］　②［**イ**］　③［**ア**］

重要
(6) 〔主題〕——線④「少年は富士山を知っている、知っていると思っている」の表現《ひょうげん》に近い熟語《じゅくご》を、文中から三字以上でぬき出しなさい。

［先入観］

(7) 〔内容《ないよう》の理解《りかい》〕——線⑤「山が山の形をしていることがわかる」とはどういうことですか。□に入る最も適切な表現を文中からさがし、漢字三字でぬき出しなさい。

山の□が見えること。

全体像

(8) 〔内容の理解〕少年がホンモノだと思っていたのは、どんな富士ですか。文中の言葉を用いて十字以内で書きなさい。

例 遠景の青くかすむ富士

（城北埼玉中—改）

ステップ1 まとめノート

本冊↓102〜103ページ

①記録文　②生活文　③手紙文
④例 中学時代の先生に大学合格の報告をし、感謝の気持ちを伝えること。

---

(5) ①・②は、母親に何と言われようと意見を変えないバスの少年の態度、③は少年を説得しようとする母親の態度を表している。

(6) 少年は青い富士山を知っているが、黒い富士山を知らない。このことを一般化して、考えを広げている。つまり、主題に関する内容である。

(7) 「山の形」と対応《たいおう》する言葉をさがす。

(8) 文章の最後にある「青くかすむ富士」「遠景の富士山」を使う。
注意! 字数の指定があるので、こえないように。

5 いろいろな文章の読み方

第5章　いろいろな文章を読む

ステップ3　発展問題

本冊→106〜107ページ

1 次の文章を読んで、あとの問いに答えなさい。

お風呂《ふろ》に入っていると、急に息子《むすこ》が言った。
①「おぼれ大会っていうのがあったら、のび太《た》も一番になれるのにね……」。『ドラえもん』の主人公のび太のことを、息子は何かと気にかけていて、よくこういう発言をする。「オンチ大会なら、ジャイアンが優勝《ゆうしょう》だね」と私《わたし》も提案《ていあん》してみるが、これはすぐに却下《きゃっか》。
「だめだよー、ジャイアンは自分がオンチって知らないんだから。レコーダーに録音してじーんってしてるんだよ。おかあさん、オンチなんて言ったら、ぼこぼこにされて首しめられるよ！」。

息子は、一日の何分の一かを、のび太やドラえもんと一緒《いっしょ》に過《す》ごしている。朝起きると、いきなり『ドラえもん』。幼稚園《ようちえん》から帰ってくると、また『ドラえもん』。夕飯が終われば、食後の一服のように『ドラえもん』を手にとっている。
②我《わ》が家《や》にあるコミック三十数冊《さつ》は、私のいとこのあいだで代々受け継《つ》がれてきたものだ。アキラくん、けんちゃん、あっちゃん、タカシくん……そして息子という具合。もらった時にはボロボロで、ほのかにカビくさくさえあったが、息子には宝《たから》の山だった。
「集中！」という表情《ひょうじょう》で、息をするのを忘《わす》れているんじゃないかと心配になるぐらい固まって読んでいるが、時にはニヤニヤしたり、ぐふぐふ笑ったり、眉間《みけん》にシワを寄《よ》せたりしている（これはたぶん、のび太がいじめられているところ）。「さよならドラえもん」という話を読んだときには、涙《なみだ》をぼろぼろこぼして泣いていた。悔《くや》しいけれど、私が毎晩《まいばん》読んでやる絵本でも、これほどの反応《はんのう》はない。

ココをおさえる
筆者が取り上げた題材は、息子と、息子が夢中《むちゅう》になるマンガ『ドラえもん』である。

ココをおさえる
特にこの段落《だんらく》から、幼稚園に通う息子が『ドラえもん』に夢中になる様子がうかがえる。

(2)
「ボロボロ」で「カビくさくさえあった」コミックは、息子にとっては「宝の山」であったと述《の》べられている。

ココをおさえる
筆者が息子の様子を観察する中で感じたことが中心に書かれている。**筆者独自のものの見方・感じ方**に注目する。

物語に没頭《ぼっとう》し、③登場人物に感情移入《いにゅう》するという初めての経験《けいけん》を、ドラえもんは持ってきてくれた。『ドラえもん』を読んでいるあいだは、その世界の住人になりきっている。読み終わったあとでも、鏡《かがみ》の世界に入ろうとして、頭をぶつけたりしている。

そして、泳げないのび太のことを思って、「おぼれ大会」なんていうのを考えてしまうほど、息子はのび太贔屓《びいき》だ。主人公が、なんでもできるスーパーマンではなく、この「のび太」だからいいのだろうな、と思う。助けてくれるドラえもんとて、決してデキのいいロボットではないという設定《せってい》だ。だから子どもは、親しみを感じるし、一緒になってハラハラもするし、うまくいけば喜びもひとしお、ということになるのだろう。

母にとっては、今や『ドラえもん』そのものがひみつ道具だ。買い物や外食のとき、これさえ出せば、息子はぴたっと静かになってくれる。便利なこと、このうえない。

が、実は④ちょっと心配な面もあった。こんなにのび太に肩入《かたい》れしてしまっては、「勉強は、つまらない」「テストは、むずかしい」「宿題は、イヤイヤやるもの」という発想が、刷《す》り込《こ》まれてしまうのではないだろうか。学校に行く前から、そんな先入観を持ってしまっては、子どもにとってマイナスなのではないだろうか、と（少数派《は》かもしれないが、私自身は、ものすごく勉強が好きな子どもだった）。

しかし、それも杞憂《きゆう》に終わりそうだ。

「のび太は勉強のとき、どうしても、なまけごころが出るんだ。でも一年に二、三回反省して、ひとみが輝《かがや》くんだよ！」なんてことを嬉《うれ》しそうに言っている。⑤反面教師《きょうし》と言っては言い過ぎだが、子ども心に、なまけるのはよくないということが、わかっているようだ。そのあたりの伝え方が、『ドラえもん』は実にうまいと思う。

いやそれどころか、学習という点からしても、オマケがあったと言

読解のポイント
生活文は、筆者の身のまわりにある日常《にちじょう》的な出来事を題材として取り上げた文章である。随筆《ずいひつ》と同じように、筆者独自《どくじ》のものの見方・感じ方・考え方に注意しながら文章を読み味わう。

(1)
息子が「おぼれ大会」を考え出したのは、それだけのび太への思い入れが強かったからだとわかる。

(3)
この段落に、息子が『ドラえもん』に「感情移入する」訳《わけ》について筆者が考えたことが書かれている。この部分も**筆者独自のものの見方**であるといえる。

(2)
「母」とは筆者自身のことである。

(4)
筆者の心配の種は、同じ段落の中に説明されている。

うべきだ。『ドラえもん』を読みたい一心で、息子はカタカナをマスターしたし、ルビのおかげで、漢字も相当読めるようになってしまったのだから。

（俵《たわら》　万智《まち》「息子の友だち、ドラえもん」）

＊杞憂＝心配しないでいいことを心配すること。とりこし苦労。

(1) ——線①「おぼれ大会っていうのがあったら、のび太も一番になれるのにね……」とありますが、なぜ息子はそのように言ったと筆者は考えていますか。最も適切《てきせつ》なものを次から選び、記号で答えなさい。

ア 息子は、のび太が現実《げんじつ》にはない大会でしか優勝しないと思っていて、のび太の勝てそうな種目を考えたから。

イ 息子は、水泳大会でおぼれかけたのび太が描《えが》かれていた場面を思い出して、もうこれしかないと思ったから。

ウ 息子は、のび太がいつもジャイアンに負けてばかりだといやで、何か勝てるものはないかとさがしていたから。

エ 息子は、のび太のことを何かと気にかけていて、泳げないのび太のことを思うほど、ひいきにしているから。

オ 息子は、『ドラえもん』に出てくるのび太のことを心配し、ドラえもん抜《ぬ》きで勝てる種目を考えているから。

［ **エ** ］

(2) ——線②「我が家にあるコミック三十数冊」は、「息子」、「私」にとって、どのようなものだといっていますか。文中からそれぞれ五字以内でぬき出しなさい。

息子［宝の山］　私［ひみつ道具］

(3) ——線③「登場人物に感情移入する」とありますが、『ドラえもん』を読むと「感情移入する」状態《じょうたい》になるのはなぜだと筆者は考えていますか。書きなさい。

［**例** 主人公がなんでもできるスーパーマンではないし、助けてくれるドラえもんも、デキのいいロボットではないという設定だから。］

(4) ——線④「ちょっと心配な面」とありますが、筆者はどのようなことを心配していますか。五十字以内で書きなさい。

例 勉強にマイナスとなる発想が、学校に行く前の息子に刷り込まれてしまうのではないかということ。

難問

(5) ——線⑤「反面教師」とありますが、これは「誰《だれ》がどうであること」を表現したものですか。八十字以内で具体的に書きなさい。

例 のび太が、勉強のときになまけごころが出るが、一年に二、三回は反省してひとみを輝かすことで、息子に、なまけるのはよくないということをわからせる存在であること。

〔ラ・サール中〕

ココをおさえる

「私」は『ドラえもん』というマンガについて一点心配だったことが、「杞憂に終わりそう」でほっとしている。この件《けん》に関して、息子の言葉をきっかけに、筆者が思いめぐらしたことをおさえる。

(1) 息子は「のび太贔屓」であり、泳げないのび太のことを考えて、「おぼれ大会」というものを思いついたことから考えると、**エ**がふさわしい。

(2) 息子と「私」（＝筆者＝母）の視点《してん》が描かれているところを重点的にさがすとよい。

(3) ①主人公（のび太）が「なんでもできるスーパーマン」ではない。②助けてくれる「ドラえもん」も決してデキのいいロボットではない。以上二点をまとめていれば正解《せいかい》。「親しみを感じる」「一緒になってハラハラする」「うまくいけば喜びもひとしお」など、感情移入の内容《ないよう》は書かなくてよい。

(4) “勉強にマイナスとなる発想（よくない先入観）が息子に刷り込まれてしまうのではないか”という趣旨《しゅし》で書けていれば正解。

(5) 「反面教師」とは、悪い見本として、そうならないようにいましめる人物のこと。『ドラえもん』の主人公であるのび太が、息子になまけるのはよくないことを教えている点を中心にまとめる。

理解度診断テスト①

本冊▼108～111ページ

読解のポイント

筆者の主張《しゅちょう》と説明の関連や、事実と主張の対応《たいおう》関係に注目しながら文章の組み立てをとらえ、要旨《ようし》をつかむ。社会や人間に対する筆者の批判《ひはん》や独自のものの見方、考え方を読み取るようにする。

理解度診断

A…75点以上、B…55～74点、C…54点以下

1 森さんは、第二次世界大戦が終わっていないころ、京都府の小倉《おぐら》山のふもとに家を建てて質素《しっそ》な暮《く》らしを送っていました。
次の文章を読んで、あとの問いに答えなさい。

森さんが、にやっと笑いました。

「ぐるぐるまわりの庭?」

「このごろは、はやりの言葉では、循環型《じゅんかんがた》の庭というのかな。」

「循環型?」

「さいきん、やたらと、循環、循環、循環言うとるなあ。」

森さんは、ちょっと照れたように、顔をゆがめました。森さんは、当時の「はやり」に背《せ》を向けて、そこから一番おくれた暮らしを選びとり、マイペースで生活してきたのです。

「ぼくね、十九才のとき、忘《わす》れられない言葉を聞いているんや。あの夜も、ぼくは受験勉強していたんやけど、つかれて散歩に出て、いつも行く野良《のら》小屋をたずねたんや。そこには源《げん》ちゃんがおった。野良小屋は、農具なんかしまっておく小屋やけど、ぼくがいつも行く小屋は、二、三人なら泊《と》まれるくらい大きい小屋やった。実りのときがきて、イノシシが、イモやコメを食いあらしにくるようになると、当番を決めて、代わりおおて小屋につめとったんや。イノシシをおいはらう当番やな。

その夜は、人類がはじめて、人工衛星《えいせい》のうちあげに成功したんで、ぼく、人工衛星スプートニクについて、知っていることをみな、源ちゃんに話してあげたんや。源ちゃんは小屋を出て、空を見あげたんや。ぼくも、源ちゃんとならんで、空を見あげた。源ちゃんが言ったんや。

『そうやって、石油をぼんぼんぬいていたら、湯たんぽといっしょで、①いつか地球はからっぽになるな』

源ちゃんは牛の力を借りて農作業していたんやけど、ぼくが話すロケットの噴射《ふんしゃ》の話に、直感で感じとったモノがあったんやろね。ぼくは、どきんとした。

『石油をぼんぼんぬいていたら、いつか地球はからっぽになるな』

源ちゃんの言葉が、耳のおくでこだましていたよ。ぼくは、目をこすったわ。発見やった。おおげさでなく発見やったで。源ちゃんの言ったことの意味に、そのとき、気がついたんや。ぼくの頭は、じーんとしびれとったわ。しびれる頭で考えたで。源ちゃんの言うとおり、使ってしまえばなくなる化石資源《しげん》で、幸せな未来を描《えが》けるやろかって。」

森さんは、静かに目をつむりました。森さんの心の奥《おく》で、今も②ものさしになっている出来事を、思い出しているのです。

「太陽の光と熱、あれは、地球の生き物を生かす力や。太陽の恵《めぐ》みの中で、ものを作り、生きていく。化石燃料《ねんりょう》にたよらない暮らしを考えて、太陽にたよる暮らしをすることができたら、日本の未来も、地球の将来《しょうらい》も、希望が持てるのではないかな。」

二〇一一年、三月十一日十四時四十六分ごろ、三陸沖《さんりくおき》を震源《しんげん》に、我《わ》が国の観測《かんそく》史上最大のマグニチュード九・〇の地震が発生しました。千年に一度と言われる大地震でした。

津波《つなみ》が防波堤《ぼうはてい》を乗り越《こ》えて、襲《おそ》ってきました。船が、自動車が、家が、押《お》し流されていきました。人が、生き物が、道路が、田畑が、濁《だく》流《りゅう》に呑《の》み込《こ》まれました。

ココをおさえる

筆者が森さんの生き方、考え方からどのようなことを学ぶべきだと考えているのかをおさえる。このような文章では、紹介《しょうかい》されている人物の生き方、考え方から、**筆者の主張**を読み取ることができる。

(2) 人工衛星のうちあげにもエネルギーがいる。「源ちゃん」は、石油のような「化石資源」は無限《むげん》にあるわけではない、ということをいいたかったのである。

(3) 「ものさし」とは基準《きじゅん》となることがらのこと。森さんの生きる「ものさし」をつくったのは「源ちゃん」の言葉であり、「源ちゃん」の言葉から、森さんがものごとを考える際《さい》の基準が読み取れる。「源ちゃん」が空を見あげながら言った言葉が森さんにとって衝撃《しょうげき》的で、心に強く残ったことがわかる部分である。

二万人にもおよぶ人が亡《な》くなったり、行方《ゆくえ》不明になりました。

愛する家族や生活を奪《うば》われた人々を思って、被害《ひがい》を受けなかった者もみな、心を乱《みだ》しました。今も、その方々のことを思うと、どうしたらいいのかと、思い悩《なや》みます。

そんな中で、東京電力福島第一原子力発電所の事故《じこ》は起こりました。

今は六月、事故から三カ月が経《た》っています。後から後から、不測《ふそく》の出来事に見まわれ、まだ収束《しゅうそく》の見通しもたっていません。

困難《こんなん》な状況《じょうきょう》の中、放射能《ほうしゃのう》計測器を身につけて作業にあたる方々の健康が気になります。

避難指示《ひなんしじ》が出て、原発から二〇キロメートル圏内《けんない》には、人が住めなくなりました。町民も役場の機能もすべて町の外へ避難せざるを得《え》なくなった町があります。幼《おさな》い子どもへの健康被害を恐《おそ》れて、自主的に故郷《こきょう》を出た人たちがいます。仕事を失った人たちもいます。福島県産という風評《ふうひょう》被害も発生しました。人間ばかりが、被害を受けたのではありません。酪農家《らくのうか》が飼育《しいく》していた生き物たち、自然界のものを言わない動植物も、被害を受けていることを忘れてはならないでしょう。

原子力発電で作られる電気は、安いと言われてきました。[A]、これらの人々への補償《ほしょう》の額《がく》を考えると、安い電気ではありません。それよりなにより、この事故で人生が狂《くる》ってしまった人たちがいるのです。安い電気は、この人たちの犠牲《ぎせい》の上に成り立っていた価格《かかく》でした。

こんなことが起きるなんて……こんな過酷《かこく》な現状《げんじょう》を引き受けさせられるなんて……、この人たちもわたしたちも、知りませんでした。「原発は安全だ」と言われて、原発のマイナス面を学んでこなかったのです。わたしたちの便利で快適《かいてき》な暮らしは、③胸《むね》の痛《いた》みを味わわせ続ける問題の基礎《きそ》の上に築《きず》いた城のようなものでした。

その上、原発は、放射性廃棄物《はいきぶつ》を出します。プルトニウム二三九は、放射能を出さなくなるまでに二万四千年かかると言われます。子どもたちの時代、その子どもの時代にも、原発から出たゴミは残っているのです。そして、そのゴミは、どう処理《しょり》して良いか分からない廃棄物です。

わたしは、今、福島県を出て、新しい地（滋賀《しが》県）で生きようとしている家族を思っています。盲学校《もうがっこう》の先生が、自分の家の空いた部屋を、その人たちに提供《ていきょう》したのです。先生は言います。「ぼくの夕飯は、豪《ごう》華《か》になりました。」先生は独身《どくしん》です。缶詰《かんづめ》の夕飯が多かったそうです。それが今、五人で食卓《しょくたく》を囲《かこ》んでいるそうです。先生の話をきいていると、「しあわせそう」と、わたしまで嬉《うれ》しくなってきます。わたしたちは、④しあわせって何かを問い直さねばならないでしょう。

こんな事実を並《なら》べて考えてみると、森作りの森さんが言ったことを、みんなで考え合うことは、「これから」を思い描くために、よいモデルになるのではないか、と思い始めました。

森さんは、太陽の恵みの範囲《はんい》で生きる暮らしを始めてみよう、と呼《よ》びかけていました。

森さんの暮らしは、貧《まず》しくありません。いや、都会の人がうらやましがるような、豊《ゆた》かさがあります。手垢《てあか》のついた言葉をはみだす新鮮《しんせん》な暮らしです。森さんのたいせつにする「しあわせ」は、人と人がその存在《そんざい》を必要としあう暮らしです。それぞれが役目を担《にな》う家族を、大切にしています。

わたしは、原発事故が起きる前から、自然エネルギーに関心を持っていました。でも、三月十一日を経験《けいけん》した今、あれはポーズだったのではないか、と反省しています。わたしは、いま、自然エネルギーの可能性《かのうせい》をきちんと学びたいと願うようになりました。

わたしたちは、暮らし方を見直さなければならないのでしょう。この事故が収束し復興《ふっこう》が行われるとき、事故の前と同じような価値観《かちかん》や暮らしを取り戻《もど》すのではなく、⑤新しい価値観へ、人間の、多くの生き

(1) A前後で反対の内《ない》容《よう》を述べているので「でも」が入る。

(4) 二〇一一年の東日本大震災《しんさい》の中で起こった福島第一原発の事故による一連の経過を整理し、①「胸の痛みを味わわせ続ける問題」、②①を基礎として築いた「城」の意味をそれぞれ考える。

ココをおさえる 福島第一原発の事故による被害と滋賀県で新しい暮らしを始めた「家族」の生活という二つの事実を通じて筆者が考えたことをおさえる。

(5) 筆者は〝わたしたちのしあわせ〟について、森さんの生き方に大きなヒントを見出《みいだ》している。

ココをおさえる この段落《だんらく》から筆者の主張がはっきりとした形で述べられている。

物の命が大切にされる暮らしへ、方向転換《てんかん》しなければならないはずです。

わたしたちは、自然に負担《ふたん》をかけ、激《はげ》しい痛《いた》みを加えて、自然破壊《はかい》を進めてきました。バランスを保《たも》っていた自然は、今や病《や》んでいます。

自己規制《じこきせい》する能力を、わたしたちは育てることができるのでしょうか。わたしたちの欲望《よくぼう》を、コントロールできるのでしょうか。

［B］、わたしたちが、地球と共に生きながらえることを望むなら、自然がもつ自然の治癒《ちゆ》力が働くところで、人間の発揮《はっき》する力を抑制《よくせい》しなければならないでしょう。それが難問《なんもん》です。

この作品をまとめているとき、京都には「始末する文化」があると、教えられました。始末するというのは、［　　］だそうです。着物で考えてみると、縫《ぬ》い直して何度もきた着物は、布団《ふとん》の側《がわ》になります。それでも傷《いた》んだら、よいとこどりをして座布団《ざぶとん》になります。それが傷んだら、雑巾《ぞうきん》にするのだそうです。もう一つ、大きく使って、小さくしまう文化があるとも教えられました。［C］、ふろしきです。ていねいに使い続けるために、不用のときしまっておきやすい形を、大切にしているようでした。

京都の町衆《まちしゅう》は、明治という新しい時代が始まるとき、身銭《みぜに》を切って子どもたちのために学校を作りました。新しい社会に希望を持って、子どもたちのために、子どもたちが生きる未来の社会のために、痛みを感じても決断《けつだん》し実行したのです。

福島第一原発事故を経験したわたしたちは、今、⑥これからの暮らしを考え直そうとしています。この思いが長続きして、これからの暮らしが見通せますように。

（今関信子《いまぜきのぶこ》「永遠に捨《す》てない服が着たい」）

(1) 文中の［A］～［C］に入る適切《てきせつ》な言葉をそれぞれ次から選び、記号で答えなさい。ただし、同じ記号は二度使えません。（各5点）

ア たとえば　イ あるいは　ウ なぜなら
エ つまり　オ もし　カ でも

A［カ］　B［オ］　C［ア］

(2) ──線①「地球はからっぽになる」とありますが、これはどのようなことですか。簡単《かんたん》に書きなさい。（10点）

［例 地球から資源がなくなってしまうこと。］

(3) ──線②「ものさし」とありますが、これはどのようなことですか。最も適切なものを次から選び、記号で答えなさい。（10点）

ア 便利で快適《かいてき》な生活をするために、何が必要かを鋭《するど》い感覚でみきわめられるかどうかということ。
イ 人間の力を超《こ》えた大きな力が働いて、よりよい生活へと導《みちび》いてくれるかどうかということ。
ウ 目先の便利さにとらわれず、長い目で見たときに地球のためになるかどうかということ。
エ 化石燃料にかわる新しいエネルギーを地球の中から見つけ出せるかどうかということ。
オ 地球の中だけではなく宇宙《うちゅう》でも暮らすことができるようになるかどうかということ。

［ウ］

重要
(4) ──線③「胸の痛みを味わわせ続ける問題の基礎の上に築いた城のようなもの」とありますが、これはどのようなことですか。最

(1) B「もし…なら」と呼応《こおう》する。

(7) 直後で挙げられた着物の例を参考にして、空らんに入る表現を考える。

(1) C「ふろしき」は「大きく使って、小さくしまう文化」の例なので、「たとえば」が入る。

(2) 「地球はからっぽになる」とは、地球上の「資源」がなくなることだという点を説明できていれば正解《せいかい》。

(3) エは代替《だいたい》エネルギーを「地球の中から見つけ出せるかどうか」という部分が誤《あやま》り。

(4)「胸の痛みを味わわせ続ける問題」とは、福島第一原発の事故によって、「人生が狂ってしまった人たち」の問題のことである。

も適切なものを次から選び、記号で答えなさい。（10点）

ア どのように廃棄物の処理をしたらよいかはっきりとわからず人々を不安な気持ちにさせたまま、便利だからという理由だけで放射性物質にたよっていたものだということ。

イ 人々の生活を一変させてしまうような状態《じょうたい》になってはじめて、それまで指摘《してき》されていた短所に向き合ってこなかったことに気づいたことから生まれたものだということ。

ウ 安さや便利さを追い求めてきた人々が、事故によってさまざまな苦しみを味わったことがきっかけとなり、真剣《しんけん》に地球の将来《しょうらい》を考えて作り上げたものだということ。

エ 原子力発電所の事故という思いもよらない出来事によって多くの被害《ひがい》が出たが、それを乗り越《こ》えながら新しい生活を始めようとする人々の希望だということ。

オ 長い間にわたって人々を苦しめ続けるような危険性《きけんせい》にきちんと目を向けないまま、都合のよい部分にだけ注目して手にしたものだということ。

［ オ ］

重要

(5) ——線④「しあわせって何か」とありますが、「森さん」は何を「しあわせ」と考えていますか。文中から二十字以内でさがし、はじめと終わりの三字をぬき出しなさい。（完答10点）

人と人 ～ 暮らし

(6) ——線⑤「新しい価値観」とありますが、それを説明した次の文の㋐～㋒に入る最も適切な言葉を、文中から㋐は二字、㋑は八字、㋒は四字でさがし、それぞれぬき出しなさい。（各5点）

わたしたちが自己の欲望を㋐する能力《のうりょく》を身につけ、人間や㋑を大切にし、自然の㋒を崩《くず》さないように心がけること。

㋐ 抑制
㋑ 多くの生き物の命
㋒ バランス

(7) 文中の［　］に入る最も適切な言葉を次から選び、記号で答えなさい。（10点）

ア 古くなったモノはおしいと思わずに捨てる事

イ 必要なモノ以外を整理してしまっておく事

ウ 不要なモノは整理してしまっておく事

エ 一つのモノを最後まで生かし切る事

オ いらないモノはどんどん処分《しょぶん》する事

［ エ ］

難問

(8) ——線⑥「これからの暮らしを考え直そうとしています」とありますが、筆者はこれからの暮らしがどのようになるとよいと考えていますか。わかりやすく書きなさい。（20点）

例 目先の便利さだけを考えず、自然を破壊しないよう欲望をコントロールして、ものを大切に使うことで、多くの生き物の命が大切にされるようになるとよい。

〔日本大第三中―改〕

(6)「新しい価値観」の内容は直後に説明されている。㋐～㋒の前後の文脈《ぶんみゃく》がすっきりつながるように、適切な言葉をぬき出す。

(8) 筆者が文章の最後で強くうったえかけた内容は、森さんの考えに根ざしたものである点をふまえ、以下の二点を中心にまとめる。
①新しい価値観への方向転換
②地球の未来を見すえた生き方への転換

理解度診断テスト ②

本冊▼112〜115ページ

読解のポイント
物語を最後まで読み、作品の背景《はいけい》をとらえ、登場人物の情報《じょうほう》と関係を整理する練習を積む。そのうえで、問われた部分の心情や行動の理由を考える習慣を身につけることが大切である。

理解度診断
A…75点以上、B…55〜74点、C…54点以下

重要
1 次の文章を読んで、あとの問いに答えなさい。

秀美《ひでみ》は、ようやくひろ子に追いついて肩《かた》で息をついた。

「赤間《あかま》さん、早いんだなあ、歩くの」

ひろ子は、①撫然《ぶぜん》とした顔で、秀美をじろじろと見た。

「なんなの？時田《ときた》くん、なんで私《わたし》の後、ついてくるのよ」

秀美は言葉に詰《つ》まって頭を掻《か》いた。

「一緒《いっしょ》に帰ろうと思って。ぼく転校生で、あんまり親しい人いないし」

「そお？全員と仲良くなったと思ってたわ。②文夫《ふみお》くんたちのグループに入ったんじゃないの？」

「知ってたの？」

「どうせ、そうなると思ってたもん。気が合うよ、あの人たちと時田くんは。あの子たちも、あんたと一緒で、先生に目をつけられてるもん」

「ぼく、先生に目をつけられてるの!?」

ひろ子は、さも馬鹿馬鹿《ばかばか》しいという目つきで秀美を見た。

「ほんとはうちが見たいんでしょ。誰《だれ》があの給食のパンを食べてるのか確《たし》かめたいんでしょ」

秀美は絶句《ぜっ》した。その通りだったからである。確かめたいとまでは思わなかったが、ひろ子の家が、どのような状態《じょうたい》なのか知りたくてたまらなかったのだ。自分が力になってあげられるとは夢《ゆめ》にも思わなかったが、ひろ子の家の状態を把握《はあく》しておけば、もう彼女《かのじょ》を③無意識《むいしき》に傷《きず》つけてしまうことはないだろうと予感していたのだった。

「おいでよ。うちに寄《よ》っていけば？その代わり④びっくりしても知らないよ」

ひろ子は、意地の悪そうな表情《ひょうじょう》を浮《う》かべて、秀美を促《うなが》した。彼《かれ》は、ほとんど冒険《ぼうけん》をするような気分で、ひろ子の後についた。

ひろ子の家は、ごみごみした裏通《うらどお》りにあった。何世帯かの貧《まず》しい家族が、身を寄せ合うように家を建てたというようなそんな一画だった。ごみ用のポリバケツが汚《よご》れたまま、通りに並《なら》んでいた。秀美は、あたりを見渡《みわた》した。そこには、貧しい故《ゆえ》の小綺麗《こぎれい》さというものは欠片《かけら》もなかった。⑤生活すること自体をあきらめたような気配が漂《ただよ》っていた。

「入れば？」

ひろ子は A そう言った。秀美は、おそるおそる靴《くつ》を脱《ぬ》いで、家に入った。唐紙《からかみ》に描《か》かれたクレヨンの悪戯《いたずら》書きが、わびしさを漂わせていた。

赤ん坊《ぼう》を寝《ね》かしつけていた老婆《ろうば》が驚《おどろ》いたように秀美を見た。秀美は、B 頭を下げた。

「おばあちゃん、クラスの友だち、時田くんっていうの」

「あれまあ。知らせといてくれたら、ここをかたしといたのに」

「同じだよ、そんなの」

ひろ子は、そう言って、隣《となり》の部屋を覗《のぞ》いた。

「おじいちゃん、ただいま」

布団《ふとん》の敷《し》かれている部屋からは、呻《うめ》き声が聞こえただけだった。秀美は、挨拶《あいさつ》をするべくひろ子の側《そば》に寄ろうとしたが、止められた。

「無駄《むだ》だよ。耳もよく聞こえないし、紹介《しょうかい》しても、誰《だれ》だか解《わか》らないんだから。もう、ずっと寝たきりでぼけてんの」

秀美は困《こま》ったように畳《たたみ》に腰《こし》を降《お》ろした。ひろ子の祖母《そぼ》が、C 立

(2) 「憮然とする」は、ここでは秀美の行動に驚きあきれ果てる様子を表している。

(3) 傍線《ぼうせん》部②のように考えた理由について、ひろ子が直後で語っている。

ココをおさえる
秀美がひろ子の家に行きたがった理由がわかる部分。「ひろ子を傷つけたくないから」という秀美の**心情**をおさえる。

ココをおさえる
ひろ子の家の貧しい様子について、くわしい描写がされている部分。

(6) 直前の表現から判《はん》断《だん》する。

(7) A…前でひろ子が「(家の中の貧しい様子に)びっくりしても知らないよ」と言っている点から考える。
B…この部分や「ほとんど冒険をするような気分」で、秀美がひろ子の家についてきたことから考えると、「ぎこちなく」が入る。

ち上がり、お茶をいれ始めた。側では、赤ん坊が寝息をたてていた。

「この赤ちゃん、赤間さんの妹？」

「そうよ。あとお兄ちゃんともうひとり弟がいる。まだ帰って来てないみたい。どうしたの？びっくりした？うちお父ちゃんいないんだ。お母ちゃんひとりが働いてるのよ。だから貧乏《びんぼう》なの。解った？」

「うん」

「テレビ見る？」

「うん」

二人は、しばらく無言で再《さい》放送のドラマを見た。途中《とちゅう》、祖母が何度か乾《かわ》いた笑い声をあげた。台所に立ちながら、画面を覗《のぞ》き込《こ》んでいたのだった。

「赤間さん、ごめんね」

秀美は、 D 言った。

「何が？」

「いろんなこと」

「あのさあ。私は、⑥時田くんのそういうとこがやなんだよ。うちが貧乏なのは仕様《しよう》がないでしょ。私のせいじゃないんだし。頭来ちゃうよ、あんたのそういう態度。あんたは、文夫とかと遊んでいればいいんだよ」

秀美は下を向いた。自分の同情のようなものが、何の役にも立たない感情であるのを思い知らされたのだった。彼は、祖父の言葉を思い出した。同情仮面《かめん》か。それは、本当に憐《あわ》れむべき人間への芝居《しばい》である筈《はず》なのだ。ひろ子は憐れむべき人ではない。むしろ憐れむべきは自分自身だ。

「時田くん。落ち込《こ》んじゃ駄目だよ。あんたのせいでもないんだしさ。子供《こども》には、どうにも出来ないことなんだから。私、可哀相《かわいそう》と思われるのやなの。そうされると悲しくなるの」

秀美は、何かを言おうと口を開きかけた。けれど、言葉は見つからず、無言で、ひろ子の祖母のいれたぬるいお茶を啜《すす》った。それは、味も香《かお》りもないものだったが、⑦お茶を飲むということが、ひろ子の家の習慣《しゅうかん》としてあることを思い、秀美の心は、少しなごんだ。

「あ、孝二《こうじ》が帰って来た」

ひろ子の言葉に顔を上げると、戸口に彼女の弟が立っているのが見えた。六歳《さい》ぐらいだろうか。

「この人、誰？」

「私と同じクラスの子だよ。遊びに来たんだよ。あーあ。孝ちゃん、駄目だよ、また洟《はな》なんかたらして。こっちおいで」

ひろ子は、弟の洟を丁寧《ていねい》に拭《ふ》き取った。

「あっ、こんなに鼻くそが詰まってる。時田くん、楊子《ようじ》、そこにあるでしょう、ちょっと取ってくれる？」

「楊子で取るの？危《あぶ》ないんじゃない？」

「いいから。いつも、やってんだから」

「お姉ちゃんは、ぼくの鼻くそ取るの上手《うま》いんだぜ」

秀美は、おそるおそるひろ子に楊子立てを渡《わた》した。ひろ子は、孝二の顔を上に向かせて慎重《しんちょう》に指先を動かした。

「あ、取れた、取れた」

孝二は、鼻を赤くさせて、何度もまばたきをした。涙《なみだ》がこぼれ落ちた。秀美は、ぼんやりと、その様子を見ながら立ち上がった。

「あれ、時田くん。帰るの？」

「うん。また来る。文夫と約束しちゃったから」

「じゃ、明日、学校でね、バイバーイ」

孝二も姉の真似《まね》をして、バイバーイと叫《さけ》んだ。秀美は、祖母に挨拶をして外に出た。⑧隣の家の前の欠けた植木鉢《うえきばち》から、朝顔の本葉がのぞいていた。それを見つけた瞬間《しゅんかん》、⑨秀美は猛烈《もうれつ》な勢《いきお》いで駆《か》け出した。


（山田詠美《やまだえいみ》「ぼくは勉強ができない」）

ココをおさえる ひろ子の家庭環境《かんきょう》（どうして貧しいのか）について、具体的な人物情報が得《え》られる部分。

(7)
D…秀美としては、ひろ子に大きな負い目を感じていたが、ひと言の短い言葉しかかけられなかったため、「ぽつりと」がよい。

ココをおさえる ひろ子の人物像《ぞう》として大切なところ。〝他人から同情されるのがいや〟という重要な情報が得られる部分である。

(4)・(8)
右の点をふまえると、秀美の、ひろ子を気づかう言葉がかえってひろ子の心を傷つけ、〝悲しい気分〟にさせたのだとわかる。

(9)
前の場面と対比して考える。秀美は、ひろ子の家一帯《いったい》の「生活することと自体をあきらめたような気配」に衝撃《しょうげき》を受けていた。だが、せめてお茶を飲み、一息つくという習慣がひろ子の家にあったため、ほっとしたのである。

(10)
①「欠けた植木鉢」
↓ひろ子の一家をふくむ、その地帯で暮らす人々の貧しさ
②「朝顔の本葉」
↓貧しさに負けまいとする生命力
それぞれの暗示する内容を、物語の筋書《すじが》きと重ねてとらえる。

(1)
ア「友人の孝二」が誤《あやま》り。孝二はひろ子の弟である。
エ「すぐに自宅に帰った」かどうかは本文からは読み取れない。
オ「ひろ子の友だちになりたいと思い」が誤り。給食のパンを誰が食べていたのかを知りたかったのである。

(3)
以下二点をまとめていれば正解《せいかい》。
①秀美と文夫の共通点
②①のため二人は気が合う。

---

(1) この文章の内容《ないよう》として適切《てきせつ》なものを次から二つ選び、記号で答えなさい。(完答5点)

ア 時田は、休日、友人の孝二の家に遊びに行った。
イ ひろ子の家は、七人家族である。
ウ 赤間は給食のパンを、家に持ち帰っている。
エ 秀美はひろ子の家を出たあと、すぐに自宅《じたく》に帰った。
オ 転校生の秀美はひろ子の友だちになりたいと思い、一緒に帰ろうと考えた。

［ イ・ウ ］

(2) ――線①「憮然とした」とありますが、ここでの意味として最も適切なものを次から選び、記号で答えなさい。(5点)

ア 失望してぼんやりする様子。
イ 意外な出来事にとまどう様子。
ウ どうしようもなく困りはてる様子。
エ あきれはてて驚く様子。

［ エ ］

(3) ――線②「文夫くんたちのグループに入った」とありますが、なぜ「ひろ子」はこのように思ったのですか。その理由を、「…と思ったから。」に続く形で、二十五字以内でまとめて書きなさい。(10点)

例 先生に目をつけられた秀美と文夫たちは気が合うはずだと思ったから。

---

(4) ――線③「無意識に傷つけてしまうこと」とありますが、実際《じっさい》に「傷つけてしまうこと」になった言葉が、これよりあとの部分にあります。その言葉をそのままぬき出しなさい。(5点)

［ 赤間さん、ごめんね ］

(5) ――線④「びっくりしても知らないよ」とありますが、どのような様子に「びっくり」すると言っているのですか。その様子を表す言葉として最も適切な言葉を文中から漢字二字でぬき出しなさい。(5点)

貧乏

(6) ――線⑤「生活すること自体をあきらめたような気配」とありますが、これはどのような様子ですか。最も適切なものを次から選び、記号で答えなさい。(10点)

ア 生きていくことだけに追われてしまい、周囲に目を配ることができない様子。
イ 食事も満足にとれず、あれこれとまめに動き回るだけの体力がない様子。
ウ 室内の装飾《そうしょく》にこだわったり、新しい家具をそろえたりするゆとりのない様子。
エ 生き続けること自体がたいへん困難《こんなん》で、半ば死を覚悟《かくご》している様子。

［ ア ］

---

(5)
ひろ子は「(家の中の貧しい様子に)びっくりしても知らないよ」という意味で言った点から考える。

(8) 以下の二点があれば正解。
①家が貧しいのは仕様がない
②ひろ子に同情する
②を中心に、①を補足《ほそく》してまとめる。

(7) 文中の［A］～［D］に入る適切な言葉をそれぞれ次から選び、記号で答えなさい。ただし、同じ記号は二度使えません。(各5点)

ア ぎこちなく　イ ぽつりと
ウ 投げやりに　エ のろのろと

A［ウ］ B［ア］ C［エ］ D［イ］

重要
(8) ——線⑥「時田くんのそういうとこがやなんだよ」とありますが、「そういうとこ」とはどのようなことを指していますか。文中の言葉を用いて四十字以内で具体的に書きなさい。(10点)

例 家が貧しいのは仕様がないことなのに、ひろ子に対して同情する態度をとること。

(9) ——線⑦「お茶を飲むということが、ひろ子の家の習慣としてあることを思い、秀美の心は、少しなごんだ」とありますが、秀美の心が「少しなごんだ」理由として最も適切なものを次から選び、記号で答えなさい。(10点)

ア 厳《きび》しい生活の中でも客に対する礼儀《れいぎ》を失っていなかったから。
イ 貧《まず》しいなかでも一服する心のゆとりが感じられたから。
ウ その日暮《ぐ》らしのなかでも伝統《でんとう》を大切にする姿勢《しせい》が感じ取れたから。
エ 飲食も満足にできないほどの状態《じょうたい》ではないとわかったから。

［イ］

重要
(10) ——線⑧「隣の家の前の欠けた植木鉢から、朝顔の本葉がのぞいていた」とありますが、この描写《びょうしゃ》が生み出す効果《こうか》の説明としてあてはまらないものを次から一つ選び、記号で答えなさい。(10点)

ア 欠けた植木鉢が、この地域《ちいき》に暮らすひろ子たちの生活の貧しさを表している。
イ 朝顔の本葉が、貧しくもたくましく生活しているひろ子たちの生命力を暗示《あんじ》している。
ウ 朝顔という身近な植物の様子を描写することで、物語に季節感を加えている。
エ 欠けた植木鉢と緑の朝顔の対比《たいひ》によって、作者の美意識《びいしき》が表現《ひょうげん》されている。

［エ］

難問
(11) ——線⑨「秀美は猛烈な勢いで駆け出した」とありますが、秀美が「駆け出した」理由として最も適切なものを次から選び、記号で答えなさい。(10点)

ア 知らぬ間に遅《おそ》い時間になっていることに気づき、あせったから。
イ 自分の浅はかさをあらためて感じ、やりきれなくなったから。
ウ 前向きに生きている友人に感化され、すぐに行動しなければと思ったから。
エ 同情《どうじょう》する気持ちがいっそう強まり、人目をさけて泣きたくなったから。

［イ］

〔東京女学館中―改〕

(10) エ「作者の美意識」という部分が誤り。

(11) 直前の「朝顔の本葉」を見つけた瞬間、「猛烈な勢いで駆け出した」というつながりに注目する。「朝顔の本葉」は「ひろ子たちが貧しさに負けずたくましく生きようとする力」を暗示している。秀美は、ひろ子について肝心《かんじん》なところに配慮《はいりょ》できず、逆《ぎゃく》に傷つけてしまったことに再度気づかされ、自己《じこ》嫌悪《けんお》やひろ子に対する申《もう》し訳《わけ》なさからやりきれなくなったのである。

第6章 詩・短歌・俳句を読む

1 詩

ステップ1 まとめノート

本冊↓116〜117ページ

①立場　②感情　③リズム　④感動
⑤主題　⑥省略　⑦ウ

解説
⑦通常の語順にすると、「あの人もこのきれいな夕焼け空をきっとどこかで見ているのだろう」などとなる。「見ているのだろう」という部分は本来、「このきれいな夕焼け空を」という部分よりもあとに入る。

ステップ2 実力問題

本冊↓118〜119ページ

1
(1)ア
(2)自己主張
(3)イ
(4)ウ

2
(1)例 冬の厳しい寒さにたえ、こわばっていた顔。
(2)（チューリップのように並んだ）笑顔
(3)例 昨日、厳しくつらいことがあったとしても、気持ちを切り替えれば、しだいに心が晴れ、生きる喜びがわいてくるということ。

解説
1
(1)はじめに「人もまた、一本の樹ではなかろうか。」とあるように、詩の中で**人間が「一本の樹」にたとえられている**ことに注目する。一本の樹の枝が、他の樹の枝と「交差」するようにぐいぐいと張り出す情景と重ねて、人と人との**自己主張がぶつかり合う様子**を描いている。この点から、「許し合えぬこと」とは、自己主張と自己主張の衝突《しょうとつ》のことであるとわかる。それはつまり、自我と自我がぶつかり合ってしまうということである。

ポイントチェック

● **比喩**
作品全体を通した比喩の内容は、必ずおさえておくこと。特に、「まるで」「あたかも」「さながら」や「〜ようだ」「〜みたいだ」「〜ごとし」などの、直喩（明喩）に用いられる表現が出てきたら、その部分で何を何にたとえているのかをとらえることが必要である。

(2)(1)の解説にもあるように、樹の枝が幹《みき》から張り出すように、人間の自我から自己主張が生じるという内容から、「枝」は**「自己主張」についての隠喩《いんゆ》**であると判断《はんだん》できる。

ココに注意
「一・二連の中から」という条件《じょうけん》が問題文中に書かれているので、たとえ内容としては正しいものであるとしても、三連の「自我」など、条件に反する答えを書かないようにする。

(3)作者は詩のはじめから、人間の「自我」を樹木《じゅもく》と重ねながら描き、「自己主張」について、生きるうえで避《さ》けられないものだと表している。第三連の「人は、生きるために歩き回る樹／互いに刃をまじえぬ筈がない」は、「人間はあちこち動き回る生き物であるため、当然、他人との衝突が生じることになる」ということを表しているのである。
(4)第四連「密生した枝を払い落す」と重ねてとらえると、——線④の「小暗い自我を／刈りこんだ」は、「自我をおさえる」ことを印象的に描いた表現であるとわかる。

2
(1)春がきたことに対して「よかったね」などの言葉があるように、この詩の主題は「春の訪《おとず》れの喜び」であるということが読み取れる。このことから考えると、「凍っていた顔」とは、**冬の厳《きび》しい寒さをたえしのび、まるで凍っているかのようにこわばっていた顔**のことであると考えられる。直後にある「チューリップのように並んだ笑顔」と対照的である点も、考えるうえで参考になる。
(2)春の訪れを喜ぶ人々の「（チューリップのように並んだ）笑顔」が「世界には／まだまだいっぱい素晴らしいことがある」と教えてくれている、という内容である。

(3)第四連は、人間の内面一般《いっぱん》について、比喩を用いて描いている。その内容を第一～三連の内容と結びつけると、季節が冬から春になって生きる喜びを感じられるのと同じように、「胸の中」の「蛇口」をひねれば、昨日とは違う少しあたたかい水が出て、希望を感じられるようになる、という意味に解釈《かいしゃく》できる。「気持ちを切り替《か》えれば、うきうきとした気分になれる」という趣旨《しゅし》でまとめる。

ポイントチェック

● **詩の主題**

詩の主題は最終連に書かれていることが多い。直接《ちょくせつ》的な表現で書かれていない場合でも、他の物事にたとえられていることがある。

チェック！自由自在

● **定型詩の例**

島崎藤村《しまざきとうそん》「初恋《はつこい》」
中原中也《なかはらちゅうや》「汚《よご》れつちまつた悲しみに……」
北原白秋《きたはらはくしゅう》「落葉松《からまつ》」

その他、基本《きほん》の字数が決まっている短歌や俳句《はいく》などは定型詩である(例外的に、字数にとらわれないものもある)。

ステップ3 発展問題

本冊→120～121ページ

1 (1) **ア** (2) **ウ**

2 (1) 例 仲間からとりのこされてこころ細くなったので、ひとりでも大丈夫だと強がってみせている。

(2) 例 自分の存在の小ささを知りながらも、何かをせずにはいられなかったりんごの気のよわさとこころ細さを強調する効果。

(3) 例 自分は小さな存在だから人間に強がってみせたところで現実は何も変わらないと思ったが、何もしないとただこころ細くなるだけなので、苦しまぎれにもう一度強がってみせることにしたのである。

解説

1 (1)「気がついてみると、／ヒグラシのこえは、もう、なかった」という部分から、"秋の訪れのおどろき"について述《の》べていることがわかる。「尾長」のするどい鳴き声は、"ヒグラシのこえ"と対比《たいひ》されるもので、**人々の季節感を夏から秋へと一気に切り替《か》え、新しい季節の訪れを告げる**「こえ」なのである。

(2)詩の中に出てくる擬声語である**「ぎいい、ぎいいっ」という尾長の鳴き声**は、秋という新しい季節の訪れを告げる「こえ」なので、ウの「自然のおだやかさ、激しさ」という部分が適切ではない。

2 (1)気がよわいりんごが「ひとつだけあとへ／とりのこされ」→「居直ってみた」というつながりから、りんごの「居直り」には**強がる気持ち**が表れているという点を読み取る。

(2)表現技法《ぎほう》の効果をとらえる。「居直っても／どうなるものかと／かんがえながらも居直らずにはいられないほど「りんご」は「気がよわくて」「こころ細かった」という心情《しんじょう》を、**二回くり返される「それほど」が強調している**、という点をまとめる。

(3)りんごが**「ちいさく」居直った**様子が描かれていることに着目する。気のよわい「りんご」は、小さな自分がひとりで「居直る」ことに何の意味があるのだろうか、とかんがえたが、何もしないのは「こころ細かった」ので、「やっぱり居直ることにし」たのである。ただ、りんごは「気がよわくて」、わざわざ「たたみのへりまで／ころげて行って」「ちいさく」「居直ってやった」とあることから、**堂々とは居直れない**りんごの繊細《せんさい》な気持ちを想像してまとめる。

ポイントチェック

● **表現技法の効果**

詩の表現技法は、言葉や内容《ないよう》を強調するために用いられることが多い。表現技法が生み出す効果は、主に①印象づける、②余韻《よいん》を残す、③リズム感を生むの三つである。

2 短歌・俳句

ステップ1 まとめノート

本冊→122〜123ページ

①五・七・五・七・七 ②句切れ ③五・七・五
④句切れ ⑤切れ字 ⑥季語 ⑦雪

解説
⑦冬の季節の風物詩である「雪」が、この句の季語である。

ステップ2 実力問題

本冊→124〜125ページ

1 (1) A**オ** B**エ** C**ア** D**イ** E**ウ**
(2) A**イ** B**エ** C**キ**

2 (1)**ウ** (2)**ウ**
(3)**イ** (4)**エ**

3 (1) a**ケ** b**エ** c**ク** d**イ**
(2) ①季語 夕顔 季節 夏 ②**ア**

解説

1 (1)A「あそばんと」は「あそぼうと」(思って)という意味。犬が「枯草」に寝転んでいた作者とたわむれようとやってきて、眼をのぞきこんだのである。
B「向日葵」の全身に降《ふ》り注ぐ「金の油」とは、**太陽の光をたとえたもの**である。したがって、「日」を描いているエが下の句である。

C「目にはさやかに見えねども」は「目にははっきりとは見えないけれども」という意味。目にははっきりとは見えないけれども、「風の音」は聞こえるのである。

D「遠足の小学生徒」の、**はしゃいで生き生きとした様子**に合うものを選ぶ。

E「うっとりと」という表現に着目すると、「子供」が「木の下」で「泰山木の花」に見とれている様子が想像《そうぞう》できる。

大意
A 枯《か》れ草の上に私《わたし》が寝ているところに、犬が遊ぼうとしてこちらへやって来て、私の顔をのぞき、眼をのぞきこんでいる。
B 向日葵は、金色の油のように輝《かがや》かしい日の光をその身にあびて、ゆらりと高く揺《ゆ》れて咲き誇《ほこ》っている。その上空には日が小さく見える。
C 秋が来たと、目にははっきりとわからないけれども、風の音には秋の気配があって、秋が来たとはっと気づいたことだ。
D 遠足に出かけている小学生たちが、得意そうに手を振《ふ》りながら道を通っている。
E 木の下に子供が近寄《よ》ってうっとりとしながら見ている花は、泰山木の花だ。

(2)A宮沢賢治は童話作家として有名。『風の又三郎《またさぶろう》』『銀河《ぎんが》鉄道《てつどう》の夜』などの作品を残した。BとCについて考えると、短歌の「月はつめたきくだものの匂をはなちあはれにけり」という表現から、Bには「月」が入るとわかる。Cどんなくだものであるかは、**〈解説文〉の中で、このくだものについて「赤くて、甘さよりも酸味の勝ったさわやかな味と香り」と書かれている**のを手がかりにする。

ポイントチェック

● **解説文**
解説文には、詩・短歌・俳句の内容《ないよう》について読み取るうえでの手がかりが書かれていることがある。詩・短歌・俳句そのものだけでは内容を理解しにくい場合の助けにもなる。中でも詩・短歌・俳句の中に出てくる言葉について書かれている部分や、感情・感覚について述《の》べられている部分は、内容を理解するうえで、特に重要な部分である。

2 (1)「桐一葉」は秋の季語。「桐一葉」とは**「桐の葉が落ちるのを見て、秋を知ること」**を意味する。中国《ちゅうごく》の書物『淮南子《えなんじ》』にも「一葉落ちて天下の秋を知る」という言葉がある。
(2)俳句の句切れは**「や・かな・けり」**などの**切れ字**を手がかりにする。「けり」は、結句にあるので、「句切れなし」が正しい。

ココに注意
句切れについて問われたからといって、必ずしも「〜句切れ」となっているとは限《かぎ》らない。「句切れなし」ということも有り得《う》る。

(3)切れ字の入った句には、**作者の感動が強く詠《よ》み込まれる**。ここでは結句に「落ちにけり」とあるので、葉が「落ち」たことに対する作者の感動が描かれているとわかる。

(4)一枚《いちまい》の桐の葉が舞い落ちる光景から**秋の到来《とうらい》を感じ、深く感じ入る**心情が、写実的な描写《びょうしゃ》と一体となって表現された句である。**ウ**は、「舞い上がる風で」という部分が「落ちにけり」に合っておらず、作者が嘆いているわけでもない。

3

(1)A「五月雨」(梅雨《つゆ》)で最上川の水量が増《ふ》え、すさまじい水音を立てて流れている情景を詠んだ俳句である。

B「雀の子」に対して「そこのけそこのけ」と言っている理由がわかる下の句を選ぶ。

C「鐘」が「鳴る」場所はどこなのかを考える。

D「月は東に」と「日は西に」とで、対句《ついく》として成り立っている。

大意 A 最上川は、五月雨(梅雨)を集めて水量が増え、急流となっている。

B 道で遊んでいる雀の子よ、そこをのきなさい、お馬が通るから危《あぶ》ないよ。

C 柿を食べていると、法隆寺の鐘が鳴っているのが聞こえるよ。

D 菜の花畑が広がっている。月は東の空にのぼり、日は西に沈《しず》もうとしている。

E 夕顔の花がひらきかかっていて、その花びらの襞は深い。

(2)①「夕顔」は夏に花を咲かせる植物である。

②初句に「**や**」という**切れ字**がある。

ポイントチェック

● **切れ字**

代表的なのは、「**や**」「**かな**」「**けり**」。

①俳句の句切れを見分けるポイントになる。

②作者の感動の中心で使われていることが多い。

ステップ3 発展問題

本冊→126～127ページ

1

(1) A夏　B冬　C春　D春　E秋　F冬

(2) Aウ　Bア　Cカ　Dエ　Eイ　Fオ

2

(1) ①イ　②ウ　③ウ　④エ　⑤ア

(2) ア　(3) イ　(4) ウ

解説

1

(1)A山からくる風が「牧の若馬」の耳をなでているというさわやかな情景なので、「夏」の風がイメージとして合う。

B「朽葉」「霜」「月の影の寒けさ」から「冬」の情景だとわかる。

Cおだやかな春の日に、花が散るのをおしむ心を歌っている。**日本の古典文学で花といえば桜《さくら》の花を表す**(元々は、花といえば梅《うめ》の花のことだったが、桜の花のほうが定着した)ことや、のどかな光が差していることから、春の情景を詠んだ歌だと考える。

D「花」が桜の花であることや、「おぼろ月」が「春」を表すことから考える。なお、おぼろ月とは、春の夜などに見られる、ほのかにかすんだ月のことである。

E「中秋の名月」などというように、**「月」は「秋」を表す**。なお、ここでの「かげ」は「光」という意味である。

F「蜜柑」は「冬」を表すことから考える。作者が蜜柑の香りを感じ取って冬の訪《おとず》れに思いを寄《よ》せているのである。

大意 A 夏の風が山からふいてきている。牧場にいるたくさんの若い馬の耳が、その風にふかれたよ。

B 冬枯れをした森の朽《く》ち葉（枯れ葉）に降《お》りた霜の上に落ちた月の光が、寒々とした様子だ。

C 日の光のうらうらとのどかな春の日に、どうしてこのように慌《あわ》ただしく桜の花は散っていくのだろうか。

D 空が浅緑色で、花もその色とひとつになって霞んでいき、ぼんやりと見える春の夜の月よ。

E 木々の間からもれてくる月の光を見ていると、物思いにふける秋が来ているのが感じられるよ。

F 街を歩いていて、子供の傍を通るときに、蜜柑の香りがした。冬がまた来るのだなあ。

(2)A「自動車を運転する人」が「みな前を向いている」という、「当たり前のことをためらいもなく」詠んだ短歌であることをとらえる。
B遠くの田んぼから聞こえてくる「かはづ」(かえる)の声が、母との死別が近い作者の悲しみをいっそう深く感じさせる、切ない歌である。かえるの声が遠くから聞こえるということが、**静けさを強調**している。

C下の句「あそぶ春日はくれずともよし」から、日が暮《く》れなくともよい、つまり**いつまでも「こどもらと手まりつきつつ」あそんでいたい**という、作者の子ども好きな様子がうかがえる。

D「子」を「銀」「金」「玉」という高価なものと比べている点に注目する。それらのような、金銭的《きんせんてき》に価値《かち》の高いものと比べても、「子」は何にも勝《まさ》る尊《とうと》い宝であるという、**親の深い愛情**を詠んだ歌である。

E作者は、友人が自分より立派《りっぱ》に見え、気分がふさぐような日には、花を買って妻としたしもうとしている。このような気持ちの動きが、イの「くやしさをやさしさへと切り替えている」に合う。

F「角砂糖」を「ガラスの壜」に「隙間」ができないようにきれいに詰め込もうとする作者の様子は、「難しい問題を解くのに苦戦してうなっている」様子と似ている。

大意 A 次々に走り過ぎて行く自動車を運転している人は、みな前を向いている。
B 死が近づいている母に添《そ》い寝をして、しんしんと夜が静まっているなか、遠くの田んぼで鳴くかえるの声は天にも聞こえるのだろう。
C こどもらといっしょに手まりをつきつつこの里で遊ぶ春の日は、暮れなくてもよい。
D 銀や金や玉といった高価なものも何になるものか。すぐれた宝として、子供以上のものはあるだろうか、いや、ない。
E 今日は友人たち全員が私《わたし》よりえらく見える日だよ。こんな日は、花を買ってきて妻と親しく過ごすようにしよう。
F 角砂糖をガラスの壜に詰めていくけれど、どのように詰めても隙間が残ってしまう。

2 (1)まずはそれぞれの句の**季語**をさがす。A「落葉」とB「師走」は冬の季語なので、**ア**には冬の句が入る。C「菜の花」とD「花の雲」は春の季語なので、**イ**には春の句が入る。E「若葉」は夏、F「立秋」は秋(の始め)、G「夕紅葉」は秋の季語なので、**ウ**には夏の句、**エ**には秋の句が入る。①「土筆」は春の季語。②は「田一枚植て」が**「田植え」のことを表している**ので夏の句。③「蛍」は夏の季語。④「名月」は秋の季語。⑤「木がらし」は冬の季語。

ココに注意
季語は、必ずしも動植物などの自然であるとは限《かぎ》らない。Bの「師走」(十二月)や、「高校野球」などのように、人の生活や文化にかかわる物事が季語として用いられることもある。

(2)**ア**「三日月だ」の部分が誤《あやま》り。月の出が夕方の時刻《じこく》になるのは、満月のころである。
(3)日本の古典文学で「花」といえば、基本《きほん》的に「桜の花」を表す。
(4)**ウ**「山彦という動物」が誤り。「山彦」とは、山や谷などで声や音が反響《はんきょう》する現象《げんしょう》のことであり、**動物ではない**。

理解度診断テスト

本冊↓128〜129ページ

理解度診断 A…**75**点以上、B…**55**〜**74**点、C…**54**点以下

1 (1)A祖父 B祖母
(2)**イ** (3)**ア** (4)**オ**
2 A**エ** B**ア** C**ウ** D**ク** E**キ**
3 (1)A**オ** B**ク** C**キ** D**イ** E**ウ** F**カ**
(2)A雲雀・春 B寒月・冬
C菊・秋 D海月・夏

解説
1 (1)第一〜三連で、「ふむ→ふまれる」の関係が、**「ぼく」**→**「ぼく」の父・母／「ぼく」の父・母→A・B／祖父母→そのふた親(両親)**となっているので、「祖父」「祖母」が入る。
(2)いのちの積みかさねについての感動が書かれた詩であることから考える。「ぼく」(作者)は、これまで続いてきた多くのいのちの上に、今、自分が存在す

ることに感動を覚えるとともに、これからもその「人間のピラミッド」が続いていくことに思いを寄《よ》せているのである。

(3)ピラミッドは、石を積みかさねて造《つく》られたものである。第四連の「いのちの過去から未来へと／時のながれにきずかれていく…／人間のピラミッド」に着目すると、「ピラミッド」は、**連綿《れんめん》と続いてきた人間の命の積みかさねを象徴している**と考えることができる。

(4)**オ**「ふんでいた」「ふみ」「ふまれていた」という表現が**くり返し出てきて、「いのち」について述《の》べられている**ので、適切な説明である。**ア**「擬人法」は使われていない。**イ**ひらがなが表現しているのは、「大きな変化もなく静かに時が経過していく様子」ではなく、命の積みかさねや重み・尊さである。**ウ**「たとえ」と「倒置法」は一部用いられているが、それらによって「自分と両親のつながりを理解しやすくなっている」とまではいいづらい。また、「自分と両親のつながり」が「この詩の本質である」と述べている点でも、適切でない。**エ**「自分らしく生きていこうとする使命感」は、この詩の主題に合わない。

ポイントチェック

● **主題**

詩の題名や詩の中でくり返し出てくる表現などから、その詩にこめられた意図を考え、詩の主題をとらえる。

2

A白い雪の上に青い空が映《うつ》ってうす青くなっている情景《じょうけい》を思い浮《う》かべる。

B煙が「かぼそく」立っているということから、「黒」よりも「白」のほうが適切であると考えられる。

C「夕づく日（夕日）」とあるので、夕焼けの色として「赤」と「黄」が考えられるが、短歌の基本《きほん》的な音数（五・七・五・七・七）や語感から、「黄」のほうがより適切だと考えられる。

D「銀杏」の葉っぱが、夕日を浴びて散っている情景を想像《そうぞう》すると、「金」がイメージに合う。「黄」もおかしくはないが、音数などを考えると「金」のほうがより適切だといえる。

E「藤」の花の色と「闇」を重ねて描いていることから、藤の花の色である「紫」がふさわしいと考えられる。

大意

A 雪の上に空が映ってうす青い。私《わたし》の悲しみは静かに燃えているのである。

B 薄野に白くかぼそく煙が立っている。趣深《おもむきぶか》いが、消す方法もない。

C 信濃路はいつ春になるだろう。夕日の光で、日の入りのあとも空の色はしばらく黄色くなっている。

D 金色の小さい鳥のかたちをして、銀杏の葉が、夕日に照らされた岡に散っている。

E 風の通る藤棚のかたすみに、藤の花が房状《ふさじょう》になって、紫色の闇のように咲いている。

3

(1)A選択肢《せんたくし》にある語の中で俳句に詠《よ》まれるような「香を放」つのは、「山の百合」である。

B**作者が「猫」を置き去りにできず引き返した理由が、吹《ふ》きすさぶ「木枯し」の寒さである**と考えられる。

C「童」が「夏氷」をおいしそうに食べている様子を詠んだ俳句である。

D「青蛙」の**あざやかな体色と、しめった皮膚《ひふ》の特徴《とくちょう》**を、「ペンキぬりたて」と表している。

E空が「透けて見える羽」をもつ生き物である「赤蜻蛉」が適切。

F「すすき」のたおやかな様子を詠んだ歌である。すすきの**穂《ほ》が重く、頭を垂《た》れるような様子**を想像するとよい。

大意

A 山の百合が、偽りのない本物の百合の花の香りを放っている。

B 木枯《が》らしが吹《ふ》いているなあ。猫を捨てきれずに戻ってきたよ。

C 幼《おさな》い子が、さじをなめながら楽しそうに氷を食べている。

D 青蛙よ、お前もペンキぬりたてなのか。

E 赤蜻蛉は、空が透けて見える羽をもっている。

F 折りとって手に持つと、すすきははらりとしていて重いものだよ。

(2)A「峠」やB「門」、C「奈良」「仏」、D「潮」などさまざまな語があるので、句の季語が見分けづらいかもしれないが、**句の中で最も季節感をよく表している語に着目する**とよい。

大意 A 雲雀よりも高い峠にたたずんでいるよ。
B 月のかがやく寒い夜、門のない寺の上にすみわたる空が広がっているよ。
C 菊の香りがするよ。この香りのする奈良に、古い仏たちがしずまっておられるのだ。
D 涼しさを感じさせる海月は、潮にさからうことなくただよっている。

第7章 書くこと

1 作文

ステップ1 まとめノート

本冊↓130〜131ページ

①題材 ②主題 ③構想 ④主題 ⑤具体的 ⑥常体
⑦例 つな引きのとき、最後までがんばった結果、勝つことができた喜び。
⑧例 声を大きくはりあげてつなを引く。ふんばるけれど、相手に引っ張られていく。
⑨例 最後まであきらめないことが大切だと思った。
⑩短く ⑪文末 ⑫同じます目

解説
④いちばん書きたいこと、心に残ったことなどを**「主題」**という。
⑥「…だ・である」調の文体のことを、**「常体」**という。
⑦運動会という題材の中で、「つな引き」のことが心に残っている。つな引きを最後までがんばり、勝つことができた喜びを伝えたいことをおさえる。
⑧「一生けん命ふんばるけれど、じりじり引っ張られていく」場面が「初め」で書かれている。
⑨最後の二文をとらえる。
⑫解答らんの場合、句読点が行頭にくる場合があることに注意する。

ステップ2 実力問題

本冊↓132〜133ページ

1 (1) **（文体）** 例 常体
（書きたいこと） 例 遠足で経験した助け合うことの大切さ。

（初　め） 例 はじめは、元気いっぱいだった。でも、だんだん足の裏が痛くなってきて、ぼくはみんなから少しずつおくれていった。

（な　か） 例 すると、それに気づいた六年生のA君やほかのみんなが、ぼくのところまでもどってきてくれた。ぼくは無事登ることができた。

（終わり） 例 この遠足の思い出から、助け合うことの大切さを学んだ。ぼくも困っている人を見かけたら、声をかけていきたい。

(2) 例
　三年生のとき、遠足で裏山に登った。はじ
めは、ふざけたり歌をうたったりして元気い
っぱいだった。でも、だんだん足の裏が痛く
なってきて、ぼくはみんなから少しずつおく
れていった。早くみんなに追いつかなきゃ、
そう思ってもへとへとで足が前に出ない。ぼ
くはあせって泣きそうになった。すると、そ
れに気づいた六年生のA君やほかのみんなが、
ぼくのところまでもどってきて、はげまして
くれた。「自分のペースでいいんだよ。あせ
らず少しずつ登っていこう。」と、A君はにっ
こり笑って言ってくれた。ぼくは心がすっと

軽くなり、無事頂上まで登ることができた。
　この遠足の思い出から、助け合うことの大切さを学んだ。ぼくも困っている下級生や友だちを見かけたら、力になれるよう、声をかけていきたい。

2

(1)（文体）例 常体

（ことわざについての考え）

例 私は、このことわざのとおりだと思う。

（理由となった、自分や身近な人の体験）

例 よい先生に一か月みっちり教えてもらった人より、毎日こつこつ練習した私のほうが、ピアノの発表会でよい成績を残したからだ。努力は必ず力をつけてくれるのだと思った。

（作文のしめくくりとなる考え）

例 これからも、このことわざのとおり、毎日の努力が私を成長させてくれると信じてがんばりたい。

(2) 例

　私は、このことわざのとおりだと思う。楽して手に入れた成果より、毎日こつこつがんばって身につけた力のほうが本物だということがわかったからだ。
　先日、ピアノの発表会で賞をもらった。今回の曲はとても難しくて、なかなか満足のいくようにひくことはできなかった。だから私は、毎日何回も練習した。慣れて雑にならないように、ていねいに心をこめて、くり返し練習した。それでもうまくひけなくて、いやになったけれど、あきらめずに練習した。すると、発表会当日は指がスムーズに動いて、うまくひくことができたのだ。知り合いに、有名な先生に一か月みっちり教えてもらった人がいた。今までに何人もの生徒を音楽大学に合格させている先生だ。でも、結果は、私のほうがよい成績だった。このとき、努力は必ず力をつけてくれるのだと思った。
　これからも、このことわざのとおり、毎日の努力が私を成長させてくれると信じて、何事にもがんばろうと思う。

3

例

　「太陽」はぼくたち人間だけでなく、すべての生き物にとってなくてはならない存在だ。太陽は人類が誕生する前から存在し、地球に力をあたえ続けている。もし太陽がなければ、地球は一日中真っ暗でとても寒い状態になるだろう。そうなればすべての生き物にとって、地球で生活することはとても困難になる。
　だから、地球上の生き物にとって大切な太陽に感謝しなければならないと私は思う。

4

例

　最近では、AI（人工知能）が私たちの生活に深く入りこんできており、本物の人間と同じようにロボットとコミュニケーションをとっていると錯覚するような場面が増えてきた。

　しかし、私は、ロボットと人間はコミュニケーションをとることはできないと思う。なぜなら、私たちがロボットとコミュニケーションをとっていると思ってしまう場面は、実際にはコミュニケーションではなく、人間による一方的な情報探しに過ぎないからだ。人間同士のコミュニケーションとちがって、私たちがロボットに話しかけるときは、必ず新しい情報や知りたいことを聞き出すために行われる。人間同士では、他愛もない会話というものも存在するが、ロボットとの会話では、明確な答えがない会話を発展させることは難しい。逆を言えば、人間同士のコミュニケーションは、無限の可能性を持っているのだ。

　以上のようなことから、私はロボットと人間がコミュニケーションをとるのは難しいのではないかと思う。

5 例

テレビはぼくにとって役に立ちます。


　テレビではクイズ番組やスポーツ番組、ニュース番組など、いろいろな番組があります。ぼくにとっては、自分の知らなかったことを手軽に知ることができる番組が役に立ちます。知らないことを知る手段はいろいろありますが、そんなことは知ろうとも思わなかった、ということを番組ではとりあげています。自分の行ったことのない海底の世界や、宇宙の世界を映像で見ることができるのも、テレビならではだと思います。

　このようにテレビを見ることで未知の世界に興味をもち、自分でもわからないことや不思議なことを調べるようになりました。だからぼくにとってテレビは役に立ちます。

解説

1 構成表のとおり書き進めていくと、順序だった作文に仕上がる。主題をはっきりさせて書くことが重要である。

2 はじめから最後まで、同じ考えで作文を書くことが大事である。途中《とちゅう》で考えを変えてしまうと、伝えたいことが読み手に伝わりにくい。

3 「太陽」は自分にとって、あるいは、人間や生き物にとってどのような存在《そんざい》か、ということを考えて構想を練っていくとよい。

4 実際にロボットとコミュニケーションをとろうとするとどうなるのかを考える。「そう考える理由と具体例をあげながら」という指示《しじ》があるので、具体的に説明することが必要である。

5 テレビが役に立つか立たないか、どちらの立場で書くのかをはっきりさせる。読む人を説得《せっとく》できる理由を示《しめ》すよう心がける。

チェック！ 自由自在

● 誤字《ごじ》、脱字《だつじ》、当て字はないか。句読点《くとうてん》などの符号《ふごう》が正しく使われているか。文体がそろっているか。適切《てきせつ》な言葉や言いまわしになっているか。よけいなことは書いていないか。

●言葉をつけ加えるときは、ふきだし（⌒）を用い、右側に書き加える。言葉をとりかえるときは、══線を引いて消し、右側に書き加える。行をかえたいときは、「の印を入れる。

ステップ3 発展問題

本冊→134～135ページ

1 例

私は、手紙で伝えるのがよいと思う。手紙のほうが、送った相手に喜んでもらえると思う。

先日、おじが、けがで入院した。母から見まいの手紙を書くように言われ、さんざんなやみながらも書きあげ、おじに渡したらとても喜んでもらえた。おばの話では、私が帰ったあと、おじは何度も手紙を開いてはうれしがってくれたそうだ。

電話だと自分の気持ちをすぐに伝えられるが、一度しか伝えることができない。手紙なら、相手が手紙を開くたび、何度でも自分の気持ちを伝えられる。だから、私は、電話よりも手紙で気持ちを伝えるほうが、心がこもっていてよいと思う。

2 問

「社会のマナー」について知ることは、どうすればみんなで助け合って生きられるのかということを知るために必要だ。

例

私も、駅のホームで点字ブロックの上に荷物をおいて、注意されたことがある。「目の不自由な人があなたの荷物にぶつかって、線路に落ちたらどうするの。」そう言われて、私はどきっとした。何気ない自分の行動が、ほかの人の迷わくになるなんて考えたこともなかったからだ。点字ブロックがそんなに大事なものだということも知らなかった。

町は、そこで暮らす一人ひとりにとって住みよいものとなるように、さまざまなくふうがされている。そのくふうについて学ぶ、つまり「社会のマナー」について学ぶことで、同じ社会に暮らすものどうし、どのように助け合っていけばよいかのヒントが見つかるのだと思う。

3 問 例

「わあ、きれい。」窓を開けると、まん丸の月がかがやいていた。満月だ。秋は空気がすんでいるから、月がよりいっそう美しく見える。丸くて、金色で、まるで金貨みたいだ。妹は、さつまいもやホットケーキの黄色にも似ていると言った。部屋の電気を消すと月の光がさしこんできた。神秘的な感じがして、妹と二人だまって空を見上げていた。

こんなに美しい月を見られて、日本の秋はすてきだなと思った。

4 **例**

　ぼくはねこが好きですが、マンションに住んでいるのでねこを飼えません。けれども、登下校のときに必ず見かけるねこがいました。

　飼いねこではないので、いつか、どこかへ行ってしまうのではないかと思いましたが、毎日会うことができました。雨の日はぬれていないか心配でしたが、ちゃんとぬれない場所でぼくを待っていました。

　朝起きるのが苦手なぼくでしたが、このねこのおかげでずいぶん早起きになりました。

5

① **例**

　私は本のほうがすぐれていると考える。なぜなら、インターネットに比べて、情報の信頼度が高いからだ。インターネットではだれが発信した情報であるかわからない情報も多いし、それらの情報が正しいかどうかは、受け取る人間の判断力にかかっている。それに対して本は、出版社が責任をもって発刊しているものだし、本ができあがるまでには校正や編集という工程を経るため、さまざまな人の視点で内容がふさわしいものかどうか判断をされている。

　また、本には直接書きこんだり、マークを入れたりすることで、気づいたことを残せるのもすぐれた点だ。必要だと思ったことを忘れてしまうことが防げるし、読み直したいときに書きこみやマークがあれば、そのときに感じたことや考えたこととも結びつけることが容易だ。だから、私は本のほうがすぐれていると考える。

② **例**

　私はインターネットのほうがすぐれていると考える。なぜなら、自分に必要な情報を調べようと思ったときに、目的の情報をすぐに探せるからだ。本では、最初から読み進めていかなければならず、一冊を読み終えるのに時間もかかるが、インターネットでは目的の情報だけを検索する機能がある。これは時間をむだにしないためにも便利な機能だ。

　また、本とちがうのは映像が見られるという点だ。本では書かれていることから想像をする楽しみがあるかもしれないが、インターネットなら、実際にどういう風景なのか、どういうものなのか、といったように実物を見ることも可能だ。だから私はインターネットのほうがすぐれていると考える。

解説

1 自分とは異《こと》なる立場の意見にもふれつつ考えを述《の》べると、深く考えたことがよくわかる文章になる。

2 社会のさまざまなことがらに対して、日ごろから関心をもつことが、作文を書くのに役立つ。

3 何かの様子を別のものにたとえて表すと、読み手がイメージしやすくなる。

4 三段落構成という指示があるので、「初め・なか・終わり」で書くことがらを整理してから書く。

5 書くことが決められていることに注意する。メモの内容をすべて入れるという条件を守り、つながりに気をつけてまとめる。

ポイントチェック

はじめから終わりまで、あたえられたテーマにそって書くことを忘《わす》れないようにしよう。体験や見聞を書くときも、あたえられたテーマに対して、自分の意見を書きやすいものを選ぶとよい。

第8章 公立中高一貫校 適性検査対策問題

1 資料を見て書く

本冊→136～139ページ

1 **問** 例 銀行は、預金者からお金を預かり他の人に貸しているが、預金者に支払う利息の金額よりも大きい金額を、貸した相手から利子としてもらっており、この差額が利益になっている。

2 **問** 例

資料1からは、インターネットショッピング
のメリットについて、お店に行かなくてもい
いことや、二十四時間いつでも買い物できる
ことを挙げている人が多いことがわかります。
一方、資料2からは、料金を支払ったのに商
品が届かなかったり、ちがうものが届いたり
するトラブルがあることがわかります。
　買い物をするお客は、これらのトラブルに
注意してインターネットショッピングを利用
する必要があります。反対に売る側の立場か
らは、今後インターネット販売を伸ばすには
これらのトラブルが発生しないような対策を
立てて努力する必要があります。売り手と買
い手の両方がくふうすれば、よりよい売り買
いができると思います。

3 (1) C

(2) 例

　私が勉強する理由は、将来いい高校や大学
に入りたいからだ。将来のために、今がまん
して勉強しているのだと考えている。
　しかし、文章の筆者は、考えることによっ
て知識と知識への水路ができて、新しいもの
が見えてくると述べている。私は、学ぶこと
をそのように考えたことはなかった。自分の
学んだことが生きてくることが実感できれば、
どんなに楽しいだろう。これからは学ぶこと
そのものを楽しめるようになりたい。

解説

1 図より、銀行は、100円預かったときには相手に1円支払い、100円貸したときには相手から2円もらっていることがわかる。同じ金額を預かるときと貸すときに発生する利子・利息が、支払う金額よりももらう金額のほうが大きいため、この差額が利益になっている。問われているのは、「仕組み」であるので、差額が利益になっていることの他に、その差額が発生するもととなる仕組み（銀行はお金を預かったり貸したりしている）をふくめてまとめる。

2 太郎さんは、「お客、お店の両方の立場から、インターネットショッピングの利点と課題を挙げて、双方にとって、望ましい買い物の在《あ》り方について発表したい」と話している。したがって、**資料1**及び**資料2**からわかるインターネッ

トショッピングの利点と課題」をふまえて、お店の立場からの商売の在り方にもふれてまとめる。お店の立場からは、**資料1**のメリットを維持《いじ》することと、**資料2**のデメリットを解消することが望ましいといえる。

3

⑴春川さんは、「みんなが勉強しているんだから、自分も勉強しなければいけない」と考えている。これは、勉強を他からあたえられたものとして否定的に受け取り、仕方なく取り組む姿勢《しせい》であるCにあたる。

⑵二段落構成にすることと、それぞれの段落に書くことが指定されているので、これに従って書く。第一段落の自分の考えは、**【資料】**を参考にするように指示《しじ》があるので、グラフの項目を参考にして書く。自分の考えと同じものがあれば、そのままぬき出してもよい。第二段落は、筆者の考えと自分の考えとを関連させながら書く。筆者の考えは、例を多く使って説明されているので、例を省いていくと次のようになる。

・「考える」という作業によって知識《ちしき》に新しい意味や因果《いんが》関係を見つけることができると、ものの見方がちがったものになる。いろいろな知識がつながって世界の見え方が変わることに、学ぶことの醍醐味がある。

2 課題文を読んで書く

本冊↓140〜143ページ

1

⑴ことばに出して言える判断力

⑵ウ

⑶**例**

　ぼくの長所は、ねばり強いところだ。今後中学校に行くと、勉強も難しくなるだろう。しかし、できない問題があっても、わかるようになるまで取り組まなくてはならない。そういうときに、ねばり強さを生かせると思う。

2

⑴いい（よい）

⑵ウ

⑶**例**

　私は、頭のいい人だと思う。新しいことにちょう戦しないからだ。友人から地域のボランティア活動に参加しようとさそわれたことがある。しかし、知らない人たちに交じることが不安で、きっと自分にはできないと考えて参加せず、何も得るものがなかった。

3

問 **例**

　筆者は、疑問をもち、確かめたり調べたりするときには、何が決定的に重要なのかを探り出すことが大切だと述べている。

　これは、自然現象について考えるときに限らないと、私は思う。私の弟はよく忘れ物をする。私は弟に、忘れ物をしないため、前の日のうちに必要なものを用意しておくように、何度も注意した。しかし、弟の忘れ物は、全く減らなかった。弟は前の日に用意することをしないからだ。弟に、どうして前の日に用意しておかないのかとたずねると、それも忘れるんだと言う。そんなに忘れ物をすると学校で困るだろうと言うと、別に困らないと言った。この時初めて、弟の忘れ物が減らない理由は、忘れ物をすると困ると思っていないからだとわかった。忘れることをよくないと

思っていなければ、忘れ物が減らないのは当
たり前だ。弟には、まず忘れ物がなぜいけな
いのかを説明することが必要だったのだ。弟
に忘れ物がなぜいけないのかを話してからは、
少し忘れ物が減った。
　このように、何が決定的に重要なのかをつ
かむのは、自然現象に限らず、日常生活の場
面でも大切だと、私は思う。

解説

1

(1)三村さんの言葉に、「ものづくりに大事なのは、ことばに出して言える判断力です」とある。

(2)初めの三村さんの言葉の中に「その注文がわたしの靴づくりへの信頼なんです」とあり、その後三村さんが信頼に応《こた》えるために、どのように靴づくりに取り組んでいるかが書かれている。

(3)「長所」と「長所をこれからの生活にどのようにいかしていきたい」かの、二点を書く。先に、自分のよさが生きる場面を考えてから、そこから長所を簡潔な言葉でぬき出すという考え方をすると表現しやすい。

2

(1)「いい」か「悪い」かのどちらかを読み取る。「前途に重畳する難関を一つ一つしらみつぶしに枚挙……」するのは、「見通しがきく」「前途の難関が見渡される」人である。

(2)結果が自分の思った通りだった（＝結果が仮説と一致する）とき、それが思ったのとは別の原因のために生じた偶然の結果（＝他の偶然の結果）ではないかと、可能性を吟味するという仕事を忘れる（＝可能性を検証しない）と、**ウ**が同じ内容である。

(3)筆者がいう「頭のいい人」と「頭の悪い人」を正確《せいかく》にとらえる。その上で、自分がどちらにあてはまるかを、具体的な理由を挙げて書く。筆者は次のように、「頭の悪い人」を肯定的《こうていてき》に使っている。

「頭のいい人」
・人より先に人のまだ行かない所に行き着くが、途中にある肝心《かんじん》なものを見落とすおそれがある。
・見通しがきき、前途の難関が見渡せるため、前進する勇気を失いやすい。
・頭の力を過信《かしん》する恐れがあり、自然が表示《ひょうじ》する現象を見誤《みあやま》ることがある。

「頭の悪い人」
・あとからおくれて行くが、だいじな宝物《たからもの》を拾って行く場合がある。
・前途が見渡せないから楽観的で、難関に出会っても切り抜《ぬ》ける。
・頭のいい人が取り上げない試みに取り組み、何かしら貴重《きちょう》な糸口をつかむことがある。

3

「例えば」で始まる第二段落は、例を挙げている。第三段落は、呼《よ》びかけの段落であるので、重要なことは、第一段落にあるとわかる。『なぜ』と疑問をもち、確かめたり調べたりする」とは、「研究」のことであることにも注意して、筆者が大切だと言っているものを見つける。三段落構成で書く指示《しじ》があるので、第一段落で筆者の意見、第二段落で自分の体験、第三段落でまとめという構成にするとまとまりやすい。

3 課題テーマについて書く

本冊→144〜147ページ

1

(1) 例
「図書館に来室してきた生徒に向けて」という部分が問題である。なぜなら、アンケートに答えるのが図書館に来た生徒だけになり、図書館に来なかった生徒など、広く意見を集めることができないからである。

(2) 例
　私はマンガを置くことに賛成だ。マンガといってもさまざまで、内容がじゅう実していて学ぶことの多いものもたくさんある。また、マンガがあることで、図書館に行ってみようと思う生徒が増えることが予想できるし、マンガ目当てに来室しても、他の本を読もうと思う生徒もいるかもしれないからだ。

2

例

話し合いで大切なことは、全ての意見を客観的に評価することだと思う。

先日クラスで、みんなで遊ぶ時間に何をして遊ぶかを話し合った。サッカーをしようという意見や、大なわとびをしようという意見などが出た。サッカーをしようと言った人は大のサッカー好きで、前回もサッカーだったことを考えに入れずに、主張していた。また、大なわとびは苦手だから、何でもいいから大なわとび以外のものにしようという人もいた。個人の好ききらいも意見として取り上げなければいけない。しかし、自分の考えだけにこだわって、他の考え方もあることを無視することはよくないと思う。結局、この話し合いは、まとまらずに、別の日にもう一度話し合うことになった。

話し合いでは、自分の意見をもつことも大切だが、他の人が出した意見もよく聞いてみて、自分以外の立場ならどうかを考えることが大切だと思う。広い視野をもって考えることで、より多くの人の意見が取り入れられるような話し合いができるだろうと考える。

3

例

ぼくは、家で勉強する時間をだいたい決めている。決めておかないと、つい後回しにしてしまって、勉強する時間がなくなってしまうことがあるからだ。

ぼくは、四年生のころは、家で勉強する時間を決めていなかった。だから、テレビを見たり、ゲームをしたりする時間が長くなってしまい、夜おそくに急いで宿題をする日が多かった。するとどうしてもねるのがおそくなり、すいみん時間が足りずに、翌朝なかなか起きられないこともあった。

それではいけないと思い、五年生になったころに、家での生活時間を決めることにした。テレビやゲームの時間も決めて、いつまでも遊んでいないようにした。すると、生活にリズムができて、すいみん不足になることもなくなり、勉強する時間も、以前より集中できるようになった。

ただ時間を決めるだけではなくて、決めたことを守ることも大切だ。ぼくは、初めはなかなか時間を守れない日もあったが、慣れてくるにしたがって、守れるようになった。これは、自分で考えて自分で決めたからだろう。五年生のみなさんも、時間の使い方を自分で決めてみてはどうだろうか。

4

例

F

私が達成したことは、百人一首を全て覚えることだ。

一年生のお正月に、親せきが集まったとき

5

に、みんなでカルタとりをした。カルタは百人一首だった。私は百人一首のカルタは初めてで、なかなか札が取れなかった。ところが、いとこのお姉さんはどんどん取っていくのだ。どうしてそんなに取れるのかたずねると、百人一首を全て覚えているからだと言う。覚えているから、読み手が読み始めたら、すぐにどの札を取ればいいのかがわかり、早く取れるということだった。

　私はたくさん札が取れるのがうらやましかった。しかしそれ以上に、百人一首を覚えていることがかっこいいと思った。だから、私も覚えてみようと思ったのだ。

　百首の和歌を覚えるのは大変なことだ。しかし、「ちりも積もれば山となる」で、少しずつ覚えてそれを続けることで、ようやく全部覚えることができた。このことから私は、大変だと思えることも、少しずつ取り組んでいけば、いつか達成することができるものだと思った。今後、大変なことに出会っても、この経験を生かしてがんばりたいと思う。

例

　私にとって良い本とは、想像をかき立ててくれる本だ。物語に限らず、どんな分野の本でも、これはどんなだろうと、いろいろ考えさせてくれる本だ。

6

　なぜ、想像をかき立ててくれる本がいいかというと、自分でいろいろと考えることができ楽しいからだ。何もかも示されていて、自分で考える余地のないものは、おもしろ味がない。き製品のかばんに、中に入れるものや持ち方まで決められているようなものだ。同じかばんでも、人によって中に入れるものや、持ち方がさまざまにちがえば、それぞれの人の個性が表れて、おもしろ味が出てくる。同じ内容であっても、読み手の考え方によってさまざまな受け取り方ができ、読み手が自由に想像を広げられたら、一度読んだ本でも、二度目、三度目とちがった受け取り方をすることもあって、読書の楽しみがますます増える。

　中学生になった私には、本を読むときには一度だけではなく、何度か読み返すようにしようとメッセージを送りたい。本から受け取れる印象や感想は、時によって変わることがあるからだ。一度読んで、あまりおもしろくないと思った本でも、もう一度読んだら、おもしろいと思えるかもしれない。

　そんな、読み手にさまざまな想像をさせる本が、よい本だと私は思う。

例

私は、困っていそうな人にはすぐに声をかけるようにすればいいと思う。例えば、道で動きがとれなくなっている人がいたら、手助けできることはないかたずねるといい。自分にできることがあれば、助けてあげる。私は、道を教えてあげて、喜んでもらえたことがある。お礼を言われると自分もうれしくなった。人を助けると、相手だけでなく自分もうれしくなるので、困った人には積極的に声をかけるのがいいと思う。

7 **例**

　私は、リーダーは、グループを構成するメンバーそれぞれの気持ちに気を配らなくてはならないと思う。

　去年の遠足でグループ行動をした時にこんなことがあった。グループでA、B二か所に行くのに、先にAに行こうと言う人と、先にBに行こうと言う人に分かれたのだ。この時リーダーの山田さんは、それぞれにどうしてそう思うのかを聞いた上で、先にAに行くことに決めた。そして、Bがいいと言っていた人に、どうしてAに先に行くのか、その理由をきちんと説明して、理解してもらっていた。その結果、遠足ではみんな気持ちよくスムーズにグループ行動をすることができた。うまくいったのは、リーダーの山田さんが、先にBに行こうと言った人の気持ちをくみ取っていたからだと思う。このことから私は、リーダーはみんなの気持ちに気を配らなくてはならないと考えるようになった。

　私は今後、みんなの気持ちに気を配ることができるようになるために、客観的にものをとらえるように心がけたいと思う。自分の見方だけにとらわれていては、人の気持ちはなかなか見えてこないからだ。

8

(1) **例**

・大人はみんな自立しているのか。
・人が一番初めに自立する瞬間はいつなのか。
・自立するためには、人をたよってはいけないのか。

(2) **例** ・自立するためには、人をたよってはいけないのか。

　私の母は、毎日のように同じことを私にぶつけてくる。げん関にカバンを置きっぱなしにしないで！　水とうは学校から帰ったらすぐ出しなさい！　ふとんは起きた時にたたみなさい！　数え上げるときりがない。全てわかっている。わかっているのに毎回言われるからいやになる。どうしてそんな細かいことばかりを、毎日毎日言うのか聞いてみると、「ちゃんと自立した人になってほしいから。」それが答えだった。自立した人とは、一体どんな人なのか。自立を辞書で調べてみると、他人からの助力を受けずに独り立ちしていること、のような説明があった。

　他人からの助けを受けずに？　私は疑問を

もった。そんな人間がこの世にいるのだろうか。総理大臣だって、大人だって、だれかの助けを借りたり、だれかをたよったりすることが絶対にあるはずだ。だれもたよりにせずに生きていくなんて、出来るはずがない。

　この考え方だと立派な大人ですら自立していないことになる。大人にも出来ない自立を私に求めて、毎日ガミガミ言われては納得がいかない。

　でも、自立について変な理くつばかり考えているうちにあることに気がついた。「自立」の「自」は「自分」の「自」なのだ。つまり、自分で出来ることを人にやってもらわずに、自分できちんと出来るようになることを、自立と言うにちがいない。それなら安心だ。その自立なら私にもきっと出来る気がする。

解説

1

(1) 解答例《かいとうれい》の他にも次のような問題点がある。
・対象《たいしょう》を生徒に限《かぎ》っている方法…保護者《ほごしゃ》などの意見も集めた方がより正確な集計ができるから。
・「一週間続けて取る」という方法…同じ人が何度も答えることになるから。
・「一般的にマンガは活字離れを誘発し、想像力を奪う」と書かれていること…文面に誘《さそ》われて、図書館にマンガを置くことに反対する人がでてくるから。
・賛成と反対しか選べないこと…どちらとも言えない意見をもっている人もいるから。

(2) 反対意見を書く場合は、アンケートの文面にある「活字離れを誘発し、想像力を奪う」こと以外の理由にすることに注意する。反対する場合の理由には次のようなものも考えられる。
・マンガは、学習内容に関係のないものが多いので、学習への意欲《いよく》をそぐから。
・文章のように読解力が身につかないから。
・マンガに夢中《むちゅう》になってしまって、勉強がおろそかになるから。

2

段落構成の指示はないが、適切《てきせつ》に段落に分ける。問題文に「これまでの学校生活での経験をもとに」とあるので、自分の経験をエピソードとして挙げるようにする。エピソードの段落と、意見の段落を分けて、二段落か三段落にまとめるとよい。

3

この作文では、六年生から五年生へ、家庭学習への取り組み方を紹介《しょうかい》する。自分の経験や、見たり聞いたりしたことを書くが、それだけではなく、そこから自分の考えたことを必ず書く。経験・見聞と自分の考えを区別するようにする。

4

ことわざの使い方をまちがえないようにする。また、ことわざの記号を忘《わす》れないようにする。書く内容は、ことわざについてではなく、努力したことや達成したことであることに注意する。

ポイントチェック

A石の上にも三年…つらくてもがまんして続ければ、いつか成功する。

B急がば回れ…急いで危険《きけん》な方法でするよりは、安全で確実な方法でするほうが、かえって早く達成できる。

C好きこそものの上手なれ…好きなものは自然と努力するから、うまくできるようになる。

D早起きは三文の得…早起きをすると、いいことがある。（「得」は、「徳」とも書く。）

E善は急げ…良いと思ったことは、ためらわずに実行するのが良い。

Fちりも積もれば山となる…わずかなものも、積もっていけば大きなものになる。

5

自分の考える良い本を、中学生になった自分にすすめるという形にするとまとめやすい。どんな本が良い本かという内容と、メッセージの内容がつながりのあるものでなくてはならない。また、メッセージの内容が何かが、はっきりとわかる書き方をする必要がある。

6 書かなくてはならない内容は、三つである。①「人と積極的にかかわろう」という目標を達成するためにどうするかについての意見。②①のくわしい内容。③①のように考えた理由。これらを二百字以内でまとめるには、簡潔な表現にしなくてはならない。また、一マス目から書くなど、〈注意〉に書かれたことも必ず守るようにする。

7 条件で、それぞれの段落で書く内容が指定されているので、これに従って書く。自分が良いと思えるリーダーを思い出して書くと良い。また、良くないと思えるリーダーについて、そうならないためにはどうすればいいかと考えて書いても良い。

8 (1)解答例の他にも、自分で働いてお金をかせぐようになることを自立という場合もあるし、親元から離《はな》れて一人で暮《く》らすことを自立という場合もある。これまでに耳にしたことがある「自立」というキーワードを思い出し、「問い」を見出《みいだ》そう。

(2)問題に「わかりやすく」と書かれているので、具体例を挙げるなどの工夫《くふう》をして伝えたい内容を整理して書こう。読み手が読みやすい文章を心がけて、読点を入れる位置や段落分けについても気をつけて書くようにしよう。

中学入試予想問題 第1回

本冊→148〜151ページ

1

(1) **オ**

(2) **ア**

(3) **D・イ**

(4) 例 オオバコは踏まれに強い構造を持ち、他の植物が生えない踏まれる場所に生息して、踏まれることで靴や足についた種子を運んでもらえるというプラス。(69字)

(5) Ⅰ**エ** Ⅱ**イ** Ⅲ**ウ**

(6) 例 サッカーの試合で足をねんざしてしまったことがある。練習にも参加できず、みんながどんどんうまくなっていくのではないかとあせる気持ちになった。しかし、筋力トレーニングをする時間が増えたことで、前よりも強くボールをけることができるようになった。(119字)

(7) **ア・エ**

配点…(1)・(2)・(4)各10点、(3)・(5)・(7)各完答10点、(6)20点＝80点

2

(1) 検討 (2) 対策 (3) 警報 (4) 処置

(5) 車窓 (6) 宣伝 (7) 尊大 (8) 観衆

(9) 刻 (10) 納

配点…各2点＝20点

解説

1

(1) X の次の段落《だんらく》、「柔らかく見えるものが強いことがある」に注目する。「柔よく剛を制す」とは、「柔らかくしなやかな者こそかえって剛強な者に勝つ」という意味の故事成語である。

(2) カシは立派な大木であるが、強風が来たときにはもちこたえられずに折れてしまう。それに対し、ヨシは細い草であり、柳のように風になびいて折れることはないのである。よって**ア**が正解《せいかい》。

(3) A 〜 C は前の内容《ないよう》に対して反対の内容をつなぐ言葉「しかし」が入る。D から始まる段落は雑草の逆境を利用した戦略についての具体例が述《の》べられている。よって「たとえば」が入り、**D・イ**が正解。

(4) オオバコの生き残るための戦略をとらえる。オオバコは競争に弱いので、他の植物が生えるような場所には生息できない。そのため、「踏まれる場所」という厳しい環境で生息できる強い構造をもち、踏まれることで、種子が他の場所に運ばれるというように、「踏まれることを逆に利用している」のである。

(5) 柳やヨシは無理に強風に逆らうのではなく、柔軟になびくことで折れずにすむのである。Y の次の段落の「柔らかく外からの力をかわすことは、強情《ごうじょう》に力くらべをするよりもずっと強い」や、――線②の直後の「自然を受け入れられる『柔らかさこそ』が、本当の強さなのである」に注目する。

(6) 「逆境」とは思うようにならず苦労の多い、不運な立場や環境にあること。そのような環境をうまく利用し、成功につなげられた経験や具体例を述べるとよい。

(7)**ア**は「オオバコは競争に弱い植物なので、他の植物が生えるような場所には生息できない」とあるので、正解。**イ**は「硬い葉は、踏まれた衝撃で傷つきやすいが、柔らかい葉で衝撃を吸収するようになっている」とあるので×。**ウ**はオオバコの葉は「柔らかさと硬さをあわせ持っている」が、ちぎれちぎれになっても増えるとは述べられていないので×。**エ**は「オオバコにとって踏まれることは、耐えることでも、克服すべきことでもない。もはや踏まれないと困るくらいまでに、踏まれることを利用している」とあるので、正解。**オ**はオオバコが道に沿って生えているのは、「種子が車のタイヤなどについて広がっているから」であるので×。**カ**は草刈りや草むしりはやらない方がよいとは述べていないので×。よって**ア**・**エ**が正解。

2

(1)「ケントウ」(10)「オサめる」など、同音同訓異字《いじ》がある場合は、出題される文をよく読み、その文意に合うかどうか判断《はんだん》して答える。

ポイントチェック

筆者の意見をとらえる。くり返し使われている言葉（キーワード）やつなぎ言葉に注目し、話題についての筆者の考えを読み取るとよい。

中学入試予想問題 第2回

本冊↓152～155ページ

1

(1) X **エ**　Y **ア**

(2) 五百円足ら

(3) 頭の中で想像する（楽しみ。）

(4) **ウ**

(5) **イ**

(6) それからは

(7) 読む癖をつけたり訓練をさせないとだめだ（19字）

配点…(1)各5点、(2)・(3)・(4)・(5)・(6)・(7)各10点＝70点

2

(1) ① **B**　② **F**　③ **E**

(2) ① **B・D**　② **A・C**（順不同）

(3) **D**

配点…(1)・(3)各5点、(2)完答各5点＝30点

解説

1

(1) X の一文から、じっくり読まずに手早くページをめくっている様子を表す言葉を選ぶ。よって正解は**エ**。Y はけじめがつかず良くない状態《じょうたい》が続く様子を表す言葉を選ぶ。よって**ア**「ずるずると」が正解。

(2)知り合いの女性から「どうして本を読むんですか」と聞かれた筆者の返事に注目する。

(3)本を読むことにあってDVD鑑賞《かんしょう》にはない楽しみを述べた部分をさがす。本はその場面や様子を想像しながら読み進めることができる。しかし、DVDは映像が映《うつ》しだされるため、その楽しみは得られないのである。問題文に「楽しみ。」に続く形でと指示《しじ》がある。そのことにも注意して文中から探《さが》す。

(4)この四十代の女性に対して、「しかし、四十年以上生きてきて、一冊の本を選ぶ気も読む気もなかった人というのは、やはりちょっと理解しにくい」と筆者は述べている。

(5)「そのような」が指す内容《ないよう》をとらえる。筆者の担当編集者の、「私たちは本を読むのが当たり前と思っていますけど、そうじゃない人たちも多いから」に注目する。ここでは「そうじゃない人たちの感覚」を指す。よって**イ**が正解。

(6)「そのシステム」とは「小学校で毎日、読書の時間をもうける」ことを指す。第一段落にある、筆者の子供のころの体験談から、どのような効果があったかを読み取る。「押しつけられた本を読んでみると意外と面白く」「それからは課題図書は素直に読み」とある。

(7)最後の段落に注目する。子供たちが本を手にするようにするためには、「読む癖をつけたり訓練をさせないとだめだ」と筆者は考えているのである。

ポイントチェック

「事実・出来事」を述べた文と「筆者の意見・感想」を述べた文とを見分け、話題（テーマ）に対する主題をとらえよう。そのために、指示語の指す内容をおさえ、「つまり」「だから」などのつなぎ言葉のあとにある筆者の意見に注目

しよう。

2

(1)①校庭で見る光景であることがヒント。「生と死」の対比とあることから、死んだ蝶の羽を蟻が巣へ運ぼうとしている光景をよんだBが正解。
②「夏の夜の実際の出来事」がヒント。部屋に入ってきたこがね虫を外に投げ捨《す》てようとしたとき、思った以上の暗さ（闇）に作者はおどろいているのである。よってFが正解。
③蝿《はえ》が手をする様子を「命ごいをしているかのような」と感じたと述《の》べている。その蝿を「打つな」とよんでいる作者の優《やさ》しい気持ちも感じられる。よって正解はE。
(2)①直喩《ちょくゆ》法とは、比喩の一つ。「ようだ」「ごとし」などの語を用いてその様子を表現すること。Bの「ヨットのようだ」、Dの「蟻のごとしも」に用いられている。
②体言止めとは、表現技法の一つで、文のおわりを名詞で終わらせること。Aの「客を迎えた赤い部屋」、Cの「小舎の水車　藪かげに一株の椿」に用いられている。
(3)Dは九十九里の磯を多くの人たちが歩いている様子を「蟻のごとしも」と表現しているのであって、実際に蟻が登場しているのではない。

中学入試予想問題 第3回

本冊↓156～160ページ

1

(1) **ア・エ**
(2) くぎ
(3) 例 まずはみんなでコート整備をおしつけたことを末永にあやまり、今後のコート整備については中田さんに相談をすること。
(4) 例 昼休みに浅井先生か中田さんが来て問題が解決すると期待したこと（30字）
(5) **オ**
(6) 例 自分たちの抱えた問題を、誰かの力を借りることなく自分たちだけで解決して生まれた一体感を、コート整備を通して実感することができたから。
(7) **イ**

配点…(1)完答10点、(2)・(3)・(4)・(5)・(6)・(7)各10点＝70点

2

(1) **ウ**　(2) **ア**　(3) **エ**

配点…(1)・(2)・(3)各4点＝12点

3

(1) ①捜査　②唱（えた）　③暖（かな）　④出荷
(2) ①**ウ**　②**イ**

配点…(1)・(2)各3点＝18点

解説 1

(1)前日からの太二の様子から考える。一年生全員で末永をだまし、一人でコート整備をやらせたことへの後悔と「グーパーじゃんけん」をおわらせるアイディアがなかなか思いつかず、どうすればよいのかわからないでいるのである。よって正解は**ア**、**エ**。
(2)直前の「まちがっても今日はやるなよ」は、今日も末永をハメるようなことはするな、という意味。そう言って武藤に念を押しておきたかった、という意味なので、「くぎ」が入る。「くぎを刺す」は、まちがいのないように相手に念を押す、という意味。
(3)「そう結論した」から自分のすべきことがわかったのである。――線②の前の段落に「まずはみんなで末永にあやまり、そのうえで（中田さんに）相談する」とあるところをまとめるとよい。
(4)太二は昼休みに浅井先生か中田さんがテニスコートにきて、問題解決してくれるだろうという希望をふくんだ考えをもっていた。しかし、その考えはみごとに外れ、落胆と自分の考えの甘さを感じたのである。
(5)直前の「なあ、武藤。グーパーはもうやめよう」という久保の言葉を受けて、武藤は「すばやくうなずいた」ことから、武藤が久保の言葉に賛成《さんせい》であるという意志《いし》を示《しめ》したのだと考えられる。武藤が久保の言葉に賛成したのは、昨日、末永をハメてしまったことを後悔していたからである。武藤が後悔していたのは、「誰の顔も緊張で青ざめている」といった表現《ひょうげん》からわかる。

(6)文章後半の展開から考える。前日に末永をハメたことを後悔していた太二たち一年生部員は、今日コート整備当番を決めるグーパーをしようとしていた。太二は、顧問の浅井先生やキャプテンの中田さんの力を借りて問題を解決しようとしていたが、結局浅井先生にも中田さんにも頼ることのできるタイミングがなかったのだった。じゃんけんの瞬間《しゅんかん》、以前、父が自分に向けてしてくれたVサインが頭をよぎった太二は、グーパーではなくVサインを出した。それがチョキに見えた久保は、今日のコート整備を末永一人にしたくないのだという太二の思いを感じ取り、自分もコート整備に加わるというつもりで、自分のグーをチョキに変えた。武藤、末永、その他の部員も太二の思いを感じて自らチョキを出し、今日のコート整備に加わった。太二のVサインをきっかけに一体感が生まれた一年生部員たちが行うコート整備は、とても息があっており、太二は、自分たちに生まれた一体感を実感したのだった。それで、太二は自分たちがチーム全体としても強くなるはずだ、と思わずにはいられなかったのである。

(7)太二の気持ちの変化をていねいに読み取ろう。「一年生全員で話しあいをして」「やはりキャプテンの中田さんに助けてもらうしかない」などとコート整備を当番制にしたいが、変える方法が思いつかずにいる。よって、**ア**「少しも迷うことなく」、**ウ**「いつでも最善の方法を選ぶ判断力があ」るがあてはまらない。**イ**・**エ**「一番きついおもいをしているのは末永だ」「末永は、今日もまたハメられるかもしれないという恐れをかかえながら朝練に出てきたのだ」のように相手の気持ちを考えながら、太二は問題解決の糸口を見つけようとしている。よって、**イ**が正解。**エ**は「今起きている問題を感情に左右されずに見つめることができ」があてはまらない。**オ**は、文章中からは読み取れない内容《ないよう》。

ポイントチェック

物語のクライマックス（山場）を読み取ろう。登場人物の行動や会話、周囲の人物との関係や反応に注目し、そのときの気持ちや変化をとらえるとよい。

2

(1)「針のむしろ」とは、（針を植えた敷物という意味から）一時も心の休まらないつらい場所や境遇《きょうぐう》であること。

(2)「猫に小判」とは、価値《かち》のわからない人に貴重《きちょう》なものを与えても何の役にも立たないこと。

(3)「のれんに腕押し」とは、のれんを腕で押したときのように力を入れても手ごたえのないさま、張《は》り合いのない様子のこと。

3

(2)①「父は大阪へ出張に行った」に、逆接の意味の「が」が続くことから、「が」よりあとは、すぐに帰ってきたといった意味になることがわかる。**ウ**「とんぼ返り」は、目的地に着いて、すぐに帰ってくること。

②「私がしかられていた」に、順接の意味の「いたら」が続き、「兄」が何かを「出した」とあることから、「兄」が「私」に何かをしてくれたのだとわかる。**イ**「助け船を出す」は、困《こま》っている人に力を貸《か》すこと。

自由自在問題集
中学入試 国語

解答解説